近畿西部方言の生活語学的研究

神部宏泰 著

和泉書院

調査主要地点図

まえがき

　「方言研究」の基本的な課題は、方言の表現性と共に、その地域性を明らかにすることにある。方言学が国語学・日本語学に属しながらも、なお「学」としての独自性が問われるのは、その地方的地域的な性格の追究が課せられているからに他ならない。特定の地域に存立する方言は、当然ながらその地域性によって性格づけられている。地域に生きる人と生活の特殊性が、日常の方言を育んできたからである。地域を拓き、地域に順応する生活の世界に、おのずからに必然の言語が生まれたと言ってもよかろうか。とすれば、方言を、単に他との形式の違いや変相の特殊性に関心を示すだけでなく、拠って立つ人と生活の立場から取りあげることが重要である。

　藤原方言学が、この立場から把握する方言を「生活語」として、その生きて働く具体の環境と、それを支える人間性とを追究してきたのは周知のとおりである。私はかねてから、恩師の説くこの研究の立場に思いを潜めてきた。いわば、方言を命とする人びとの立場からの方言研究、生活語研究である。方言の人間性研究である。

　生活語研究の道は遠い。だいいち、方言の人間性を問題にすることからして容易でない。ただ、私は、方言の自在とも言える生きざまに、それを支える人間の意識を見深めていくことに思いをこらしてきた。その意識とは生の意識であり生活の意識である。日びの暮らしの息災を祈り、近隣の和合を願う意識と言ってもよい。方言は、このような地道に生きる人びとの、しぜんの願いに支えられている。生活語研究は、この、地域の人びとの願いを見落としてはならない。

　方言の存する共時態は、現実には時間の幅を内包している。共時態に認められる、方言事象の地理的位相的分布の諸相、さらには史的現実の諸相は、いわば通時の相としてこの時間の幅を具体的に示していよう。この方言現実態を、通時を内包する共時態の立場から把握しようとすれば、ここにより高

次の共時態認識が生まれる。藤原方言学は、この高次の方言共時態を対象とする研究を「高次共時方言学」として、学体系の上位に位置づけている。

ここに言う高次方言共時態は、方言事象のみが露出する世界でないことはもはや明らかであろう。上述のとおり、ここはまた、方言を育み支える人とその生活の世界である。特定方言の特殊性を究明しようとすれば、当然ながら当該地域社会に生きる人びとの生活とその意識が問題にされなければならない。極言すれば、いわば高次方言共時態に存立する方言の時間的な側面——換言すれば史的な側面は、人とその生活の内に存するとも言える。現実の方言状態の存立に参与する人も生活も、地域性に抱かれた史的な存在に他ならないからである。生活語の論理の究明を目ざす生活語学は、高次方言共時態の世界に確立されるものである。本書は、この趣旨を踏まえての、近畿西部方言を対象にした生活語研究の一試論である。

今日の社会情勢の動きは大きい。それにつれて言語も変動しつつある。特に都市部の若年層の変動が著しい。それにしても、その巷から一歩入った村落には、旧来にさして変わらない穏やかな日びがある。その方言生活の動きも存外に緩やかである。たしかに新しい情報、教育、器具、流行など、生活の周辺は変化した。車やテレビのない家庭はまずない。それにもかかわらず、方言生活、表現法生活の根幹は比較的安定しており、その変動は緩やかである。例えれば、熟成し内面化した言語生活と言えようか。変動に眼が移りやすい今日、この世界での、生活者の立場からする方言研究は、日本語表現法の根幹を討究する意味でも、とりわけ重要なことのように思われる。

方言および方言生活——生活語研究の世界には、なお究明を要する諸問題が多い。

目　次

まえがき ……………………………………………………………… i

第一章　特定文末詞の表現法

第一節　播磨・但馬方言のナ行音文末詞 ……………………………… 3
　　　　―その生態と特性―

　はじめに …………………………………………………………… 3
　一、「ナ」文末詞の用法と機能 …………………………………… 4
　　１．単純形について …………………………………………… 5
　　　(1)　呼びかけ表現を支える「ナ」 ……………………… 5
　　　(2)　共感の表現を支える「ナ」 ………………………… 5
　　　(3)　確認・感懐の表現を支える「ナ」 ………………… 7
　　　(4)　陳思の表現を支える「ナ」 ………………………… 8
　　　(5)　問尋の表現を支える「ナ」 ………………………… 9
　　　(6)　命令・勧奨の表現を支える「ナ」 ………………… 10
　　　(7)　依頼の表現を支える「ナ」 ………………………… 12
　　　(8)　勧誘の表現を支える「ナ」 ………………………… 12
　　　(9)　説明の表現を支える「ナ」 ………………………… 13
　　　(10)　総括 ……………………………………………………… 14
　　２．複合形について …………………………………………… 15
　　　(1)　複合形大要 …………………………………………… 15
　　　(2)　ナンタ ………………………………………………… 17
　　　(3)　〜ハ　ナ ……………………………………………… 20
　　　(4)　〜イ　ナ ……………………………………………… 21
　二、「ノ」文末詞の用法と機能 …………………………………… 23

三、「ネ」文末詞の用法と機能 ……………………………… 25
　　四、ナ行音文末詞総括 ………………………………………… 27
　　　　結　　び …………………………………………………… 28
第二節　播磨・但馬方言のヤ行音文末詞…………………………… 30
　　　　―その生態と特性―

　　はじめに ………………………………………………………… 30
　一、「ヤ」文末詞の用法と機能 ………………………………… 31
　　1．単純形について ……………………………………………… 31
　　　(1)　命令表現を支える「ヤ」…………………………………… 31
　　　(2)　勧奨表現を支える「ヤ」…………………………………… 33
　　　(3)　依頼表現を支える「ヤ」…………………………………… 35
　　　(4)　問尋表現を支える「ヤ」…………………………………… 35
　　　(5)　推量表現を支える「ヤ」…………………………………… 36
　　　(6)　説明表現を支える「ヤ」…………………………………… 37
　　　(7)　述上以外の表現を支える「ヤ」………………………… 39
　　2．複合形について ……………………………………………… 39
　　　(1)　ガイヤ ……………………………………………………… 40
　　　(2)　カイヤ ……………………………………………………… 43
　　　(3)　ワイヤ ……………………………………………………… 44
　　　(4)　ドイヤ ……………………………………………………… 45
　　　(5)　複合形総括 ……………………………………………… 46
　二、「ヨ」文末詞の用法と機能 ………………………………… 47
　　1．単純形について ……………………………………………… 47
　　　(1)　呼びかけ表現を支える「ヨ」…………………………… 47
　　　(2)　体験・心情表現を支える「ヨ」………………………… 47
　　　(3)　判断表現を支える「ヨ」………………………………… 48
　　　(4)　説明表現を支える「ヨ」………………………………… 49
　　　(5)　命令表現を支える「ヨ」………………………………… 50
　　　(6)　勧奨表現を支える「ヨ」………………………………… 51

(7) 依頼表現を支える「ヨ」………………………… 52
　　　(8) 問尋・応答表現を支える「ヨ」………………… 52
　　2．複合形について ………………………………………… 53
　三、「エ」文末詞の用法と機能 ………………………………… 53
　四、ヤ行音文末詞総括 …………………………………………… 55
　　結　び ……………………………………………………………… 56

第二章　敬語表現法

第一節　兵庫丹波域方言の尊敬法 …………………………………… 61
　はじめに …………………………………………………………… 61
　一、「ナハル」類尊敬法 ………………………………………… 62
　　1．「ナハル」類尊敬法大観 …………………………………… 62
　　2．兵庫丹波東部方言の「ナハル」類尊敬法 …………… 62
　　3．兵庫丹波西部方言の「ナハル」類尊敬法 …………… 65
　　4．「ナハル」類尊敬法に見る兵庫丹波と但馬・播磨 ……… 69
　二、「動詞連用形＋て＋断定助動詞」尊敬法 …………………… 72
　　1．「て」尊敬法分布大概 …………………………………… 72
　　2．兵庫丹波柏原方言の「て」尊敬法 ……………………… 72
　　3．兵庫丹波西部域方言の「て」尊敬法 …………………… 75
　　4．兵庫丹波東部域方言の「て」尊敬法 …………………… 76
　　5．「て」尊敬法に見る兵庫丹波方言と播磨方言 ………… 76
　三、兵庫丹波方言の尊敬法収束 ………………………………… 78
　　結　び ……………………………………………………………… 81
第二節　播磨・備前国境域方言の尊敬法 …………………………… 82
　　―命令形式の存立と特性―
　はじめに …………………………………………………………… 82
　一、寒河方言の尊敬法 ………………………………………… 83
　　1．大要 ……………………………………………………… 83

2．〜レル・ラレル形式…………………………………84
　　3．〜ナサル類形式………………………………………85
　　4．〜ンス・サ（ヤ）ンス形式…………………………87
　　5．総括……………………………………………………89
　二、福浦方言の尊敬法……………………………………………90
　　1．大要……………………………………………………90
　　2．〜テジャ（ヤ）形式…………………………………90
　　3．〜レル・ラレル形式…………………………………91
　　4．〜ナサル類形式………………………………………92
　　5．総括……………………………………………………93
　三、命令形式の存立と運用………………………………………93
　　1．命令形式の欠如………………………………………94
　　2．命令形式の特立………………………………………95
　　3．謙譲法「下さい」の諸形式…………………………97
　四、命令形式の史的推移と特性…………………………………99
　　結　び……………………………………………………………100
第三節　動詞連用形を用いる尊敬法…………………………………101
　　　　　―播摂北部域方言における特殊尊敬法の生態―
　はじめに…………………………………………………………101
　一、動詞連用形尊敬法とその担い手……………………………101
　二、動詞連用形尊敬法の分布と生態……………………………107
　　1．分布大観………………………………………………107
　　2．吉川方言での存立状態………………………………108
　　3．三田方言での存立状態………………………………109
　三、動詞連用形尊敬法の成立と推移……………………………110
　　1．文献上の出自…………………………………………110
　　2．成立と推移……………………………………………111
　　3．総括……………………………………………………114
　四、「て」尊敬法とのかかわり …………………………………116

結　び……………………………………………………117
第四節　東播磨方言の丁寧法……………………………………119
　　はじめに………………………………………………………119
　一、丁寧助動詞「ダス」の存立状態…………………………120
　　１．〜ダス……………………………………………………120
　　２．〜ダハ・ダハナ…………………………………………123
　　３．文末の「ダス」…………………………………………126
　　４．総括………………………………………………………128
　二、丁寧助動詞「デス」の存立状態…………………………129
　三、丁寧助動詞「マス」の存立状態…………………………132
　四、丁寧動詞……………………………………………………133
　　　結　び……………………………………………………135

第三章　断定表現法

第一節　播磨・但馬方言の断定法………………………………139
　　　―その史的推移と表現性―
　　はじめに………………………………………………………139
　一、断定法形式の分布状況……………………………………139
　二、「ダ」の存立状態…………………………………………141
　　１．但馬地域での存立状態…………………………………141
　　２．播磨西辺での存立状態…………………………………142
　　　(1)　戸倉方言の「ダ」……………………………………142
　　　(2)　佐用方言の「ダ」……………………………………143
　　　(3)　相生方言の「ダ」……………………………………144
　　３．総括………………………………………………………144
　三、「ジャ」「ヤ」の存立状態………………………………145
　　１．総説………………………………………………………145
　　２．播磨西辺での存立状態…………………………………146

(1) 戸倉方言の「ジャ」「ヤ」……………………146
　　　(2) 引原方言の「ジャ」「ヤ」……………………147
　　　(3) 千種方言の「ジャ」「ヤ」……………………148
　　　(4) 相生方言の「ジャ」「ヤ」……………………148
　　3．但馬東部での存立状態………………………………149
　四、衰退形式と新生形式の表現性………………………………151
　　1．総説……………………………………………………151
　　2．衰退形式「ジャ」の用法……………………………151
　　3．総括……………………………………………………155
　五、断定法形式の史的展開………………………………………155
　　1．総説……………………………………………………155
　　2．播磨西辺での存立状態とその源流…………………156
　　3．但馬東部での存立状態………………………………159
　　4．総括……………………………………………………160
　　結　び……………………………………………………………160
第二節　播磨・備前国境域方言の断定法………………………162
　はじめに……………………………………………………………162
　一、国境東部——播磨北西部域方言の断定法…………………162
　二、国境東部——播磨西部域方言の断定法……………………164
　　1．上郡方言の断定法……………………………………164
　　2．赤穂方言の断定法……………………………………166
　三、国境西部——備前東部域方言の断定法……………………169
　　1．寒河・日生方言の断定法……………………………169
　　2．三石方言の断定法……………………………………172
　　3．伊里方言の断定法……………………………………173
　四、国境域方言の断定法…………………………………………174
　五、断定法の史的系脈……………………………………………176
　　結　び……………………………………………………………182

　　　　　　　　　　　　　　　　　　　目　次　ix

第三節　播磨方言における断定辞の史的推移 …………184
　　　　―「ネン」「～テン」の成立とその機能―
　　はじめに ……………………………………………184
　一、「ネン」の生態とその出自事象 …………………185
　　１．「ネン」の存立状態 ……………………………185
　　２．播磨西辺の「のや」について ………………186
　二、「ネン」の成立とその機能 ………………………188
　三、「～テン」の成立とその機能 ……………………192
　四、断定辞「ヤ」の新展開 …………………………196
　　結　び ………………………………………………200

第四章　接続表現法

第一節　播磨・但馬方言の確定順接法 …………………205
　　　　―その史的推移と表現性―
　　はじめに ……………………………………………205
　一、播磨・但馬地域における確定順接形式とその分布 …205
　二、但馬地域における諸形式の存立状態 ……………207
　　１．中部域――香住地域 ……………………………207
　　２．西部域――余部・浜坂・温泉地域 …………210
　　３．東部域――八鹿・養父地域 …………………213
　三、播磨地域における諸形式の存立状態 ……………214
　　１．西北部域 ………………………………………214
　　２．東部・南部域 …………………………………216
　四、播磨・但馬域における「～カラ」の存立状態 …217
　五、諸形式の動態補述 ………………………………219
　　結　び ………………………………………………221
第二節　播磨・備前国境域方言の接続法 ………………223
　　はじめに ……………………………………………223

一、国境地域一帯の方言の接続法 …………………………………224
二、確定順接形式の分布と意味作用 ………………………………225
　1．「〜ソエニ」類形式 ……………………………………………225
　2．「〜デ」形式 ……………………………………………………227
　3．「〜サカイ」類形式 ……………………………………………229
　4．「〜カラ」形式 …………………………………………………230
　5．「〜ケー」形式 …………………………………………………233
三、確定逆接形式の分布と意味作用 ………………………………235
四、当該地域の接続法収束 …………………………………………238
　結　　び ……………………………………………………………240

第五章　婉曲・間接表現法とその推移

第一節　播磨方言の否定法 …………………………………245
　　　―その形式の史的推移と意味作用―

はじめに ………………………………………………………………245
一、否定形式の分布大概 ……………………………………………245
二、「〜ヘン」形式の生成と意味作用 ………………………………246
　1．「〜ヘン」形式の原形 …………………………………………246
　2．「〜ワ　セン（ヘン）」の音変化と意味作用 …………………248
　3．一段・カ変・サ変動詞にかかわる否定法 ……………………250
　4．「〜ヘン」形式成立の背景 ……………………………………253
　　(1)　直音化傾向 …………………………………………………253
　　(2)　短音化・縮音化傾向 ………………………………………254
　　(3)　sV＞hV 傾向 ………………………………………………255
三、「〜ン」形式の衰退と意味作用 …………………………………255
　1．主情性（←陳述）………………………………………………255
　　(1)　一人称表現（心内語も含む）………………………………255
　　(2)　否定慣用句 …………………………………………………259

2．透明性（慣用句←叙述） …………………………………262
　結　び ……………………………………………………………263
第二節　播磨方言における同意・確認要求の表現法 ……………264
　はじめに …………………………………………………………264
　一、「〜ヤロ」形式による表現 …………………………………264
　　1．同意要求の表現 ……………………………………………265
　　　(1)　体験・判断の持ちかけ …………………………………265
　　　(2)　体験・認識の持ちかけ …………………………………266
　　2．確認要求の表現 ……………………………………………266
　二、「〜トチガウカ」形式による表現 …………………………268
　　1．同意要求の表現 ……………………………………………268
　　　(1)　判断の持ちかけ …………………………………………268
　　　(2)　不確かな判断の持ちかけ ………………………………269
　　2．確認要求の表現 ……………………………………………270
　　　付1　主張の表現 ……………………………………………271
　　　付2　過去の表現 ……………………………………………272
　三、「ヤンカ」形式による表現 …………………………………272
　　1．「ヤンカ」の成立 …………………………………………272
　　2．「ヤンカ」の意味作用 ……………………………………274
　　3．「ヤンカ」による表現 ……………………………………275
　　　(1)　同意要求の意味作用 ……………………………………275
　　　(2)　確認要求の意味作用 ……………………………………275
　　　(3)　主張の意味作用 …………………………………………276
　　　(4)　説明の意味作用 …………………………………………277
　　　(5)　非難の意味作用 …………………………………………277
　四、同意・確認の表現法収束 ……………………………………278
　　結　び …………………………………………………………280

第六章　特殊表現法

第一節　近畿北部方言における説明の一表現形式 ……………283
　　　　―連文の後文末尾の上昇調を中心に―

　　はじめに ……………………………………………………283
　一、連文とその機能 …………………………………………283
　二、「説明連文」の類型 ……………………………………284
　　　1．後文が前文の「主部」に相当するもの ……………285
　　　2．後文が前文の「修飾部」に相当するもの …………285
　　　　(1)　体言＋オ（を） ………………………………285
　　　　(2)　体言＋ニ（場所） ……………………………286
　　　　(3)　体言＋ニ（時） ………………………………286
　　　　(4)　その他 …………………………………………287
　三、「説明連文」の機能 ……………………………………288
　　　1．後文末尾の上昇調と下降調 …………………………288
　　　2．前文後文の連関 ………………………………………291
　四、上昇調の音調 ……………………………………………293
　　　結　　び ………………………………………………294

第二節　近畿方言における特定の指示・呼びかけ表現 ………296
　　　　―「見よ」形式の間投用法を中心に―

　　はじめに ……………………………………………………296
　一、「見よ」形式による指示・呼びかけ表現 ……………296
　　　1．「見よ」形式の間投用法 ……………………………296
　　　2．「見よ」の諸形式 ……………………………………299
　二、「見よ」形式の分布状況 ………………………………300
　　　1．近畿域における分布状況 ……………………………300
　　　2．「見よ」類縁の事象 …………………………………302
　　　3．他域での「見よ」類縁の事象 ………………………303

三、文末に立つ「見よ」形式 …………………………………304
　　　結　び …………………………………………………………306
　第三節　近畿西部方言の間投表現法 ………………………………308
　　　はじめに ………………………………………………………308
　　一、指示代名詞系間投事象 …………………………………………308
　　　1．大要 ………………………………………………………308
　　　2．「ソレ」「ホレ」間投事象 …………………………………309
　　　3．「ホラ」間投事象 …………………………………………312
　　　4．「セー」「ヘー」間投事象 …………………………………313
　　　5．総括 ………………………………………………………315
　　二、人代名詞系間投事象 ……………………………………………316
　　　1．大要 ………………………………………………………316
　　　2．播磨・備前国境域方言の「アンタ」間投事象 ……………317
　　　3．播磨方言の「アンタ」間投事象 ……………………………318
　　　4．但馬方言の「アンタ」間投事象 ……………………………319
　　　5．播但外周域方言の「アンタ」間投事象 ……………………321
　　　6．総括 ………………………………………………………321
　　三、間投事象総括 ……………………………………………………323
　　　結　び …………………………………………………………323

第七章　生活語の世界

第一節　社会環境に生きる女性の生活語 ……………………………327
　　　―その生態と特性―
　　　はじめに ………………………………………………………327
　　一、女性の生活語 ……………………………………………………328
　　二、女性の敬語表現 …………………………………………………331
　　　1．「動詞連用形」敬語法 ………………………………………331
　　　2．敬語命令形式 ………………………………………………332

3．特殊丁寧語法……………………………………335
　三、女性の特定文末表現………………………………………336
　　1．文末詞の特定変化形………………………………………336
　　2．女性の文末詞と男性の文末詞……………………………338
　　　(1)「ガイナ」「ガイヤ」……………………………………338
　　　(2)「カイナ」「カイヤ」……………………………………340
　　　(3)「ワイナ」「ワイヤ」……………………………………340
　　　(4)「ドイナ」「ドイヤ」……………………………………341
　　　(5)　まとめ…………………………………………………341
　四、女性の断定表現……………………………………………342
　五、総　　括……………………………………………………344
　　結　　び………………………………………………………345

第二節　生活敬語法推移の軌跡…………………………………347
　　　　―対話の表現心理―
　はじめに…………………………………………………………347
　一、敬語を生む日本語の風土…………………………………347
　二、中央敬語と地方敬語………………………………………348
　三、地方と地方敬語の論理……………………………………349
　四、地方における中央敬語の活用……………………………350
　　1．語形の変容―「ナサル」敬語の場合―…………………351
　　2．語形の短縮（縮音化）……………………………………352
　　　(1)「ナサル」敬語の場合…………………………………352
　　　(2)「ナサリマス」敬語の場合……………………………353
　　3．新敬語の派生―「ス（サス）」敬語の場合―…………354
　　4．本来敬語の活用―「レル（ラレル）」敬語の場合―……356
　五、地方における中央敬語の衰退……………………………357
　　1．三人称敬語化………………………………………………358
　　　(1)　三人称敬語とその形成………………………………358
　　　(2)　身内敬語化……………………………………………358

(3)　侮蔑語化 …………………………………………360
　2．敬語命令形の特定化 ……………………………………361
　　　(1)　命令形の性格 ………………………………………361
　　　(2)　命令形残存の実態 …………………………………362
　　　(3)　命令形残存の理 ……………………………………366
　　　(4)　総括 …………………………………………………367
　結　び ……………………………………………………………367
第三節　人間関係を築く話しことば表現 …………………………369
　はじめに …………………………………………………………369
一、話しことばの基盤 ………………………………………………369
二、待遇の意識と表現 ………………………………………………370
三、対話の他律性と強調性 …………………………………………371
四、対話を支える敬意の表現 ………………………………………373
　1．敬語法 …………………………………………………………374
　　　(1)　丁寧語法 ……………………………………………374
　　　(2)　尊敬語法 ……………………………………………375
　2．文末詞法 ………………………………………………………376
　3．挨拶表現 ………………………………………………………377
五、対話を導く聞き手の立場 ………………………………………377
六、話しことばの場と表現 …………………………………………378
　結　び ……………………………………………………………378

結章　方言の表現とその特性
　―方言表現特性論の試み―

　はじめに …………………………………………………………383
一、方言研究の表現論的立場 ………………………………………384
二、方言の表現特性 …………………………………………………385
三、表現特性の諸相 …………………………………………………385
四、文表現上の特性 …………………………………………………386

1．社会的特性 …………………………………………387
　　2．生成的特性 …………………………………………387
　　　(1) 他律的特性 ………………………………………387
　　　(2) 強調的特性 ………………………………………387
　　3．衰退的特性 …………………………………………387
　　　(1) 恒常的特性 ………………………………………387
　　　(2) 局限的特性 ………………………………………387
　　4．基質的特性 …………………………………………388
　　5．各特性補説 …………………………………………388
　五、表現特性例説 …………………………………………389
　　1．(例1) 九州肥前方言の仮定法 …………………389
　　2．(例2) 関西播磨方言の否定法 …………………390
　　3．(例3) 他律的特性（生成的特性）について …………392
　　4．(例4) 山陰の広母音化傾向と九州の狭母音化傾向 ……394
　　　(1) 山陰の広母音化傾向 ……………………………394
　　　(2) 九州の狭母音化傾向 ……………………………395
　　結　　び ……………………………………………………396

あとがき ………………………………………………………399
索引 ……………………………………………………………401

第一章　特定文末詞の表現法

第一節　播磨・但馬方言のナ行音文末詞
　　　　——その生態と特性——

はじめに

　文末決定性を本性とする日本語は、文の表現にあたって、その意味の核心を、後方の述部へと託しこむのがつねである。これを、述部中心の表現性ということができる。会話の世界に生きる口頭の表現にあっては、そのような文表現の末尾に、さらに特定の文末要素の行われることが多い。いわゆる文末詞である。文末特定要素——文末詞は、叙述内容を収約・統括すると共に、会話の相手へ呼びかけ、訴えかける働きを持っている。

　文末決定性を持つ日本語にあっては、文末詞が存立しやすいと言われている。文末重点構造の文表現であれば、その末尾に、その発想・意図の赴く勢いのままに、相手目あての文末特定要素が立ちやすいのであろう。ここに、本来的な文末詞と共に、他の品詞から転成した文末詞も豊富で、現に新生を重ねつつある。1地点方言で、おおむね50～60種類の文末詞の存立するのが現状ではないか。

　本稿では、近畿西部域方言——主として播磨・但馬域方言に存立する特定の文末詞を取りあげ、その生態と特性とについて記述する。当域方言でも、多くの文末詞がある。そのうち、特に、「ナ行音文末詞」とされる一連の事象を取りあげることにしたい。

　ナ行音文末詞は「ナ」「ニ」「ヌ」「ネ」「ノ」を含む本来的な文末詞（原生的文末詞）で、感声的な性格を持っている。早くから文末詞の研究に携わってきた藤原与一氏は、ナ行音文末詞について、次のように述べている。

　　もともと（原生的に）感声的なものであったと想察して、その発生を考えれば、これは、不可知的な古さを持ったものだと想定される。「ナー」「ノー」「ネー」など、今日、普及もはなはだしいが、それがなお感声的であるのを見るにつけても、私どもは、この感声的なものの日本語

史上での起源の古さを思わないではいられない。(藤原 1982, p. 130)
ナ行音文末詞が感声的なものであることは現前の事実であるが、たしかにその起源については定かでない。今日、活動の盛んなこの種の文末詞が、原生的なものかとする推論は首肯されよう。

播磨・但馬方言領域では、ナ行音文末詞のうちでも「ナ」「ノ」「ネ」が行われており、「ニ」「ヌ」はない。全国的にも「ニ」「ヌ」は影が薄い。狭母音に支えられていて、相手に呼びかける聞こえの効果が弱いからであろう。したがって本稿では、当該方言の「ナ」「ノ」「ネ」の生態とその特性とについて取りあげることになる。なお、全国にわたるナ行音文末詞の存立状態については、藤原与一氏の広汎な研究がある（藤原　1982, 1985, 1986）。当該域での以下の記述についても、同研究に負うところが少なくない。

一、「ナ」文末詞の用法と機能

「ナ」文末詞は、他の文末詞に抜きんでて、全国に広く行われている。しかも、日常的で活力に富んでいる。当該域を含む近畿地域でも、この文末詞の行われることが著しい。この点について藤原与一氏は、

> 近畿弁を経験するにつれ、近畿地方が、まさに、「ナ」のくにであることを痛感するにいたった。(中略) 近畿性とでも言いうるものがあるのかとも思われる。(藤原　1982, p. 188)

このように述べている。たしかに、その「ナ」の頻出する事態に、当該域の穏やかな言語生活の日常が感じとられる。ナ行音文末詞は、感声的な事象であるだけに、固有特定の意味を持ってはいない。相手への全一的な呼びかけ、訴えかけが基本の機能体である。そうではあるが、文表現の叙述面での意味に応じる状態で、一定の色あいを帯びるようにもなっている。この色あいに留意して、「ナ」の主要な用法と機能について討究することにしたい。なお、「ナ」文末詞は、他の文末詞と複合しても頻用される。まずは、両者を区分し、それぞれの生態について記述する。

1．単純形について

(1) 呼びかけ表現を支える「ナ」

「ナ」が、呼びかけ・訴えかけを本性とするものであることは、既述したとおりである。その「ナ」が、単純に相手目あての呼びかけに立つ用法のものをあげれば、次のとおりである。

　○アノ　ナー。（あのねえ。《中年女が友人に》）［丹波・春日(カスガ)］
　○アン　ナー。（あのねえ。《高校女が友人に》）［播磨・滝野(タキノ)］

相手への呼びかけである。この呼びかけでまず相手の注意を喚起し、続いて伝達の内容が持ちかけられる。

　○アン　ナー。ワタシト　ナー。コズエト　ナー。ヨーコトデ　ナーア。
　　（あのねえ。私とねえ。こずえとねえ。洋子とでねえ。《相手への説明》）

うえの第2例には、このような伝達・説明が続く。その意味で、「アン　ナー。」類は、伝達発始の環境を整える、特定の「発話・発文」の機能を果たすものとも言える。その観点からすれば、

　○チョット　ナー。（あのねえ。《中年女が老女に》）

の類も、その伝達発始の機能を担う言いかたともみられる。表現の世界では、「チョット」は「アノ」に対応する呼びかけの機能体である。「ナ」は、この呼びかけの働きを有効に補完している。「ナ」はさらに、単独で文頭に立ち、呼びかけの働きを見せる場合もある。

　○ナーア。ヒャクショーヤモ　ヘッタ　ナー。ヒャクショーヤモ　ナ。
　　（ねえ。農家も減ったねえ。農家もねえ。《老女同士の感慨》）

但馬・八鹿(ヨーカ)の1例である。文頭の「ナーア」は、単独で相手への呼びかけに立ち、伝達発始の場の形成を果たしていよう。その抑揚にも、相手の意向を迎えようとする意識がよく表れている。

(2) 共感の表現を支える「ナ」

共感の表現——と言えば、相手が持ちかけた意向・内容に共鳴する表現が基本であろう。

　○ソーダン　ナー。（そうですねえ。）
　○ソーデン　ナー。（そうですねえ。）

いずれも播磨・社(ヤシロ)の古老による例で、相手に同意・共感する表現である。「ナー」はこのような表現を支えても頻用されており、いわば共感表現の代表的な形式である。「〜ダン」の基本形式は「〜ダス」であり、「〜デン」のそれは「〜デス」である。両者に、新旧の対応があることはむろんである。土地の１識者は、前者が男ことば、後者が女ことばと説明している。それほど際立った区別はないとしても、後者の方がていねいな言いかたであることは否めない。

　「そうです」は、もともと話し手が、相手に同意を表す言いかたであるが、これを支えて働く「ナー」が、相手に対する呼びかけ、訴えかけを本性とする機能体であることは、これまでにも再三述べてきた。その呼びかけ、訴えかけは、基本として相手の同意共感を期待してのものであることは言うまでもない。その観点からすれば、叙述を統括して「ナ」の働く文表現は、その「ナ」中心に、共感表現と言えなくもない。が、本項で言う「共感」は、話し手が相手に共感する表現作用を主眼としている。その限りでは、うえの「そうです」を支えて立つ文末の「ナー」は、「共感」の意味作用を増幅していよう。

　　○ソーンダ　ナーア。(そうだねえ。《中年女が老女に》)

但馬・八鹿での類例である。

　　○ヤッパリ　イッショデン　ナー。(やっぱり同じですねえ。《老男が老女に。
　　　相手の説明に共感して》)[社]

この種の共感表現もある。これは、相手のもたらした情報を、手持ちの情報と照応したうえでの共感表明である。相手は、「ソラ　イッショデス。」(それは同じです。)と、確信をもって応じている。やや複雑ではあるが、共感を表す「ナ」そのものの働きに変動があるわけではない。

　先にも述べたとおり、「共感」の範疇をやや拡大すれば、話し手の、相手に対する共感期待も視野のなかに入ってこようか。その観点を交えて、次の１例を取りあげておこう。

　　○ハツボンヤ　ナー。(初盆だねえ。《中年女が老女に》)
　　↕
　　○ハヤイ　ナー。(〈時の立つのが〉早いねえ。)

播磨の相生（アイオイ）での実例である。共通の知人の死を追想しての会話である。ここには故人を偲ぶ思いが深い感慨となって表出されており、互いに共感しあっている。いわば、共通の事態に関する話題に、双方とも共感しあっている例である。ここで「ナ」は、双方の感慨を担って、有効にその機能を発揮している。

(3) 確認・感懐の表現を支える「ナ」

確認の表現を支える「ナ」がある。

○マンダ　コン　ナーア。（まだ来ないねえ。《中年女同士》）[但馬・温泉（オンセン）]

中年女性が2人、待ち人の未到着について確かめあっている。文末の「ナーア」の抑揚（後述）には、相手にうかがい、念を押し、確認しようとする表現心意がよく表れていよう。

○コナェーダ　サイシェキカラ　シンドッタ　ナー。オバチャン。（この間、採石場で〈人が〉死んでいたねえ。おばちゃん。《中年女が老女に》）[温泉]

○イワミノ　ホーノ　ヒトダッタ　ナーア。（〈死んでいたのは〉石見の方の人だったねえ。《老女が中年女に》）[温泉]

第2文（応答文）の末尾の「ナーア」も、先の例と同類の表現性を示している。

このような確認の表現は、話題によっては、話し手の何らかの感懐を伴いがちである。うえの諸例にも、その感懐がかなり濃く表れていよう。

○マタ　アメヤ　ナー。（また雨だねえ。《中年男同士》）[播磨・加古川（カコガワ）]

曇り空を見上げての会話である。確認もさることながら、「マタ……」によっても推察されるように、長雨に対する憂うつな気分が表れている。長呼の「ナー」にもその思いが表出されていよう。

○キョーワ　アメジャ　ナー。（今日は雨だねえ。《初老男の言。空を見上げて》）[播磨・千種（チクサ）]

にしても同様である。「ナー」の押さえた抑揚には、独白に近い感懐が表出されている。

このように見てくれば、天候・気候を言う挨拶の類も、この項に関連して

くるのではないか。

　○キョーワ　サミデン　ナー。(今日は寒いですねえ。《老女が中年女に。路上で》)〔播磨・社〕

　○アツ　オマン　ナー。(暑いですねえ。《老男が老女に》)〔加古川〕

いずれも、路上行きずりの挨拶表現である。時候を言う、軽い典型的な挨拶であるが、出会いの場における仲間うちでの親愛の情が、一定の感懐として表出されてもいようか。長呼の「ナー」にも、その感懐を持ちかけて共感を期待する、相手目あての情意が込められていよう。

(4)　**陳思の表現を支える「ナ」**

　自己の思いを陳べる表現を支える「ナ」がある。

　○ナカナカ　ガッコノ　センセ　ユータラ　エライ　コッタン　ナー。

　　(なかなか学校の先生といったら、たいへんなことなんですねえ。《教師の苦労を思いやる。老女》)〔播磨・西脇(ニシワキ)〕

児童・生徒の問題で苦労している教師を思いやっての発言である。文末の長呼の「ナー」には、その、話し手の詠嘆・感懐が打ち出されていよう。当然のこと、持ちかける相手の共感を期待している。

　○ダンダント　ナー。ホーゲンガ　ウスライデ　キマス　ナーア。(だんだんとねえ。方言が薄らいできますねえ。《老女の言》)〔八鹿〕

方言の今昔を思いあわせての詠嘆である。ここには、昔の方言生活を懐かしむ思いが表出されてもいようか。それもさることながら、話し手の老女は、ともかくも現今の方言の変化に感じ入っているのである。これを統括する「ナーア」にも、その詠嘆が強く表出されている。

　○モー　アカン　ナー。(もうだめだねえ。)〔加古川〕

　○コマッタ　ナー。(困ったねえ。)〔播磨・姫路(ヒメジ)〕

も、事に当たっての内心の情感を端的に表出したもので、文末の「ナー」はその情感を収斂し、相手に訴えかけている。もっとも、第2例の低平調の「ナー」は、独白に近いものを表していようか。話し手の内面の深さがうかがわれる。

　○アイツ　アカンヤッチャ　ナー。(あの子、だめなやつだねえ。《少年の稚

拙な行動を嘆いて。中年男》）［社］

これも、少年の稚拙な行動を見て、遺憾な思いをとっさに表出した表現である。その思いを文末の「ナー」に収斂し、特定の情念を込めて相手に訴えかけている。

⑸　問尋の表現を支える「ナ」

「ナ」は問尋の表現を支えても行われる。

　○ダイコン　ナンボー　ナ。（大根はいくらね。《店頭で中年女が聞く》）［播磨・相生］
　○ナンデー　ナ。（なぜなの。《小学生女同士》）［播磨・小野］

これらの例で「ナ」は、話し手の問尋の意図を穏やかに相手に持ちかける有効な働きを見せている。両例とも疑問詞が含まれていて、疑い問尋の姿勢は明らかであるが、その疑問詞のない例も少なくない。

　○イラン　ナ。ホカス　デー。（要らないの。捨てるよ。《老女が孫に。ジュース瓶を掲げて》）［姫路］
　○カタカナ　ナ。（片仮名表記なの。《青年女が、老女の名前を書きとりながらその老女に聞く》）［社］

これらは、文中に疑問詞のない例である。ただ、いずれも特定の場面がある。その具体的な状況の中で、相手への訴えかけが果たされており、問いかけの意図が明らかである。この種の訴えかけは、内うちの場面を共有できる、ごく気安い間がらで行われるのがつねである。そのこともあって単純な形式となることが多い。

　以上の諸例を見て注意されるのは、「ナ」がおおむね短呼であることである。しかも押さえた抑揚で、問尋の表現の一般にありがちな上昇調をとることが少ない。「ナ」の立つ問尋の表現にあっては、その「ナ」の軽さが指摘できるのか。「ナ」はまた、敬語を用いた待遇度の高い問尋表現を統括することもある。

　○イツゴロデスイ　ナ。（いつ頃ですか。《中年男同士》）［摂津・尼崎］

このような問尋の表現にあっても、「ナ」は、短呼で低平調であるのが普通である。

⑹ 命令・勧奨の表現を支える「ナ」

命令・勧奨の表現を支えて「ナ」の行われることがある。
　○ツレテ　イッチャレ　ナー。(連れて行ってやれよ。《子どもが行きたがっているのを見て。老男が嫁に》)［播磨・山崎(ヤマサキ)］
　○布団なんか　ミーンナ　ヤイテマエ　ナ。(……みな焼いてしまえよ。《死人が使っていた布団の始末。老女同士》)［社］

命令表現を支えて「ナ」が行われている。動詞命令形の機能する表現は、実際には行われることが少ないかのようである。この種の表現は、相手を罵倒したり蔑視したりする物言いになりがちで、日常、普通にはあまり行われない。上述の例も特定場面でのもので、何らかの情念を蔵した言いかたになっている。「ナ」は、このような叙述を支えて、相手への訴えを果たしているが、これが立てば、命令の鋭気を押さえる効果がある。

　動詞命令形の働く表現は少ないが、敬語の命令形の働く表現は多い。
　○ハヨ　イキナハレ　ナ。(早くおいでなさいよ。《バスの時間を気にして。中年女が青年に》)［社］
　○コッチ　オインナハレ　ナ。(こちらへお入りなさいよ。《老女が旅の訪問者に》)［丹波・山南(サンナン)］

「〜ナハレ」を統括する例である。相手に丁寧に勧める例で、この種のものは、命令形が機能していても、勧奨表現と言うにふさわしい。「ナ」が作用することによって、表現は命令の心意を和らげる効果を生んでおり、命令によって生じる相手との隔意を、穏やかに埋める働きを見せている。

　○コッチ　キネー　ナ。(こちらへおいでよ。《老女同士》)［丹波・柏原(カイハラ)］
　○マエ　イキネー　ナ。(前においでよ。《初老男が老男に。催物の席で》)［但馬・朝来(アサゴ)］

ここに行われている「〜ネー」は、主として丹波、但馬などの北部一帯に分布しており、やがて山陰へとつながる。心安い人同士の間で用いられるものである。先の「〜ナハレ」の変化形式であろう。用いかたの限られた、低いレベルの敬語である故か、上掲の実例の場合、「ナ」は、表現の敬意を助けてもいる。しかもその敬意は、親しみを表す程度のものである。

〇コッチ　キナーレ　ナ。(こちらへおいでよ。《老女同士》)[柏原]

これも主として北部に行われるもので、先の「〜ネー　ナ」とほぼ同じ分布領域を持っている。土地の識者は、古老の言いかたであると説明している。ここでも訴えかけの「ナ」が、程よい情愛を醸し出す、勧奨の表現をしたてている。

　命令・勧奨の表現に行われる文末詞は、「ナ」に限られている。つまり後述する「ノ」「ネ」は行われない。このことは、「ナ」の呼びかけ、訴えかけの作用が、上述の命令・勧奨の叙述と調和していることを示していよう。「ノ」は、後述するとおり、旧来の事象である。全域で古態とも言える衰退状況にあり、概して品位が低い。一方、「ネ」は新来のもので、地域の生活風土に深くなじんではいない。一定の敬意を持ちかけるには、「ナ」が最も適しているのである。前述したとおり、近畿は"ナ"のくに"である。「ナ」の広汎な活動と意味作用に、改めて注目をさそわれるのである。

　当域方言には、また、「行キー」「来ー」のような、「動詞連用形を用いる尊敬表現法」が盛んである。「ナ」は、これのかかわる叙述を統括しても行われる。

　〇ハヨー　イキー　ナ。(早く、お行きよ。《青年女が小学生女に》)[姫路]
　〇コッチ　キテ　タベー　ナ。(こちらへ来ておあがりよ。《老女が少年たちに勧めて》)[山南]

土地のある識者は、これを女性に多い、優しい言いかたと言う。「ナ」はここでも相手を穏やかにとらえている。この尊敬法の成立について、藤原与一氏は次のように述べている。

　　「行キー。」式の言いかたの一つの成立源としては、「行きナサイ」式
　　の言いかたが考えられるのであろう。(中略) すくなくとも、『行キー。」
　　などには、「〜なさい」の気分が感じられる。(藤原　1978, p.193)

慎重な言いかたながら、うえの連用形を用いる敬語法が、「〜なさい」に発するものとする指摘である。当域には「オコシナ。」(おいでなさい。《訪問客に》)のような「〜ナ」の言いかたもあることからして、たしかに「〜なさい」「〜なはれ」の下略を思わせる。「オコシナ。」の「〜ナ」も「〜なはれ」

から下略によって生じた「～ナ」であろうか。

　なお、命令・勧奨の表現を支える「ナ」は、短呼で平調であるのが一般である。したがって、この「ナ」も、訴えかけの働きもさることながら、相手への命令・勧奨の持ちかけの硬さを、どの程度にか和らげようとする意図に基づくものと考えられる。

(7) 依頼の表現を支える「ナ」

　依頼の表現を支える「ナ」がある。

　　○コレ、モットクレー　ナ。（これを持って下さいな。《妻が夫に》）［春日］
　　○チョット　マッテ　クダハイ　ナ。（ちょっと待って下さいな。《老男が他郷の人に》）［社］

これらの例に見られる「～て　下さい（おくれ）」は、いわば依頼の表現の基本形式と言ってもよい。おおむね品位もよい。前者は地域に熟した言いかたであるが、後者はやや改まっていようか。これらの叙述を統括している「ナ」も、前項の命令・勧奨表現の場合に類して、持ちかけの硬さを和らげる効果を見せている。

　依頼表現は次のような形式でも行われる。

　　○オバーチャン　コレ　ウッテ―　ナ。（おばあちゃん、これを売ってよ。《中年男が店番の老女に》）［加古川］
　　○ハナシ　シテ―　ナ。（お話をしてよ。《小学女が祖母に》）［山南］

「～て」の後を省略した依頼形式のものである。この形式のものは、手軽な故か、全般によく行われる。「ナ」は、叙述部分とよく呼応していて、内うちの親しみを表している。

　　○セキ　トットイテ　ナー。（席を取っておいてね。《高校女同士》）［姫路］

短呼平調の「ナ」の多いなかで、この例のような長呼上昇調の「ナー」も目立つ。こうあれば、依頼の心意が、いっそうよく表れる。

(8) 勧誘の表現を支える「ナ」

　勧誘の表現を支える「ナ」がある。

　　○コッチ―　イコー　ナー。（こっちへ行こうよう。《高校女同士、相手を誘って》）［加古川］

〇オドッテンダケ　ミヨーナ。(踊られるのだけ見ようよ。《住吉神社の祭礼の伝統的な踊りを。帰りたがる子に母が》)〔社〕

勧誘の意思を相手に訴えかけるにあたって、「ナ」は、その誘いを、いっそう深い情意で支える作用を見せている。いわば相手の応諾を願う心意がよく表れていよう。類例は多い。

　〇イッショニ　イキマホイ　ナ。(いっしょに行きましょうよ。《老女同士》)〔播磨・加西(カサイ)〕

「ナ」が敬体の叙述を統括している例である。「～マホ」は「～マショ」からの変化形であろう。これはさらに、

　〇イッショニ　イキマイ　ナ。(いっしょに行きましょうよ。)〔社〕

のようにも変容して行われている。いずれも古老の物言いで、若い層には見られない。

(9)　説明の表現を支える「ナ」

　事態、事情を説明する表現を支えて「ナ」が行われている。

　〇キノー　ヨーチャンガ　オラヘンカッタカラ　ナーア。ワカラヘンヤローケド　ナーア。(昨日、陽ちゃんがいなかったからねえ。わからないだろうけどねえ。《高校女同士》)〔滝野〕

事情を説明する表現を統括しての「ナー」である。その、相手へ訴えかける働きは、いかにも際立っているように観察される。「ナーア」の２度上がりの抑揚も、相手を逸らさない訴えの効果が、いっそうよく表れているようである。

　説明の内容は、本来、話し手に属する情報である。その情報を相手に伝達するにあたっては、相手に訴えかけると共に、その反応を確かめたいのがつねであろう。文末の「ナー」に、その話し手の心意が結集している。

　〇コウシ　ウッタリ　シテ　オカネ　モーキョッタデ　ナー。(小牛を売ったりしてお金を儲けていたのねえ。《老女の説明》)〔播磨・佐用(サヨー)〕

　〇イマノ　ヒトワ　コトバガ　ヨー　ナットーカラ　ナー。(今の若い人はことばがよくなっているからねえ。《老女の説明》)〔播磨・上郡(カミゴーリ)〕

いずれも旅の筆者へ、土地の情況を説明したものである。この表現でも、相

手に焦点を合わせた「ナー」の訴えかけの機能が生きている。
　　〇ムラノ　モトノ　ナーデヒ　ナ。(村の元の名称ですね。《犬見という地名についての説明。老男》）[播磨・大河内(オーコーチ)]
この説明の表現では、短呼の「ナ」が行われている。説明の老翁は「イヌミデン　ナ。」(犬見ですね。）とも言っている。相手の求めに応じての説明・教示の意識が高まれば、「ナ」は、上昇ぎみの短呼になりやすいようである。長呼の「ナー」には、おのずからに話し手の感懐がにじんでいるのか。
　　〇ソナイ　セナンダラ　ナ。モシ　メゲタ　トキニ　ナ。シューリ　スル　トキニ　ナ。(そんなにしなかったらね。もし壊れた時にね。修理する時にね。《姫路城の修理方法を語る。中年男同士》）[姫路]
これも、話し手に属する情報を、一方的に説き明かす、いわば教示の意識でもって相手に伝達している例である。ここでも短呼で上昇ぎみの「ナ」をとっているのが注意される。

(10)　総括

　"近畿地方がまさに「ナ」のくに"と言われるだけあって、当該域にあっても「ナ」はごく日常的であり、その用法も複雑である。相手への呼びかけ、訴えかけを本性とはするが、感声的であるだけに、様ざまな訴えかけの意図や心意に同調しやすい。上述のとおり、多様な表現を支えているのも、「ナ」の感声的な性格にかかわっており、その「ナ」もまた、多様な表現にかかわって、表現性の色あいを多彩なものにしている。
　ところで、うえの諸例の用法を概観すると、長呼の「ナー」と短呼の「ナ」とがだいたい使いわけられているかのようである。すなわち「呼びかけ」「共感」「確認・感懐」「陳思」((1)～(4)) の各項には、主として長呼の「ナー」が行われ、「問尋」「命令・勧奨」「依頼」「勧誘」((5)～(8)) の各項には主として短呼の「ナ」が行われている。前者は、おおむね話し手の感懐、相手との共感を表す表現であり、後者は、おおむね相手への要求を表す表現である。前者に長呼の「ナー」が行われやすいのは、共感、感懐など、話し手の詠嘆が深くかかわっていることに関係があろう。これに対して、後者に短呼の「ナ」が行われやすいのは、相手に対する問尋、要求など、話し手の

持ちかける内容や意図が、比較的確然としていることに関係があろう。ここで「ナ」は、詠嘆よりも、問尋、要求の硬さを和らげる方向に働いていると解される。

さて、その長呼の「ナー」の抑揚は単純でない。これまでに掲出した諸例では、主として「ナ̄ー」「ナ̄ーア̄」を取りあげた。「ナ̄ー」は事例も多く、いわば全般によく行われる形式である。それに対して「ナ̄ーア̄」は、「ナ̄ー」に加えてもう1度後を上昇させる、言ってみれば2度上がりの抑揚で、相手への訴えの意図が殊にけざやかである。この種の抑揚は当該域の全域で聞かれはするが、特に但馬など北部で著しい。

　○コノ　ムラ̄ノワ　チョ̄ット　アツイデ　ナ̄ーア̄。(この村の〈温泉〉はちょっと熱いのでねえ。《中年女が旅の者に、温泉の質を説明する》) [但馬・浜坂(ハマサカ)]

はその1例である。相手の意向に留意しつつ意図の伝達を図ろうとする、話し手の特殊な心意が表れているとみられる。相手をうかがう意識に可憐さ、優しさがひそむのか、この抑揚は、老若にわたって女性に多い。なおこの抑揚は、但馬の両傍、因幡、丹後にも見いだされる。

近来、山陽側で、若い女性によく聞かれるのは高平調の抑揚である。1例をあげよう。

　○カ̄イダンカラ　ダ̄イブ　ハナレトッテン　ナ̄ー。ホ̄イタラ　ナ̄ー。マ̄エオ　ナ̄ー。(階段からだいぶ離れていたのよねえ。そしたらねえ。前をねえ。《高校女同士》) [加古川]

この文末の抑揚もかなり特異を感じさせる。説明を支える1つの形式である。末尾の上昇する「ナ˚」「ナ̄」も注意を引く。

2．複合形について

(1) 複合形大要

当該地域は、「ナ」の活動が盛んであるだけに、その複合形も多彩である。その主な事象を掲げると次のとおりである。

　　ヨナ／ヤナ／カナ・カイナ・ケーナ・カレーナ／ゾナ・ドナ・ゾイナ・

ドイナ／ガナ・ガイナ・ゲーナ／ダナ・ダーナ・サーナ・ダカナ・サカナ・ダガナ・サガナ／ネンナ／ワナ・ワイナ・ウェーナ・〜ハナ／ナンタ／ナレ・ナーレ／ナーエ・ナヨ・ナーヨ／〜(イ)　ナ

このように複合形事象は多い。このうち、主要なものについて整理すると、おおむね次のようになろう。

　　カナ・カイナ・ケーナ
　　ガナ・ガイナ・ゲーナ
　　ワナ・ワイナ・ウェーナ
　　ゾ(ド)ナ・ゾ(ド)イナ

これらは、ほぼ全域に行われる事象である。これには、「カヤ・カイヤ」「ガヤ・ガイヤ」「ワヤ・ワイヤ」「ゾ(ド)ヤ・ゾ(ド)イヤ」のように、「〜ヤ」の形式が対応している。「〜ナ」が、やや上品で主として女性に行われるのに対して、「〜ヤ」はやや下品で主として男性に行われる。その用法と機能の詳細については、次稿に譲ることにしたい。

　　ダナ・ダーナ・ダカナ・ダガナ

この一連の文末詞は但馬に行われる。頭部の「ダ」は、断定辞「ダ」が文末詞化したものである。これはまた「サ」とも変化 (da＞sa) している。

　○ヒ̄ト̄ヘヤニ　オリマス　ダ̄ガナ。（1部屋にいるんですね。《昔の小学校の児童の教室について語る。老女》）[温泉]
　○アケ̄テ̄モ　クレ̄テ̄モ　キコ̄リニ　イキマス　サ̄ガナ。（明けても暮れても樵に行くんですよね。《昔の生活を語る。老女》）[温泉]

このように、「ダガナ」は「サガナ」と変化しても用いられている。ここには、「ダ」〔da〕音の破裂性を軟化し、相手への持ちかけの硬さを和らげようとする意図もうかがわれようか。全般に断定辞「ダ」から転成した文末詞「ダ」は、「サ」へと変化する傾向が著しい。

　　ナヨ・ナーヨ・ナレ・ナーレ・カレーナ

この1連の「ナ〜」は淡路方言に存する（藤原　1976, p.54）。「カレーナ」は尼崎・宝塚地域で行われている。その1例である。

　○シ̄ル　カレ̄ーナ。（知るもんか。）

反語的な反発の表現である。

　　ナンタ・〜ハ　ナ・〜(イ)　ナ

　当該域方言の特性をよく表す文末詞である。各おのの用法や機能については、項を改めて取りあげたい。

(2)　ナンタ

　「ナンタ」は、北部の但馬地域に行われる文末詞である。当面の「ナ」に、相手を呼ぶ「アンタ」(あなた)が複合して成ったものであろう。

　　○ヨー　フリマス　ナンタ。(よく降りますねえ。《老女同士》)

温泉町での1例である。文末に「ナー」とあるよりも「ナンタ」とある方が、懇ろな親しさと品位が加わる。

　当該の近畿西部域は、全般に相手に呼びかける「アンタ」がよく用いられる。特に、文中に間投する用法は、当該の全域で著しい。

　　○ミッツモ　アンタ　セッケンヤ。(3個も、あんた、石けんだよ。《籤引きの景品。中年女同士》)〔加古川〕

これは、文中に間投された例である。ところが但馬では、「アンタ」が、文中だけでなく、文末に行われることが多い。

　　○コンニチワ　アンタ。(今日は。《老女同士。路上で》)〔温泉〕

　　○カワリマシタ　カワリマシタ　アンタ。(変わりました、変わりましたとも。《昔と今との生活の変化を言う。老女》)〔浜坂〕

文末の「アンタ」には、相手に身を寄せて訴えかけるおもむきの、あるいは相手の胸を軽く打つおもむきのニュアンスがある。うえの例で「アンタ」は、すでに文末特定要素——文末詞として熟しているかのようである。類例は多い。

　うえの「アンタ」は、他の文末詞の立つ表現を包摂して行われることも少なくない。しばらく温泉、浜坂地域の実例をたどってみよう。

　　○セーナ　コトガ　デキル　モンカナ、アンター。(そんなことができるものかね、ほんとに。《老女同士》)

「〜モンカナ」で終結した文叙述を、「アンタ」が、さらに大きく統括した例と見られようか。

○ヨナベニ　コイテ　シマイマヒョーッテ　ナーア、アンタ。(夜なべに〈稲を〉扱いでしまっていましたねえ、ほんとに。《老女が昔の稲扱ぎ作業を語る》)

この文にしても、「〜ナーア」の文叙述を「アンタ」が大きく包摂し、統括した例としてよい。「〜ナーア」の抑揚は、相手への訴えかけを念入りに果たしている。「アンタ」はそれをさらに包摂して、いわば相手の胸を打たんばかりに心意の近接を図っているのである。当然のこと「アンタ」は、「〜ナー」でいちおうの訴えを果たした文をも包摂して、新しい呼びかけの心意を満足させた。次はその1例である。

　　○ゴハン　タクッテヤ　スイハンキダ　ナンダー　イッテ　ナーアンタ。(ご飯を炊くといえば炊飯器だとか何だとか言ってねえ、全く。《老女が現今の若い者の軟弱ぶりを嘆く》)

この文の「ナーアンタ」は、アクセントの山のありようを見ても、複合が完成しているとは言えない。が、このような抑揚をとる事例は多い。

　　○コメー　ウッテ　ナーンタ。フリーノー　ナーンタ。(米を売ってねえ。古いのをねえ。《暮らしむきを老女が説明する》)

「ナーンタ」となれば、各語の独立性は薄く、もはや複合形と認めてよかろうか。後項の「アンタ」の形の一部が、前項の「ナー」と結合しているさまが明らかであろう。しかも一山の抑揚で全体を統合している。こうあれば「ナンタ」の安定形式へは一息である。

　　○夜は　ランプノ　ヒー　チサー　シテ　ナンタ。ムカシニャ　ナンタ。(……ランプの灯を小さくしてねえ。昔はねえ。《昔の夜の生活を語る。老女》)

　　○シケニデモ　アタッタラ　コノヨニ　オリャ　ヘンケー　ナンタ。(〈海で〉時化にでもあったら、この世に居はしないからねえ。《漁師の老男の海での体験談》)

この例に見られる「ナンタ」は、複合形としては、いちおうの完成形式とされようか。それにしても、当該域の温泉・浜坂地域では、上来掲げてきた、いわば「ナンタ」への過程を指摘できる諸形式も「ナンタ」と共によく行わ

れている。形式が安定した「ナンタ」よりも、相手への情の思い入れが濃いかと観察される場合もある。

　ともあれ、「ナンタ」は、「アンタ」を後項に持つためか、やや品位がよい。単に「ナー」とあるよりも、相手への心の寄せかたが強い。ここに懇ろな親しさがうかがわれる。品位がよいだけに、成人の女性に多い。若い女性が用いれば優しさがにじむ。

　「ナンタ」は、但馬のほぼ全域で行われる。但馬だけでなく、その東部に続く丹後にもある。さらに山陰を西にたどれば、山口県下の「ノンタ」が注意される。

　〇ヨー　ワカリマセン　ノンタ。（よくわかりませんねえ。《老男が旅の者の
　　質問に答えて》）

周防・広瀬での１例である。「ノンタ」は、「ノー」に例の「アンタ」が複合して成ったもので、「ナンタ」とほぼ同巧の成立事情を持っている。山陰に連なる地帯の東と西の両域に、同巧の文末特定要素が存立するのは興味深い。当然ながら、東の「ナンタ」は「ナ」の地域に生じ、西の「ノンタ」は「ノ」の地域に生じた。呼びかけの「アンタ」は、両地域に同似の表現心理をもって立ち、特定の文末用法を慣習化させたのである。同地域における、「アンタ」の呼びかけ習慣の根強さに、改めて注目をさそわれる。「アンタ」の文末用法は、山口県に接する九州でも見られ、特にその北部域に、「アンタ」と共に、「ナンタ」「ナータ」「ナタ」が顕著である（神部　1992）。

　「アンタ」が文末に慣用されているのは、うえの特定地域であるが、文末に限らず、文中での用法（間投用法）に目を転じれば、播磨以西の地域が格別の濃度を見せている。もとより「アンタ」は、相手を指す二人称代名詞である。うえに文末および文中用法としたものは、本来の代名詞の機能を支えとしながらも、会話の現場で相手に呼びかける、特殊な作用を見せるものである。その習慣が特定化して、文末にあっては文末特定要素——文末詞に、文中にあっては文中特定要素——間投詞に転じた。播磨以西の地域では、「アンタ」の本来用法と共に、このような特定用法が著しい。国の西域は「アンタ」のくにか。その「アンタ」が、文末で特定化するのも合理自然の

成り行きかも知れない。それにしても、その文末特定用法が、なぜ山陰に連なる地域（九州西部も山陰に連なって裏日本的である）にほぼ限って存立しているのか、今後の課題は多い。当面の但馬の「ナンタ」も、このような系脈のなかにある。

(3) ～ハ　ナ

　ここに、「～ハ　ナ」としたものは、次の実例のように行われる。
　　○エー　ソーダハ　ナ。（はい、そうですね。《老女が旅の者に答えて》）［播磨・吉川(ヨカワ)］
　　○ヨー　シンボー　シトリマハ　ナ。（よく苦労をしていますよ。《田舎の老人の生活を語る。老女》）［加西］

これらの実例に見られる、「～ハ　ナ」が本項で取りあげる文末要素である。前例が「～ダス　ワナ」、後例が「～マス　ワナ」から形成されたものであることは、多く言うまでもない。「～ダス」が例えば「ソーダス。」（そうです。）のように行われる、近畿地域で顕著な敬語（丁寧語）であることはよく知られていよう。その「～ダス」に文末詞の「ワナ」が接合した。「～ダスワナ」は「～ダサナ」となり、やがて「～ダハナ」に変容して安定した(dasuwana＞dasana＞dahana)（p. 123参照）。「～マスワナ」からの「～マハナ」も同巧の過程を踏んでいる。ただ、「～ダハナ」「～マハナ」は、いわば助動詞の末尾と文末詞の頭部とが接合していて、文末特定要素としての独自性、独立性が明らかでない。便宜、「～ハナ」を文末特定要素として取り立てることにしたい。正確には「ナ」を中心に「～ハ　ナ」とすべきであろう。

　前項の「ナンタ」は、北部の但馬に存する事象である。対してこれは、播磨を中心とした南部色が濃厚である。特に「～ダス」とのかかわりが、この事象を大きく性格づけているかのようである。

　　○ゾーリ　ツクッテ　クレテンダハ。（草履を作って下さるんだよ。《老女が、幼児時代の祖父を語る》）［社］

このような「～ダス」に「ワ」の接合した例もあるが、「～ダハナ」に比べるとごく少ない。「～ダハ　ナ」が一定形式として熟しているかのようである。

○アノ　ヒトヤッタラ　ヨー　シットッテダー　ナ。(あの人だったら〈土
　　　地の話を〉よく知っておられますよ。《中年女が旅の者に》)［丹波・氷上(ヒカミ)］
この例の末尾の「〜ダー　ナ」は、「〜ダハ　ナ」からのものか（dahana＞
daana）。もとより丹波にも「〜ダハ　ナ」がある。
　　○コトシャ　ベツダハイ　ナ。(今年〈の暑さ〉は特別ですよ。《老女が旅の
　　　者に》)［社］
この例の「〜ダハイ　ナ」は、「〜ダス」に「ワイ」が接合したものか。こ
れも「〜ダハ　ナ」に比べると、例はごく少ない。
　「〜デス　ワナ」からの「〜デハ　ナ」もある。「〜デハ　ナ」の成立過程
は「〜ダハ　ナ」のそれに準じる。
　　○コノ　ヒトワ　エライ　メ　オートッテデハ　ナ。(この人は大へんな目
　　　にあっておられますよ。《中年女が傍の老女について語る》)
社での「〜デハ　ナ」の1例である。ただこの種の例は少ない。「ダス」は、
近畿色が濃く、当該域における定着の古さを反映してか複合形も多彩である
が、「デス」は新入来の事象である。「〜デハ　ナ」も「〜ダハ　ナ」に類推
して生じた新形式であるとみられる。ただし、「ダス」のない丹波では、こ
の「〜デハ　ナ」形式が普通に行われているかのようである（『近畿方言の総
合的研究』〈三省堂〉）。
　「〜マハ　ナ」については、すでに取りあげた。
　　○ウチャ　モットリマハ　ナ。(私は持っていますよ。《お金を所持している
　　　と告げる。中年女が中年男に》)［加西］
類例は多い。
　以上の、「ワナ」の接合した3種の「〜ハ　ナ」は、近畿でも主として播
磨中心に存する形式のようである。おおむね「女ことば」とされていよう。
それも中・高齢者に多い。丁寧な物言いとなるのが一般である。

(4)　〜イ　ナ

　ここで取りあげようとする「〜イ　ナ」は、次例のようなものである。
　　○ドナイダスイ　ナ。(どうですか。《通りすがりの軽い挨拶。中年女が近所
　　　の老男に》)［社］

この例文に見られる「〜イ　ナ」を複合形の文末詞とするには、いくらか問題が残る。藤原与一氏は、このような「イナ」を「ヨナ」の変化形として取り立てている（藤原　1982, p.190）。たしかに、他地域にあってはそのように解することのできる例もあるが、上掲文の「〜イ　ナ」を「ヨナ」の変化形とすることができるかとなれば、かなり微妙である。

　　「デス」「ダス」「ジャ」などのばあい、その発音が、しぜんに「〜イ」
　　の音相をおこしがちである。この点では、「イ」は、前者に従属する付
　　帯音とも解されるけれども、（藤原　1982, p.190）

この指摘のように、「前者に従属する付帯音」と解される例も多い。
　○ナンノ　コトデスイ　ナ。(何のことですか。《老女が、夫に問い返す》)
　　　[加西]
　○ドーシテダスイ　ナ。(どうしてです。《中年女同士》) [播磨・中]

これらの例では、「イ」は前語の末尾に付帯した自然発生の音ともみられやすかろうか。
　○イマ　ナンボダイ　ナ。(今、何歳です。《中年女同士》) [社]

日常のごくありふれた会話の1齣であるが、この例文の「〜ダイ　ナ」は「〜ダスイ　ナ」の略形、変化形とみられる。こうあればいっそう、「イナ」は、一体の文末詞としては取り立てにくかろう。

　疑問・問尋の文で、「疑問詞」と共に行われがちなのも、気がかりなことの1つである。「疑問詞」と共に用いられる点に注目すれば、次のような例がある。
　○イツイ　ナ。(いつね。) [姫路]
　○ドレイ　ナ。(どれね。) [社]
　○ナンジャイ　ナ。(何かね。) [尼崎]

例は多い。疑問・問尋の表現であればなおさらのこと「イナ」を「ヨナ」の変化形とは考えにくい。
　○イッショニ　イキマホイ　ナ。(いっしょに行きましょうよ。《老女同士》)
　　　[加西]

先項でも掲出した例である。1文の醸す生活の情意は、穏やかで豊かである。

当面の「〜イ」も、前語から自然に流れた情意の音であるとしてもおかしくない。これが、
　　〇イッショニ　イキマイ　ナ。
ともなることも先項で述べた。こうなれば、「イナ」の一体性はかなり薄れてこよう。
　「〜イ　ナ」は、当該域の言語生活にかなりなじんだ言いかたである。換言すれば、当方言の特性をよく表した言いかたとしてもよいのではないか。それにしても、これを文末特定要素として、一体の複合機能体として取り立てることに、ややためらいを覚える。一体性にこだわることが問題なのか。この点については、今後の課題として、なおよく考えてみたい。

二、「ノ」文末詞の用法と機能

　日常、盛んに行われる「ナ」に押されてはいるが、「ノ」はその下層でかなりの活力をもって生きている。その生きかたは、概して言えば、家族的——とでも言えようか。家族世界で、その限りでは実に生き生きと働いている。特に農山村は、1村・1集落がまるごと家族という環境も少なくない。「ノ」は、そういう環境で生きている。
　　〇オンナノ　コワ　ハヤイ　ノー。（女の子は〈縁付きが〉早いねえ。）
　　〇ホンマヤ　ノー。（ほんとうだねえ。）［播磨・明石（アカシ）］
老翁同士の会話である。2人は小学校以来の友人関係にある。
　　〇アノ　ババ　エライ　ノー。（あのばあさんは偉いねえ。）
　　〇アテタ　ノー。（うまくあてたわえ。）［社］
これも、老翁同士の会話である。孝行息子を育てた、近所の老女が話題である。老女の年来の苦労を知っている2人は、感慨を込めて老女を讃えている。「ノ」は、このように、ごく内うちの、親しい関係でよく行われている。が、それは、おおむね男性のものである。それも中・老年に多い。「ナ」に比して品位の下がるのが、女性には向かないのであろう。
　それにしても、老女などが、時にこれを用いることのあるのは、むろんで

ある。
　○ア̄ノ　ア̄ホーワ　ド̄ナイ　シ̄ョンノヤロ　ノ̄ー。コ̄ミョ　クレ̄ー　ユ̄ワ
　　ヘン　ノ̄ー。（あの阿呆はどうしているんだろうねえ。米をくれとも言わないねえ。）［山南］

老女が都会に出た息子を気づかって、老夫に話しかけた１文である。家族の情が「ノ」によく表れていようか。「ノ」は、内うちで用いられれば、深い心情のにじむことが多い。

　「ノ」の格別によく行われる地域がある。淡路はその１つである。島内・村内の日常の言語交流は、「ノ」であるのが普通かのようである。
　○ソ̄ノ　コ̄ノ　ケ̄ッコンシキニ　イ̄クノニ　オ̄ヤガ　ツ̄イテ　キ̄テ　ノ̄ー。
　　（その子の結婚式に行くのに、親がついて来てねえ。《老女が旅の者に》）

北部の淡路町での１例である。この老女は、旅の者（筆者）に「ノ」を用いている。次の１例、
　○マ̄ー　カ̄ンシンナ　コ̄トジャ　ノ̄ー。（まあ、感心なことだねえ。《老男が、昔の築城の周到さを語る》）

これも聞き手は旅の者である。これらの事例によっても、同地域における「ノ」の盛行のさまがうかがわれよう。ただ、淡路の中部に位置する都邑洲本では、「ノ」を"田舎ことば"としており、「ナ」が普通の言いかたとされている（服部　1975）。その「ナ」も、「ノ」の盛んな地域を含む全域で行われており、品位の点で「ノ」の上位にあることに変わりない。

　播磨の西南隅の集落、福浦(フクラ)に隣接する、備前側の集落の寒河(ソーゴ)では、日常「ノ」の生活が際立つかのようである。土地の識者の１人は、
　○ア̄ツイ　ノ̄ー。（暑いねえ。）
は年上か目上の人に、
　○ア̄ツイ　ナ̄ー。（暑いねえ。）
は同等の人に言うと説明した。が、今日の実情は、「ナ」の方が"ちょっといいことば"のようで、他郷人などには「ナ」を用いるのが普通のようである。寒河は備前東南隅最端に位置してはいるが、孤立的であって、播磨の西部の１時代前の状況の一斑を示しているかと考えられる。

先に、「ノ」は、中、老年男子に見られやすい形式としたが、少年層などでも、学友たちの間でこれが行われている。

　○ゴッツー　イガンドル　ノー。（ひどくゆがんでいるねえ。《学友の絵を見て》）
　○ヤッパリ　ノー。（やはりねえ。）［播磨・黒田庄（クロダショー）］

小学生男子同士の会話である。

　○ゴツイ　ニガッキ　スギンノ　ハヤカッタ　ノー。（2学期が過ぎるのが、ひどく早かったねえ。《中学生同士》）［滝野］

中・高校生の男子で、心安い間がらでは、「ノ」がかなりよく用いられている。

　○ホンナ　ノー。（それではねえ。）
　○ホナ　ノー。（ではねえ。）［佐用］

播磨西辺での1例である。自転車で下校中の男子高校生2人が、路上でこう言って別れた。

「ノ」は、内うちの会話では、心の通いあう、生活になじんだ形式であることを看過してはならない。ここには下品も粗野もないのである。

三、「ネ」文末詞の用法と機能

当該域では、「ネ」も全域でよく行われている。が、その「ネ」は、おおむね近来の共通語の流入と推測されるもので、土地本来のものではなさそうである。全般に、「ナ」よりも上品である。

　○マー　ネー。トナリノ　オジーチャンガ　シッカリ　シトッテヤデ　ネー。（まあねえ。隣のおじいさんがしっかりしておられるのでねえ。《老女が旅の者に》）［上郡］

説明の表現である。地方的な言いかたを統括しての「ネー」である。改めて注意されるのは、「ネー」が、従来の言いかたと、しぜんの調和を見せていることである。共通語の流入とすれば、少なくとも使用の側の意識のうえに、あるぎこちなさが見られるのではないか。それがないかのようである。この

文例に限らず、全般にそう言える。その流入がいつであったかは定かでない。が、ここ50〜60年程度のことではなかろうか。それにもかかわらず、「ネ」は、土地の従来の言いかたのなかにあって、それとよく調和している。だいたい中・老年層の女性に行われるが、山間地域の老女も、これを概してよく使いこなしているかのようである。

　○イマワ　ヒャクショーヤニ　オヨメモ　ナイデ　ネーエ。(今は農家に来るお嫁もないのでねえ。《初老の説明》)［但馬・香住(カスミ)］

この文例に見られる、「ネーエ」の2度上がりの抑揚は、但馬など北部に特に際立つものである。このことは、前項で、「ナーア」の抑揚に関して取りあげた。但馬および播磨など北部地域では「ネーエ」の抑揚がかなりよく聞かれる。新入来の「ネ」が、地域の特性になじんでいることのあかしとみることができようか。特に、北部域の但馬など、「ネ」が、他地域に比して、際立つようにも思われる。

　「ネ」が際立つと言えば、兵庫丹波地域が注意される。

　○エー　ヒヨリヤ　ネー。(いい日和だねえ。)
　○ヌクテ　ヨイ　ネー。(暖かくていいねえ。)［春日］

近所の老女同士の、路上での軽い挨拶である。ここに「ネー」がしぜんに行われているのが注意される。日常の老女たちの生活表現に、「ネ」の行われることによどみがなく、「ネ」の生活の長さを思わせる。当の老女たちは、"「ネー」は昔からのことば"とも"子どもの頃から"とも説明する。また別の老識者は、昔の女学校で、上級生には、

　○アノ　ネー。(あのね。)

と言ったとも説明する。家庭でも、上品な家では、父親が嫁に、また母親が父親に、

　○アノ　ネー。(あのねえ。)

と言うのがつねであったと報じている。

　この地域には、「柏原チャーチャー、石生ネーネー」という言いぐさがある。「チャーチャー」はともかく、「ネーネー」は定かでない。土地の識者は、当面問題の文末詞「ネ」だと言うが、もう1つ疑いが残る。が、当地域の言

語生活で、他地域に比して「ネ」がいちだんとよく熟している事態は指摘することができる。この地域でも、「ネ」は、「ナ」よりも上品としている。
　〇ドコトモ　ネーエ。ムギゴハンデ　ネーエ。(どの家もねえ。麦飯でねえ。《老女が昔の食生活を語る》)［山南］
例の「ネーエ」の抑揚を見せている。これも「ネ」が土地の物言いに熟している証左とされようか。

四、ナ行音文末詞総括

　"「ナ」のくに"とされる近畿地方に属している当該地域でも、まさにそのことばどおり、「ナ」の活動が著しい。その用法に伴う意味作用の多様さについても、注目に価する。さらに、「ナ」のかかわる多彩な複合形も特筆すべきである。概して言えば、日常の会話の多くの部分に、「ナ」およびその複合形がかかわっていると言えそうである。品位も中程度よりやや上位であるのが一般である。

　そのような広汎な「ナ」の活動があるにもかかわらず、「ノ」や「ネ」の存在も小さくない。そのことは、「ナ」「ノ」「ネ」3者の働く位相の異なっていることに、多く関係していよう。「ノ」は、「ナ」の働く世界の下位に、換言すれば、主として家族やその周辺の人びとの間に行われるもので、いわば「ナ」に比して社会性がかなり薄れている。これを社会性の退縮化──と言ってもよい。退縮化して、家族や近隣の仲間うちに適合するようになっている。その限りでは、仲間うちのコミュニケーションを果たすのに、情の濃い、有効な働きを見せている。「ナ」に比して下品であるとはいえ、家族や近隣仲間での言語交流には、程よい程度のものである。それを外から下品・粗野と評されても、当事者には問題にならない。が、その品位の故か、老年男子の用いることが、しぜん多くなっている。

　「ネ」は「ノ」の逆の位置を保っている。これが、共通語から新しく流入したものであろうことは既述した。それだけに「ネ」は、社会性の点では、「ナ」の上位にある。心的距離感のある人に対して用いるのが基本である。

いきおい「ナ」より品位がよい。が、今や全域でよく行われるようになっており、しだいに生活になじみつつあるかのようである。ただ新事象であることや品位がよいことのためか、女性によく用いられている。

　以上のように、「ナ」「ノ」「ネ」は、「ナ行音文末詞」として、基本的には共通の表現性を持っているにもかかわらず、それぞれ固有の使用域がある。それが、主として社会性の差と、それに伴う品位差とに関係がある点に留意したい。それにしても、3者が、それぞれの表現性をもって当該域の日常の表現生活に深く関与している。感声的で単純であるだけに、その現場に即して、それぞれに多彩な色あいを醸し出している点が注目される。

結　　び

　「ナ行音文末詞」は、全国的な文末詞である。「ネ」が共通語として全国に行われていることは多く言うまでもないが、「ナ」「ノ」もまた全国に広く行われている。近畿西部域には見られないが、「ニ」「ヌ」もまた地域は限られているにしても、存在している。「原生的」とも「本来的」ともされる（藤原 1982）ほどに、これらの感声的文末詞の起源は定かでない。が、それが今日、日本語の会話の世界で、主要な役割を発揮している事態には、注目をさそわれる。

　日本語の将来を問題にするとなれば、これら文末詞の新しい展開を注視しなくてはならない。人びとの生活に深く根ざした、会話の情意表出の根本に位置する事象であることを、改めて認識する必要がある。

文献
藤原与一（1982）『方言文末詞〈文末助詞〉の研究（上）』（春陽堂）
藤原与一（1985）『方言文末詞〈文末助詞〉の研究（中）』（春陽堂）
藤原与一（1986）『方言文末詞〈文末助詞〉の研究（下）』（春陽堂）
藤原与一（1976）『昭和日本語の方言第三巻・瀬戸内海三要地方言』（三弥井書店）
藤原与一（1978）『方言敬語法の研究』（春陽堂）

服部敬之（1975）「洲本ことばの文末表現―母のことばを手がかりに―」（広島方言研究所紀要『方言研究叢書』5　三弥井書店）
神部宏泰（1992）『九州方言の表現論的研究』（和泉書院）

第二節　播磨・但馬方言のヤ行音文末詞
――その生態と特性――

はじめに

　文表現を最後的にしめくくって、相手への呼びかけ・訴えかけの機能を持って立つ特定要素が、日本語の談話の世界に顕著であることは、改めて言うまでもない。この特定要素は「文末詞」と呼称され、日本語談話表現の特性を培う重要な位置を占めている。播磨・但馬方言にあってもこの文末詞の活動が盛んであって、当該方言の表現の活力と特性を支えている。
　文末詞に「ヤ行音文末詞」とされる１類がある。「ヤ」「ヨ」「エ」を含む、感声的な性格の濃い文末詞である。これについて、藤原与一氏は、次のように述べている。

　　ヤ行音文末詞の「ヤ」「ヨ」は、その起源・成立が古い。古く、古代の言語の中に認められる、詠嘆の「や」「よ」は、今日の「ヤ」「ヨ」の先蹤とされるものであろう。――すくなくとも、彼我双方の「ヤ」「ヨ」は、関係の深いものと思われる。（中略）要するに「ヤ」「ヨ」などは、古今を通じて感声的なものとされよう。それゆえ、人は、古典語には関係なく、自在に、あるいはとっさに、表情語「ヤ」「ヨ」などを発出するのであろう。（藤原　1982, p. 445）

古来、「ヤ」「ヨ」などが、文末の特定語として生き続けてきた活力は何なのか、その表現史上の内面に迫ることは容易でないにしても、少なくともその一端は、現前の生態の中に求めることができるのではないか。当該の播磨・但馬方言にあっても、この文末詞がよく行われ、特色を見せている。本論では、当該方言および周辺諸方言のヤ行音文末詞の生態に注目し、その表現機能について討究すると共に、同文末詞の活動を支える特性を明らかにしたいと思う。
　なお、全国にわたるヤ行音文末詞の存立状態については、藤原与一氏の勝

れた研究がある（藤原　1982，1985）。以下の、当該方言についての討究にあたっても、この研究に負うところが少なくない。

一、「ヤ」文末詞の用法と機能

　ヤ行音文末詞に属する諸形式のうち、「ヤ」文末詞は、とりわけよく活動しており、用法も多様である。その観点からすれば、ヤ行音文末詞を代表する事象とも言える。「ヤ」文末詞の本性について、藤原与一氏は次のように述べている。

　　私の臆断であるけれども、「どうどうして　クレ　ヤ。」のような言いか
　　たの熟用を見るにつけても、私は、命令表現をささえる「ヤ」が、現段
　　階では本性的なものではないかと思う。（藤原　1982，p.447）
このように、氏は、本性的なものとして命令表現を支える「ヤ」をあげている。たしかに、この用法に立つ「ヤ」は、全般によく行われている。当該の播磨・但馬方言においても例外ではない。これを本性的なものとするか否かについては、なお精究の余地があるとしても、多くの示唆を含んでいよう。以下では、この用法に留意しつつ、当該方言の「ヤ」の、主要な用法と機能について取りあげることにしたい。

　1．単純形について
(1)　命令表現を支える「ヤ」
　上述の「本性的なもの」とされる用法である。この「ヤ」は、当該地域でも、すべての年齢層にわたってよく行われている。実例を見よう。
　　○マー　アガレー　ヤ。（まあ〈座敷へ〉上がれよ。《老男が、訪ねてきた近
　　　所の友人に》）［播磨・波賀］
　　○アカン　アカン　アカン。ヤメトケ　ヤ。（だめだめだめ。やめておけよ。
　　　《相手を制止して。中年男同士》）［社］
　　○ソンナ　モン　ジブンデ　セー　ヤー。（そんなもの、自分でしろよ。《中
　　　学生男同士》）［加古川］

命令の表現を支えて行われた「ヤ」の例である。このような「ヤ」には相手に対する気安さが認められる。これが、表現によっては、相手の内面に立ち入った指図がましさがあり、いきおい下卑てもくる。それだけに、男性に用いられることが多い。ただ、上掲の諸例のように、述部に動詞命令形を持つ文は、その命令形の直接的な要求の機能が突出して、品のよい表現にはならないのが一般である。このような表現を統括する「ヤ」は、むしろその命令の直接性を和らげる方向で働いていようか。「ヤ」は、本来、感声的なものとされるが、その本性はここにも生きている。すなわち表現の意図にかかわる、命令・要求の思いを全的に表出して相手を包む、いわば情味の深い表現をしたてている。

　但馬での表現例を掲げておこう。
　○ハヤ　モッテ　カエレ　ヤ。（早く持って帰れよ。《中年男が中年女に》）
　　　［香住］
このような例は多いが、注意されるのは、次例のような「イヤ」が但馬南部に聞かれることである。
　○ホナ　ボツボツ　ヤレー　イヤ。（ではそろそろ取りかかれよ。《仕事の取りかかりを指示する。老男が中年男に》）（清水徹氏による。）［朝来］
この例で、「イヤ」の「イ」は、直前の命令の叙述「ヤレー」の末尾音の影響下に生じたものと解される。命令の意図を相手に持ちこむ、意識の流れを表していようか。播磨西域ではあるが、朝来の西隣に位置する波賀にもこれがある。次はその１例である。
　○ヤスンデ　イケ　イヤー。（休んで行けよ。《老女が、家の前の道を通る友人に声をかける》）［波賀］
「ヤ」が「ヤイ」と変形したものがある。関連事項として、ここで取りあげておきたい。播磨西部の千種での１例である。
　○オジーガ　ウルサイデ　サケノ　アジモ　マズー　ナルサカイニ　ココデ　シテ　クレー　ヤイ。（〈うちの〉老人がうるさいので、酒の味もまずくなるから、この家で〈宴会を〉してくれよ。《口うるさい父親を持つ中年男の区長が、隣家に新年宴会の会場を頼む》）

このような「ヤイ」は、「ヤ」が強調され、その強調の心意が「イ」を生んだのであろうか。気がねのないぞんざいさがある。当該地域の周辺にもこれがあるらしい。
　○ヤメトケ　ヤイ。ウルサイ。
は、神戸での1例である（清瀬良一氏による）。藤原与一氏は、淡路の「ヤイ」を取りあげている（藤原　1982, p.551）。

(2)　勧奨表現を支える「ヤ」
　命令表現の特定の場合とみられる勧奨表現を支えても、「ヤ」の用いられることが少なくない。その1つは、述部に尊敬語命令形「ナハレ・ンサレ」の立つ叙述を受けて、「ヤ」の行われる表現である。
　○キー　ツケテ　オイデナハレ　ヤ。(気をつけておいでなさいね。《老女の送辞》)［中］
　○ゴメンナハレ　ヤ。(ごめん下さいよ。《他家訪問の挨拶。老女》)［社］
　○マー　スワリンサレ　ヤ。(まあ、お座りなさいね。《自家に客を迎えて。老男》)［但馬・村岡(ムラオカ)］

このように行われる「ヤ」には、品のよい親しさがある。ただ、土地人の間には、古風な表現という意識があるようである。たしかに、古老の挨拶ことばなどに用いられやすい、かなり慣習化した言いかたのようである。
　ところで、上述の「～ナハレ」などを受けては、「ヤ」よりも前項の「ナ」の行われることが多い。「ナ」も当該方言ではごく一般的で、よく用いられる文末詞である。例えば次のとおりである。
　○ノミナハレ　ナ。イッパイ。(〈お茶を〉おあがりなさいね。1杯。《訪問客にお茶を勧めて。老女》)［社］
　○コノ　キューリ　コートクンナハレ　ナ。(この胡瓜、買って下さいな。《露天の老女が道行く人に声をかける》)［但馬・豊岡(トヨオカ)］

このような「ナ」も品位がよく、相手に対する思いも深い。「ヤ」の立つ表現に比して、日常的で活動的と言えるかもしれない。それにしても、この言いかたが目立つのは、兵庫県下では丹波域であり、但馬域である。
　○コッチ　オインナハレ　ナ。(こちらへおいでなさいましね。《客を奥座敷

へ導く。老女》）
　○コッチ　キナ̄ーレ　ナ。（こちらへいらっしゃいね。《老女同士》）
丹波の、山南および柏原での実例である。このような表現が、老人ことばという意識は当域にもある。ちなみに、当面の勧奨表現について言えば、播磨域で比較的目立つのは「ヤ」も「ナ」も取らない言いかたである。
　○ハヨ　イキナハレ。（早くおいでなさい。《老女同士》）
播磨の社での１例である。これもおおむね老人のものであることは、既述のとおりである。
　述部に、特殊な敬意命令形式（動詞連用形形式）を取る表現を支えて、「ヤ」の行われることがある。播磨に多い言いかたである。
　○キ̄ー　ツケテ　イテ　キ̄ー　ヤ́ー。（気をつけて行っておでね。《青年女同士、１人が相手を見送って》）［加古川］
　○アンタ　ガンバリー　ヤ́ー。（あんた、頑張りなさいよ。《相手を激励して。高校生女同士》）［加古川］
　○ハヨ　カエリ　ヤ。（早くお帰りよ。《中年の母が子に》）［明石］
「ヤ」がこのように用いられると、表現は親愛の情を帯びる。いきおい女性に聞かれやすい。例文に見られる述部の「動詞連用形」は、「来ナサイ」「帰リナサイ」などの末尾敬語部分の短縮、あるいは省略されたものとされる。短縮・省略されても、その敬意は、質を変えつつ「動詞連用形」に収斂されている。したがってその動詞連用形には、相手に寄せる特殊な思いが蔵されている。その表現性は、命令表現と言うより勧奨表現と言うのにふさわしく、ていねい意識を基調とする親愛の情の認められるのが普通である。
　さて、先の動詞命令形の叙述を統括する「ヤ」と、この動詞連用形の叙述を統括する「ヤ」とを比較してみて、両者に、少なくとも品位のうえで、何ほどかの差異があるように見える。後者の「ヤ」に、「〜　ヤ́ー。」のような、相手に呼びかけ、訴えかける上昇調がしばしば見られるにもかかわらず、前者の「ヤ」には、それが見られないことも注意点の１つである。上昇調を取る「ヤ」には、相手に身を寄せかけていくような親愛感がよく表れている。このような表現性にかかわっているのは、上述の、特殊な動詞連用形の働き

であろう。換言すれば、この叙述を選択した話し手の情意であろうか。その親愛感が1文を支え、文末の「ヤ」をも特色づけていると解される。本性的には変わりのない「ヤ」であっても、その具体の用法に従って、いわば光の当てかたによって、異なった濃淡の色あいを見せるのも、感声的な事象の特性と言うべきであろうか。

(3) **依頼表現を支える「ヤ」**

依頼表現は、上項の命令や勧奨表現に類する形式を取ることが多い。

　○マッテ　クレ　ヤー。(待ってくれよ。《中学生男同士》)[加古川]

このような表現は、話し手の利ともなる願望を相手に要求し、依頼する形式のもので、いわば依頼表現と言うのが当を得ていよう。文末の「ヤー」には、話し手の切実な思いが表れている。

　○キョーワ　キシャガ　トーランデ　ユキカキニ　デテ　オクレ　ヤー。
　　(今日は汽車が通らないので、雪かきに出て下さいね。《線路の雪かきを、世話役が触れて歩く》)[余部(アマルベ)]

但馬での1例である。述部の「オクレ」は、軽い敬意を持った言いかたである。これを受けて立つ文末の「ヤ」には、相手に気分を寄せかけたおもむきの、情の深さが認められる。「ヤー」の上昇調の抑揚も、そのような情意をよく表していよう。

(4) **問尋表現を支える「ヤ」**

問尋の表現を支えて「ヤ」の行われることも少なくない。

　○アツイ　ナー。ドナイ　ショッテ　ヤー。(暑いねえ。どうしておられるかね。《中年男が近所の家の入口で》)[黒田庄]
　○ツギ　ドコ　ヤ。(次はどこかね。《電車の停車駅を尋ねる。小学生女同士》)
　　[加古川]

疑問詞を含む叙述を受けて行われた「ヤ」である。ぞんざいで気安い。播磨西部には次のような例もある。

　○ナンジャ　イヤー。(いったい何だね。《老女が老男に》)
　○ナニガ　エージャ　イヤー。(何がいいものか。《老女が老男に》)

波賀での実例である。これらの例では「〜ジャ　イヤー」が注意される。第

2例は反語になっている。こうあれば、いちだんとぞんざいさが勝るようである。
「ヤ」は、疑問詞がなくても問尋の表現をしたてる。
　〇メイシャエ　ヤ。(眼科医院へ行くの。《路上で相手の行き先を尋ねる。中年女同士》) ［加古川］

ぞんざいではあるが親愛感がある。相手は、「ウン。メイシャエ。」(うん。眼科医院へ。)と応じている。2人の親密な間がらを伺わせる。但馬の1例をも掲げておこう。
　〇キョーワ　ドネーダ　イヤ。(今日の空模様はどうかね。《家庭で、中年男が妻に》) ［生野(イクノ)］

ここには「〜ダ　イヤ」が見られる。先の播磨北部の「〜ジャ　イヤ」との対応が注目される。なお、この問尋の「ヤ」は、但馬の西に続く鳥取県下でもよく行われている。
　〇ドナイ　ヤ。ウレタン　カ。(どうだい。売れたのか。《漁師の中年男が魚の売れぐあいを中年女に尋ねる》)

淡路での1例である。

(5)　推量表現を支える「ヤ」

　主として但馬西部域には、述部の推量形式を受けて「ヤ」の行われる表現が著しい。共通語の言いかたからすれば、特異である。
　〇フツゴーナ　コトダッタダラー　ヤー。(不都合なことだったんだろうよ。《落ちぶれた家を評して。老女》) ［温泉］
　〇ナンニン　イク　ダー。ジューハックニン　イクダラー　ヤー。(何人行くかな。18、9人行くだろうよ。《毎年、町から出る杜氏（酒造りの職人）の人数。老女》) ［温泉］

いずれも、相手の問いに対する応答である。不確かな思いを、推量の形式に託して、そのままに相手に持ちかけたものである。一般には、話し手にとってはすでに明らかな事実を、説明や断定を避け、推量の形式で持ちかけることも少なくない。そのような表現には、話し手の、ややひかえめな意識がある。これを支える末尾の「ヤー」も、それとして、一定の品位が認められよ

う。関連して、なお目立つのは、次のような表現である。
　○サンネン　シテカラ　カエリマシタデショー　ヤー。(〈終戦後〉3年た
　　ってから帰りましたでしょうよ。《老女が、戦地からの息子の帰還を語る》)
　　［浜坂］
　○ボンノ　ジューヨッカノ　バンゲデショー　ヤー。(盆の14日の晩でし
　　ょうよ。《盆踊りを語る。老男》)［温泉］
このような「～デショー　ヤー」はよく聞かれる。こうあれば「ヤー」はな
おさらのこと、述部に「～デス」を取らせた待遇意識に連なって、しぜん、
情愛のある品位を見せることにもなっている。

　「ヤー」は、共通語の習慣からすれば、「よ」に相当する機能を見せている。
その「よ」は、おおむね告知を本性とするが、そのあからさまな告知の機能
を避けたかたちで「ヤー」が用いられているのも、「ヤー」の表現の基本的
な性格を理解するうえで注意される点である。それにしても、類型的な「ヤ
ー」の抑揚はどういう働きを担っていようか。試論すれば、押さえた叙述内
容を一気に相手に委ねる、持ちかけの強さと思いの温かさを表しているよう
に解される。

　「～デショー　ヤー」の分布は、西の鳥取県下の東側へとたどられる。因
幡の大江で聞き得た1例を掲げよう。
　○ヒチハチニンドマー　オッタデショー　ヤー。(7、8人ぐらいはいたで
　　しょうよ。《調査者の人数。中年男》)
但馬の東隣、丹後にもあるらしい。藤原与一氏は、このことについて、次の
ように述べている。

　　丹後で聞いたことば、「……デショー　ヤー。」(…　でしょうよ。)の言
　　いかたは、山陰がわの、西の地方の言いかたに通うものであろうか。
　　(藤原　1982，p.528)

ともあれ、播磨側、山陽側には見られない、特異な「ヤー」と言うことがで
きよう。

(6)　説明表現を支える「ヤ」
　主として但馬域の東部に、説明の表現を支える「ヤ」がある。

○コノ ムラデ イチバン トシヨリデス ヤ。オバーサンガ。(この村でいちばん年寄りですよ。おばあさんが。《傍の老女を指して説明する。友人の老女》)〔八鹿〕

○ハンダニッテ ユー ヤマガ アルンデス ヤ。(半谷という山があるんですよ。《放牧の山を説明する。老女》)〔八鹿〕

その実例である。「ヤ」は、説明内容を相手に持ちかけるもので、共通語の習慣からすれば「よ」に相当しよう。「〜デス ヤ」とあるとおり、述部は敬語によって形成されてもいて、1文は、全体、丁寧な意識によって支えられている。末尾の「ヤ」も、そのような待遇意識の流れのままに用いられたもので、品位は悪くない。

○イザ ユー トコガ アリマス ヤー。(伊佐という所がありますよ《地名の説明。老女》)〔八鹿〕

○カワッチモタ ヤー。(変わってしまったよ。《村の変貌についての説明。老男》)〔朝来〕(清水徹氏による)

この例に見られる上昇調の「ヤー」には、上来注目してきたとおり、相手に心を寄せて理解を促すさまの、ある情愛が認められる。

○ゴショータイニ アズカリマシテ。キサシテ モライマシタ ヤ。(ご招待にあずかりまして。寄せていただきましたよ。《客の挨拶》)

○マットリマシタ ヤ。マー デニクイノニ ネー。(待っていましたよ。まあ、出にくいのにねえ。〈よく来て下さいました。〉《招待側が客を迎えての挨拶》)

兵庫丹波の春日での実例である(広瀬嘉寿美氏による)。春日は、但馬域に、地理的には近接している。この表現は、うえの説明表現の一種とも見られようが、自己表明の表現とするのが実情に適っていよう。招待主と客との挨拶という、敬意表現が求められる緊張場面でのものであるが、ここに「ヤ」が行われているのは注目してよい。しかも上昇調の「ヤ」である。共通語ふうの「よ」に見られない、情の深さと優しさがある。

なお、この種の「ヤ」は、丹後から北陸路(福井・石川・富山県下)へと分布をたどることができるようである(藤原 1982)。ちなみに、播磨側・山

陽側に、この種の「ヤ」は存しない。

(7) 述上以外の表現を支える「ヤ」

　文末詞「ヤ」は、これまでに述べた表現の他に、次のような表現を支えて存立する。

　　○オイ　ヤ。（おお、そうだ。《急に思い出して》）［香住］

感嘆の表現を支えている。

　　○ヨシ　ヤー。（良夫や。《母が子を呼ぶ》）［生野］

呼びかけの「ヤ」である。神戸で、小学生男子から聞いた次の１例、

　　○アノ　ヤー。キョー　ヤー。ソージトーバンヤカラ　ヤー。（あのねえ。今日ねえ。掃除当番だからねえ。）

この「ヤー」は、関東でよく聞かれる「ヨー」に似ている。もっとも関東に限らず、この「ヨー」は播磨のうちにもある（後述）。特定の呼びかけの「ヤ」とも言えようか。

　　○モー　ニョー　ヤー。（もう寝ようよ。《誘う》）［社］

勧誘の表現を支える「ヤ」である。このような用法に立つ例は多い。

２．複合形について

　上の項の単純形に対して、「ヤ」のかかわる複合形の文末詞がある。その主なものを掲げると、次のとおりである。

　　カイヤ　　　カヤ　　　　ドイヤ
　　ガイヤ　　　ガヤ　　　　ワイヤ

この各おのに対応するかたちで、一方に「ナ」の複合形があるのが注意される。次のとおりである。

　　カイナ　　　カナ　　　　ドイナ
　　ガイナ　　　ガナ　　　　リイナ

この両群には、むろん機能差が認められるが、注意されるのは待遇差である。相対的に「〜ヤ」が低く「〜ナ」が高い（前節参照）。以下、その実情について、「〜ヤ」を中心に記述することにしたい。最もよく特色を示して存立しているのは「ガイヤ」とそれに関連する一群である。

(1) **ガイヤ**

「ガイヤ」が行われるのは、主として播磨である。実例を見よう。

○クル ユーテ ケーヘナンダ ガイヤー。(来ると言って来なかったじゃないか。《相手をなじって。老男》)［社］

○ツギワ オマエヤ ガイヤー。(次はお前じゃないか。《小学生男同士が遊びながら》)［黒田庄］

このように、「ガイヤ」は、話し手の判断や思念を、強く主張したり相手に押しつけたりするのが基本である。時に感情的な言いかたになり、相手をなじる言いかたにもなる。したがって、表現はごく下品でぞんざいである。概して男性のものである。この低い品位を担っているのは、おおむね「ヤ」の働きとみてよい。

「ガイヤ」の「ガイ」も、単独で文末に立つことが少なくない。

○センセガ キタッタ ガイ。(先生が来られたよ。《老男が嫁に》)［社］

○ニノーテ ナー。モッテ キョッタンダー ガイ。(担ってね。持って来ていたんですよ。《昔の薪運びの説明。老女》)［中］

このように用いられる告知の「ガイ」にも、押しつけがましいところはあるが、それでも相手の意向を気にする、何ほどかの協調の姿勢も認められる。それだけに、品位は普通で、少なくとも「ガイヤ」が示すほどの下品さはない。上掲の例文も、共に、述部に敬語を保持しているのが注意される（第2文の「〜ダー」は「〜ダス」の変化形）。このような叙述を受けて「ガイ」が行われているわけで、「ガイ」の品位のほどもおのずから推測される。男性語とも言える「ガイヤ」と違って、大人の女性がわりとよく用いているのも注目される点である。次は、加古川のある中学での実例である（福田昌之氏による）。

○ダーレモ オマエガ シタ ユテ ユーテヘン ガイ。(誰もお前がしたと言ってはいないよ。《男性教師が男子生徒に》)

○ユートー ガイヤー。ソレー。ジューブンジャー。(言っているじゃないか。それ。〈その言いかたで〉十分だい。《生徒が反発し教師を罵倒して》)

教師は、激昂する生徒に、いくらかなだめ気味で接している。生徒はかなり

反発している。その言表の末尾に用いられている「〜ジャー」も、感情表出の濃い言いかたである。前者が「ガイ」を、後者が「ガイヤ」を用いているのが注意される。いずれもぞんざいで下卑てはいるが、「ガイ」の方にやや相手に対する心づかいが認められようか。

　既述のとおり、一方に「ガイナ」が頻用されているが、この方が「ガイヤ」よりも品位がよい。実例をあげよう。

　　○イマワ　ケッコナ　モンダフ　ガイナ。（今の世の中は結構なものですよね。《昔と比べての感慨。老女》）［吉川］

この1文は、老女が筆者に語ったものである。述部の「〜ダフ」（だす）は丁寧語で、この老女が旅人の筆者に、ある敬意を持って接している事態が伺われよう。この表現を支えて「ガイナ」が用いられているわけで、品位は悪くない。女性に用いられているのも注意点である。いわば、「ガイヤ」は男性語、「ガイナ」は女性語という意識が、土地人の間でも定着している。例は多い。

　文末詞「ナ」は、話し手の発話内容が、相手の認識に合致することを想定し、または期待して持ちかけるのが基本の機能体である。話し手の領域に、相手を呼びこむ効果を見せることも少なくない。これに対して「ヤ」の機能は、話し手の発話内容を、相手の認識如何にかかわらず、一方的にその領域内に持ちこむのが基本である。両者の間に、機能面はもとより、品位のうえでも、大きな差異が生じるのは、当然のことと言えようか。

　ここに、今1点、注目したいことがある。それは、「ガイナ」が「ゲーナ」(gaina＞geena) と変化することのある点である。

　　○モー　オスシヤナンカエ　シヤ　シマヘン　ゲーナ。（もう〈祭に〉お寿司なんかしませんのよ。《村祭の鯖ずしのご馳走の推移を語る。老女が筆者に））［社］

これがその1例である。周知のとおり、関西方言圏では、原則として ai 連母音は同化しないのが一般である。が、うえの場合は、gai が gee となっていて、ai＞ee の変化を見せている。類例として、同じ文末詞である「カイ」の「ケー」(kai＞kee) 化、「ワイ」の「ウェー」(wai＞wee) 化が取りあげ

られる。いずれも文末詞である点が注意される。このことは、母音の同化音が、話し手の判断や訴えかけに関する主観の表現（辞的表現）面に表れやすいということであって、話し手の特殊な表現意識に基づいてのことと解される。興味深いことに、この変化音の現れる事象は、優しさのある表現性を見せており、いきおい女性に行われることが多い。1例をあげると、

　○アー　ホンマ　ケー。（ああ、ほんとうですか。《あいづち。老女同士》）
　　　［加古川］

は、「カイ」が「ケー」となった（kai＞kee）例であるが、少なくとも　西播磨では女性語の意識がある。（近畿東部域になると、もはやそのような表現性は失われていようか。）

　ところで、先に、上来取りあげてきた「ガイナ」が、「ガイヤ」よりも品位の点で勝っていることを指摘したが、その「ガイナ」が「ゲーナ」ともなって現れることに注目した。問題のai連母音の変化音がここにも見られて、その「ゲーナ」には、確かに女性語らしい優しさが認められる。一方、「ゲーヤ」となることは、まずない。「ゲー」の品位に「ヤ」が相応しないからである。

　○デンワデ　ラクダフ　ゲナ。（電話でかまいませんよ。《連絡方法について。
　　　老女が老男に》）［加西］

このように「ゲナ」と短縮した例もある。品位はよい。

　さて、「ガイヤ」には「ガイヤイ」という変化形もある。

　○ソラ　シヤーナイ　ガイヤイ。（それはやむを得ないじゃないか。《老男同
　　　士の気安いやりとり》）［加西］

その1例である。いっそう強調された形と言えようか。言い捨てたおもむきの、ぞんざい感がある。「ガイヤ」にかかわる「ガヤ」もある。

　なお、但馬西部域には、特異な「ガヤー」があって注意される。

　○ヒャクショーワ　ヨー　ナッタト　オモイマス　ガヤー。（農業は、〈戦
　　　前に比べると〉よくなったと思いますよ。《老男》）［浜坂］

これがその1例である。先に取りあげた、同地域の「〜デショー　ヤー」が思い合わされる。共に、情愛の深い言いかたになっていよう。

(2) カイヤ

「カイヤ」も、全般によく行われる文末詞である。

○オ̄ヤカタ　ド̄ツイタン　カイヤー。(親方が殴ったんかい。《中年男が息子に聞く》)〔山崎〕

この例のように、「カイヤ」は、問尋の表現を支えるのが一般であろう。それにしても、この表現にはかなり投げやりな姿勢が見てとれる。日常、「カイヤ」が実際によく行われるのは、問尋を踏まえた非難がましい要求の表現である。

○モ̄ット　ハ̄ヨー　イ̄ワン　カイヤ。(もっと早く言わないか。《老女が娘をなじって》)〔社〕

○オ̄マエ　モ̄ット　チ̄ャント　モ̄タン　カイヤー。ダ̄ボー。(お前、もっとしっかり持たないか。ばかやろう。《中学生男同士》)〔加古川〕

いずれも「〜ン　カイヤ」の形式を取る例である。相手の行為に対する不満や非難の心意が表出されていて、全体、きわめて下卑た表現になっていよう。特に、第2例には、「ダボー。」(どあほう)が付随してもいて、激しい情念の表出が見られる。

○ア̄ホ　ヨ̄ー。ソ̄ンナ　モ̄ン　ア̄ッ　カイヤー。(ばかやろう。そんなもんがあるかい。《中学生男同士》)〔加古川〕

類例であるが、反語ふうの感情的な持ちかけになっている点では、上例と同様である。このように、「カイヤ」の立つ文には、まともにぶつけた情念の荒さの認められる表現が多い。いきおい、男性のもの言いである。

「カイヤ」に対応して行われる文末詞に「カイナ」がある。この方は穏やかで、おおむね情の温かさ、優しさを見せている。

○オ̄ハ̄ヨーサン。キ̄ョーワ　ヒ̄トリ　カイナ。(お早よう。今日は1人なの。《路上で声をかける。中年女同士》)〔小野〕

このような問いかけの表現を支える言いかたも多い。

○オ̄バンヤ　ナ̄ー。モ̄ット　ハ̄シリン　カイナ。(「おばん」だなあ。もっと早く走れないの。《走りながら。青年女同士》)〔加古川〕

このでの例は、勧めの表現を支えている。2人の女性が、発車しそうなバスを

めがけて走っている場面でのもので、一方の女性が足の遅い友人を急き立てている。温かく、ユーモラスである。「カイナ」の立つ類例は多い。"「カイヤ」は男子、「カイナ」は女子"と、ある中学生女生徒は説明した。まさにそのとおりであって、機能差と共に、両者の品位差も明らかである。

ちなみに、上項の「ガイナ」の「ゲーナ」に対応する「カイナ」の「ケーナ」は少ない。が、単純形の「ケー」が、温情の表現性をもって頻用されることは、すでに述べたとおりである。

(3) ワイヤ

「ワイヤ」を取りあげよう。これも全般によく行われている。

○ソンナント　チャウ　ワイヤー。(そんなことと違うよ。《青年男同士のやりとり》)［社］

○ヒメジノ　ホーガ　トカイダ　ワイヤ。(姫路の方が都会だよ。《中年男が青年男に》)［香住］

「ワイヤ」の行われた実例である。主張・反発の心情の、強く表出した表現をしたてることが多い。下品であることは言うまでもない。主として男性のもの言いである。

それにしても、「ワイヤ」を、一方に存立する単純形の「ワイ」と比較すると、その「ワイ」の方がいくらか主張性が勝っているのではないか。

○センセー　モー　エー　ヤン。チャント　スル　ワイヤー。(先生、もういいじゃないか。〈これからは〉ちゃんとするよ。《中学生男が女教師に》)［加古川］

中学生が、自分を呼び出して叱る女教師に、反発しながら言ったものである(福田昌之氏による)。福田氏は言う。これが「チャント　スル　ワイ。」であったら、教師の立場として感情的になるのではないか。ここでは「～　ワイヤ。」とあった方が"かわいげがある"と説明する。「～　ワイ。」と言い放つと主張性が強くなり、いっそう反発的な表現になるようである。この場合、「ヤ」は、「ワイ」の局限的な情念を和らげる働きを示していようか。「ヤ」自体の品位は低いとしても、いわば「ワイ」を抱えて相手の内面に持ちこもうとする心意が認められ、これが表現に一種のゆとりをもたらしていると考

えられる。
　「ワイヤ」にも、対応して存立する「ワイナ」があり、この方は比較的穏やかである。
　　○アルイトリャ　ドッカデ　アウ　ワイナ。（歩いていると、どこかで逢うよ。《別れぎわに。中年女が老女に》）〔姫路〕
その１例である。これを女性の言いかたとするのも、上来取りあげた「ガイナ」「カイナ」の場合と同様である。ある土地の識者は"優しい感じ""男性も目上に対しては使う。その場合は丁寧になる"と報じている。
　但馬でも「ワイナ」はよく用いられるが、注意されるのは、既述のとおり、「ワイ」と共に、その変化形「ウェー」〔weː〕が、南部で聞かれることである。
　　○イチマンエンモ　シタンヤ　ウェー。（１万円もしたんだよ。《品物を見せながら。中年女同士》）〔生野〕
その１例である。「ワイ」の持つ主張の働きはかなり押さえられていて、説明や告知の姿勢が前面に認められるようになっている。親しみがあり、女性にもよく行われるのが注意点で、品位もおおむね中位程度か。これが「ナ」と複合した「ウェーナ」も、当該の但馬南部域でよく聞かれる。次はその１例である。
　　○ワタシガ　ヤッタンヤ　ウェーナ。（私がやったんだよ。《中年女同士の間での告白》）〔生野〕
こうあれば、いっそう親しみのある言いかたになるようである。
　以上のように、併存する「ワイヤ」と「ワイナ」の対応が注目される。

⑷　ドイヤ

　「ドイヤ」は、問尋の表現を支えるのが基本である。
　　○ドコ　イクノン　ドイヤ。（どこへ行くのかい。《老男同士》）〔社〕
　　○ナン　ドイヤ。（何かい。《中年男同士》）〔加西〕
このように行われる。だいたい播磨域のものとしてよい。（藤原　1982では丹後例が報告されている。）土地人の間には、"播磨弁は汚い"という意識があるが、その汚いことばの代表としてあげられるのが、この「ドイヤ」であ

る。むろん男性中心のものである。
　「ドイヤ」に対応して、一方に「ドイナ」が用いられている。次はその1例である。
　　○ナン　ドイナ。(何かね。《中年女同士》)［吉川］
こうあれば、いくらか品位がよくなる。女性にもよく用いられる。「ゾイナ」もある。
　　○ヤッパシ　ジュミョーガ　ナカッタンジャロー　ゾイナ。(やっぱり寿命がなかったんだろうよ。《友人の死について語り合う。老女同士》)［千種］
その実例である。「ゾイ」は「ドイ」の原形である。その原形が、「ナ」との複合形に見られやすいのも注意されるところである。

(5)　**複合形総括**
　以上、「ヤ」にかかわる複合形文末詞の主なものを取りあげ、その生態について記述した。ここで、とりわけ注目されるのは、

　　　　ガイヤ——ガイナ　　　　カイヤ——カイナ
　　　　ワイヤ——ワイナ　　　　ドイヤ——ドイナ

このように、「ヤ」の複合形と「ナ」のそれとが、対応して存立することである。それぞれに表現の個性の細やかさが認められはするものの、この対応を統合的に見れば、「ヤ」の系列の事象と「ナ」の系列の事象とが、「ヤ」「ナ」それぞれが保持している機能差品位差に、ほぼ依拠するかたちで対応している。ここに改めて、「ヤ」「ナ」を含む感声的文末詞の、表現活動における働きの広さと深さとを認識せざるを得ないのである。
　なお、当面の複合形で、上述の「ヤ」と「ナ」とが、共にかかわるものがある。
　　○コッチ　キー　ヤナ。(こちらへおいでよ。《中年女が子供に》)
播磨の姫路での1例である。逆の複合形の「ナヤ」もある。これについては、(藤原　1982) に、但馬、淡路の実例がある (p. 512)。

二、「ヨ」文末詞の用法と機能

「ヤ」行音文末詞として統括される諸形式のうち、「ヨ」も、先項で取りあげた「ヤ」と共によく行われている。その用法もまた多様である。が、「ヤ」の場合に比較すると、いくらか用法が偏っていようか。本来、単純感声ともされる「ヨ」が、話し相手をとらえる表現意識の動きに応じて、自在に発動し、呼びかけて特定化した軌跡の類型を、当該方言では、以下のように整頓することができる。

1．単純形について
(1) 呼びかけ表現を支える「ヨ」

「ヨ」の基本的な働きは、相手への呼びかけであると考えられる。その実例の一斑を見よう。

○コラ　バサン　ヨー。（これ、おばあさんよ。《老夫が老妻に》）［黒田庄］
○マーチャン　ヨー。（まあちゃんよ。《中年男同士》）［朝来］

これらの例には、相手の呼称を支えて直接的に呼びかけ、注意を喚起する働きが認められる。ごく日常的であり、家庭的である。親愛感はあるが品位は低い。概して男性のものである。朝来の識者は、"気安さと横柄さとを内包している"と説明している。

(2) 体験・心情表現を支える「ヨ」

上項の呼びかけの、特定化したものがある。主として播磨に、話し手の体験表現、心情表現を支えて、よく行われている。

○キョー　ヨー。アサ　ヨー。ベントー　カオー　オモーテ　ヨー。（今日ねえ。朝ねえ。弁当を買おうと思ってねえ。《中学生男同士の会話》）［滝野］

その１例である。自己の体験と心情とを、「ヨー」に託して相手に持ちかけている。特色のある用法であるが、これが、東京中心の関東で聞かれる「アノ　ヨー。」（藤原　1985, p.3）などの「ヨー」に類似しているのは、注意さ

れる点である。
　○アレカラ　ヨー。コシガ　ヨー。ズット　イタカッテ　ヨー。(あれからねえ。腰がねえ。ずっと痛くてねえ。《罰を受けた中学生男子が、後で教師をなじって》)［社］
　○キョーデモ　ヨー。サムカッタノニ　ヨー。タットン　ネンデ。チャント　ヨー。(今日でもねえ。寒かったのにねえ。立っているのよ。ちゃんとねえ。《体罰を受けた学友の話。高校生女同士》)［社］
類例である。若い男女によく聞かれるが、古老にもある。その例である。
　○ムスコモ　キニョー　ミニ　キトッタケド　ヨー。(息子も昨日見に来ていたけどねえ。《催しもの会場で。老男同士》)［加古川］
心情表明の表現と言うより説明表現と言うのが適しているかも知れない。それにしても、文末の「ヨー」は、まさに上来問題にしてきたものに類する。気安い者同士で行われる言いかたで、品位は低い。
　ちなみに、淡路でも、この種の「ヨー」が頻用されている。
　○テンノージマデ　イテ　ヨー。デンシャデ　イクノヤッタラ　ヨー。(天王寺まで行ってねえ。電車で行くのだったらねえ。《淡路から和歌山までの経路。老男が筆者に》)［淡路］
その1例である。
　東京など関東に頻用されている「～　ヨー。」と比較して注意されるのは、播磨・淡路の「～　ヨー。」には、「ヨ」にアクセントの山のないことである。このことは、言うまでもなく、両者の表現性に何らかの差異のあることを示していよう。当該地域の「ヨー」は、話し手の心情を相手に持ちかけ、同意や納得を期待するのが基本である。その点、「ナ」の表現性に似ていよう。「ヨー」に抑揚の起伏のないところに、そのような、相手に密着しての心情表明が、よく表れていると解される。
(3)　判断表現を支える「ヨ」
　話し手の判断を持ちかける表現——判断表現を支える用法がある。
　○ヤセル　ホーガ　エー　ヨ。トシ　イッタラ。(痩せる方がいいよ。年を取ったら。《中年女同士》)［加古川］

○モーリガ　イチバン　エライ　ヨ。(子守りがいちばんきつい仕事だよ。《中年女同士》)［相生］

○オマエガ　オサンカラ　ヨー。(お前が押さないからだよ。《相手の失敗を非難する。小学生男同士》)［黒田庄］

播磨での実例である。話し手が判断し、確認した事態（新情報）を相手に告げて、相応の認識（受けいれ）を求めるのがこの用法である。「ヨ」本位には、これを「告知」の機能と言ってよい。

⑷　説明表現を支える「ヨ」

上述の告知の機能を見せる「ヨ」は、説明表現にも行われる。

○ヨルワ　モー　バス　アラヘン　ヨ。(夜はもうバスはないよ。《青年女が老女に告げる》)［社］

○ソリャー　ゴツイ　アメデシタ　ヨー。(それはたいへんな雨でしたよ。《老男が旅の者に》)［生野］

これらの実例にも、「ヨ」の告知の働きがよく表れていよう。話し手の保持する情報を相手に告げ、説明するのがねらいで、必ずしも同意を期待するわけではない。

告知の機能の「ヨ」が働く説明表現に対して、但馬西部には、また、次のような機能の「ヨ」がある。

○ハジメニャー　ミズ　イレトリマシタケド　ヨー。ソレデモ　ワレマシタ　ワイナ。(始めには水を入れていましたけどねえ。それでも割れましたよ。《出土した瓶類。老男の説明》)［温泉］

○ヨッカ　アリマス　ガヨー。(４日間ありますのよ。《但馬牛の市の会期。老女の説明》)［温泉］

第２例は、「ガヨー」とあって「ガ」との複合形であるが、対比の便宜もあってここに掲出した。これらの実例に見られる「ヨー」には、「ヨ」にアクセントの山のあるのが普通である。相手への持ちかけの意識の強さ――強調性が認められようか。それにしても、この「ヨー」が、敬語の用いられている叙述を統括している事態からも判断されるとおり、品位は悪くない。説明の構えの明らかな表現であるが、先の説明表現に比べると、表現性にいく

らかの違いがある。端的に言えば、これには、基本として、相手の同意や納得を求める姿勢が認められようか。これはまさに、既述した「体験・心情表明」の「ヨ」に類するものである。

　ところで、これが、山陰に連なる但馬に分布することの意味——史的意味には、興味を引かれるものがある。というのは、因幡にも、これに類するものが存するからである。1例を掲げよう。

　　○ハッキリ　ナンダー　ヨー　オボエマセンケド　ヨー。(はっきり、その、よく覚えていませんけれどねえ。《村の事件について。中年女》)［大江］

この例に見られる「ヨー」が、当地域一帯によく用いられている。これが先の但馬例と同類のものであることは疑う余地がない。ちなみに、複合形の「ガヨー」も多い。その1例を掲出しておく。

　　○オーサカノ　ホーダカ　ドコダカ　イキトラレマシタ　ガヨー。(大阪の方かどこか行っておられましたよ。《ある人の話。中年女が旅の筆者に》)
　　　　［大江］

藤原（1985）にも、因幡の類例がある (p.36)。

⑸　**命令表現を支える「ヨ」**

　述部に、動詞命令形を取る叙述を受けて、「ヨ」の用いられる表現があり、全般によく行われている。実例を掲げよう。

　　○ニゲタラ　ツカマエテ　コイ　ヨ。(逃げたらつかまえて来いよ。《虫取り。小学生男同士》)［加古川］
　　○ヨー　ミトレ　ヨー。(よく見ておれよ。《中年男同士》)［香住］

これらは、同輩以下の相手に対する命令の表現で、仲間うちの気安さがある。「ヨ」本位に見ても、品位は低くぞんざいである。が、述部の命令形が示す直接的な働きかけを、情意で和らげようする心づかいは認められよう。ただ、先項で述べた「ヤ」の立つ表現（ハヨー　来イ　ヤ。）の場合に比較してみると、「ヤ」が、話し手の座標を相手に近接させるのが基本であるのに対して、「ヨ」は、その座標を、さほど動かさないのではないか。つまり、話し手と聞き手との間の距離——心的距離が、「ヤ」よりも「ヨ」の方が大きいと言えそうである。「ヨ」の立つ表現に、一種の冷淡さ、ぞんざいさが認められ

やすいのも、この表現性の差異によるところが少なくないように思われる。「ヤ」の場合は、その点、親愛感が勝っていよう。その親愛感が、表現によっては、かえって下卑た、馴々しさを表すこともある。

(6) 勧奨表現を支える「ヨ」

命令表現の一種とみられる勧奨表現を支えて、「ヨ」の用いられることがある。その１つは、述部に尊敬語命令形「ナハレ」を取る場合である。

　○ハヨ　シマイナハレ　ヨ。(早くおしまいなさいよ。《夕方、路上での老女の挨拶》)［加西］

　○カラダ　イタメンヨーニ　シナハレ　ヨ。(体を痛めないように、大事になさいよ。《別れぎわの挨拶。老女同士》)［吉川］

播磨での実例である。述部に命令形の立つ表現ではあるが、相手に、敬意をもって働きかけているさまが明らかで、命令と言うより勧奨と言うのが適していよう。このような表現に用いられれば、「ヨ」も相応の品位を見せる。先に、同様の叙述を受けて「ヤ」の立つ例（ゴメンナハレ　ヤ。）を取りあげたが、その「ヤ」の場合が、親愛感を基本とする表現をしたてるのに対して、「ヨ」の場合は、一定の心的距離感を持った表現をしたてるようである。このことは、前項でも言及したとおりである。いずれにしても、古老中心のもの言いで、土地人に、古風な言いかたとの意識はあるようである。上掲の実例のとおり、挨拶ことばに行われることが、しぜん、多くなっている。

　○ゴメンナハイ　ヨ。(ごめんなさいよ。《老女が筆者の前を通り抜けようとして》)［養父］

但馬での１例である。

　述部に、特殊な敬意命令形式を取る表現を支えて、「ヨ」の用いられることも多い。特に播磨で盛んである。

　○キー　ツケテ　イデ　キー　ヨ。(気をつけて行っておいでよ。《母親が子を送り出して》)［黒田庄］

　○アイトッタラ　スワリ　ヨー。(〈席が〉空いていたらお座りよ。《バスの中で。小学生女同士》)［社］

このような表現は、年齢に関係なく女性に多い。「ヨ」も穏やかで優しい表

現をしたてる。ただ、同巧の叙述に「ヤ」の立つ表現（既述）の場合に比べて、いくらかの心的距離感が認められるように観察される。このことは、上述の「〜ナハレ　ヤ」「〜ナハレ　ヨ」の場合についても指摘したとおりである。

(7)　**依頼表現を支える「ヨ」**

　先の項で、依頼表現を支える「ヤ」の存立について記述したが、一方ではまた、「ヨ」によって支えられる依頼表現を取りあげることができる。

　　○アシタ　ヤッテ　クレー　ヨー。(明日、やってくれよ。《中学生男同士の会話》)［滝野］

播磨での１例で、気安い間がらでの依頼表現である。「ヨー」が上昇調を取っているところに、働きかけの心づかいが認められはするものの、話し手の依頼の意図は確固としており、依頼要求は当然といったニュアンスもある。相手は、「オー　ワカッター。」と応じている。

　　○ヨーケー　アルシケ　コーテー　ヨ。(たくさんあるから買ってくださいよ。《手作りの小物を。老女同士》)［香住］

但馬での１例である。述部の「〜テ」は、「〜テ　オクレ」からのものである。全般に例は多い。

(8)　**問尋・応答表現を支える「ヨ」**

　「ヨ」はまた、次のような問尋・応答の表現を支えても行われる。

　　○ナンデ　ヨー。(なぜなのよ。《中年女同士》)［加古川］

問尋の表現を支える「ヨー」である。不満・不審を蔵した表現をしたてることが多く、単純な問尋にならないのが一般である。

　　○ナン　ヨー。アンタ　ナニ　ユートン　ヨー。(何よ。あんた、何を言っているのよ。《中学生女同士》)［加古川］

問尋の形式を取ってはいるが、不満の思いを一方的に相手に投げかけたもので、なじりの表現と言ってもよい。「ヨー」は、このような表現を支えている。心的距離感を表す「ヨ」の機能が、ここにも作用していようか。ちなみに、ある男子中学生は、類同の表現の場合、男子は「ナン　ドー。オマエ　ナニ　ユートン　ドー。」と言うのが普通だと説明する。言うまでもなく、

「ドー」が用いられれば、ぞんざい感がいっそう勝ってくる。
　○ホンマ　ヨー。(ほんとうだよ。《老男同士》)［滝野］
応答の表現に行われた「ヨー」である。正当を強調する意識が、強く表れていよう。類例は多い。

2．複合形について

「ヨ」にかかわる複合形文末詞は、あまり目立たない。「ヤ」にかかわる複合形が多彩であるのに比べると、注意される事態である。
　先に、「説明のヨ」の項で、便宜、主として但馬西部域に見られる「ガヨー」について問題にした。ここで、いま１度、類例を掲げておこう。
　○ナンチューダー　シリマシェン　ガヨー。(何と言うのか知りませんのよ。《筆者の問いに答えて。老女》)［温泉］
この「ガヨー」が当域一帯に優勢であることは、既述したとおりである。別の、複合の事例をあげておく。
　○オバーチャンラノ　ダイワ　ソーヤッタンジャ　ゾヨー。(おばあさんらの時代はそのとおりだったんだよ。《老女が孫に昔の生活を語る》)［山崎］
　○トモダチト　アソンデ　モドッテ　キタ　デヨー。(友だちと遊んで帰ってきたのよ。《老女同士の会話》)［波賀］
「ゾヨ」「デヨ」の例である。
　○ムカシワ　コレジャッタ　ヨナー。(昔の、農具類の絵を見ながら。《老女が老夫に》)［佐用］
「ヨナ」の例である。全般に、「ヨ」の複合形は目立たない。

三、「エ」文末詞の用法と機能

　ヤ行音文末詞に属する１形式である「エ」は、上述の「ヤ」「ヨ」に比して、当該地域では活動が弱いように観察される。兵庫県下でこれが目立つのは、丹波域である。
　○ドー　ユー　イミ　エ。(どんな意味なの。《中年女同士》)［山南］

○オタクワ　ドチラハンデス　エー。(あなたはどなたですか。《老女が筆者に》)［春日］

丹波では、この例のような、問尋の表現を支える「エ」がよく聞かれる。土地の識者は、これを、"優しい女性ことば"と説明する。第2例のように、敬体の叙述を統括して、旅の者に問いかけることのある点から推しても、「エ」の品位は低くない。ほとんどの例が、上昇の音調を取って行われるところにも、話し手の穏やかな持ちかけがよく表れていよう。

　　○道が　ヨー　ナリマシテ　エ。(……よくなりましたのよ。《最近の道路事情。老女》)［丹南(タンナン)］

　　○ソー　エ。(そうよ。《応答。中年女同士》)［柏原］

いずれも"女性ことば"とされるものである。

　以上のような丹波域であるが、播磨では、これがさほど目立たないかのようである。

　　○ホナ　ゴメン　エー。(ではごめんなさいな。《別れの軽い挨拶。中年女同士》)［加古川］

は、その1例である。和田実氏は、高砂例として、「女のみ：ドコカマレタンエ、足エ；新聞ニ出トッタガエ。」(和田 1959, p.215)をあげている。「カエ」「カイエ」「ガエ」「ガイエ」「ワイエ」の複合形は、比較的聞かれやすいか。

　但馬南部では、これが、よく行われているのか。朝来出身の識者、清水徹氏によって、いくつかの事例を掲げておこう。

　　○コレ　スル　ホーガ　エー　エ。(これ〈内職〉をする方がいいよ。《老女同士》)

は、判断の表現を支える「エ」である。

　　○ハヨ　イノ　エ。(早く帰ろうよ。《老男同士》)

は、勧誘・勧奨の1例である。

　　○ドコノ　ヒト　エ。(どこの人なの。《老女が中年女に》)

は、問尋の「エ」である。この言いかたは、

　　○ナンデ　タッチ　セーヘンノンジャ　エ。(なぜタッチをしないのかい。

《遊び。小学生男同士》)

のような詰問の表現にもなる。他に、説明の「エ」もある。全般に上昇調を取り、概して品位がよく、柔らかさ、優しさが認められると言う。女性に多い言いかたであるが、古老の男女にもよく行われるようである。別に、但馬北部の余部で得た、複合形の1例をあげておこう。

○マ̄ダ　シゴトー　ド̄ンドン　シトラレルケー　ナ̄ーエ̄。（まだ仕事をどんどんしておられるからねえ。《ある元気な老人の評。老女》）

四、ヤ行音文末詞総括

　以上に記述した、当該方言のヤ行音文末詞について総括しておきたい。既述したとおり、この文末詞は、感声的な性格の濃い事象であって、それだけに、基調的な特定の作用性を持ちにくいものである。話し手の感慨・感情を全的に表出するのが、この文末詞の特性と言うことができる。それにしても、対話の現場にあって行われるこの種の文末要素が、表現上、相手への何らかの働きかけを示すものであることは言うまでもない。感声的なものであるだけに、また特定の作用性を持たないものであるだけに、相手に呼びかける文末要素として、かえって広く活用されてきたとも言えよう。本文末詞の、古今を通じての活力と盛行は、このような特性にもかかわっていようか。

　「ヤ」「ヨ」「エ」各のにおいて、特定の基調的な作用性は希薄であるとしても、表現の現場にあって、多様な表現意図を支え、その意図に基づく叙述を統括しての熟用は、そこに、おのずからに用法の分化を来すのは、しぜんの成りゆきであろう。本来、感声的な事象であることが、相手に呼びかけ持ちかける表現へのかかわりを、いっそう自在に、そして容易にしたに違いない。

　ところで、用法の分化と言っても、「ヤ」なら「ヤ」、「ヨ」なら「ヨ」の内面において、複数個別の作用性を分立せしめたとは、必ずしも言えないように思われる。しいて言えば、表現の意図に基づく個別の叙述の流れに沿って、その意図のままに、あるいはその意図に応じて相手に働きかけていく当

該事象の具体相を、表現の種別に応じて、分化した用法として把握してきたと言うべきであろう。「命令表現を支える『ヤ』」「勧奨表現を支える『ヤ』」などのように分類し、整頓してきたのも、多くはこのような観察と処置によっている。「ヨ」なら「ヨ」が、用法に応じて品位の異なることがあるのも、表現意図と、これに導かれた叙述部の形成の在りかたにかかわっていることが少なくない。例えば、叙述部にも敬語が用いられた敬意の表現であれば、文の末尾で統括する「ヨ」も、その表現意識の流れに支配されて、おのずから中等の品位を示すことが多い。その逆の場合もある。「ヨ」自体は、まず低位の品位を持つと解されるにもかかわらず、である。ただ、用法の分化として把握したもののすべてが、個別の機能や作用を持たないと言うことはできない。当然、品位もそれに付随しよう。その実情は、すべて上述の各項で詳述したところである。特に、但馬など山陰側での「ヤ」の用法や機能は特殊で、注目に価しよう。

　同じヤ行音文末詞に属しながら、「ヤ」「ヨ」「エ」各おのの間には、かなりはっきりした機能差が認められる。例えば「ヤ」と「ヨ」とを比較すれば、話し手の叙述内容——情報を相手に告知する場合、相手の、当該情報に関する認識の有無にさほど顧慮することなく、一方的に持ちこもうとする点では同様であるが、「ヤ」は、話し手の座標を移動させ、相手の領域に近接させるのが基本である。これに対して「ヨ」は、その座標をさほど動かすことなく、相手との間に心的な距離をおくのが基本である。その故もあって、「ヤ」には、身を寄せかけるような親愛の情の認められるのが一般であるが、「ヨ」にはそれが希薄で、むしろ理的なよそよそしさが勝っている。「エ」にはまた「エ」の持ち味がある。

　「ヤ」行音文末詞に属する「ヤ」「ヨ」「エ」は、感声的な性格の濃い事象でありながら、それぞれ、固有の表現性を保持している点が注目される。

結　　び

　以上、播磨・但馬方言および周辺諸方言の「ヤ」行音文末詞の生態を明ら

かにすると共に、その機能と用法とについて討究した。本文末詞に属する事象のうち、特に「ヤ」「ヨ」は活動力に富み、用法も多彩で、日常の生活語表現を、豊かで情味の深いものにしている。本来、感声的な事象であることが、内面表出をいっそう有効に支え、かつ、活力を添えて今日を生きていると考えられる。その両者の間にも、上述のとおり表現性の差が認められるのは興味深い。「ヤ」の働きがいっそう根源的で、情的である。但馬域を含む山陰側に、「ヤ」の特殊とも言える自在な用法が見られやすいのも注意される。「エ」についてはともかく、「イ」については、ほとんど取りあげるほどのものが得られなかった。狭母音を持つ事象が不振であるのも、呼びかけ、持ちかけを本性とする感声的な文末詞の宿命と言うべきであろうか。それに対して、「ヤ」「ヨ」の盛んなことは既述のとおりで、今後のいっそうの展開が予想される。

文献

藤原与一（1982）『方言文末詞〈文末助詞〉の研究（上）』（春陽堂）

藤原与一（1985）『方言文末詞〈文末助詞〉の研究（下）』（春陽堂）

和田　実（1959）「兵庫県高砂市伊保町」（国立国語研究所編『日本方言の記述的研究』）

第二章　敬語表現法

第一節　兵庫丹波域方言の尊敬法

はじめに

　丹波は、京都府中部から兵庫県東部にまたがる地域である。本稿は、その兵庫県側に属する丹波（以下、「兵庫丹波」と言う）の方言を中心に、ここに行われる尊敬表現の実態とその特性とを明らかにすることを目的とする。

　兵庫丹波域は、周辺に峠や山稜を廻らしていて、県内ではやや孤立した地域である。その生活語も、隣接する西の但馬、南の播磨の状態に比していくらか色あいを異にしている。例えば、播磨と丹波が、道路1つで隣接しあっている（播磨社と丹波今田）にもかかわらず、文末詞「ニ」（イマ　イットッテデヒ　ニ。〈今、行っておられますよ。〉）が丹波側にしか存しない。このことは、両地域の住民も意識している。尊敬法の基本的な形式面に、大きな差異が認められるわけではないが、兵庫丹波域も、大丹波圏として、京都側の地域とも深くかかわってきた史的事情もある。そのためか、敬語法も、京都側につながるかと解される、用法や意味作用の細やかな面をも見せている。播磨側の住民には、"播州弁は汚い。丹波弁はきれいで優しい"という意識がある。この"きれい"という自覚は丹波側にもあるようである。このようなしだいで、兵庫県下にあっては、丹波域の敬語は、いくらか色あいの違いを見せている。本稿では、この兵庫丹波域方言の尊敬法に焦点をしぼり、広く、播磨域、それに但馬域の方言をも視野に収めながら、討究することにしたい（口図参照）。

　兵庫丹波域方言の尊敬法として取り立てられる主な形式は、「ナハル」類尊敬法と「動詞連用形＋て＋断定助動詞」尊敬法とである。

一、「ナハル」類尊敬法

1．「ナハル」類尊敬法大観

「ナハル」を含む「ナサル」尊敬法が、全国にわたる国語の尊敬法の中核をなす、顕著な事象であることはよく知られていよう。藤原与一氏は、このことについて、次のように述べている。

「ナサル」表現法は、今日、私どものいわゆる敬語法の中核をなしている。その活動は、全国にわたってさかんであり、じつに雄大な表現法体系を見せており、「ナサル」ことばは、現今の国語生活の方言面での（ということは、やがて言語生活一般での）、最大の勢力となっている。
（藤原 1978，p.389）

「ナサル」尊敬法のうち、当面の「ナハル」について見ると、主として西日本に、斑状ながら広く分布している。が、その勢力の中心は近畿圏と言ってもよかろうかと思う。当面の兵庫丹波域でも、これが、上述のとおり、尊敬法の一翼を担っている。その存立の実情について、以下に記述することにしたい。

2．兵庫丹波東部方言の「ナハル」類尊敬法

はじめに、当該域の中心地である、篠山(ササヤマ)の方言の「ナハル」類尊敬法を取りあげる。篠山は「丹波篠山」の通称で知られている古い城下町であって、例の「デカンショ節」の故郷でもある。この方言で注意されるのは、「ナハル」と共に、「ハル・ヤハル」の行われていることである。

○コーミンカンノ　トコ　ストント　イカハッタラ、(公民館のところを、真直ぐに行かれたら、《老女が道を教えて》)

○タンマニ　キヤハッタンヤ。(時々来られたんだ。《老男がある知人を話題にして》)

これらの例に見られる「ハル・ヤハル」が、京都・大阪の市域をはじめ、その周辺に行われて、いわば京・大阪弁の特色を示す尊敬語であることは周

第一節　兵庫丹波域方言の尊敬法　63

知のところであろう。ちなみに、篠山の東部に位置する京都府下の園部（ソノベ）でも、「行カハル」「来ヤハル」の類が盛んであるが、これが篠山でも、うえの実例のとおり、明るくて上品な敬意を表してよく用いられている。さらに注意されるのは、次の実例である。

　〇主人が来て　イワッタ　コトガ　アッタ。（……言われたことがあった。）
　〇杜氏が　フタリホド　オラッタ　ワ。（……2人ばかり居られたよ。）

いずれも、老翁が若い頃を回顧しての発話である。「言ワッタ」「居ラッタ」は「言ワハッタ」「居ラハッタ」からのものであろうか。例えば「行カハル」のように、「ハル」が五段動詞の未然形（もしくは未然相当形）に接続するのはごく一般の通則である。うえの場合も、「言ワハル→言ワール→言ワル」のように成ったものと解されよう。（ただし、「行カル」「言ワル」のような言いきりの形そのものの存在は確認していない。）

　「ハル・ヤハル」が「ナハル」に発するものであることは、先学の諸研究（藤原 1978, 奥村 1962, 他）によっても明らかである。その「ナハル」も、「ハル・ヤハル」に帯同するかたちで行われている。その実例を、篠山の東に隣接する、同じ旧多紀郡下の丹南（タンナン）の方言について見てみよう。

　〇ナンデモ　ヨー　シットンナハル。（何でもよく知っておられる。《老女が、近所の老男を評して》）
　〇コチラニ　キナハッタ　ヒトラシーケド　ネ。ワカエ　トキニ。（ここに〈他から〉来られた人らしいけどね。若い時に。《老女が、近所の老男について語る》）

第1例に見られる「シットンナハル」は、また別に「シットラハル」と言うこともある。丹南では前者がよく用いられる。「来トンナハル」「居ンナハル」「調ベヨンナハル」と、類例は多い。旧多紀郡下でも、西に移るほど「ナハル」が増え、日常ごく普通に行われているように観察される。

　さて、うえの尊敬語にかかわる命令形式は「ナハレ」「ナハイ」である。

　〇ソラ　アンタカテ　タベテ　ミナハレ。ホンマ　グアイガ　ヨロシーワ。
　　（それはあなただって食べてみなさい。ほんとに体の調子がいいですよ。《老女が、梅干しの効用を説く》）

○ソコ　イッテ　オイサンニ　キーテ　ミナハイ　ネ。(そこへ行っておじさんに聞いてみなさいね。《老女が私に話者を紹介する》)

いずれも篠山での実例である。篠山一帯は、既述のとおり、「ナハル」と共に「ハル・ヤハル」の行われるところであるが、命令形は「ナハレ・ナハイ」である。すなわち、命令形に限っては、本来の形式（旧来形式）であるのが一般である。このような実情は、京・大阪をはじめとする、いわゆる近畿中央部でも、ほぼ同様であると言ってよい。例えば大阪では、

　　　行カ(キ)ハル・行カ(キ)ハッタ――行キナハレ
　　　見ヤハル・見ヤハッタ――見ナハレ

のようにあるのが一般である。ちなみに京都では、その命令形は「行キナハイ」「見ナハイ」のように「ナハイ」である。

　尊敬語の命令形が、他の諸活用形と形式を異にするのは注目すべきことである。このことは、命令の表現が、運用の実際にあって、相手と話者との対面の場で、その相手の行為を要求するのをつねの働きとすることに関係があろう。つまり命令の表現は、直接に相手の行為を要求するという、心的負担を伴うのが一般である。尊敬語を用いるほどの会話の相手は、すでに何らかの心的距離感のある、気を兼ねる対象である。このような命令・勧奨の表現の現場で働く尊敬語の命令形が、他の活用形と、おのずからに生きかたを異にするのは、しぜんの成りゆきであろう（神部　1992, p. 285～300）。当面の命令形「ナハレ」「ナハイ」が、他の活用形とは異なる形式、いわば旧来形式を慣用しているのも、命令・勧奨表現の現場に働く特別な待遇意識に基づいてのことと想察される。命令形に特殊性が指摘されるのは、他地域方言にも例は多い。

　ところで、篠山では、「見ナハレ」「見ナハイ」のように、命令形の語尾に「～レ」「～イ」の2形が認められる。上述の京阪での実際に従えば「～レ」は大阪弁の流れ、「～イ」は京都弁の流れ、とも言えようか。その地理的位置からすれば、たしかにこうあるのも首肯される。当域に連なる摂津、播磨側には「ナハレ」が一般的であり、京都丹波側には「ナハイ」が一般的である。京都と大阪とで、形式を分けたのはなぜか。1つには待遇意識の問題が

かかわっていようか。ついでは、アクセントの違いにも関係があろう。この点については、改めて追求しなくてはならない。

3．兵庫丹波西部方言の「ナハル」類尊敬法

　ついで、兵庫丹波の西部域、氷上郡下の方言について見よう。この方言には、「ハル・ヤハル」に関する事象はない。際立つのは「ナハル」と、その変化形である「ナル」である。はじめに、当地域の中心部とも目される柏原（カイハラ）の方言をとりあげよう。
　　○シュジンワ　ホン　コノアイダ　ノーナンナハッタデス　ヨ。（ご主人はついこの前亡くなられましたよ。《老女が、近所の友人について語る》）
　　○ソノ　ヒトモ　ヨー　シットンナハン　ノエ。（その人もよく〈土地のことを〉知っておられるのよ。〈老女が近所の老翁について語る〉）
　　○コッチ　キナハレ　ナ。（こちらへいらっしゃいね。《老女同士》）
「ナハル」はこのように行われて、柏原の方言ではもっとも高い敬意を示している。もっとも、これを用いる年層は、老女などおおむね高齢層に偏しており、それに女性に多いようである。しかも、使用頻度は低いか。
　この「ナハル」も、柏原の南に隣接する山南（サンナン）では、両地域を比較して、いくらか出現頻度が高いようにも観察される。この状態は、既述の東部域（旧多紀郡下）、丹南の状態にしぜんに連なる。
　　○ダンダン　オーキ　ナンナハッテ、（だんだん大きくなられて、《近所の家業の規模を言う。老女の説明》）
　　○オイトキナハレ　ヨ。ソンナンワ。ホンマニ。（〈捨てないで〉置いておきなさいよ。そんなのは。ほんとうに。《古い農具を捨てようとした近所の人に。老女同士》）
山南での実例である。
　さて、当面の西部域で優勢なのは、「ナハル」の変化形とみられる「ナル」である。ほぼ全域に存立するが、北部に至るほど頻繁に行われる。その実情を、再び柏原の方言について見ることにしよう。
　　○キョー　センセガ　キナール。（今日、先生が来られる。）

○センセガ テガミ オコシナーッタ。(先生が手紙をよこされた。《医師が老夫の死因について》)

これらの例では「ナール」が用いられている。これは、「ナハル→ナール→ナル」のとおり、「ナハル」から「ナル」に至る、変化の過程を示す例と解することができようか。「ナール」はやがて「ナル」に落ち着いて安定する。

○サー イマ イキナルト オンナル カシラン。ヨー セーダス ヒトヤサカイ。(さあ、今行かれると居られるかどうか。よく精出す人だから〈働きに出て居られるかも知れない〉。《ある老人を訪ねる途次で。近所の老女の説明》)

○ムカシ センセガ オンナッテ。ソノ ヒトガ ネーエ。カイバラノ チューガッコーエ キナッテ ネー。(昔、先生が居られて。その人がねえ。柏原の中学校に来られてねえ。《昔の、ある教師についての説明。老女の言》)

このような「ナル」の使用例を見ても、ごく日常的な敬語であることが理解されよう。

○キョー イキナッ ケ。(今日、行かれるの。)

は、中年女性同士の会話の一端である。

○ズーット オリナッテ、(ずっと下られて、)

は、中年女性が、筆者に道を教えての発言である。「ナル」はしぜん女性によく聞かれる。

注意されるのは命令形による表現である。その一斑については、前項でもいくらかふれるところがあったが、さらに、柏原の北に隣接する春日(カスガ)の方言について、その実情を見ることにしたい(広瀬嘉寿美氏の教示によるところが大きい)。

○ハヨー オシマイナーレ。(早くおしまいなさい。《夕方、初老男が路上で、近所の人に挨拶して》)

○マー アテテ。スワッテ。シートクンナーレ。(まあ〈座ぶとんを〉あてて。座ってね。〈座ぶとんを〉敷いて下さいね。《座敷に客を請じ入れて。初老女の言》)

第一節　兵庫丹波域方言の尊敬法

この「ナーレ」が、「ナハレ」からの変化形であることは、先にも指摘したとおりである。原形とも言うべき「ナハレ」は、もはやかなり薄れている。古老に、稀に聞かれる程度である。既述のとおり、当域、春日より南部に位置する山南・柏原地域で、これがよく行われているのに比べれば、それだけ新化しているとみてよかろうか。ところで、その「ナーレ」も、当域では"老人ことば"と意識されている。古老の男女が用いてふさわしい言いかたのようである。それだけに、用いようによっては、例えば改まった挨拶などの場合は、一定の格──古格を備えていると受けとられる事態がある。例えば、「隣保休み」の休日、近所の人を招待した場合など、訪問客の挨拶を受けた当家の主婦が、

　○マットリマシタ　ヤー。ハヨ　アガットクンナーレ。（待っていましたよ。早くあがって下さいね。）

のように応じるのは、それとして、格や重みを感じさせる、この場にふさわしい言いかたと言う。この「ナーレ」を、別に、"奥さんことば"と言うむきもあるようである。格のある家の中・高年の主婦が用いる言いかたという一般の認識である。

　当該域で、普通には、中年女性を中心に頻用されるのは、「ナーレ」よりも「ネー」である。例を見よう。

　○マー　ハイッテ　ヤスミネー　ナ。（まあ入って休みなさいな。《中年女性が、軒下に雨宿りしている青年に》）

　○キー　ツカワント　サキ　イットクンネー。（気を使わないで先に行って下さいな。《中年女性同士》）

このように用いられる「ネー」が、「ナイ」の変化形（nai＞nee）であることはむろんである。先に、柏原の「ナル」の盛行について述べたが、春日でもこれがよく行われており、その命令形が「ネー」となって頻用されているわけである。ちなみに、「ナイ」が、この形のままで用いられることはない。さて、この「ネー」は、土地人には"優しい女ことば"として意識されているようである。老女にも用いられるが、しぜん中年女性に多い。老翁が用いるとすれば、"すごくていねいな感じ"と言う。明るくて新鮮な表現性を見

せ、しかも手軽であるのが、この「ネー」であろう。
　ところで、「ネー」は、直接「ナーレ」から変化して成ったものではないのではなかろうか。「ナーレ」が現に古態の命令法として活用され、一定の表現性を見せている実情からすれば、これはこれとして形式化し、慣用の中にあると解される。それに「ナーレ」と「ネー」との敬意の質の違いがある。「ナーレ」からの変化形と目されるのは、別に存する「ナー」ではないか。
　〇ユックリシテ　イキナー。（ゆっくりしてお行き。）
このように用いられる「ナー」は、敬意は低いが親しみのある言いかたである。これが「ナーレ」からの変化形であるとすれば、その表現性や使用層などの点からしても、無理がないように考えられる。「ナーレ」は、上掲の諸例にも見られるとおり、「早う　行キナーレ。」のような音調をとることが多い。こうあれば、末尾の「レ」は、敬語命令形の語尾でありながら、相手に勧め、促す特殊な働きを担うようになっていようか。いわば「ナーレ」の「レ」は、表現の現場に立って、遊離しやすい状態になっていると考えられるのである。（なお、丹後・奥丹波では、命令形「ナー」「ナーン」が「ことに注目される」とある〈藤原　1978, p. 415〉。）
　「ネー」の原形である「ナイ」は、「ナル」の盛行によってしぜんに展開した、新生の命令形であろうか。それにしても、一方では「ナーレ→ナレ→ナイ」の展開・変化を想定しないわけにはいかない。共通語の「ナサレ→ナサイ」のように、ここには、聞こえの小ささを求める、待遇の心意もうかがわれよう。"外来の人には「来ナサイ。」と言う"と内省する老女もある。それもさることながら、当地域から西に広がる、但馬の「〜ンサイ」とのかかわり、あるいは「〜ンサイ」を生んだ地域性との関連も無視するわけにはいかない。この点については、項を改めて問題にしたい。
　「ナイ」は――この形のままの「ナイ」は、兵庫丹波域の西部、氷上郡下でも、南に下がるほどによく聞かれる。ai不同化の播磨方言域に連続するためか。
　〇クロサト　コーテ　キナイ。（黒砂糖を買っておいで。《老女が孫にお使いを頼む》）

氷上郡下南西隅の、山南での1例である。それにもかかわらず、播磨域には「ナイ」は存しない。この命令形式を含む「ナル」尊敬法は、兵庫丹波域の西部北部から但馬および奥丹波域へと連続する。その実情の一斑は、次項で取りあげることにする。

　兵庫丹波域には「ナシテ」がある。
　○ガッコノ　センセーモ　ハター　オンナシテ　ネー。（学校の先生も機を
　　織られてねえ。《老女の思い出話》）
　○マダ　オヤゴサン　オンナシテ。（まだ、〈あなたの〉親御さんは存命でい
　　らっしゃるの。《老女が筆者に》）
氷上（ヒカミ）および山南での実例である。「ナシテ」は「なさいまして」からのものとされる。高い敬意を表す言いかたである。使用頻度は低い。播磨の内にもあるが、少ない（藤原　1995　p.83、参照）。

4．「ナハル」類尊敬法に見る兵庫丹波と但馬・播磨

　以上に記述した、兵庫丹波域での当該事象と、西辺に隣接する諸地域──但馬域および播磨域に存立する事象とのかかわりについて、注意すべき事項を取りあげよう。

　当該域の西部に連なる但馬の朝来（アサゴ）で、日常生活でよく見られるのは「ナール」である。その変化形「ナル」もまた盛んである。その点、丹波側の状況に近似していよう。次はその実例である。
　○オコシナーレ。（いらっしゃい。《老女が訪問客に》）
　○ホンナ　ミニ　キネー　ノ。（では見においでよ。《初老男同士》）
後者の方が、内うちの仲間同十で用いられる、親しみのある言いかたで、敬意は高くない。敬意度の下がる文末詞「ノ」をとって調和するのが、朝来の「ネー」の表現性である。この点、先の兵庫丹波の春日などで、"優しい女ことば"とされるのとは異なっている。

　朝来の北方に位置する、養父（ヤブ）の方言の尊敬法を見よう。ここで注意されるのは、上来取りあげてきた「ナル」と共に、「ンサル」の存することである。「ナル」は、「ナラン・ナッタ・ナル・ナイ（ナェー）」の各活用形がよく活

動していて、既述の丹波域とのつながりを示しており、また、但馬の北部から西の山陰へ、そして東の丹後へと広がる「ナル」の領域との、しぜんの連係を見せている。

　○ヒルマデ　キナランケー　モー　キナリャヘン　ノカ　オモーテ、(昼までに来られないから、もう来られないのかと思って、《遅れてやって来た友だちを迎えて。老女同士》)

　○ハヨー　キナェー　キナェー。(早くおいでおいで。《中年女同士》)

養父での実例である。「ナール」も稀に聞かれる。その原形である「ナハル」も、一定の格をもって、これもまた稀に、老人の挨拶表現などに行われることがある。

　注意されるのは「ンサル」である。「ンサッタ・ンサル・ンサイ（ンサェー)」の各活用形がよく活動している。次はその実例である。

　○ワシノ　オンシワ　モー　ビョーキン　ナリンサッテ　ナ。(私の恩師はもう病気になられてね。《老女が詩吟の師匠について語る》)

　○コレ　トットクレンサェー　ナ。(これ、取って下さいな。《中年女が客に茶菓をすすめて》)

養父では、「ナル」よりもこの「ンサル」の方が盛んであり、敬意度も上位とみられる。ただ、この語法は、丹波側にはなく、また摂津・播磨にもない。主として分布するのは、中国山陽地域である。ここで改めて注意されるのは、これが但馬南部のうちにもあることで、当該域の養父一帯もその一環である。

　同じ「ナサル」が、「ナハル→ナル」と「ンサル」とに形を分けて分布するのは興味深い。このことは、あるいは「ナサル」の「サ」の音質が、どの程度にか、かかわっていようか。周知のとおり、近畿域は、「サ」行子音が弱くて、sa>ha の変化の、特別に著しい地域である。今日、「ナサル」の変化形の「ナハル」が、近畿地域を分布の主域とするのも、当然と言えば当然である。その「ナハル」は、広く国の東西に分布したに違いない。その「ナハル」は「ナル」に変化しやすい。それは、「ナハル」の「ハ」の弱化が契機となっていよう (naharu>naaru>naru)。「ナハル」から「ナル」に変化したものが、但馬から西の山陰へ、東の丹後へと連なることは、本項でもす

でに述べた。その分布領域は、山陰や丹後のみでなく、ほぼ全国にわたっている。もとより「ナハル」の分布も見られるが、それは「ナル」の領域よりも退縮していて、主として国の西部域にほぼ限られている。(藤原　1978，付図第9図参照)。

　ところが、一方に「ナサル」から「ンサル」が生じた。これが顕著な中国山陽方言について見ると、この方言では、「ナサル」の「サ」を格別軟化させることがない。むしろ「サ」が際立って、いきおい前接音「ナ」を弱化させた。「ンサル」は、このようにして、しぜんに成立したかと考えられる。

　「ンサル」の盛んな山陽地域にも、「ナル」の行われた痕跡がある。1例をあげれば備中、それに備後奥がある。この地域に行われるものは、だいたい命令形の「ナェー」「ネー」に限られている。これも、備後奥のものなど、ほとんど消滅しかかっている。このような状態からすると、「ナル」が早く分布し、その後で「ンサル」が勢力を広げたかと解される。山陽地域の「ナル」の衰退は、「ンサル」の新しい展開によるものとしてよかろう。

　「ナサル」からの「ナハル」「ンサル」への変化は、また、抑揚の相違にもかかわっていようか。いわば、近畿方言の高平調・曲揚調と、中国方言の後上げ調との差である。この点については、さらに具体的に深究する必要がある。

　なお、兵庫丹波域に続く播磨側を大観すれば、「ナサル」敬語はあまりふるわないが、そういう状況のなかで用いられるのはおおむね「ナハル」である。それも命令形による表現が目立つ。次は、兵庫丹波域の南に位置する社(ヤシロ)での1例である。

　　○ハヨ　シマイノハレーゴ。(早くおしまいなさいよ。《夜、訪問先から辞去する際の老女の挨拶》)

このような「ナハル」は、阪神地域に盛んな同表現法の流れとも考えられる。現に、社の南面に広がる三木(ミキ)・明石(アカシ)などでは、若い女性の間などで、大阪・神戸弁を受け入れた新しい言いかたとして、

　　○イツ　シハルンヤロ　カ。(いつ、なさるんだろうか。)

のような「ハル」が用いられている。

さて、このような新形式を受け入れる一方では、次の社例、
　○オ$\overline{コシナ}$。(いらっしゃい。《老女が訪問客を迎えて》)
のような「ナハレ」の下略形があり、さらには末尾の「ナ」も略した、
　○マー　ア$\overline{ガリー}$　ナ。(まあ、おあがりよ。)
のような、いわゆる連用形敬語も、主として女性の全般に盛んである。概して、播磨域の「ナサル」敬語は、旧来のものについては形の変化が目だち、新来のものについてはその受け入れが活発である。この傾向は、南部地域ほど著しい。

二、「動詞連用形＋て＋断定助動詞」尊敬法

1．「て」尊敬法分布大概

「行ッテジャ(ヤ)」「来テジャ(ヤ)」のような形式を取るこの尊敬法(「て」尊敬法)は、主として近畿から中国の方言に行われるもので、その分布の実情については、藤原(1978)に詳しい。この尊敬法が、兵庫丹波域でも、前項の「ナハル」類と共に、日常、よく活用されている。その実際について、以下に取りあげることにしたい。

2．兵庫丹波柏原方言の「て」尊敬法

兵庫丹波域には、「柏原チャーチャー、石生(イソー)テヤテヤ」という言い習わしがある(一説には「柏原チャーチャー、石生ネーネー」とも)。柏原には「チャー」があり、石生には「テヤ」がある、というこの言い習わしの「チャー」とは何か。何か特異を思わせるが、実は「て」尊敬法の一態である。兵庫丹波域の「て」尊敬法を取りあげるにあたり、はじめに「チャー」を持つ柏原の方言について見ることにしよう。

　○キョー　センセガ　キ$\overline{チャー}$。(今日、先生が来られる。)
　○アンタ　イツ　イッ$\overline{チャー}$　ケ。(あなた、いつ行かれるの。)

このように用いられるのが問題の「チャー」である。これが「テヤ」(テ＋ヤ助動詞)の変化形であることは明らかである。興味深いのは、この変化形

が、丹波域では柏原以外に見られないことである。言い習わしの「柏原チャーチャー」も、このあたりの実情をよく言い表している。周囲の町村の人びとには、柏原の「チャー」が、いかにも特異に映ったもののようである。隣接する氷上町石生（「石生テヤテヤ」の石生である）在住の、柏原高女出身のある初老女は、"昔の柏原高女でも、柏原町内から通学する生徒はみなチャーチャーと言っていた"と報じている。

　○誰だれさんは、ナニ　ショッチャー　エー。（……何をして居られるの。）
　○ドッカエ　イッチャン。（どこかへ行かれるの。）

は、その類例である。女性に多い、親しみのある言いかたのようである。全般に、「て」尊敬法は女性によく行われてはいるが、この「～チャー」は、特異性が際立つこともあって男性になじみにくいのか、特に女性語として意識されている。

　ところで、うえの第2例以下に見られるような問いかけの表現は、柏原の周辺では「～テ　ケ」のようにあって、「～チャー　ケ」はもとより、「～テヤ　ケ」のようにもならないのが普通である。柏原でも、新来の言いかたはそれである。

　○キョー　イッテ　ケ。（今日、行かれるの。《中年女同士》）

「～テ」が後接の断定助動詞を収斂し、本来の敬意を保持したままに行われているのが注意される。

　ちなみに、当、兵庫丹波域の北部に隣接する京都府下の福知山（フクチヤマ）および綾部（アヤベ）には、問題の「～チャー」がある。

　○キョーワ　ドコ　イッチャ　カー。（今日はどこへ行かれるの。）

は、福知山での一例である。親しみのある、気安い言いかたと言う。その一方に、

　（）アンタ　モー　イッテヤ　カー。（あなた、もう行かれるの。）

という言いかたもある。この「～テヤ」が「～チャ（ー）」の原形であることは、既述したとおりであるが、当の話し手はこれを「～チャ（ー）」と比べて、"ちょっと丁寧な言いかた"と内省している。綾部では、ある老女が、

　○アンタ　ドコゾ　イッチャ　カ。（あんた、どこかへ行かれるの。）

という例を示して、"年寄ことば"と説明した。若い層では、「〜テヤ　カ」「〜テ　カ」が一般だと言う。なお、当、兵庫丹波域の東部に接する京都側の丹波・園部でも、「〜行ッテヤ　カ」のような「〜テヤ　カ」がある。この問いかけの形式は、上述のとおり、兵庫丹波はもとより、播磨以西にも存しない。

　過去・完了は、「〜てじゃった」の「チャッタ」で表す。
　○フミキリ　ワタッテ　ミギエ　ズーット　イッチャッタラ、(踏み切りを渡って、右へずっと行かれたら、《中年女性が、旅の者に道を教えて》)
　○イマ　キチャッタ　ワ。(今、来られたよ。《待っていた近所の人のことを言う。老女同士》)

このようにあって、日常生活のなかでよく聞かれる。第1例に見られるとおり、他郷人についても用いられていて、気安い言いかたながら、一定の敬意を表していると解されよう。

　○ソコ　オッテデス　ワ。イマ。(そこに居られますよ。今。《中年女性が、近所の人を紹介して》)

「〜テデス」の形式を取っている例である。「〜てじゃ」の「じゃ」に替わって、同じ断定性を帯びた「デス」が立っている。こうあれば、改まり意識が強く出る。なお、否定の言いかたは、「(来)テヤナイ」「(行ッ)テンナイ」である。

　以上のような「て」尊敬法が、近世後期上方資料（洒落本）に見られることは、奥村三雄氏の研究に詳しい（奥村　1990）。それによると、洒落本14本に現れている同尊敬法は、119例である。そのうち105例が女性の使用例で、88％を占めている（p.772）。むろん作品の性格にもよることではあるが、先に兵庫丹波域で女性に多いとしたことと符合していよう。

　このような「〜テジャ（ヤ）」がなぜ敬意を表すのか。これについて藤原与一氏は、次のように説明している。

　　「〜てジャ」ことば一類を現代語の一事象として見る時、「〜テジャ」などには、人の動作をむこうに置いて見る気分、あるいは自分が遠ざかってそのことを見る気分が感ぜられる。この、おだやかな間接視の態度が、

尊敬視の態度になっていくのであろう。「〜てジャ（ヤ）」の言いかたは、「ジャ（ヤ）」で承けることによって、「〜て」を客体化（→体言化）するものとも見ることができる。こういう承接のところに、一種の中止、言いよどめ、言いあずけがある。そこの余裕感から、一種の待遇敬意が出るのであろう。余裕感は距離感・間接性・婉曲性につながる。（藤原1978, p.205）

　ここに説かれているとおり、「〜テジャ」が、間接・婉曲の表現法であることが、敬意を生むことになっていると解される。共通語の視点からすれば、特殊な表現法と言うことができよう。

3．兵庫丹波西部域方言の「て」尊敬法

　兵庫丹波域の西部、柏原の周辺地域でも、「て」尊敬法は、柏原方言の場合にほぼ準じる状態で存立している。
　　○オッテカ　オッテンナイカ　ワカランケド　ネ。（居られるか居られないかわからないけどね。《中年女が話者を紹介して》）
柏原の南に隣接する、山南での実例である。柏原に準じる状態——とは言え、この周辺地域には、既述のとおり、柏原で問題にした「チャー」は全くない。が、その原形である「テヤ」はある。次例のとおりである。
　　○エライ　キバリヨッテヤ　ネー。（たいそう精出しておられるね。《働いている近所の懇意な人に。中年女性》）
春日での1例である。ただ、この「〜テヤ」は、問いかけ表現には用いられない（既述）。
　　注意されるのは、過去・完了を表す「〜てじゃった」に相当する「チャッタ」が「タッタ」と併存していることである。その「タッタ」は若年層に見られやすい。
　　○ダレナット　アテタッタラ　ソレデ　エン。（誰でも〈弓を的に〉当てられたらそれでいいの。《祭の流鏑馬の行事について娘が親に聞く》）
氷上での1例である。山南のある老女は、子どもに対しては、
　　○ドコ　イッチャッタ　ンエ。（〈お母さんは〉どこへ行かれたの。）

のように、「タッタ」よりも「チャッタ」を用いると内省した。この方が地域に本来的で、いっそう親しみやすい言いかたのようである。

4．兵庫丹波東部域方言の「て」尊敬法

兵庫丹波域の東部方言でも、「て」尊敬法はよく行われている。上項の西部方言の存立状態と対比して注意されるのは、「～てじゃった」に相当する形式が、「タッタ」に限られることである。西部域でよく見られる「チャッタ」がない。
　○オジーサン　ナンボーン　ナッタッタ。(おじいさん、何歳になられた。《老女が近所の老翁に》)
　○ヤクバカラ　キタッタンデヒ　ニ。(役場から〈水害状況の視察に〉来られたんですよ。《老女の水害説明》)
篠山および丹南での実例である。「タッタ」は「チャッタ」の「チャ」が直音化して成った新形ともみられる（後述）。この「タッタ」が、当、丹波域に接する播磨域へと、連続して分布する。

5．「て」尊敬法に見る兵庫丹波方言と播磨方言

播磨は、「て」尊敬法の盛んな地域である。
　○オバーチャン　ナッキョッテヤ。(おばあちゃんが泣いておられるよ。《おんぶされて、老女の背中を叩いている幼児に。中年女性》)
　○ヨー　イッキョッテヤ　デ。(よく行っておられるよ。《近所の人のうわさ話。中年女同士》)
丹波山南の南面に広がる黒田庄（クロダショー）および社での実例である。このように、仲間うちの気安い間がらの人びと同士、親愛の情をもって、気軽に用いられる尊敬法である。全般によく行われるが、しぜん女性に多い。
　○コンニチワー。オッテデス　カー。(今日は。居られますか。)
　○オッテ　ケー。(居られるの。)
加古川（カコガワ）および姫路（ヒメジ）での実例である。いずれも、近所の家を訪問した際の気軽な挨拶ことばであるが、第2例の方がいっそう気安い。中年女性のものであ

る。播磨方言の日常は、このような「て」尊敬法の生動・活動する世界と言ってよい。

　過去・完了を表す「〜てじゃった」に相当する形式は、播磨の中部・南部を覆って「タッタ」が分布する。この形式は、既述のとおり、兵庫丹波域の東部に盛んで、西部でも若い層などへの浸透が見られるものである。これが、上述の播磨の大部分の地域に、丹波に連続して行われている。

　○カイモンニ　キタッタ　ン。アンター。（買物に来られたの。あなた。《街角で。中年女同士》）
　○神事舞が　デタッタラ　カエロー　カー。（……出られたら帰ろうか。《住吉神社の神事舞を見に来た老女同士》）

加古川および社での実例である。これも、相手についても、また第三者についても用いられる、ごく日常的な敬語と言える。一方、播磨の北部（および但馬南部）には、但馬域にほぼ接する状態で、東西に帯状に分布する「チャッタ」がある。次はその実例である。

　○アンタン　トコニ　シチャッタンヤッタラ　モラウケド、（あなたのところで作られたのなら貰うけど、《手作りのかしわ餅をすすめられて。あまり気がすすまない。老女同士》）
　○イマ　ソコー　トーチャッタケド　ナー。（今、そこを通られたけどねえ。《尋ね人の家を聞いたのに対して。中年女性》）

中[中町]および千種での実例である。先に、兵庫丹波の西部に行われる「チャッタ」に触れたが、それが当、播磨北部の「チャッタ」に連続しているわけである。ちなみに、兵庫丹波をとりまく京都府下の福知山・綾部・丹波・園部一帯にも「チャッタ」がある。

　さて、注意されるのは、「チャッタ」の分布する地帯には、断定助動詞「ジャ」が分布することである。兵庫丹波域の西部にも「ジャ」があり、新形の「ヤ」と共に併存している。このような状況であれば、「チャッタ」は「テジャッタ」から成ったものと、ひとまずみることができそうである。「チャッタ」は、播磨北部からさらに中国山陽域へと続く。中国山陽域も、また「ジャ」の分布する地域であることは改めて言うまでもない。一方、「タッ

タ」の盛んな播磨域の中部・南部は、断定助動詞はおおむね「ヤ」である。こうあれば、「タッタ」は「テヤッタ」の転化形とみることが、一応合理の解釈であろう。ただ、いったん「チャッタ」が成立した後、「タッタ」に転じるということもあったかと考えられる。近畿方言の発音には、拗音を直音化する傾向がある。例えば大阪方言の、「ナケラ」（←無けリャ）〈形容詞〉、「ソラ」（←そリャ）〈指示詞〉、「イカナ」（←行かニャ）〈助詞〉などはその例である。この発音傾向は、播磨中部・南部でも一般的である。当面の「タッタ」も、この発音慣習に支えられて、「チャッタ」から転じることもあったかと考えられる。いずれにしても、「タッタ」が新形である。

　ところで、播磨北辺の「チャッタ」の地帯にも、「タッタ」が浸透しつつある。千種出身のある識者（松本邦夫氏）は、当地での状況について、「チャッタ」はかなり俗な言いかたで、全般に多い。「タッタ」は改まった言いかたで、「チャッタ」に比して敬意が高い、と報じている。「チャッタ」が本来的な言いかたとも言う。子どもの頃は「タッタ」について、"都会の人のことばは違うと思ったものだ"と内省している。新形として「タッタ」が浸透し始めている状況がうかがわれよう。

　同じく播磨北部の中（地名）のある識者（大西和美氏）は、「チャッタ」について、"子どもっぽい、また女性的な言いかたで、年配の男性などは用いない。"と説明している。その年配の男性は稀に「タッタ」を用いるとも言う。もっとも、「タッタ」は、新来の言いかたとして、大人の男女に行われ始めているもののようである。「タッタ」のこのような動きは、まさに"都会の品位のよい言いかた"として、播磨北辺の山間地帯に受け入れられつつある現実を、如実に示すものとみることができよう。

三、兵庫丹波方言の尊敬法収束

　以上に見てきたとおり、兵庫丹波方言では、主として「ナハル」類尊敬法と「動詞連用形＋て＋じゃ（や）」尊敬法（「て」尊敬法）とが、尊敬表現を支えている。「ナハル」類尊敬法は、全国的な尊敬法である「ナサル」類の

うちの大きな分野を占めており、既述のとおり、西日本に広く分布しているが、その勢力の中心は近畿圏と言うことのできるものである。それに対して「て」尊敬法は、共通語の視点からすれば、特異とも言える尊敬法であるが、しかしこれも、西日本、特に近畿・中国域に大きな勢力をもっている。当、丹波域の尊敬法は、このような大きな広がりを持つ形式によって支えられている。その点では、少なくとも近畿圏においては、かなり平均的な敬語法と言うことができようか。

　それにしても、当面の兵庫丹波域は、兵庫県内に大きくせり出しながら、旧藩の国としては、京都府下にその大部分を展開する丹波圏に属し、その南面・西面は播磨・但馬に境を接している。すなわち、その方言は、一方では、丹波圏としての基本的な色調を保ちつつ、他方では播磨・但馬に連なる色あいを見せている。細かく見れば、それとして表現生活・敬語生活の個性が認められ、興味の深い言語圏と言えよう。

　さて、尊敬法の上記2形式では、概して「ナハル」類の方が、敬意が勝っていよう。ただ、その「ナハル」類にも、「ナハル」を始め、「ハル・ヤハル」「ナール」「ナル」、それに「ナシテ」と、形式の多様な分化が見られ、その形式によって、また新古の度合いによって、表す敬意にも微妙な差がある。「て」尊敬法は、いっそうよく地域になじんだ言いかたであって、おおむね、「ナハル」類に比して親愛感が勝っている。いま、両者の相関の実情を、若干の例によって見ることにしよう。

　当域東部の篠山での実例である。老女が筆者に道を教えて、次のように言う。

　　○コーミンカンカラ　チョット　ハイラハッタ　トコノ　ネ。（公民館からちょっと入られたところのね。）

ここでは、他郷人に「ハル」を用いて待遇している。これが高い敬意を表すものであることはむろんである。ところが、すぐ後、重ねるように、

　　○コーミンカンノ　ウラオ　スット　ハイタッタラ、（公民館の裏〈の道〉をすっと入られたら、）

と言っている。この文例では「タッタ」（てやった）が用いられている。同

じ場面で、両敬語が、同じように行われているのが注意される。ただ、後の文は、前の文を受けての説明の構えの濃いものである。ここに、やや気安い感情が表出されたと解することができよう。上述のとおり、一般に、「て」尊敬法の方が親愛感が強く、いっそう直接的で、身近である。同様の例を、同域西部例から取りあげてみよう。柏原でのことである。老女と中年女性とが、上例同様、辻に立って筆者に道を教える。

　○コ̅レ̅オ　ズ̅ー̅ッ̅ト　イカレマシテ　ネ̅ー。（この道をずっと行かれましてねえ。）

　○ソ̅ッ̅チ　コ̅ー　デ̅ラ̅レ̅テ、（そちらへ、このように出られて、）

老女の説明である。この文例では、「レル・ラレル」が用いられている。ここには、他郷人に対する、やや緊張した物言いぶりが看取される。「レル・ラレル」は、この場合に限らず、時に、高い敬意を込めて行われる。ほとんど共通語意識に基づくものか。それにしても、土地の生活語によく調和している点も見逃せない。

　○ソ̅レ　コ̅エ̅テ　ム̅コ̅ー̅エ　イキナッタ̅ラ、（それ〈踏み切り〉を越えて向こうへ行かれたら、）

老女は、同じ道を、繰り返し繰り返し念入りに教える。「レル・ラレル」による表現がひとしきり続いた後、上例のような「ナル」による表現へと移る。側にいた中年女性も、これに口を添えて、

　○ト̅ー̅オ　メ̅ア̅テ̅テ　イキナッタ̅ラ、（塔を目当てに行かれたら、）

と言う。言いぶりに、いくらか気安さが認められようか。老女は、なお不安気である。

　○ミ̅ギ　イ̅ッ̅テ̅ノ　ホ̅ー̅ガ　エ̅ー̅カモ　ワカラン　ナ̅ー。（右の道へ行かれるほうがいいかも知れないなあ。）

と、筆者を気づかって１人思案している。ここでは「て」尊敬語が用いられている。しだいに親愛感——とも言える情意が増してきての発言とみることができようか。

　以上のように、諸尊敬法も、運用の実際にあたっては、それぞれに個別の持ち場持ち場があり、あい寄って相関の秩序を織りなしている。その生きた

表現味が、表現生活・敬語生活を潤いのあるものにしている。

概して、兵庫丹波の方言の尊敬法の生活は、多彩で、豊かである。

結　び

以上、兵庫丹波方言の尊敬法について討究してきた。「ナハル」類の、史的推移の軌跡として把握される多彩な分化事象は、この形式が、当方言生活に占めてきた閲歴の古さと、根の深さとを思わせるのに十分である。その新古の諸事象も、それぞれが特定の表現性をもって、敬語生活を豊かに支えている事態が注意される。「テジャ（ヤ）」の持つ身近さ親しさがここにかかわって程よく調和し、全体として情意の深さ、きめの細やかさを見せている。

さて、尊敬法は、言うまでもなく敬語法の一部である。さらに、いわゆる謙譲法、丁寧法、そして卑罵法の追究がなされなくてはならない。これらを大きく総合する世界が、敬語法の生きた世界に他ならない。さらには上述の地域の表現生活を日本語一般のこととして、広い視野の中に位置づけることが肝要であろう。日本語の敬語生活の実質について、いっそう討究の目をつめていく必要がある。

文献
藤原与一（1978）『方言敬語法の研究』（春陽堂）
藤原与一（1995）『愛心愛語抄―言語研究の一小径に立って―』（三弥井書店）
奥村三雄（1962）「京都府方言」（楳垣実編『近畿方言の総合的研究』三省堂）
奥村三雄（1990）『方言国語史研究』（東京堂出版）
神部宏泰（1992）『九州方言の表現論的研究』（和泉書院）

82　第二章　敬語表現法

第二節　播磨・備前国境域方言の尊敬法
　　　——命令形式の存立と特性——

はじめに

　播磨と備前の国境地域は、石堂丸山（422m）、黒鍬山（431m）を主峰とする一帯の山地であって、古来、人の居住も往来も、容易ではなかったように想察される。ただ、その南部の海浜地帯には、孤立状態ながら集落が点在している。すなわち、県境から西の岡山県側には日生町に属する寒河(ソーゴ)、日生(ヒナセ)があり、東の兵庫県側には赤穂市に属する福浦(フクラ)、天和(テンワ)がある。各集落は、互いに山稜によって隔てられており、背後も高い山地によって覆われている。したがって、各集落とも孤立状態にあり、かつては各集落間の通行も、陸上よりも海上の船によることが多かったと言う。

　寒河と福浦とは、明治22年に合併して1つの村（福河村）となったが、昭和30年に日生町に編入された。ところが昭和38年に分離し、福浦が赤穂市に編入され、今日に至っている。これによって、福浦は、岡山県から兵庫県へ転移したことになる。

　福浦は、上述のとおり、三方を山地に囲まれ、前面も、はるかに海を控えているとはいえ、それも小高い山によって隔てられた、孤立した地形に形成された集落である。かつて福浦と共に1村を成していた寒河もまた同様の地形にある。両集落は、1村を成していながら、古来、生活上の関連は薄かったかのようである。以前は、両集落を隔てる峠付近に小学校があり、双方から坂を登って通学した。子供たちは、互いに相手方集落の子供のことばが違うことを意識していたと言う。言うまでもなく、西側の寒河に備前色が、東側の福浦に播磨色が目立った。中等学校も、福浦の子供たちは、県境を越えて赤穂市に通学するのが普通であった。この福浦が、寒河と別れて赤穂に付き、県境が変動した。大事件であったと、当時を知る双方の住民が回顧して語っている（第1図参照）。

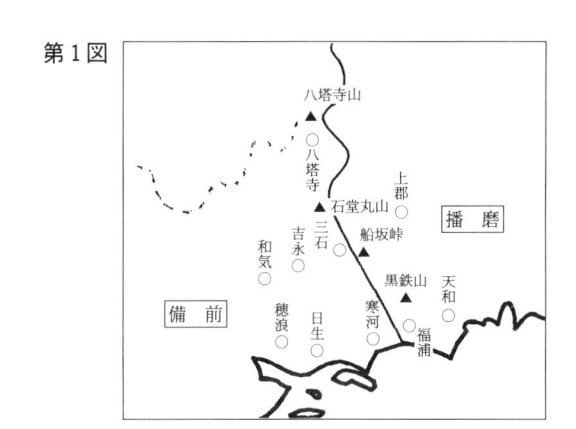

第二節　播磨・備前国境域方言の尊敬法　83

第1図

　本稿では、寒河および福浦の方言を中心に、敬語法の一態、尊敬法を取りあげ、その生態を明らかにすると共に、主として命令法の、史的推移とその表現性ついて討究することにしたい。

一、寒河方言の尊敬法

1．大要

　寒河は、日生町に属する、岡山県南東隅に位置する集落である。これが東隣の、兵庫県赤穂市に属する福浦と共に、1村を成していたことは既述したとおりである。周囲に山を回らせた、盆地状の、孤立的な集落であるが、今日ではJRの赤穂線、岡山市からのバスもあって、他所への通行が開けている。人口約千人の農村ふうの集落で、古来、農業中心の生活が営まれてきたようであるが、今日では耕地を農作専門の人に託して、企業等などに勤務する人が多い。

　寒河方言に存立する主な尊敬法形式は、「〜レル・ラレル」「〜ナサル類」それに「〜ンス・サ（ヤ）ンス」である。敬意の質、用法、使用層とその頻度など、それぞれに特色を示しているが、なかで、全般によく用いられる形式は「〜レル・ラレル」である。以下、順次、各おのの生態について記述することにしたい。

2．〜レル・ラレル形式

はじめに、「〜レル・ラレル」を用いた実例を取りあげる。

○アシタ　イエニ　オラレル　ン。(明日、家に居られるの。《中年女が近所の老女に》)

○イッタケード　ダレモ　オラレナンダ　ワー。(〈家に〉行ったけど誰も居られなかったよ。《老女同士、路上で》)

土地人同士の日常会話の一斑である。対話相手や近所の友人に関して、ごくしぜんにこの敬語が用いられている。

○アンタ　デンシャデ　コラレタ。(あなた、電車で来られたの。《老女が旅の筆者に》)

○ダレカ　オラレタラ　モー　イッペン　キカレテ　ミラレタラ。(誰か〈途中に〉居られたら、もう一度尋ねてみられたら。《中年女が旅の筆者に道を教えて》)

他郷人に対しても、特別——といったふうもなく、しぜんの対応のうちにこの敬語が行われている。ただし相手が長老であるなど特に改まった場面や状況で行われる場合は、

○アシタ　イカレマス　カ。(明日、いらっしゃいますか。)

のように、「〜マス」を添えて用いることがある。こうあれば、相手に対して最高の敬意を表す言いかたになる。

このように、適度に敬意もあり、用法も自在で、全般によく行われている。しかも明るい。そのためか、女性に用いられることが多い。

ところで、当集落の敬語法について、1969年および1972年に調査した、今石元久氏の報告がある（今石　1972）。それによると、「〜レル・ラレル」について、次のように述べている。

> 尊敬の助動詞「レル・ラレル」は、当聚落で稀に行われる程度であるが、たしかに存在し、あらたまった気持で運用されている。(p.39)

この報告によると、少なくとも30年前頃までは、「〜レル・ラレル」も「稀に行われる程度」で、さほど盛んではなかったようである。今日、これが、ごく日常的であることは、既述したとおりである。

この「〜レル・ラレル」が、備前域で特に優勢であることは周知のとおりである。しかも、「行カレー」「来ラレー」などの命令形式が存立するのも備前である。が、当該の寒河にはこの命令形式がない。命令形式の存否については、章を改めて問題にするが、命令形式も含めて盛んな備前主域に比して、南東隅の当寒河が、「〜レル・ラレル」の後進域であることは否めないようである。

3．〜ナサル類形式

「〜ナサル」形式を用いての表現活動は、さほど目立たない。

○ナンデモ　ヨー　シットンサル。(何でもよくご存じだ。《老女がそばの老男を指して言う》)

○イマー　シンショクサンナンカガ　トキドキ　ナサヨンカモ　シレマセン。(今は神職さんなどが、時どきなさっているのかも知れません。《宮掃除について語る。老女》)

「〜ナサル」の例とすべきか。自然会話に見られた、わずかな例のすべてである。土地の幾人かも、この言いかたはしないと内省している。この形式による表現は、あるにしてもごく少ないのではないか。今石(1972)は30年前の寒河の当該形式について、「『ナサル』語法も『レル・ラレル』語法と同様に、さほど、盛んではないが、」と述べている。その命令形式については、次の例を得ている。

○アンタラー　イタダキナサイ。(あなたたち、頂戴しなさい。《老女が青年女に菓子を勧めて》)

訪問してきた数人の女子大生を接待しての、老女のやや改まった表現である。はじめ「ヨバレナサイ。」(頂戴しなさい。)と言い、すぐ言い直してこう言った。通じにくいと思ったのであろうか。ややぎこちないが、これが共通語意識の下に行われた表現であることは容易に想察される。「〜ナサイ」は、集落の日常会話では、まず用いられることがないのではないか。

注目されるのは「〜ナハル」形式である。が、それも用法に偏りがあって、主として女性に、命令形式(および禁止形式)が行われるに過ぎない。

○モット　タベナハレ。(もっとおあがりなさい。《老女同士、菓子類を相手に勧めて》)

○エキデ　マットルセン　ナー。ハヨー　デテ　キナハレ　ヨ。(駅で待っているからねえ。早く出ておいでなさいよ。《老女同士》)

このように「～ナハレ」は、女性に、しかも老女に行われることが多い。古格を見せた言いかたで、待遇価も低くはないかのようである。土地のある老女は、"遠慮な人に使う"と内省する。が、その一方では、「家庭敬語」的な、気安い一面もある。

○チッター　ユーテカシナハレ。(少しは言って聞かせなさい。《孫のしつけで、母親をたしなめる。老女》)

こう言えるのも、その母親が自分の娘かごく親しい間がらの場合で、この節、他所から入嫁した母親には言いにくいと言う。命令口調になるのを避ける意識もあろう。

○アンタラ　イキナハンナ。(あなたたち、行くのはおやめなさい。)

は、禁止形式の行われた１例である。

今石（1972）は、30年前の寒河の「～ナハル」について、「『なさる』系の『ナハル』は、『ナサル』に比べ、きわめて盛んである。」と述べている。その実情は必ずしも明らかでないが、取りあげられている実例7のうち、6例が命令形式（禁止形式も含む）のものである。当時もこの形式が優勢であったかと推察される。今日では、上述のとおり、この形式しか行われていない。

「～ナサル」系とされるものに、動詞連用形を用いた命令法がある。

○ハヨー　タベ。オアガリ。(早くお食べ。おあがり。《中年女が旅の青年女に菓子を勧めて》)

これがその実例である。「タベナハレ」の「ナハレ」が省略されたものである。女性に多い命令法で、軽い敬意がある。土地のある識者は、新しく行われはじめた言いかたと言う。この形式は、全国的に存立するとされるが、藤原（1978）は、「どちらかといえば、関西の表現法と見られる。関西でも、近畿・四国がその本場のようである。」(p.188) と指摘している。

この形式に関連して、次の１例を取りあげよう。

○敷物を　マワシナハリー。(……〈ぐあいよく座れるように、引っ張って〉廻しなさい。《中年女が旅の青年女たちに指示する》)

　この「～ナハリー」は、既述の「～ナハレ」の語尾が、特定の待遇意識に支えられて狭母音を持つ音に変化（re＞ri）したものとも受け取れるが、また、連用形を用いる上述の尊敬命令法（「オアガリ。」など）に類推して成った形とも考えられる。いずれにしても、情愛の細やかさが表れていよう。

4．～ンス・サ（ヤ）ンス形式

　「～ンス・サ（ヤ）ンス」形式も、上述の「～ナハル」同様、命令形式（および禁止形式）のみが主として古老に行われている。その限りでは、「～ンセ・サ（ヤ）ンセ」形式と言うのが適っていようか。

　○オクレル　デー。ハヨー　カケッテ　イカンセ　ノ。(遅れるよ。早く走って行きなさいね。《老女同士。やや冷やかしぎみに》)
　○ソケー　イッテ　ミサンセー。(そこへ行ってごらんなさい。《老女が老男に勧めて》)
　○ヒトツ　コレ　タベヤンセ。(ひとつこれをおあがりなさい。《老女同士。茶菓子を勧めて》)

　これがその実例である。古老同士、しかも親しい者同士の間でのもの言いである。土地の識者は、使用者を、"大年寄り"とか"90歳以上の人"とか説明する。今石（1972）は、「『ンス・サンス』語法は、ほぼ全年層で行われ、諸例に見られるように盛んである。土地人のごく身近なところで、今日、比較的自由に運用されているのは、一つ注目に価するのではなかろうかと思う。」(p.43)と述べている。これをもって今日の使用状況を見れば、日常性が薄れ、使用層などもかなり局限化されてきているようである。当時も命令形式に限って行われていたようであるが、今日では「～サンヤ」と「～ヤンセ」が併存しており、後者の方が聞かれやすい。

　「ンス・サンス」は、「行カッシャンス・来サッシャンス」などの「シャンス・サッシャンス」から成った形式とされている。今石（1972）によれば、1972年当時の寒河には、「～シャル・サッシャル」がわずかに存していたよ

うである。が、今日では、いずれも全く見ることができない。もっとも当時にあっても、「古老のもの言いに、全く稀に行われ、廃滅の、一途を辿っている。」とあるように、すでに衰退していたようである。かつて「シャル・サッシャル」類が存していたとすれば、当面の「ンス・サンス」の生成も考えやいが、それにしても、原形式の「シャンス・サッシャンス」の存立を確認できないのは、いささか気がかりではある。

　ところで、ここで１つ注意されることがある。それは、「来る」に関しては「ゴンセ」「コンセ」があり、「来サンセ」「来ヤンセ」の存しないことである。

　　○オッチャン　チョット　ゴンセー。（おじさん、ちょっとおいで。《老女が
　　　近所の老男に》）
　　○ハヨ　ゴンセ　マー。（早くおいでよ。《老女同士》）

まさに"老人ことば""昔ことば"であって、男女共に見られはするが、どちらかと言うと、老女に聞かれやすいか。気安い者同士で用いると言うが、それにしても日常稀である。

　　○ハヨ　コンセー。（早くおいで。）
　　○モー　コンスナ。（もう来ないで。）

は、「コンセ」およびその禁止形式の用例である。「ゴンセ」「コンセ」共につれあって行われ、使用者の意識のうえでも区別はないかのようである。

　「ゴンセ」は「ゴンス」の命令形式であろう。「ゴンス」が「ゴザンス」（「ゴザル＋マス」）の縮約形であることは、多く言うまでもない。この「ゴザイマス」系の尊敬法は、残存的特殊的ではあるが、ほぼ全国に分布する（藤原　1978）。が、当該の地域では孤存状態であって、きわめて特殊な命令法と言うことができよう。ただ、この形式も、上述の「～ンセ」と、関連的に把捉され、遺存されたとみることができるのではないか。同じ岡山県下の美作西部でも、ほぼ同様の関連状態で、両形式が併存しているらしい。藤原与一氏はこの事態について、次のように述べている。

　　　この地方に、「ンス・サンス」尊敬法助動詞もおこなわれている。「ゴン
　　　ス」は、「行カンス」などともつれあって生きているかのようである。

——語感といい、語生息の環境といい、双方のは、似たようなものである。(藤原　1978, p. 96)

このような指摘が、当該の寒河の両形式にもあてはまる。なお「コンセ」とあるのは、「こサンセ」を経ないで直接「こ」に「ンセ」が接して成ったか、あるいは「ゴンセ」を、「こ」に引かれたしぜんの合理意識で変容させたか。高知の土佐の浦の内でも、「〜ンセ」と「コンセ」とが併存し、「こサンセ」はない（藤原　1974, p. 76)。古態の尊敬法が、局限的な用法を示しながらも、今日を生きている事態が注目される。

5．総括

　以上、寒河方言の尊敬法を取りあげた。「〜レル・ラレル」が全年層に行われる一般的な尊敬法である。これに、「〜ナサル類」および「〜ンス・サ（ヤ）ンス」が、主として命令法をもって関与する。これが基本的な尊敬法組織と言うことができる。優勢な展開を見せる「〜レル・ラレル」と、衰退著しい「〜ンス・サ（ヤ）ンス」、それぞれに史的推移の軌跡を示して、一定の尊敬法体系を成しているのが注意される。

　寒河が属している岡山県日生町の主域は、寒河の西側に、峠１つを越えて開けている。漁業・海運業主体の集落である。古来、瀬戸内島嶼部との通行の要地でもあった。この日生の方言は、周辺の諸地域から、異色として注意を集めてきたようであるが、寒河の方言、特に尊敬法との関連で見る限り、大きな差異は認められない。「〜レル・ラレル」が尊敬法の中核であるうえに、古態の「〜ンス・サ（ヤ）ンス」および「〜ナサル類」の命令法が、補助的にこれに関わっていることも、寒河の場合と変わらない。

　　○アンタラ　イラレテ。（あなたたち、お要りなの。《老女が、手作りの小箱
　　　を旅の青年女に示して》）

「〜レル・ラレル」の用いられた１例である。ごくしぜんに行われていて、日頃からなじんだもの言いであるさまがうかがわれよう。「行カンセ」も「ゴンセ」「コンセ」もある。が、これも、すでに衰滅状態にある。寒河のものとの微妙な差異もある。その１つ、アクセントにしても、

○ハョー　ゴンセー。［日生］
○ハョー　　ゴンセー。［寒河］

のようにあって、両地域の住民とも、お互いに他の異相を意識している。日生の住民は、寒河の言いかたを"怒っているように聞こえる"と評している（橋本美佳氏による）。ともあれ、両地域とも問題は命令法にある。これについては、改めて次章で取りあげることにしたい。

二、福浦方言の尊敬法

1．大要

　福浦は、赤穂市に属する、兵庫県南西隅の集落である。かつて寒河と共に、1村を成していたことは既述した。地勢・生業など生活環境が寒河に類似していて、今日でも孤立しがちな集落のように観察される。
　福浦と寒河とが共同体村落であった当時も、両者の生活語には、播磨色備前色の差があったようである。寒河の小学生は、福浦から通学する小学生が、例えば「誰だれハン」と言うのを特別な思いで聞いていたと、当時を知る古老が語っている。寒河では「誰だれサン」としか言わなかったからである。今日、当面の敬語法——尊敬法に関しても両生活語には特段の差異が認められる。その主要な点は、以下のとおりである。

2．〜テジャ（ヤ）形式

　動詞連用形を「テ」で受け、これをさらに断定助動詞「ジャ（ヤ）」で結ぶ、特定形式の尊敬法がある。いわゆる「て」尊敬法である（p.72参照）。主として近畿以西に行われているが、特に中国で優勢である（藤原　1974, p.196）。この尊敬法が、当該の福浦でもよく行われている。
　○オバーサンモ　オッテヤ。ソコニャ。（おばあさんも居られる。その家には。《筆者に話者の家を教えて。中年女》）
　○キョー　センセガ　キタッタ　デー。（今日、先生が来られたよ。《母親が子供に告げる》）

第二節　播磨・備前国境域方言の尊敬法　91

　〇その人が　オッテン　ナカッタラ　ナー。(……居られなかったらねえ。
　　《老女が旅の青年に道を教えて》)
このようにあって、日常ごく普通に、広く行われている。敬意も中程度、時にはそれ以上か。親しみのある言いかたである。第2例の「〜タッタ」は「〜テヤッタ」の縮約形で過去・完了を、第3例の「〜テン　ナカッタ」は「〜テデ　ナカッタ」が原形で否定を表している。土地人はこれを「播州ことば」と言っている。福浦から見ればまさにそのとおりで、西隣の寒河にはない。寒河のみでなく、西へと続く備前域東部一帯に希薄である。一方、東に続く赤穂をはじめ、播磨のほぼ全域では、これが盛んである。福浦と寒河とは、かつて共同体の村落であったことはこれまでにも再三述べてきたが、その1村の中での両者の境界が、播磨と備前の方言の、有力な境界でもあったかの如くである。もとより方言境界の現実が、1線で限られるような単純なものでないことは言うまでもないが、それにしても「て」尊敬法の分布状態は注目に価する。
　〇アシタ　オッテ　カ。(明日〈家に〉居られるか。)
この形式を相手に関して用いた例である。この場合、「〜テ」を統括する断定辞は省略されるのがつねである。(丹波にはこれが省略されない例がある。)
　〇アシタ　オッテデス　カ。(明日〈家に〉居られますか。)
とあれば、相手に対していっそう高い敬意を払った言いかたになろう。
　なお、「〜テジャ(ヤ)」が敬意を生むのは、「ジャ(ヤ)」で結ぶことによって「〜テ」を客体化する、いわば間接・婉曲の表現法であることにかかっていると解される(藤原　1978, p. 205参照)。

　3．〜レル・ラレル形式
　この形式を用いた尊敬法もある。が、多くはない。寒河でこれが、盛んに行われているのに比較すると、かなり少ない。福浦のごく日常的な尊敬法と言えば、上述の「て」尊敬法である。当地の「〜レル・ラレル」は、改まった敬意の認められる、いわば共通語ふうのところがある。概して言えば、親しみを基本とした「て」尊敬法の及びにくい、改まりの意識や敬意を表現す

るのが、「〜レル・ラレル」形式と言うことができるのではないか。
　○ハヨー　ナオラレテ　ヨカッタデス　ネー。(早く回復されてよかったですねえ。《長老の病気平癒を祝う挨拶。中年男》)
　○ソノ　デンセツ　ドナタカラ　キカレマシタ　カ。(その伝説、どなたからお聞きになりましたか。《老女が旅の者に》)
第1例は、文末詞「ネー」と共に用いられている。共通語に近い意識の下で行われた表現と見られよう。第2例も共通語ふうの「ドナタ」と共に用いられ、また、「〜マス」を添えていっそう深いていねい意識を表しているのも、注意される点である。話し相手が旅の者であることの認識も改まった表現を支えていよう。

　ところで、「〜レル・ラレル」は、播磨全域で、どの程度にか行われている。が、それは概して共通語意識に基づくものである。いわゆる地ことばとしての「〜レル・ラレル」はない。福浦のそれも、おおむねそのよう流れや広がりの中にあると言ってよかろう。が、福浦の「〜レル・ラレル」も、しだいに定着の度を深めつつあるかに見えるのは、また別に、注目すべきことに違いない。

4．〜ナサル類形式

「〜ナハル」について言えば、その命令形式（および禁止形式）のみが行われている。
　○スワレルダケ　スワリナハレ。(座れるだけすわりなさい。《老男が数人の旅の青年女に席を勧める》)
　○コレ　ナー。マー　タメシニ　ノンデ　ミナハレ　ナ。(これねえ。まあ、試しに飲んでごらんなさいな。《老女が旅の者に薬草の種を手渡しながら》)
これらの例は、古老の、旅の者に対しての表現である。その現場の実状からしても、敬意・品位は低くない。次の1例、
　○ハヨー　オキナーレ。(早く起きなさい。《母親が子供に》)
このような「〜ナーレ」（時に「〜ナレ」）の聞かれることがあるが、これは「ナハレ」からのものか。

「～ナサル」系とされる、動詞連用形を用いた命令法もある。次はその1例である。
　○チート　アソビニ　キー。(少し、遊びにおいで。《老女》)
親しみのある言いかたで、特に女性全般によく行われる。
　寒河でも、既述のとおり、「～ナサル」類は、おおむね命令形式(「～ナハレ」)のみで存立している。その点では、当の福浦も類似している。
　なお、寒河に行われている「～ンセ・サ(ヤ)ンセ」は、福浦では認められない。これも、両集落の生活語の違いを際立たせる事態の1つである。

5．総括
　以上、福浦方言の尊敬法について記述した。「～テジャ(ヤ)」形式の尊敬法が中核的な展開を見せ、その命令法の欠如を「～ナサル」系が補っている。尊敬法の大局は、おおむねこういう組織で成り立っているとしてよかろうか。
　福浦が属している兵庫県赤穂市の方言の尊敬法も、福浦のそれと、大きな差異は認められない。少なくとも形式面では、ほぼ同様の存立状況にある。福浦の東隣の集落、天和でも、「て」尊敬法が中心である。
　○オクサンモ　ヨー　シットッテヤ　ワ。(奥さんもよくご存じだよ。《老女が話者を紹介して》)
は、その1例である。その命令法の欠如を「～ナサル」系が補充しているのも、また福浦の場合に類する。ただ、注意されるのは、播磨域の中原にかかるに従って、「ナハル」の命令形以外の活用形が目立ってくる。それは概して、「て」尊敬法が内包するものを越える敬意の表現を意識した場合である。この事態は、逆に、当面の福浦および寒河での、「ナハル」の特殊な生息状況をよく物語っていよう。

三、命令形式の存立と運用

　以上に、備前・播磨国境域の南部に位置する寒河、福浦およびその周辺の尊敬法の存立状況を取りあげた。これらの集落が、山地を背負った海浜地帯

に点在しているうえに、国境・県境域であることもあって、各集落の生活語にかなり顕著な対立が見られる。尊敬法に関しても例外ではない。その諸形式を通観して注意されるのは、命令法の特殊な存立状態である。以下、この命令法の視点から、敬語法の生態を把握することにしたい。

1. 命令形式の欠如

　岡山県側の寒河で、「～レル・ラレル」の活用が盛んであることは、既述したとおりである。ここで注意されるのは、この尊敬法の命令形式が存しないことである。命令形式の欠如は、寒河に限ったことではなく、寒河の属する日生全域でもほぼ同様の状態である。この命令形式が、岡山市を含む備前主域で盛んであることは周知のとおりであり、先にも触れたところである。ただ、これを用いない地域の人びとの間にも、県都の顕著な命令形式として、評価を含む何ほどかの関心はあるようである。日生でも、いわゆる文化人男性が、他郷人などに対して、稀に「行カレー。」「来ラレー。」を用いることがあるが、これも、自己の立場を特別に意識してのことである場合が多い。

　日生の西に接する備前市穂波(ホナミ)には、その命令形式がある。ある老女（80歳）は、子供の頃から、「～レー・ラレー」を用いていたと言う。また、別の老女は、良家や財力のある家の者が、これを格のある〝いいことば〟として使っていたと報じた。つまり、県都のことば、町のことばとして、特別な意識を持って行われることもあった実情がうかがわれる。「～レル・ラレル」の他の用法に遅れて、新しく行われはじめたことを物語っていようか。今日での使用例を見よう。ある老女が、訪ねてきた旅の青年女を迎えての場面である。

　　○アンタラ　クズサレリャー　エー　ガ。アシュー。（あなたたち、崩されればいいよ。足を。）

青年女が正座しているのを見て老女が気遣っている。重ねて、

　　○アシュー　ヨコイデモ　ヤラレー。（足を横にでもおやり。）

ここで、件の「～レー」を用いている。このような状況下での使用であれば、品位は中等、またはやや上とすべきか。親愛感もある。ただ、別のある老翁

は、これを、目上の人には用いないと内省している。ともあれ、日生と違って、どの程度にか日常的であるところが注意される。

２．命令形式の特立

　以上のように、「〜レー・ラレー」命令法が、西から浸透しつつあるさまが看取されるが、南東隅の日生、寒河にはこれが存しない。そのあきまを埋めているのが、「〜ンセ・サ（ヤ）ンセ」であり、「〜ナハレ」である。

　「〜ンス・サ（ヤ）ンス」が、他の活用形を持たず、命令形式のみで存している実情については既述した。この形式が、当初から他の活用形を持たなかったかどうかについては、今は明らかでない。ただ、この形式が、「シャル・サッシャル＋マス」の「シャンス・サッシャンス」に由来するとすれば、その「シャル・サッシャル」が、最近まで当地に存した形跡はある。言うまでもなく古態の尊敬法である。これを核として成ったとされる「〜ンセ・サ（ヤ）ンセ」が、寒河・日生と、周囲から孤立しがちな地域に、しかも局限された用法のみをもって特立しているのは、たしかに関心を呼ぶ事態に違いない。が、これもすでに衰滅状態にある。「大年寄り」が同年配のごく気安い間がらで用いる程度のことになっている。

　「〜ンセ・サ（ヤ）ンセ」の衰微を補ったのが「〜ナハレ」ではないか。あるいは「〜ナハレ」の進出が、「〜ンセ・サ（ヤ）ンセ」を衰微せしめたのか。「〜ナハレ」の分布の主域は関西圏である。いずれにしても、東からの浸透を受け入れる条件が整っていたことになる。この状況は、寒河東隣の福浦でも同様である。寒河・日生での受け入れも、福浦を経由してのことであろう。ここで改めて注意されるのは、寒河側の「〜レル・ラレル」尊敬法、福浦側の「て」尊敬法と、それぞれがそれぞれの地域で優勢であるにもかかわらず、共に命令法を持たないことである。特に福浦の「て」尊敬法は、その構造上、本来、命令法の欠如した形式である。ここに「〜ナハレ」は進出しやすかったのであろう。あるいは「〜ナハル」の分布するうえに「て」尊敬法が新しく浸透したものか。結果、「〜ナハル」の命令形式を除く他形式が、「て」尊敬法にとってかわられたとも考えられる。「て」尊敬法の分布す

る関西以西の多くの地域で「〜ナサル」尊敬法も併存している。が、当該地域のように、命令法のみが相補的に用いられる地域は稀なのではないか。その点でも、当該地域の尊敬法の特異性を指摘することができる。

　寒河・日生が、おおむね「〜ナハレ」の西限である。「〜ンセ・サ（ヤ）ンセ」が"大年寄り"の命令法であるのに対して、「〜ナハレ」は、初老や中年を中心に、やや広い年層に行われるのが一般である。日生の若い女性は、これを年下の者に使うことがあると内省する。それだけ、前者に比べて新しいと言えよう。

　日生の西部に接する備前市友延(トモノブ)・穂波には、「〜なさい」の「〜ンセァー」がある。この地域は、既述のとおり「〜レル・ラレル」が優勢で、その命令形式もわずかながら存立する。ここに「〜ンセァー」が併存する。

　〇マー　アガリンセァー。（まあ、おあがりなさい。《老男が訪問者を請じ入れて》）

は、その１例である。「〜レー・ラレー」よりも地域によく熟していようか。「オアガンセァー。」となれば、やや敬意が高くなると言う。「来ンセァー」が普通で、「来ラレー」と言ったらお客さんに対してする「エーコトバジャ」と説明する老女もあった。同じ「〜ナサル」系ながら、東からの「〜ナハレ」とは流れが違うとしてよかろう。これは、中国地域に広く分布する、つまり中国色の濃い形式である。注意されるのは、この「〜ナサル」も、命令以外の形式のないことである。その部分を補完して「〜レル・ラレル」が立つ。同じ備前市の、穂波に隣接する難田(ナダ)（漁業集落）には「〜ない」の「〜ネァー」がある。

　〇ママ　タベネァー。（ご飯をおあがり。）

は、その１例である。これも命令形式だけが特立して行われている。

　先に、福浦・寒河・日生と、地域を貫いて存立する「〜ナハレ」を取りあげたが、これに関連して、今１点注意されるのは、「〜ナハレ」の略形とみられる、動詞連用形を用いる命令法である。「行キー」「食べー」などがそれである。これが、新しい形式として、特に女性に広く行われていることは既述した。寒河を例にとれば、「〜ンセ・サ（ヤ）ンセ」から「〜ナハレ」、そ

れにこの連用形命令法へと、世代や時代の新化に従って変遷し、1つの共時言語社会に、新化と衰退とを一望できるのも興味の深い事実である。

　当該地域一帯に限ってみても、尊敬表現における命令法は、人びとの生活感情を反映して、格別に複雑である。この問題については、さらに次項で討究することにしたい。

3．謙譲法「下さい」の諸形式

　寒河・日生に、「下さい」にあたる「ダンセ」がある。
　○コレ　ダンセ。（これを下さい。）
　○コリョ　ダンセー。（これを下さい。）
寒河および日生の実例である。これも、"大年寄り"の言いかたとされるが、それほどの老人でなくても、現にわずかながら用いられている。ある老女は、年上の人に対して使う優しい言いかた、と説明する。また、ある老女は、今は使ったことはないと言う。すでに衰滅に近い状態で、化石的に存立しているかのようである。

　日生に、「クダンセ」「クランセ」がごく稀に聞かれるところからすると、「ダンセ」もこれから生じたものであろう。「クダンセ」は、「クダサル＋マセ」の「クダサンセ」から成ったものと推定されるが、原形を含めて、この形式は周囲になく、当該の寒河・日生に孤立している。

　ところで、関連して興味深いのは、播磨の姫路に「クダン」が存することである。「姫路のクダンことば」として、識者の間には聞こえていようか。今日でも、主として中年以上の女性に用いられている。
　○オカシ　クダン。（お菓子を下さい。）
は、その1例である。丁寧な言いかたと言う。この「クダン」は、姫路以外の地では用いられていないようである。

　「クダン」は「クダサンセ」から「クダンセ」を経て成ったものではないか。とすれば、寒河・日生の「ダンセ」と同源である。「クダンセ」の、一方は語頭の「ク」を略し、一方は語尾の「セ」を略している。

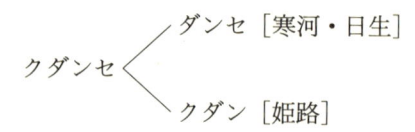

クダンセ ─┬─ ダンセ［寒河・日生］
　　　　　└─ クダン［姫路］

この事態によっても、少なくとも播磨西部の海浜寄り一帯に、かつて「クダンセ」が存したことを証し得るが、それが、かけ離れた2つの地域に、孤立的に、別々の特殊形式を残存せしめているのは、興味の深いことである。それぞれの形式の生成には、当該地域の言語を支える基質の違いがかかわっていようか。

　関西の方言基質かと考えられるものに、「歯茎摩擦音」（サ行子音）を排除する傾向がある。「ナサル」の「ナハル」に見られるような、sV＞hV 傾向が著しいのもその1つである。当該音を含む音節が語尾に立つ場合もこの現象が観察されやすい。大阪方言の「オマス」の「オマ」、「～ダス」の「～ダ」などは、よく知られていよう。播磨でも、

　　〇ソラ　ケーゴノ　ヒトツダ。（それは敬語の1つです。《特定の語を説明して。老女》）［社］

　　〇エー　アリマー。（はい、あります。《老男》）［黒田庄］

の例のように、「ダス」の「ダ」、「マス」の「マー」が聞かれる。姫路の「クダン」もその1例とされよう。なお関西圏の類例をあげれば、藤原(1978)には、和歌山県北部「ゴイ」が取りあげられており、「『ゴイセ』などの命令形の下略に成ったものかどうか。」(p.95) とある。また、同じ和歌山県下の「イカン」（←行カンセ）、「アガラン」（←上ガランセ）もその例とされよう。

　寒河・日生の「ダンセ」は、上述の例とは逆に、語頭の「ク」が略されている。これが、関西方言の圏外に起こった現象であることは明らかであるが、その発言を支えた機構は、今は不明と言う他はない。しいて言えば、語頭〔ku〕の狭母音の無声化が1つの契機となって生じた現象か。ともあれ、古態の命令形式「クダンセ」からの「ダンセ」が、備前東南隅の限られた地域に、衰退しつつも存立している事態が注目される。

四、命令形式の史的推移と特性

　当該方言で活用される敬語命令形式について見ると、何よりもまず、遊離性の強さが指摘される。これを語のレベルで言えば、一敬語が展開する各活用形の中で、命令形は、他の活用形から孤立し遊離しているように観察される。このことは、端的に言えば、命令表現の実際が、他の叙述表現に比して、性格が異なっていることを表していよう。

　命令の表現は、話し手が、現前にいる相手に対して、直に行うのが基本である。他の活用形は、第三者についての叙述にも活用することが可能であるが、命令形はこれができない。つねに相手と対面した環境において、しかも相手について行われるのである。こうあれば、命令に用いられる形式は、話し手の何らかの待遇の意識を反映することになる。動詞の命令形が、例えば「起キロ」「起キヨ」などのように、相手目あての語尾を取っているのも、相手に対する呼びかけの意識、待遇の意識の表れに他ならない。一方、命令の表現は、現前の相手の行為を要求するものであるだけに、話し手にとっても負担の意識がある。特に、敬語を用いるような相手であれば、負担の意識は大きかろう。敬語の命令形が、他の活用形とは違った形式や生きかたを示しがちであるのも、概してこのような理由によっていよう。当面の寒河方言の例で見れば、「～レル・ラレル」が盛んでもその命令形はない。これと相補的な状態で「～ンセ・サ（ヤ）ンセ」（古態）および「～ナハレ」（新来）が行われている。その「～ンス・サ（ヤ）ンス」にも「～ナハル」にも命令形以外の活用形はない。つまり、3者とも、命令形は、他の活用形と遊離し、独自の生態を見せているわけである。

　全国的に見ても、命令形のみが存立する場合、概して古態の事象であることが多い。当該の地域に行われる命令形式の「～ンセ・サ（ヤ）ンセ」は、まさにその古態の事象である。史的に見れば、他の活用形が衰微しても、命令形だけが残存する場合が多いのか。相手と直接対面し、特殊な待遇意識の下に行われる命令形式であってみれば、使用の慣習の中に、形式独自の表現

性が生まれてもこよう。それに、伝統的な形式に醸される古雅の風趣もある。こうした特定化が、命令形式を比較的永く残存せしめる１つの契機になったと考えることができよう（p. 366 参照）。

　新しい敬語法を受け入れても、命令に旧形式が残存していれば、あるいは一定の根強い慣習の中にあれば、新来敬語の命令形式の育ちにくいことが少なくない。寒河・日生地域における「〜レル・ラレル」の命令形式の欠如は、このような事態も関与していようか。日生の西側に隣接する備前市では、既述したとおり、「〜レー・ラレー」が存立している。ただ、「〜レル・ラレル」の命令形式は、備前以外では越中に存するのみで、全国的に見ればきわめて劣性である。このことについては、改めて問題にする必要があろう。

結　び

　背後に山地が迫り、前面も海と山とで閉ざされた、孤立した地形であるうえに、播磨・備前の国境域という特殊な地域に行われる方言は、地域性という面で、また古態性という面で、注目に価する。本稿で取りあげた尊敬法についても、基質の異なる東西からの影響下にあるだけでなく、周辺地域の方言とは異なる古態の形式を保持していて、独自の生態を見せている。特に命令表現の諸相は、当該方言における敬語法の史的推移の軌跡をよく示しており、しかもそれが、表現性の機微とかかわって、日常の待遇表現生活の実質を豊かなものにしている。

　この地域の方言は、その史的形成の面からも、さらに追究すべき事態が少なくない。これについては、稿を改めて問題にすることにしたい。

文献
藤原与一（1972）『方言敬語法の研究』（春陽堂）
藤原与一（1974）「高知県浦の内（ウラノウチ）方言の記述」（『四国三要地方言対照記述』三弥井書店）
今石元久（1972）「備前東南部の一聚落『寒河』の方言敬語法」（『広島女学院大学論叢』22）

第三節　動詞連用形を用いる尊敬法
―― 播摂北部域方言における特殊尊敬法の生態 ――

はじめに

　兵庫・大阪が境を接するあたりの北部地域――播磨・摂津北部地域の方言で、例えば、
○キョーワ　サダコガ　キーヤ　デ。（今日は貞子〈他家に嫁入っている娘〉がおいでだよ。《老女が妹娘に、姉の里帰りを知らせる》）
○キョー　スミチャンガ　キータ　デー。（今日は、すみちゃん《孫の友だち》がおいでたよ。《老女が孫娘に》）
○キョーワ　マダ　キーナイ　ナー。（今日はまだ〈～さんが〉見えないねえ。《友人の遅れを気づかって。老女同士》）
いずれも社（加東郡社町）での実例であるが、これらの例文に見られるような「来ーヤ」「来ータ」「来ーナイ」など、一連の、動詞連用形を用いる、特殊な尊敬法が行われている。いま、これを、「動詞連用形尊敬法」として把握し、その、存立状態について記述すると共に、成立・推移にかかわる諸問題について、主として兵庫県内の資料から討究するのが、本稿の目的である。

一、動詞連用形尊敬法とその担い手

　この、問題の尊敬法が、動詞連用形を核にして成り立つ、特殊なものであることは、後にも述べるとおりである。敬意のごく軽いもので、その担い手は、主として中・高年齢の女性である。土地の識者は、これを、"おばあさんことば"と評しているが、たしかにそのとおりであって、老女の会話に聞かれやすい。その運用の実情を、はじめに、社の方言について、見ていくことにする。
　次は、同じ集落に住んでいる親しい老女同士の、路上出会いの会話の１ふ

しである。

A キニョー オーキニ。
　昨日は　ありがとう。

B イーエ。
　いいえ。

A ミズノハン キーナイケド ナー。ワテ アノ オイシャハン
　みずのさんは　おいででないけどねえ。わたしあの　お医者さんに

　イテ モーリョッタラ エンゲデ シゴト ショイタ ワ。
　行って帰っていたら　縁側で　仕事を　しておられたよ。

B アノ ナー。イマ ナーア。ノドキニ イテ ヘーテ アシタ
　あの　ねえ。今　ねえ。のぞきに　行って　そして　明日

　マイリヤ ナイカ オモーテ ナー。テレビワ カカットンネ
　お参りではないかと　思って　ねえ。テレビは　ついているんだ

　デ。アノ ハナレノ マーニ。ゴヘンホド ユータケンド ヘンジ
　よ。あの　離れの　間に。　5回ほど　言ったれど　返事が

　アラヘン ネン。
　ない　のよ。

A ソノ オトデ ヤ。ヨー マイリナイ デ。　B 〜〜 カ。
　その　音で　ね。よう　お参りでないよ。

A ユーテ ノーテモ シゴト ショイハカ アー ヨカッタ

言ってでなくても 仕事を しておられるから ああ よかった
ナー オモーテ。
ねえと思って。

B アー ホンマ。
　ああ そう。

A ウン。アノ ローカデ ナー。スワッテ アノ ナイショク ⑥シ
　うん。あの 縁側で　ねえ。座って　あの 内職を　　し
　ョイヤ ワ。
　て おられるよ。

B ホンマ。イマ ⑦オリヤ ナカッタケド ナー。
　そう。　今　おいででなかったれどねえ。

A ホナ ⑧イッテイネヤ ワ。ヒガ アタラヘンサカイ ナ。
　では 入っておいでなのだよ。日が あたらないから　ね。

B テレビガ ナー。カカッテ ヘーテ、〜〜〜〜〜〜
　テレビが ねえ。ついて　 そして、

A ワッテー ナー。オイシャハンカー モーッタン ジュージゴロヤ
　私　　　ねえ。お医者さんから　　帰ったの　10時頃だから
　サカイ ナー。⑨スワッテイタ ワ。
　　　　 ねえ。座っておられたよ。

B ア ホンマ。ホナ ヨカッタ ナー。
　あ そう。 では よかった ねえ。

A ケツアツガ タカイ ユータッタサケ ソイデ シンドイネヤロ
　血圧が 　　高いと 言われたから 　　それで 苦しいのだろう

　ナ。（B フーン フン。）
　ね。

A モー ⑩オキトイヤ　　オモータサカイ ナー。モー テ トメ
　もう 起きておいでだと思ったから 　　ねえ。もう 手を 止め

　ンノモ ナンヤ オモーテ（B アー ホンマ。）ヘテ モー
　るのも どうかと 思って 　　　　　　　　　　そしてもう

　トワント ト ナー。アー ヨカッタ ナー ユーテ。
　聞かず に ねえ。ああ よかった ねえと言って。

B マー ⑪オキトイタラ　 ナー。ヨカッタ〜〜〜〜〜
　まあ 起きておいでたらねえ。よかった

A アン ⑫ネテヤ　　 ナイ ワ。
　　　寝ておいでではない よ。

B ア ホンマ。フーン。キーテ ナ。ヘテ ⑬マイリンヤッタラ ナ
　あそう。　　　　 聞いて ね。そして お参りだったら 　　ね

　ー。イッショニ マイッタラ エー オモーテ ナー。
　え。いっしょに 参ったら 　いいと思って ねえ。

話者　A（明治37年生・女性）　　B（ほぼ同年配・女性）
場所　社町山国（路上）
録音　昭和58年1月20日

老女同士の立ち話の1ふしである。これにも、見られるとおり、問題の敬語（①〜⑬）が続出している。筆者自身も、老女とは幾度も会話を試みたが、その折りには、この語法はほとんど現れてこず、同席の老女同士の会話に、わずかにかいまみることのできる程度のものであった。それが、上掲のような老女同士の自由な会話になると、この尊敬法によって特色づけられていると言ってよいほどの状態である。このような事実によっても、老女同士の、ごく気安い間がらで行われやすいという、この尊敬法の存立状態の一斑を指摘することができるように思われる。

　さて、うえの会話文に現れた問題の事象を、形本位に整理してみると、次のとおり、おおむね3分類できる。

(1)　⑥ショイヤ　　　　(2)　③マイリヤナイ　　(3)　②ショイタ
　　⑤ショイハカ　　　　　　⑦オリヤナカッタ　　　⑪オキトイタラ
　　⑩オキトイヤ　　　　　　④マイリナイ　　　　　⑨スワッテイタ
　　⑫ネテヤ　　　　　　　　①キーナイ
　　⑧イッテイネヤ
　　⑬マイリンヤッタラ

(1)の事象は、動詞（またはこれに準じる活用語）連用形に、断定助動詞「ヤ」の接したもので、いわばこの尊敬法の平叙形式である。「ショイヤ」は「しおり＋ヤ」、「オキトイヤ」は「起きており＋ヤ」の転化・縮約形である。「ネテヤ」は「寝ており＋ヤ」、つまり、neteorija＞netorija＞netoija＞neteja のように変化して成ったものと解される。「イッテイネヤ」の「ネヤ」は「のや」の変化形であって、うえの「ネテヤ」に準じて考えられよう（「入っとり＋ネヤ」）。「マイリンヤッタラ」は「参り＋の＋ヤッタラ」である。ここには、「参り」の後に、直接には「ヤ」が存しない。その点では⑤⑧の事例にしても同様である。が、これも同類の、特殊用法と解してよい。

　(2)の事象は、動詞（またはこれに準じる活用語）連用形に、断定助動詞のか

かわる「ヤ」(<「では」)に形容詞「ナイ」が接したもの、または連用形に形容詞「ナイ」が直接に接したものである。そして、その「マイリナイ」「キーナイ」は、前者の形式の「ヤ」が、省略されたものとみられる。いわば、この尊敬法の否定形式である。

(3)の事象は、動詞(またはこれに準じる活用語)連用形に、過去・完了助動詞「タ」の接したものである。「ショイタ」は「しおり＋タ」の縮約形である。「スワッテイタ」は、「座っており＋タ」、つまり、suwatteorita＞suwattorita＞suwattoita＞suwatte:ta＞suwatteita と変化したものと解される。いわば、この尊敬法の過去・完了形式である。

以上のような3類は、形式本位には、順に「動詞連用形＋ヤ」「動詞連用形＋(ヤ)ナイ」「動詞連用形＋タ」のように整頓することができる。

この尊敬法にかかわる形式は、この3類以外にもある。うえの会話文に現れていないものを、次下、他の資料によって取りあげることにする。

　　○イキナラ　エーノニ　アンタ　イキナイ　カ。(いらっしゃればいいのに、あなた、いらっしゃらないの。《老女同士で》)
　　○アンタモ　イキヤロ　ナー。(あなたもいらっしゃるでしょうねえ。《老女同士で》)
　　○ハヨー　イキー。(早くお行き。《老女が孫娘に》)

いずれも、社での実例である。これらの例文に見られる「イキナラ」「イキヤロ」「イキー」が注意される。それぞれを、既述の整頓に合わせて形式処理をすれば、仮定形式の「動詞連用形＋ナラ」、未来形式の「動詞連用形＋ヤロ」、命令形式の「動詞連用形」ということになろう。以上の諸形式を、統一的に表示すれば(「動詞連用形」を仮に〜で表す)、次のとおりである。

　　　〜・〜ヤ・〜ヤロ・〜(ヤ)ナイ・〜ナラ・〜タ

さて、これらの諸形式の用法の実際を見れば、各形式の中核的位置にある、「動詞連用形」の活動の大きさに、改めて注目される。存立の実情からすれば、この尊敬法の実質は、「動詞連用形」の特殊用法にあるということができる。「動詞連用形」の運用が活発で、述部にかかわる敬意表現の諸面にわたり、その表現の現場に即応して、付属の「ヤ」「ナイ」「タ」などをとるこ

とが慣習化したのであろう。この観点からすれば、上掲の「〜ヤ」「〜ヤロ」など一連の形式も、「〜・ヤ」「〜・ヤロ」などのように表示するのが、実情に適っていよう。その意味でも、この尊敬法を、上来、「動詞連用形尊敬法」と呼称してきたことは、当を得ていると考えられるのである。

　以上のような特殊な尊敬法が、土地人に、"おばあさんことば"として意識されている実情については、先にも述べたとおりである。"温かく柔らかみのある物言い"とか"優しい物言い"とか説明されるのが普通であるが、その敬意の対象は、近隣・家族など日常身辺の、ごく親しい範囲の人に限られる。いわば家庭中心の「老女語」として、その女性らしさを表す程度の、軽い敬意を示すのが、この尊敬法の基本なのである。

　この尊敬法運用の基本を、うえのように把握してきたが、もとより他の年齢層によっても、いくらか行われることがある。特に注意されるのは、少年層での使用である。
　〇キョー　誰だれが　キーヤ　デ。（今日、誰だれがおいでだよ。）
は、高校生女子によって示された実例である。この世代では、一部の形式のものについては、男女とも、何ほどか用いていて注目されるが、その少年たちも、この一連の敬語を、"おばあさんことば"と意識している。特に、「〜行キナイ」「〜行キータ」など、特定の形式のものについては、いっそう老女ことばの感が深いと言う。

二、動詞連用形尊敬法の分布と生態

1．分布大観

　この尊敬法が、摂津北部から播磨北部にかけて分布することは、先にも触れたところであるが、注意されるのは、北摂から北播を横断する旧三田街道と、それに沿った周辺地帯への分布が際立っていることである。いわば、京都大阪から三田街道に沿って、西へ伸びていった分布の路を、いかにも鮮やかに、興味深くたどることができるのである。先述の兵庫県社町は、その分布領域の西限に近い。同町内でも、北東部の、丹波篠山へ至る街道筋には、

これが見られない。社町の西隣、滝野町域が、この尊敬法の分布する西限とみられる。

2．吉川方言での存立状態

　上述の、北摂から西への言語路、三田街道の１要所、吉川町(ヨカワ)での、この尊敬法による生活の一斑を取りあげてみよう。80歳の１女性は、たまたま訪ねた筆者に、話しがはずむなかで、

　　○ウチノ　オモヤー　オノカラ　キトリヤ。（私の本家は、〈嫁が〉小野から来ておいでだ。）

と報じた。ここに行われている「来トリヤ」は、すでに見たとおり、共通語では訳出しにくいほどの、微妙な敬意を表しており、いわば、柔らかく優しい物言いとなっている。話しがはずんでいるところへ、近所の中年女性が通りかかる。まあまあと請じ入れて、一座は、いちだんとにぎやかになった。

　　○サ、アガリ。サブイ　ワ。（さあ、おあがり。〈外は〉寒いよ。）

は、その際、中年女性を請じ入れる、老女の勧めの表現である。

　　○アンタ　ドコ　イキョリタ。タンボ　カ。（あなた、どこへおいでだったの。田んぼかね。）

　　○ニーチャン　モリタ　カ。（兄ちゃんは帰られた《戻リタ》か。）

などと、老女は、その中年女性に問いかける。ある商人の話しになる。

　　○ウチワ　キョートヤー　ユーテ　イータ　ワナ。（家は京都だとお言いだったよ。）

と、また老女の言である。この一連の敬語が、この老女に、いかにも根づいているさまをうかがわせる。

　吉川でも、土地の識者は、この尊敬法を、"老女ことば"と言う。老女の使用が、いっそう際立つのであろう。むろん、その使用が老女に限られているわけではなく、小学生でも、例えば教師に対して、

　　○～チャンモ　キョー　イキヤ　オモー　ヨ。（～ちゃんも、今日おいでだと思うよ。）

　　○アンナ　コト　シトリーヤ　デ。（〈誰だれは〉あんなことをしておられる

よ。）

などのように、友だちについて報告をしたり、告げ口をしたりすることがあると言う（小学校教師による）。また、家で親に、学校でのできごとなどを話す場合などでも、例えば、

　○キョー　フジタクンワ　イキナカッタ　デ。（今日、藤田君は〈学校に〉
　　来られなかったよ。）

のように言うことがある。男女とも用いるが、特に「行キナイ　ワ。」などは、小学生女子が日常よく用いる言いかただとも言う。"なじんだ言いかた"として、小学生の日記・作文などにもよく出てくるようで、"方言"として、作文には用いないように指導している──とは、小学校教師の説明である。

　ところで、ある中年男性は、この種の敬語について、"現在は用いないが、少年時代は、男女差なくよく用いた"と内省する。おおむね"老女ことば"として息づいているこの尊敬法も、隔世遺伝的に、少年層に見いだされるのが興味深い。家庭での接触の深さが、世代を隔てて、特殊な方言習慣を伝えていく、1つの注目すべき事例である。

3．三田方言での存立状態

　吉川に東接する、摂津北部に位置する三田市での、当該語法による例文を掲げておく。

　○モー　モドリタ　カ。（もう帰られたか。）
　○ハヨー　イキナイ　カ。（早くいらっしゃらないか。）

いずれも老女のものである。

　なお、山本俊治「大阪府方言」（楳垣実編『近畿方言の総合的研究』（1962・三省堂）所収）に、「女子ことば」として、

　　ニーチャン　キョー　キーヤ　ワ。（母→子）（兄ちゃんが今日いらっしゃ
　　るよ。）

　　これは「〜ある→ヤル→ヤ」と推移したものであろう。待遇度はあまり
　　高くないが（したがって、主として第三者の言動に対して用い、〈中略〉）、
　　しかし、やわらかな感じのする言いかたである。(p. 458)

のような記述が見られる。大阪府下のどことも言及していないが、同書中の、楳垣実氏の「兵庫県方言」の項に、「山本俊治氏の話によると、大阪府北摂津中心に」として、上記の例文が引用してある (p. 531)。

　さて、この例文に見られる「キーヤ」は、本論で問題にしてきた事象そのものであろう。山本氏は、「ヤ」を「ヤル」から転じた敬語と考えているようであるが、仮にそうであるとすれば、「キー」のように、連用形の末尾は伸びないはずである。この「ヤ」は、上述のとおり、断定助動詞とするのが至当である。

　ちなみに、当面の「動詞連用形尊敬法」にあっては、その連用形の末尾の伸びることが少なくない。すでに取りあげた「来ーヤ」「来ータ」、「言ーヤ」「言ータ」のような例のみでなく、例えば、

　　○アンタモ　イキーナイ　カ。（あなたもおいででないか。）

などのように、連用形の語尾が多音節にわたる動詞の場合でも、末尾の長音の見られることがある。これも、その「連用形」に、何らかの叙述性の存する故かと考えられる。

三、動詞連用形尊敬法の成立と推移

1．文献上の出自

　上述の特殊敬語法に類するかと考えられるものが、早く、上方後期の洒落本に見えている。島田勇雄（1959）によって、若干の実例を引用してみよう。

　　たんばやの子どもしゆは、しんちの見せへいきた（天明6年　短華蕊葉）
　　夫に又どふして不養生なといひじや（寛政11年　南遊記）
　　千さんあれをうけてゐゝかへ（箱枕）

島田氏は、このような例をあげて、「初出は明和六年の間似合早粋」とし、「京大阪の遊里での遊里女性用語であったらしい」と述べている。遊里起源はともかくとして、ここに引用した語法——行きた・言ひじや・居ゐか——が、当面問題の尊敬法に関連するものであることは、ほぼ間違いないものと思われる。「言ひじや」に関しては、別に「わたしがかへさぬいふた

ら、どふしひじや」のような例もあり、うえに取りあげた「行キヤ」「来—ヤ」の前身——古形、として位置づけることに無理がない。（「行キナイ」などの否定形式は、まだ現れていないようである。）前項で指摘した分布状況も、京阪からの、旧街道に沿った流れを示していて、いっそう関連の深さを思わせる。

　京大阪からの流れは、北部の三田街道に限らず、南部の山陽道をも西下したと考えるのが自然であろう。姫路に、微弱ながら、それと思われる語法の存立が指摘されているのも（『近畿方言の総合的研究』）、かつて山陽道を流れた痕跡とすることができるかも知れない。それにしても、今日、ほとんどその残影を認めることができないのに比して、北部山峡の流れにあって、なお絶えぬ実用・活用は、注目に価しよう。

２．成立と推移

「動詞連用形」が、敬意表現の現場に立って特定化した、上掲の諸表現形式には、成立のいきさつからして、大きく３つのグープを認めることができるように思われる。すなわち、次のとおりである。

　Ⅰ　「行キー」「来—」などの、命令表現形式を中心とするグループ。これには、「行キナ」（禁止）、「行キン」（否定）などの各形式が加わる。

　Ⅱ　「行キーヤ」「来—ヤ」などの、断定助動詞のかかわるグループ。「～・(ヤ)ナイ」「～・ヤロ」「～・ナラ」などの各形式も、ここに入る。

　Ⅲ　「行キータ」「来—タ」などの、過去・完了形式のグループ。

　Ⅰの、「動詞連用形」の立つ命令・勧奨の表現が、本論で問題にした特定の分布領域に限らず、近畿・四国を中心とした、東西の広い地域に存在することは、周知のとおりである（藤原　1978, p. 188）。その実例を掲げよう。

　○アソコ　イキー。マエー。（あそこへおいで。前へ。《バスに乗りこんだ小学生の姉が弟に》）

　○マー　アガリー　ナ。ユックリ　シーヤ。（まあおあがりよ。ゆっくりおしよ。《老女同士で》）

いずれも、社で実例である。（ちなみに、「シーヤ」の「ヤ」は文末詞であっ

て、上述の「～・ヤ」の「ヤ」とは異なる。）吉川では、
　○タチリー　ナ。（お立ちよ。《女児同士で》）
のような1例を得ている。これらが、「～なさい」「～なはれ」の略形に由来するとする説も、諸先達によって提出されていて、今日、人びとの関心を引くことの多い尊敬法である（p.86参照）。

　さて、命令・勧奨の「行キー」などが行われる地域では、「行キナ」などの禁止形式「～・ナ」、「行キン」などの否定形式「～・ン」が、帯同して行われることが多い。播磨でも、当面の三田街道筋はもとより、その他の地域でも例外ではない。いま、その実例を、播磨南部、明石・加古川地域に求めてみよう。
　○ウソ　イーナ。アラヘン　ガナー。（うそをお言い。無いじゃあないの。《老女が夫に》）［明石］
　○オバンヤ　ナー。モット　ハシリン　カイナ。（おばんだねえ。もっとお急ぎよ。《中年女性同士。バスに乗り遅れそうになり、一方が足の遅い相手をせきたてて》）［加古川］
「動詞連用形命令法」と共に存立する、このような実例は多い。

　命令・勧奨の表現に立つ「行キー」「来ー」などは、「～なさい」「～なはれ」に類する意味作用が収約的に生きており、ものは連用形ながら、この形で、表現の現場に立つ叙述性・陳述性が認められる。「行キー」などのように、実際には末尾の伸びることが多いのも、その叙述性・陳述性にかかわるところが大きい。さて、帯同して行われる、うえの「～・ナ」「～・ン」の禁止および否定の表現も、また、そのような命令・勧奨の意味作用の範域で、自然の展開として生成した叙法であると言えようかと思う。禁止の表現に、強い命令性の認められることはむろんであるが、否定形式の立つ表現も、例えば、
　○アンタモ　イキン　カー。（あなたもおいでよ。）［社］
　○ハヨ　スワリン　カイナ。（早くお座りよ。）［社］
などのように、実際には、問いかけの形式を取って、命令・勧奨、さらには勧誘の表現をしたてるのが一般である。いわば、「～・ン」の否定形式も、

けっきょくは「連用形命令法」と、同一方向の意味作用を帯びて生成している点が注意される。要するに、上述の3形式は、「連用形命令法」の一派であり、統一的に把握すべき内質を持っているのである。

ついで、IIグループに転じよう。当面の尊敬法の特殊性を支えているのは、このIIグループの諸形式である。「行キーヤ」「来ーヤ」などに見られる「動詞連用形」が、先の命令形式のそれの、拡大用法に立つもの、とするみかたも、基本として可能かと考えられる。少なくとも、両者——両形式の「連用形」を支える基盤は、同根・同質とみることができよう。

ところで、ここの「行キー」「来ー」などの「連用形」は、そのまま体言化したものと解される。実は、IIの敬語形式に敬意の宿るゆえんも、この体言化にある。ここに認められる動作の客観的措定性が、間接的な効果を生んで、敬意を宿すことになったものと考えられる。断定助動詞「ヤ」が、ここに接して作用し得るのも、体言化の証左とすることができよう。その断定の「ヤ」は、当面の「連用形体言」に、判断・確認の叙述性を付与する働きを担っている。いわば、その「連用形体言」を用言化するのである。この点、先に取りあげた「連用形命令法」が、連用形のままに、敬意と叙述性とを保持し得たのに比して、対照的である。

否定形式では、「～・ヤナイ」「～・ナイ」が併存する。先掲の社方言の会話文でも、「参りヤナイ」「参りナイ」が共に用いられているのが注意される。前者に見られる「ヤ」は、「では」の縮約形であろう。

○キョーワ　マダ　｛キーヤ　ナイ　デ。　（今日は、まだおいででない
　　　　　　　　　　キーナイ　デ。　　　　　　よ。）〔社〕

は、その実例である。さて、この両形式について、土地人は、「～・ヤナイ」を、古い言いかたとして意識している。事実、この方は、古老に、わずかに聞かれるに過ぎない。ここに行われる「ナイ」が形容詞（当方言の否定助動詞は「ン」。「～・ン」については、すでに前項で取りあげている。）であることをもってしても、「～・ナイ」は、「～・ヤナイ」の略形とするのが自然である。その意味で、この形式の成り立ちも、先の「～・ヤ」に準じて受け取ることができよう。その、否定の過去・完了は、

○イク　ユートイテ　イキナカッテン。(行くと言っておいて、おいででなかったのよ。《老女の言》)［社］

などのように、「～・ナカッタ」によって表される。

「～・ナイ」が、命令・勧奨の表現に慣用されて、次のように、「～・ナン」と変形することもある。

○ハヨー　シーナン　カ。(早くおしよ。〈おしでないか。〉)

○ハヨー　ネーナン　カ。(早くお休みよ。〈お寝でないか。〉)

いずれも社での実例で、老女の、孫への発言である。一方に行われている「行キン　カ」「シーン　カ」(先述)の末尾音に影響されてのことか。ちなみに、うえの「～・ナイ（ン）　カ」「～・ン　カ」両形式にあっては、前者が老女の言いかたであることを、土地の識者も認めている。

未来形式の「～・ヤロ」(「行キヤロ」)、仮定形式の「～・ナラ」(「行キナラ」)の成立も、上述の「～・ヤ」に準じて理解することができよう。

Ⅲグループ、「行キータ」などの過去・完了形式「～・タ」も、「連用形体言」を基幹として成立している。この点では、Ⅱグループの諸事象の成り立ちに類似する。ところで、動詞が「タ」を取って過去・完了形式をつくるのは、一般の習いであるが、ここでも、その過去・完了形式に類推して、「～・タ」の、特異な形式が成立したとするのが、自然のみかたであろう。その点では、同じく「連用形体言」を基幹としながらも、Ⅱグループの「～・ヤ」と、成立の事情がやや異なっていよう。この種のものは、当該の地域に限らず、三重および岐阜県下にも見出だされる（後述）。

3．総括

以上、「動詞連用形敬語法」にかかわる諸表現形式を、成立の面から、3つのグループに分けて考察した。上述のとおり、尊敬法の核として認められる「動詞連用形」は一定ながら、各表現形式の成立は、それぞれ事情を異にしている。3つのグループのなかで注意されるのは、Ⅱグループとして整頓した、「～・ヤ」に代表される形式である。おおむね当該地域にのみ分布して、「動詞連用形尊敬法」の特殊性を、いっそう強く際立たせている。

Ⅲグループの、「行キータ」などの「〜・タ」形式のものは、先にも触れたとおり、三重・岐阜県下にもある（藤原　1978，p.514）。ただ、注意したいのは、その地域に見出だされる「〜・タ」は、「行キル」「書キル」など、「〜ル」尊敬法（上一段活用式）の１活用形として存している点である。「オ行キタ」などを含む「オ行キル」「オ書キル」など「オ〜ル」尊敬法となるとさらに広く、京都をはじめ、西の周防東部・伊予、東の三河などに、主な分布を見せる（藤原　1978，p.509）。さて、当面の播摂北部には、上述のとおり、「〜ル」尊敬法も、また、「オ〜ル」尊敬法も存しない。にもかかわらず「〜・タ」形式が存立するのである。

　思うに、当地域にあっては、「〜・タ」形式は生じても、「〜ル」形式までは生成し得なかったのであろう。尊敬法として、「動詞連用形」の運用の著しい地域にあっては、その「連用形」を核とする諸形式は、どこでも生成の契機が存したはずであるが、当地域に、関連の「〜ル」形式が成立しなかったのは、しかるべき理由があってのことに違いない。１つには、「〜・ヤ」形式の、根強い存立が関係していようか。いわゆる平叙形式（——終止形式）の位置に、新形式の「〜ル」の生成する余地はなかったものと想察される。

　以上のように、当面の尊敬法にかかわる諸形式の成立には、それぞれ異なった事情がある。命令形式関係の諸事象が、最も広い基盤を持ち、過去・完了形式「〜・タ」がこれにつぐ。「〜・ヤ」類は、おそらく当該域のみに分布する、特殊形式である。このように、成立の背景は複雑であるが、今日、その全体は、統合の機能体として、一定の体系を成している。先述した「〜ル」の未成立は、体系性の観点からも理解できよう。「行キタ」があって「行きやった」がないのも、同様である。「行ヤン」「行オナイ」など、併存する否定形式「〜・ン」「〜・ナイ」にあっても、前者がもっぱら命令・勧奨表現に立って、後者は、（その命令・勧奨表現と共に）単純な否定表現を担当している。それぞれの形式が、相補的に機能を分かちあい、全体は、「動詞連用形」の核によって統括され、"老女ことば"として性格づけられているのである。

四、「て」尊敬法とのかかわり

前項の、「動詞連用形＋断定助動詞」の「〜・ヤ」形式に、構成上類似する形式を取るものに、「行ッテヤ」「来テヤ」（いらっしゃる）などの、「動詞連用形＋て＋断定助動詞」の、いわゆる「て」尊敬法（p.72 参照）がある。この尊敬法は、主として近畿以西に広く分布していて（藤原　1978, p.196）、当該域でも全年齢層に、日常ごく普通に行われている。敬意もかなり高いものを示しており、土地人にも、"あがめたことば"として意識されている。
　○キョー　センセガ　キテヤ。（今日、先生がいらっしゃる。）
のようには言えても、「先生が　キーヤ。」とは言えない、と言う。
　両形式に共通するのは、断定助動詞によって結ばれる点である。観点を移して言えば、「動詞連用形」および「動詞連用形＋て」が、「ヤ」を取って共に体言化する点であろう。藤原与一氏は、この「体言化」について次のように述べている。

　　「〜てジャ（ヤ）」の言いかたは、「ジャ（ヤ）」で承けることによって、「〜て」を客体化（→体言化）するものとも見ることができる。こういう承接のところに、一種の中止、言いよどめ、言いあずけがある。そこの余裕感から、一種の待遇敬意が出るのであろう。余裕感は距離感・間接性・婉曲性につながる。（藤原　1978, p.205）

「て」尊敬法の場合についての指摘ではあるが、その体言化と、本論の「連用形」体言化とは、共に断定助動詞の機能するのが要の尊敬法である点で、両者は一致している。差異が認められるのは、体言化する主項の構成と内容である。
　○タブン　イッテヤ　オモーデ。（たぶん、〈あの人も〉いらっしゃると思うよ。《中年女性同士》）［社］
　○ドチラカラ　キタッタン。（どちらからいらっしゃったの。《老男が筆者に。「キタッタ」は「キテヤッタ」の縮約形》）［社］
このように、「〜テ・ヤ」は、「〜・ヤ」に比して作用性が大きく、しかも、

「テ」による措定性が、いちだんと勝っている。ここに、相似た構成の形式であるにもかかわらず、「て」尊敬法が、いっそう上位の敬意を保ち、分布領域も広くて、比較的よく用いられている理由の１つがあるように思われる。

　先にも述べたとおり、「〜・ヤ」形式とその関連の一派は、当面の「動詞連用形尊敬法」の、一部を担っているに過ぎない。しかも、おおよそ当該域に限って分布するもので、衰退の著しい事象である。類似の発想に基づく両形式が、個別にたどった史的変遷の跡は、相互に相見て、興味深いものがある。

結　　び

　以上、播磨・摂津の北部に存立する、「動詞連用形尊敬法」について記述した。動詞連用形の、特殊な用法による尊敬法であって、その限りでは、「特殊敬語法」とも言うべきものである。その生態にもまた、一定の傾きがあり、女性語として、しかも"老女ことば"として、家庭・近隣の、ごく親しい間がらで用いられるという、敬意・運用範囲共に限られているのが現下の実情である。

　この尊敬法に生きる老女の幾人かは、"汚いことば"と内省し、卑下した。ごく親しい範囲で用いられれば、それはそれとして、"柔らかく、優しみのある言いかた"なのであるが、その使用者は、対外的には、恥ずべきことばとして意識しているようである。これもまた、限られた社会・場面で生きる衰微した敬語の、屈折した性格の一面である。

　以上のような存立状態からして、この尊敬法に、もはや、新しい展開を期待できないことは明らかである。やがて衰滅するとして、当面は、"あがめたことば"とする、「て」尊敬法に吸収される形を取るであろう。それにしても、地域と生活との迫間に、卑下しつつも、いたわれながらひっそりと生きる、そういう特殊な敬語法の生態を、日本語の１現実態として、見深めていくことが肝要であろう。

文献
島田勇雄（1959）「近世後期の上方語」（『国語と国文学』36-10）
藤原与一（1978）『方言敬語法の研究』（春陽堂）

第四節　東播磨方言の丁寧法

はじめに

　敬語の表現法については、通常、尊敬・謙譲・丁寧の３分野を立てる。ここに言う丁寧法とは、その丁寧分野の、特定表現法を指している。

　日常の会話の諸表現は、現前する相手への、何らかの顧慮に基づいていると解され、その限りでは、会話の諸表現は、待遇表現の観点から把握することのできるものである。上述の敬語表現も、この待遇表現法の特定分野として、大きく包摂されるものであることはむろんである。

　会話に認められる「丁寧」の表現が、相手に対する改まりの心意に基づくものであることは、表現の現場の実際に徴しても明らかである。その改まりの心意は、まさに、「退粛・自謹」の心意と言うことができる。この点について、藤原与一氏は、次のように述べている。

　　いわゆる丁寧表現法は、他に対する退粛・自謹の表現法と受けとることができて、やはり謙譲表現系のものとされる。（藤原　1979, p. 176）

会話の表現の現場に立ってみて、この観かたに賛意を覚える。他郷人としての筆者に対して、土地人が展開して見せた丁寧の表現法は、まさに退粛・自謹の表現法であることを、いかにもよく納得せしめるものであった。本稿では、このような事態について記述し、当該方言における丁寧法の実情を明らかにしたい。

　播磨東部域の方言に行われる丁寧法は、主として、

　　丁寧動詞——オマス・ゴザス・ゴワス

　　丁寧助動詞——マス・ダス・デス

によって支えられている。その実情は、大局的には、大阪方言の流れの中に、しぜんに位置づけられるものである。

　記述にあたっては、東播磨地域の中核とも目される、社（加東郡社町）の

方言を中心にする。社町は、1979年10月、兵庫教育大学が新設された地である。大学キャンパスの所在地の言語環境を明らかにするのも、本稿の1つの目標である。

記述は、実情に即して、丁寧助動詞に注目した、次下の順序としたい。

一、丁寧助動詞「ダス」の存立状態

1．～ダス

当該地域では、助動詞「ダス」による丁寧法が盛んである。この丁寧法が、近畿では、大阪府下をはじめ、主としてその両傍、奈良・三重県下、そして当面の兵庫南部一帯（摂津・播磨）に存立することは、先学によって、すでに明らかにされている（藤原 1979，他）。いわば、近畿の中央部で、大阪を中心に、ほぼ東西に分布しているのが、この「ダス」による丁寧法である。

東播磨地域における、当面の丁寧法は、次下のように行われる。社方言での存立状態を中心に取りあげていくことにしたい。

　○イマワ　ベンリナ　ヨノナカダス。(今は便利な世の中です。《老女が、今と昔の生活と比較して》)
　○コトシャ　ベツダッ　セー。(今年は〈暑さは〉格別ですよ。《夏の暑さを振り返りながら。老女》)
　○キョー　ヤスミダッ　カイナ。(今日は休みですかね。《店が閉まっているのを見て。中年女が傍の人に》)
　○ソーダン　ナー。(そうですねえ。《老男同士での相づち》)
　○入嫁した時は　ニジューシゴケンダシタダッシャロ　カナー。(……24、5軒でしたでしょうかねえ。《老女が、入嫁時の集落の戸数を語る》)

いずれも社での実例である。これらの諸例に見られるように、「ダス」は、実際には「～ダッ　セ」「～ダッ　カ」「～ダン　ナー」「～ダッシャロ」などのように、後接する事象の頭子音とかかわる音変化を起こして行われるのが普通で、その諸事象は、大阪方言に存するものと、大きな差異は認められない。

第四節　東播磨方言の丁寧法　121

　「～ダッ　セ」については、後接語の特定に、いくらか問題が残る。諸説のなかで、「～ダス　ゼ」に由来するという説（藤原　1979）が有力であり（別に「エ」「デ」）、それとして理が認められる。ただ、当該方言には、一般に、文末詞「ゼ」の行われることがほとんどない――と言ってよいほどの状態である。ところで、当該域一帯には、zV＞dV（〔amadake〕〈甘酒〉、〔kade〕〈風〉……）の現象が著しい。仮に、文末詞「ゼ」が存したとしても、実際には、「デ」と実現するのが普通とも言える状態なのである。
　「デ」文末詞は優勢である。
　　○アリガタイ　コッタス　デー。（ありがたいことですよ。《老女が町の老人
　　　対策を喜ぶ》）［社］
　　○エー、ソーダス　デ。（ええ、そうですよ。）［姫路］
これは、「デ」の行われた文例である。（第1例では、「～コトダス」が「～コッタス」となっているのが注意される。）一般に頻用される「デ」が、いわば、本来の「デ」（これも、西日本一帯に優勢である。助詞系文末詞。）か、「ゼ」に由来する「デ」かについては、用法の類似ということもあって、判別が困難である。この場合、ただ、現実形の「デ」を、その音相のままに受けとるしかないのである。上述の「～ダッ　セ」も、この点微妙で、「～ダス　デ」に原形を求めるのも一理あろう。ここで注意されるのは、播磨西部の山崎（ヤマサキ）で、例えば、
　　○夜なべは　マイバンダッセ　ナー。（……毎晩ですのでねえ。《老女が、昔
　　　の生活を語る》）
のような「～ダッ　セ」がよく聞かれることである。これは、明らかに「～ダスデ」であって、その「デ」は、当該域に一般的な、順接の接続助詞である。このような事例は、当面の「～ダッ　セ」の場合も、音相上、「デ」のかかわり得る可能性を支持していよう。なお、当、西播磨地域にも、問題の「～ダッ　セ」が存する。
　　○ミョーナ　モンダッ　セ。（妙なものですよ。《親子の情の深さについて語
　　　る。老女》）
社の西隣、加西（カサイ）での1例である。

「~ダッ　カ」の「~ダッ」が、後接の破裂音に影響された変化形であることは、多く言うまでもない。ここには、この「~ダッ　カ」と共に、「~ダフ　カ」の行われることがあって、注意を引く。

　○ソノ　オコダフ　カ。(そのお子さんですか。《うわさの子かと、確かめる。老女が中年女に》）[社]
　○オンドトリダフ　カ。(音頭とりですか。《主唱者のことを聞く。老女が老男に》）[中]

これは、老女などによく見られる。「~ダッ　カ」よりも、いっそう強い自謹の情に発するものであることは、老女に多いことなどからも容易に想察されるが、それにしても、発話者および周辺の人びとは、この発音に概して無自覚である。多くはこれを、「~ダッ　カ」と意識しているむきがある。あるいは、「~ダッ　カ」に至る、1歩手前の発音かとも想察される。「ダフ」の「フ」が「ダス」の「ス」の変化形、すなわち、近畿域に顕著なsV＞hVの傾向に則った変化形であることはむろんである。

　○アー　ソーダ　カ。(ああ、そうですか。) [黒田庄]

のように聞こえる実例もある。「~ダフ」「~ダッ」の末尾音が消滅している例であるが、少なくとも話し手の意識のうえでは、その末尾音を支えているつもりのものである。

「~ダン」の「ン」が、例えば、

　○コトシ　ベツダン　ナー。(今年〈の暑さは〉格別ですねえ。《夏の暑さを振り返りながら。老女》）[社]
　○ソレガ　アンタ　ニギヤカナ　オマツリダン　ネン。(それが、あなた、賑やかなお祭ですのよ。《土地の祭の説明。老女》）[西脇]

などのように、下接の、通鼻の頭子音の影響によって変化したものであることは、改めて言うまでもない。同種のものに、

　○ウチノ　ターガ゜　アッタンダン　ガ゜イナ。(私の家の田んぼがあったんですよね。《ある建物あるの土地の説明。老女》）
　○ソーダン　ゲ゜ナ。(そうですよね。《老女の相づち》）[加西]

などのような「~ダン　ガ゜イナ（ゲ゜ナ）」がある。この「~ダン」も、後接

の通鼻音 ŋV の影響による、ダス＞ダンであることは、あきらかである。当該域は、いわゆる鼻濁音の聞かれることのある地域であるが、それが、当該箇所に現れないこともある。その場合は、

　　○ヨー　カワリマシタダス　ガイナ。(よく変わりましたよ。《昔と現在との生活。老女》)［社］

のように、「〜ダス」のままであることが多い。

　さて、鼻音が下接する音環境にあっても、

　　○ソーダフ　ナー。(そうですねえ。)［社］
　　○ハチジューロクダフ　ネン。(86歳ですのよ。《何歳かと尋ねたのに対して。老女》)［中］

などのように、「〜ダフ」となって実現する場合がある。先に、「〜ダフカ」の場合について取りあげたが、ここでも、同様の現象が見られるわけである。この発音が、土地人に、概して無自覚であるのも、先に述べたとおりである。

　　○ソーダ　ナー。(そうですねえ。)［社］
　　○チョーチンダ　ガイナ。(提灯ですよね。《あれは何？と尋ねたのに対して。老女の応答》)［中］

このような「〜ダ」の例も、稀に聞くことができる。先の「〜ダ　カ」に類するもので、先述のとおり、話し手の意識のうえでは、「ダ」の後に、何らかの末尾音（ス、フ、ッ）を支えているおもむきのものと受けとることのできるものである。

　「〜ダッシャロ」が、「〜ダスヤロ」の変化形であることも、大阪方言などに見られるとおりで，周知のものである。

　　○イマノ　コーワ　ドナイダッシャロ。(今の子どもはどうでしょう。《生活上の苦難に耐えられるかどうかを嘆く。老男》)［社］

は、その１例である。

　２．〜ダハ・ダハ　ナ

　当該方言には、また「〜ダハ」「〜ダハ　ナ」の言いかたがある（p.20 参

照)。
　○ゾーリ　ツクッテ　クレテンダハ。(草履を作って下さるんですよ。《昔の祖父の日常を語る。老女》)［社］
　○ソラ　エライ　メ　オートッテデハ　ナ。(それはもう、つらいめにあっておられるよね。《傍にいる、友だちの老女の、戦時中の苦労を語って。老女》)［社］
　○ソーダハ　ナー。(そうですよねえ。《老女の相づち》)［社］
いずれも、老女の語った実例である。これを、土地人は、"おばあさんことば"と言い、"優しい言いかた"と説明する。社地域の周辺でも、またこれがよく聞かれる。
　○イマワ　ケッコナ　ヨーダハ　ナ。(今は結構な世ですよね。《昔の生活と比べて。老女》)［加西］
　○ハシッテ　イクンダハ　ナ。(〈雪のなかを〉走って行くんですよ。《老女が小学生だったころの、通学の思いで話》)［中］
　○昔は　ウシバッカシダハ　ナ。(……牛ばかりですよ。《耕作に牛を使う話。老女》)［吉川］
社周辺の地域での、「～ダハ　ナ」の使用例である。この形式が多いが、「～ダハ」の例もある。
　○バンシューテツドー　ヨーッタンダハ。(播州鉄道と言っていたんですよ。《JR加古川線の昔を語る。老男》)［黒田庄］
　○ソーダハ。(そうですよ。《老男の相づち》)［西脇］
は、「～ダハ」の実例である。
　さて、以上の「～ダハ」「～ダハ　ナ」は、「～ダス　ワ」「～ダス　ワナ」の、縮約したものであろう (dasuwa＞dasa＞daha)。この種のものが、大阪方言で、「～ダッサ」「～ダッサイ」(＜「～ダス　ワイ」)であるのは、周知のとおりである。播磨では、これが、上述の展開を示し、しかも、"女ことば""老女ことば"として、一定の柔らかさと品位とを保っている。
　関連して注意される事象に、「ダン」がある。播磨北部との接境地域に位置する、但馬の生野(イクノ)(朝来郡生野町)では、

〇私　シ̄ランダン。（……知りませんよ。）
　〇イッ̄トッタンダン。（行っていたんですよ。）
のような「〜ダン」が、女性ことばとして、本町一帯に、わずかながら行われることがあると言う（清水徹氏による）。かつては、格式のある言いかたであったようで、その後、時を経ても、何ほどかの敬意があり、妻が夫に対して用いることばとしても、適していたようである。ただ、この「〜ダン」は、外来の人には異様に聞こえた。女性の語る丁寧文脈に、突如——という状態で登場するだけに、異常感は大きく、"汚いことば"として印象づけられることとなった。学校でも、特に外来の教師が嫌って、このことばを抑制し、"追放"をはかった。このようなこともあって、今日では、かなり薄れている。最近、この町を訪ねた筆者に、ある老女は、昔は「ソ̄ーダン。」（そうです。）と言う人もあったが、今は聞かない——と説明した。が、ある女子中学生は、筆者の問いに、用いないと答えたあと、
　〇マ̄チワ　コッチダン。（町はこちらですよ。）
と指示した。ほとんど無自覚に発したもののようであった。希薄な存立状態が、おおよそ想察されよう。
　この「〜ダン」は、どのような成り立ちのものか。先の「〜ダハナ」に由来するとするのが、いちおうの考えかたである。ダハナ＞ダハン＞ダーン＞ダン　と、このように変化の過程をたどることができそうである。用法、機能が類似するうえに、女性語としての共通性も看過できない。なお、「ダハン」については、姫路・赤穂などに存することが指摘されている（藤原1979，p. 450）。
　ちなみに、牛野地域に行われる断定辞は「ヤ」である。また、「ダス」もあると土地人は言うが、実際にはなかなかこれが確認できず、「デス」が一般的であるのが実情である。
　「ダン」の成立が如上の推定のとおりであるとすれば、近畿圏の周辺部での、古い、特殊な事態に発するものであることが、とりわけ注意されるのである。

3．文末の「ダス」

「ソーダス。」(そうです。)のように行われる「ダス」も、実際にあたっては、下接要素がない場合でも、次下の諸例のように、さまざまに変化することが少なくない。

　○コノ　マチ　デンブダフ。(この町全部です。《昔のお伊勢参りの規模を語る。老男》)［社］
　○エキノ　ムコーダフ。(駅の向こうです。《近年、民家が増えている地域を指して。老女》)［中］

これらの例のように、「～ダフ」となって行われることもある。

　○アノ　シキチワ　ウチノ　タンボヤッタンダッ。(あの敷地は、私の家の田んぼだったんです。《公共施設の建物を指して説明する。老男》)［社］
　○ヒトマチモ　ノコサンヨーニ　ナー。ムギ°　マクンダッ。(1箇所の田んぼも残さないように〈田んぼに〉麦を播くんです。《農耕についての老男の説明》)［黒田庄］

これらの例のように、「～ダッ」となることもある。

　○メガ°ニャー　モットラヘンシ　ナー。オモーテ　ヘテ　シアン　ショッタダン。(眼鏡は持っていないしねえ。そう思って思案していたんですよ。《親切な人が手助けをしてくれた話。老女》)［社］
　○ポッポポッポ　ナーンダン。(〈らんぷの火が点滅して〉ぽっぽぽっぽとなるんですよ。《昔のらんぷ生活。らんぷの手入れが悪いと消えやすいと言う。老男》)［中］

これらの例のように、「～ダン」となることもある。が、この言いかたはごく少ない。

このような「ダン」に接すると、先項で取りあげた、生野の「ダン」との関連が問題になってこよう。先の「ダン」は、「ダハナ」の推移形・変化形として位置づけた。かれこれ両者の関係はたしかに微妙であるが、やはり、その、出自にかかわる差異は存するもののようである。先の「ダン」に、女性語としての伝統とニュアンスが認められて、用法も表現性も特殊化しているのに対して、これには、その特殊性が認められないうえに、「ダス」にす

第四節　東播磨方言の丁寧法　127

ぐ還元できる、使用者の意識がある。しかも、本項で取りあげている、類同の変化形のなかに、しぜんに位置づけられる意味作用の関連性がある。

　○ソーダー。ソラ　タノシミダシテン。(そうです。それは楽しみでしたの。《昔の参宮は楽しみだったかとの、筆者の問いに対して。体験者の老女の応答》) [社]

　○ソラ　ハヤイ　モンダー。(それは早いものです。《女の子が嫁に行くようになるのは。老男》) [加西]

　○ヘテ　マチアイシツデ　マットッタンダー。(そして、待合室で待っていたんです。《病院でのできごとを語る。老男》) [黒田庄]

これらは、「〜ダー」と実現した例である。こうなったものは、老年の男女に、かなりよく見られる。社町に隣接する、滝野町在住の1識者、三浦常司氏は、「〜ダー」に、「〜ダス」の変化形という意識があることを報じた。男性がやや多用するか——とも内省する。この「〜ダー」は上掲の「〜ダン」にごく近い。

　以上のような変化形は、やがて「〜ダ」ともなる。

　○ソラ　ケーゴノ　ヒトツダ。(それは敬語の1つです。《特定の語を説明して。老女》) [社]

　○ハマ　カエテ　モラヨッタンダ。(下駄のはまを取りかえて貰っていたんです。《昔の暮らしを語って。老男》) [黒田庄]

このように、「〜ダス」が「〜ダ」と縮約したものが、稀に、老年の男女に聞かれる。こうあれば、「〜ダス」よりもむろんくだけた言いかたになるが、それにしても、丁寧な意識は失われていない。この縮約語法も、大阪方言については、よく知られているところである。

　なお、「ダス」は「〜ダスイ」のように実現することがある。

　○ドナイ　オモーテダスイ。(どう思われます。) [加西]

この「〜ダスイ」の末尾音「イ」は、相手への持ちかけの意識に支えられて、しぜんに生まれたものかも知れない。これも、次例のように、「〜ダスイナ」の形で行われることが多い。

　○ドナイダスイ　ナ。(どうですか。《老男同士、路上での行きずりの軽い挨

拶》）［社］

この「〜ダスイ　ナ」は、さらに、「〜ダイ　ナ」ともなっている。
　○ミサコチャン　イマ　ナンボダイ　ナ。(みさこちゃんは、いまいくつですかな。《近所の娘の年を聞く。妻が初老の夫に》）［社］

こうなれば、例えば、妻から夫へ話しかける程度の軽い敬意を蔵した、気楽な情感の表出されるのが一般である。

4．総括

丁寧助動詞「ダス」は以上のように行われ、概して活力に富んでいる。特に高年齢層にあっては、丁寧法を支える中核要素として、際立った作用を見せている。上来、取りあげてきた諸形式を整頓すれば、次のとおりである。

　　〜ダス・ダフ・ダッ・ダン・ダー・ダ
　　　　〜ダッ（セ）
　　　　〜ダフ（カ）・ダッ（カ）・ダ（カ）
　　　　〜ダン（ナ）〈ダン（ネン）・ダン（ガイナ）〉・ダフ（ナ）・ダ（ナ）
　　　　〜ダハ・ダハ（ナ）・ダン
　　〜ダスイ
　　　　〜ダスイ（ナ）・ダイ（ナ）
　　〜ダッシャロ

このようにあって、多彩であり、さらに、
　　〜ダシた
が、よく活動している。
　○あの道は　ササヤマカイドーダシタンヤ。(……篠山街道だったんです。《古い街道の説明。老男》）［社］

これは、「〜ダシた」の1例である。この事象が盛んなことは、「ダス」の、当該域における、定着の古さ、強さを示していよう。

用法のうえで、男女による傾きは認めにくいが、新来形式とされる「デス」に、品位のよさを意識している土地人もあり、いきおい「デス」が、女性に多いかのように観察される。この点については、次項に譲りたい。

二、丁寧助動詞「デス」の存立状態

　東播磨地域では、上述の「ダス」と共に、「デス」もまた、よく行われている。「ダス」に、地ことばらしい古態性・閉鎖性が認められるのに対して、「デス」には、おおむね、共通語意識に支えられた、開放性が認められる。その使用層も全年齢層にわたっており、「ダス」よりも外向きの敬意——高い敬意を示している。

　それにしても、中・老年層では、運用の実際にあたっては、「〜デッ　セ」「〜デッ　カ」「〜デン　ナ」「〜デハ　ナ」「〜デッシャロ」など「ダス」の場合に類する特殊形式があって、両者に、相即的な機能性・形式性の認められるのが、注意されよう。

　「〜デッ　セ」は、
　　○ソラ　オモシロイ　モンヤッタンデッ　セ。（それはおもしろいもんだったんですよ。《昔の盆踊りを回想して。老女》）［加西］
　　○オイーデッ　セ。コノ　ブラクワ。（多いですよ。この集落は。《同姓の家が。中年男》）［黒田庄］
このように行われる。原形式とみられる「〜デス　デ」は、
　　○ヒリョーカラシテ　ナー。エライ　コッテス　デ。（肥料からしてねえ。たいへんなことですよ。《農業に必要な肥料代の高いことを説明する。老男の説明》）［社］
このような「〜テス　デ」ともなって実現することがある。前接音に拘束されてのことである。なお、文末詞「デ」の立つ言いかたが、うえの「〜デッセ」の原形式と推定されることについては、先の「〜ダッ　セ」の場合に説明したとおりである。

　「〜デッ　カ」は、
　　○アー　ソーデッ　カ。（ああ、そうですか。）［社］
のようにあって、これも中年層以上に見られやすい。ここにはまた、
　　○アンタ　ホナラ　ミクサデヒ　カ。（あなた、それでは三草〈地名〉です

か。《会話の進行中に思いあたって。老女が青年に》〔社〕
　〇カケルンデヒ　カ。(腰をかけるんですか。《ここへ、と場席を示した筆者
　　に、老女が》)〔大河内(オーコーチ)〕
これらの例に見られるような「〜デヒ　カ」の行われることが多い。女性に
見られやすいもので、「〜デッ　カ」に比して、いっそう慎ましい心情に発
するものであることは、表現の現場にいて、容易に諒解される。「ダス」の
場合に、「〜ダフ　カ」がよく見られたのと対照的である。(「デフ」でなく
「デヒ」となりやすいのは、前舌母音関係の同化現象の故と解される。)
　〇ナンデ　コンナン　シヨー　オモータッタンデス　カ。(なぜこんな研究
　　をしようと思われたんですか。《高校生女が教師に》)〔社〕
少年層では、このように、「〜デス　カ」であるのが一般である。共通語意
識の強い言いかたである。
　「〜デン」は、
　〇ヤッパリ　イッショデン　ナー。(やはり同じですねえ。)〔社〕
　〇タニシデモ　ヨケー　オッタンデン　ネン。(田にしでも、たくさんいた
　　んですよ。《昔の田んぼに。老女》)〔加西〕
　〇イマノ　イロハカルタミタイナ　モンデン　ガナ。(今のいろはかるた
　　みたいなものですよね。《昔のかるたの説明。老女》)〔中〕
このように行われ、後接音が鼻音である場合に限って現れる。が、この場合
でも、
　〇アツイデヒ　ナー。(暑いですねえ。《顔見知りの人同士の、路上での軽い
　　挨拶》)〔社〕
　〇カワノ　オクノ　ホーデヒ　ネンナ。(川の奥の方ですのよ。《娘の嫁入り
　　先の説明。老女》)〔加西〕
このように、「〜デヒ」の行われることが多く、特に女性、それも老女に見
られやすい。
　「〜デハ　ナ」は、先項で取りあげた「〜ダハ　ナ」に類する、特色の濃
い形式である。
　〇コノ　ヒトワ　エライ　メ　オートッテデハ　ナ。(この人は、つらいめ

にあっておられますよね。《傍にいる、友だちの老女の、戦時中の苦労を語って。老女》）［社］
○ソコデハ　ナ。（そこですよ。《昔の学校の跡。中年女》）［吉川］

このように行われる。「ワナ」を内包しているだけに、主張性、説明性の強い表現になっている。「〜ダハ　ナ」に比べると、品位はよい。が、劣勢である。前者が、「〜ダン」にまで展開する多彩さを示しているのに対して、これには、それがない。

なお、この「〜デハ　ナ」は、丹波（兵庫・京都）のうちにもあるらしい（楳垣　1962）。ちなみに、大阪府下では、「〜デス　ワ」「〜デス　ワイ」が、「〜デッ　サ」「〜デッ　サイ」となっていることは、周知のとおりである。

「〜デッシャロ」も、次のように行われる。
○ソンナ　コト　ナイデッシャロー。（そんなことはないでしょう。）

これも社の例である。

なお、「〜デス」と言いきる場合には、
○コノゴロ　ゲンキ　シトッテデス。（この頃、お元気にしておられます。《ある人の安否を尋ねられて。中年女》）［社］

のようにあるのが普通で、「ダス」の場合に見られた、多彩な語尾の変相は認められない。このことは、「デス」の新しさと、ここに存する何らかの共通語意識にかかわるものとも考えられる。また、あるいは、「ダス」の「ダ」に比して、「デス」の「デ」の母音の狭さ、聞こえの細さにも、何ほどか、かかわっていようか。

先述したとおり、「ダス」に比して、「デス」に品位のよさを認めているのは、土地人一般の意識と言ってよい。これを、"女ことば"と言う老翁もあるが、その老翁も、またこれを用いているのが実情である。ある社町在住の老女に、昔の参宮の時期について尋ねたところ、
○ソーデン　ナー。マー　アキダン　ナー。（そうですねえ。まあ〈参宮は〉秋ですねえ。）

と応じた。特に老年層にあっては、このように、一連の表現に併用されることもあるほどで、両者の用法差は、実際には、かなり微妙である。が、「デ

ス」に新鮮味の存することは上述したとおりで、これがしぜん女性に好まれることも、また事実である。

三、丁寧助動詞「マス」の存立状態

　当、東播磨地域に行われる、丁寧助動詞「ダス」「デス」について記述してきたが、「マス」もまた、当該域で、丁寧法を支える、重要な柱となっている。
　「マス」は、言うまでもなく、共通語性の高いものである。当該域においても、そういう意識に支えられて、全年齢層に広く行われ、高い敬意を示している。ただ、注意されるのは、先の「ダス」「デス」の場合に並行して、例の特殊形式、「～マッ　セ」「～マッ　カ」「～マン　ナー」「～マハ　ナ」「～マッシャロ」などが際立つことである。もとよりこの形式は、主として中・高年層に、ほぼ限って現れるものではあるが、当方言に内在する、丁寧法の一定の形式性・機能性にかかわるものであって、単純に、「マス」を、「共通語」として別置することはできないのである。以下、上述の特殊形式を中心に、それぞれの表現法を取りあげる。
　　○タンバエ　ハイッタラ　コロット　チガイマッ　セ。(丹波へ入ったら〈ことばが〉すっかり違いますよ。《播磨と丹波の方言の違いを説明する。老男》)［社］
　　○カゼ　キマッ　カー。(風が来ますか。《老女が、訪問者への扇風機の方向を気にしながら》)［社］
　これらは、「～マッ　セ」「～マッ　カ」の実例である。
　　○ソリャ　ゴッツー　カワッテマン　ナ。(それは、ひどく変わっていますね。《村の生活の昔と今と。老男》)［社］
　　○デンキガ　シテ　クレマン　ガイナ。(電気がしてくれますのよ。《家業の織物工場の仕事。老女》)［西脇］
　これらは、「～マン」となったものの実例である。後接音が鼻音のときに現れる形であることは、「～ダン」「～デン」の場合と変わりない。この場合で

も、
　〇ソレオ　イマ　メンギョリマフ　ネン。(それを今壊していますのよ。《台所改善のために。老女》) [社]

のように、「〜マフ」の現れることがある。「〜マン」とあるよりは、いっそう丁寧な心情を見せている。

　ついで注意されるのは、「〜マス　ワナ」「〜マハ　ナ」であるが、これは、日常、そうとうに耳だつ言いかたである。
　〇ホンニ　ソンナ　コト　キータ　コト　アリマハ　ナ。(ほんとうにそんな話を聞いたことがありますよ。《伝説。老女》) [社]
　〇ハタケガ　ナー。イッタンホド　アリマハ　ナ。(畠がねえ。1反歩ほどありますよ。《耕地の話。老女》) [加西]

このようにあって、一帯でよく聞かれる。大阪府下で、「〜マッ　サ」「〜マッ　サイ」とあるものに類する言いかたである。
　〇ナカノ　シンボー　モッテテ　タテマッシャロ。(なかの心棒を持っていて、立てるでしょう。《町の古宮、住吉神社の神事、斎燈の組立てかたを説明する。老女》) [社]

これは、「〜マッシャロ」の実例である。

　なお、黒田庄で、
　〇エー　アリマー。モー　デンデン　チガイマー。(はい、あります。もう全然違います。《家業の織物の輸出先に、好みの違いがあるかと尋ねたのに対して。老男》)

のような「〜マー」が聞かれた。「マス」の変化形とすることができようか。「ダス」の「〜ダー」が、ここに思いあわされる。

四、丁寧動詞

　当該域に行われる丁寧動詞の主なものに、「オマス」および「ゴザス」「ゴワス」がある。「オマス」は社を含む東部地域に、「ゴザス」(「ゴダス」)「ゴワス」はその西の地域に、主として分布している。共によく活動しているが、

これらも、おおむね中・高年齢層に使用者が厚く、その限りでは、すでに特殊化しつつあるとも言えるのである。

　さて、「オマス」は、
○ベコ　コーテ　ナー。サントークライ　オイタ　コトガ　オマス。(小牛を飼ってねえ。3頭くらい飼っていたことがあります。)
○ココラ　ナー。イロリ　オマヘン　ワ。(ここらあたりはねえ。いろりはありませんよ。《老男の説明》)
○ムカシワ　ミチガ　オマシタ　ワ。(昔は、道がありましたよ。《隣村に通じる道が。老男の説明》)

このような、存在を表す、動詞本来の用法と共に、
○ソラ　アツー　オマッ　セー。(それは暑うございますよ。)

このような補助的用法に立つものがある。ここでも、上述の「ダス」「デス」「マス」に準じる特殊形式をとって実用されている点が注意される。うえの諸例は、いずれも社でのものである。

　次のような「ワス」が、時に聞かれることがある。
○オハヨー　ワス。(お早うございます。《老男》)〔社〕

土地の1識者は、これを、「オマス」のつづまったものと説明する。「ゴワス」との関連も疑われるが、当該域に、その「ゴワス」が、まず行われないことからしても、うえの識者の内省は、当を得ていると考えられる。

　ちなみに、「オマス」が「ワス」ともなり得ている事実からすれば、先の「～ダス」も、「～デ　オマス」から「～デ　ワス」を経て成ったかとも推測される。「～ダス」と類縁の京都の「～ドス」が、「～デ　オス」(＜「～デ　オマス」)からのものとすると、両者の共通の原形に、「～デ　オマス」を想定することは、合理的である。

　「ゴザス」(「ゴダス」)「ゴワス」は、東播磨のうちでは、主として北西地域に存立する。
○オボエガ　ゴザヘン　ワー。(記憶がございませんよ。)〔西脇〕
○ホン　カッテガ　ワルー　ゴザフ　ガイナ。(全く勝手が悪うございますよね。《国鉄赤字線が廃止されると。老女》)〔中〕

○ニギヤカナラシュー　ゴザッ　セー。(賑やかなようでございますよ。《他村の祭礼の話。老女》)［西脇］
このように行われる。
　○コオー　ゴダシタ。(恐ろしゅうございました。《子どもの頃、牛を扱うのが。老男の体験》)［中］
このように、「ゴダス」となることもしばしばである。黒田庄では、また老翁に、稀ではあるが、
　○タコー　ゴワシタ　ナ。(高うございましたよ。《芝居の木戸銭》)
のような「ゴワス」が聞かれる。
　○ミナ　ヒロ　ガス。(みな広うございます。《家業の織物の幅》)
ともあった。
　以上のように、「オマス」が東に、「ゴザス」「ゴワス」が西に分布している。東の「オマス」は、そのまま大阪圏へと連続する。いわば大阪中心の広がりの、西の辺域として、当該域が位置づけられることになろう。「オマス」「ゴザス」両形式の接触地域として、東播磨地域を見定めることも可能である。両形式とも、少なくとも中・高年齢層にあっては、なお日常的な活力を保っている。

結　び

　以上、東播磨地域における丁寧法について、北寄りの社地域の方言を中心に記述した。ここで、特に注意されるのは、助動詞「ダス」の活動である。これが大阪方言事象の流れとして、周圏的な広がりのなかで把握できるものであることは、多言を要しないところである。「ダス」はさらに、西播磨へと、その輪を広げている。
　分布の大局をこのように把握し、当該域を、大阪方言の外輪して位置づけるとしても、この丁寧法が、当該域の方言生活に占めてきた比重は、決して軽くはないように観察される。その使用・運用の実態は、まさに、下ろした根の深さを思わせ、分化した多彩な形式も、当該域における閲歴の古さを思

わせる。特色のある「～ダハ　ナ」形式（「～デハ　ナ」「～マハ　ナ」形式もこれに類する）の成立も、大阪方言とは異なった、特殊な基質にかかわってのことに違いない。

　それにしても、この語法が、すでに中・高年齢層に偏したものであることは既述したとおりである。そして、新しい意識に支えられた「デス」、それに「マス」の世界に影響を及ぼしながらも、それもすでに埋没しかかっている一面を、看過することはできない。いわば、当該域方言の丁寧表現法も、大阪方言の輪のなかで、伝統の色彩を留めながらも、新しい動きを見せて、「共通語」の世界へと、徐々に脱皮しつつあるのである。

文献
　藤原与一（1979）『方言敬語法の研究　続編』（春陽堂）
　楳垣実編（1962）『近畿方言の総合的研究』（三省堂）

第三章　断定表現法

第一節　播磨・但馬方言の断定法
――その史的推移と表現性――

はじめに

　播磨・但馬は、近畿圏の西辺に位置し、播磨は山陽側の備前・美作に、但馬は山陰側の因幡に隣接している。このような地理的文化的諸条件に規制されて、当該域に存立する方言――生活語は、史的推移にかかわる、複雑な様相を見せがちである。

　本稿で問題にしようとする断定法形式――断定助動詞による諸形式も、複雑な分布相を見せる事象の1つである。その分布相が、上述のとおり、諸背景に規制されてのことであるのはむろんであるが、また、当該の各形式の担う表現性が、形式の推移・変化に、微妙にかかわっている点も看過することができない。このような、当該形式の諸相とその史的変転の筋道とを、表現性とのからみで討究しようとするのが、本稿のねらいである。

一、断定法形式の分布状況

　断定助動詞の全国分布については、東日本および山陰の「ダ」、西日本の「ジャ」、そして近畿および北陸・四国の一部の「ヤ」と、大局をこのように把握することができる（第2図参照）。が、細部細域にわたれば、実情は必ずしも単純でない。

　当該の播磨・但馬域には、上述の「ダ」「ジャ」「ヤ」各事象のいずれもが分布していて、注意すべき相関の相を示している。この分布の様相についても、すでに先学によって明らかにされている（岡田　1951，今石　1968，鎌田　1981，他参照）が、その大概は、おおよそ以下のとおりである（第3図参照）。

　「ダ」は、主として但馬西・北部に分布する。但馬は、山陰道に連なる地域である。その山陰全般に、「ダ」が、画然とした分布領域を持っているこ

140　第三章　断定表現法

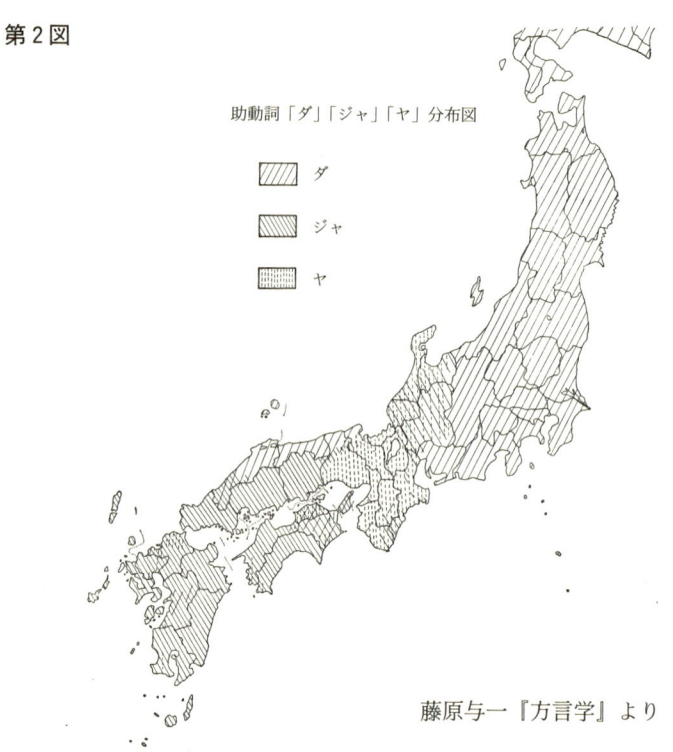

第2図

助動詞「ダ」「ジャ」「ヤ」分布図

ダ
ジャ
ヤ

藤原与一『方言学』より

第3図

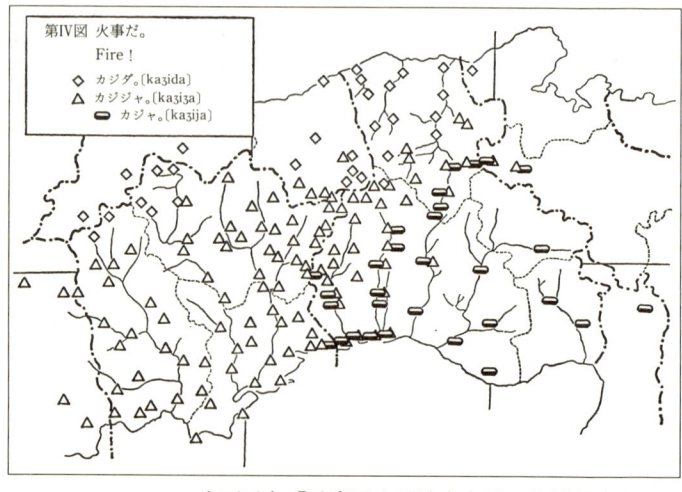

第Ⅳ図　火事だ。
Fire！
◇　カジダ。(kaʒida)
△　カジジャ。(kaʒiʒa)
━　カジャ。(kaʒija)

今石元久「兵庫岡山県地方方言の分脈認定」より

とは、先にも触れたとおりで、周知のとおりである。いわば、山陰に分布する「ダ」の一連の流れの中に、但馬の「ダ」は、しぜんに位置しているのである。

「ダ」は、また、播磨と美作・備前との接境地帯にも、微弱ながら分布している。この一帯は、おおむね「ジャ」の優勢な地域であるが、この地域に、「ダ」が、何らかの分布を見せているのは、注目に価する。

「ジャ」は、但馬南部から播磨西部にかけて分布する。そして、そのまま山陽道へと連続する。いわば、山陽道に分布する「ジャ」の東限が、この地域である。「ヤ」は、但馬南部の一部から播磨のほぼ全域に分布するが、これが、京阪など近畿の中央部からする、新しい伝播にかかわるものであることは、多く言うまでもなかろう。

以上のように、「ダ」「ジャ」「ヤ」３形式とも、当該域に分布している。それぞれ、分布の主領域は確然としているものの、その接触域では２形式３形式が併存し、おのおの独自の表現性をもって相関し合っている。以下では、主としてその接触域を対象とし、諸形式相関の実情について、いくつかの観点から迫ってみたい。

二、「ダ」の存立状態

１．但馬地域での存立状態

「ダ」が、主として山陰に連なる但馬中・北部に分布することについては既述した。その実例を掲げよう。

　　○イチエンゴジッシェンダッタ　デ。ヒトツキダ　デ。（１円50銭だったよ。１カ月にだよ。《昔の電報配達人の月給。経験者である老男の回顧談》）
但馬北西部に位置する浜坂での１例である。推量形式ではあるが、「ダ」に関連する「ダラー」の例も掲げておこう。（以下、推量形式でも、関連事象として、本稿での考察の対象とする。）

　　○オカシー。ナンノ　オトダラー。（おかしい。何の音だろう。《老女が、１
　　　人いぶかりながら》）

これも、日本海に面した、余部(アマルベ)での１例である。(「ダラー」の末尾音は、山陰に一般的な、開音由来の音 au＞aa に基づく。)当該の但馬中・北部では、このような「ダ」による表現生活が一般である。

２．播磨西辺での存立状態
⑴　戸倉方言の「ダ」
　播磨の北西隅に位置する戸倉(トクラ)は、戸倉峠(891m)を隔てて、因幡および但馬と隣り合っている集落である。ここでは、「ダ」「ジャ」「ヤ」3形式が行われているが、優勢なのは「ジャ」で、当面の「ダ」は、かなり弱いように観察される。
　　○ジューニネンダッタン　カ。ソー　カ。ソー　カ。(12年〈昭和〉だったのか。そうか。そうか。《息子が戦死した年。老女が夫に》)
老女が老夫の説明に応じて言った１文で、みずから納得するおもむきの、ほとんど独白に近いものである。
　　○セーガ　デキタンガ　ナンネンカラダロー。(姓ができたのが〈明治の〉何年からだろう。《老女が独白ふうに》)
これも、老女が老夫に対してはいるが、１人考えこむ様子の、独白ふうのものである。このような意味作用を見せる「ダ」に対して、次の例、
　　○ソーダ　ワー。(そうだよ〈そうだとも〉。)
これは、前２者とは違って、老女が老夫に対して、強く肯定し、主張した１文である。が、共に、老夫婦間での、日常ごくなじんだ、隔意のない会話の一斑である点に注意したい。しかも、独白とか、一方的な主張とかのように、話し手の情意・情念の表出に用いられている。いわば、社会性の退縮した、かなり局限された意味作用をもって行われている。このように、仲間同士の、内うちの心安い間で行われるのが、戸倉での「ダ」である。ここに使用例はあげていないが、老夫もまた、「ダ」の話し手であることに変わりはない。
　対比的に、「ジャ」による表現の場合を見よう。同じ老女も、旅の筆者に対しては、次のように述べている。
　　○ソーユーヨーナ　カンケーカラジャ　ネー。トマリキャクモ　ヨケー

アリョータ　ワケジャ。(そういうような関係からねえ。宿泊客も大勢あったわけだ。《戸倉のスキー場が栄えて、以前は、今より客も多かったという話》)

○イマモ　ショーガッコーワ　アルイテ　イクンジャ　デ。(今でも小学校へは、歩いて行くんだよ。《小学校通学の昔と今》)

いずれも説明の表現であるが、気兼ねな相手に対しては、「ジャ」で対応しているのが注意を引く。また、第1例では「～ジャ　ネー」のように、文末詞「ネー」と共に用いられている。「ネー」は、当域では共通語ふうでもあって、改まった物言いに用いられるのが一般である。「ジャ」のこのような用法に、「ダ」にない品位のよさ、新しさを認めることができるのである。類例を見よう。

○ソレカラ　マタ　ハイニ　アワセルンジャ。(それからまた、灰と混ぜ合わせるのよ。《栃餅の作り方の説明》)

○ソリャ　テノ　カカル　モンジャ　デ。(それは、手のかかるもんだよ。《栃餅作りのわずらわしさを語る》)

いずれも、老女の説明の表現である。上述のとおり、他郷人には「ジャ」を用いているのが注意を引く。老翁もまた同様である。その1例である。

○ワカイモンノ　シゴトガ　ナインジャ。(若者の仕事が〈この村に〉ないんだ。《都会へ出ていく若者について語る》)

(2)　佐用方言の「ダ」

美作国境に程近い、播磨の佐用(サヨー)の場合を見よう。ここでも「ダ」が行われている。ただ、その「ダ」は、言いきりの形式を持たない。「ダッタ」「ダロー」にほぼ限られる。

○イマダッタラ　ゴセンホド　カナー。ハンブンホドジャ。(今だったら5千円ばかりかねえ。〈以前の〉半分ばかりだ。《老女がガス代の減少したさまを説明する》)

○コレワ　モモヒキダロ。ナー。(これは股引だろう。ねえ。《昔の服装図を見て。老女が老夫に》)

これらの例のとおり、「ダッタ」「ダロー」はよく行われるのに、言いきりは

「ジャ」である。
- 〇コレワ　ウシノ　クラジャ。(これは牛の鞍だ。《昔の生活絵図を見て、周囲の誰ともなしに。老女》)
- 〇コレデ　ニノーテ　キョーリマシタンジャ。(これで背負って来ていましたのよ。《木負子の絵図を見て。老女が旅の者に》)
- 〇チマキヤ　ナー。(ちまきだねえ。《ちまきの絵図を見て》)

これらの例は、老女が、昔の生活絵図を見て、懐かしみながら説明する場面でのものである。絵に見入っている老夫もいるが、主に聞き役である。ここでも言いきりは「ジャ」または「ヤ」であって、「ダ」は用いられていない。

(3) 相生方言の「ダ」

佐用を南に下がった、内海沿いの相生（アイオイ）でも、同様の事態が観察される。
- 〇オジサンダッタラ　ワカルダロー　オモーテ、(おじさんだったらわかるだろうと思って、………。《中年女が、方言探求の旅の者を、老翁の家に案内して》)

このように「ダッタ」「ダロー」はよく聞かれるが、言いきりの形式は、
- 〇コノ　シター　ココノ　シトヤ。(この人はこの土地の人だ。《老女が傍の老翁を紹介して》)

などのように「ヤ」が一般のようである。(「ジャ」もあるが、これはかなり衰微している。後述。)

3．総括

以上のように、山陰側の但馬に優勢な「ダ」が、その但馬に留まらず、播磨西辺の国境沿いにも分布しているのが注目される。しかもそれが、南下するに従って、「ダッタ」「ダロー」など活用形式におおむね限られていて、言いきりの形式の見られないのも注意される点である。

ちなみに、上述の「ダ」と同様の存立状態は、南に下がって淡路でも、また、四国の阿波・讃岐および伊予の東部でも認められるようである（藤原1962、上野　1985）。播磨と境を接する美作の東辺一帯でも、例えば、
- 〇アッチー　イキナッタンダロー　ガー。(あっちへ行かれたんだろうよね。

《中年女が小学生の娘に》）〔作東(サクトー)〕
　○ソノ　イエワ　アズカリギリダッタデ、(その家は、預かったままだったので、……。《老男の説明》）〔大原(オーハラ)〕

などのように、「ダッタ」「ダロー」が、「ジャッタ」「ジャロー」に交じって、わずかに行われている。言いきりは「ジャ」が一般である。このように、形式の枠組みに偏りがあるのは、当該域における「ダ」の生成と推移にかかわる、史的事情を反映するものと解される。この事態については、後に改めて考究したい。

但馬・播磨西境域での、断定形式の存立の状況に対して、東境域では、「ジャ」「ヤ」がとりわけ優勢で、その分布領域も北に大きく張り出している。したがって、「ダ」も、但馬域内に限られ、しかも北部に偏して分布している。その「ダ」と「ジャ」「ヤ」との分布領域は、両者深く交わりあっていて、境界を線分で特定することはかなり困難であるが、養父郡下の八鹿(ヨーカ)を、「ダ」分布の南限とする説（鎌田　1981）は、実情に徴してみて、おおむね妥当と考えられる。八鹿での、「ダ」関係の実例を掲げておこう。

　○キョーワ　アメンダ　ナー。(今日は雨だねえ。)
　○昔、川は　ワタシンダッタデ　ネ。(……渡し舟だったからねえ。)
　○ソーンダラー。(そうだろう。)

古老の示した実例である（「ダ」の直前の「ン」は、いわゆる入りわたり鼻音の残存であろう)。このように「ダ」が一般的ななかにあって、何ほどかの「ヤ」（若干の「ジャ」も）もある。その実情については、次項で述べることにしたい。

三、「ジャ」｜ヤ」の存立状態

1．総説

「ジャ」が、主として但馬南部から播磨西部へかけて分布する実状については、前項で述べたとおりである。この「ジャ」は、そのまま山陽道に連なるが、視点を変えれば、おおむね近畿の西北辺に帯状に分布する、いわば周

辺分布をなす事象として把握することができる。その周辺域では、外側の「ダ」との接触もあって、「ダ」「ジャ」両者が示す意味作用上の相関関係も、注目されることの1つである。

　以上のような、周辺の「ジャ」の内側には「ヤ」が分布する。いわば、「ヤ」は、「ジャ」を周辺に封じこんだ新勢力である。大局をこう見るとしても、地域・地点によっては、新興の「ヤ」が突出し、「ダ」と直に接触する事態もある。3者相関の表現生活は、史的深淵を見せてそうとうに複雑である。

２．播磨西辺での存立状態
⑴　戸倉方言の「ジャ」「ヤ」

　前項の「ダ」の記述に際して、播磨北西隅の戸倉の例を取りあげた。戸倉は、「ダ」「ジャ」「ヤ」の併存する地点であるが、その実情は、端的には、「ヤ」を内蔵する近畿西北辺の「ジャ」が、外域の「ダ」と接触する地点と言うことができよう。その「ジャ」の立つ文例については、上記の「ダ」の項で、関連的に取りあげた。いま1例を掲げておく。

　〇ムカシワ　ゼンブガ　スミヤキジャッタンジャ　ナ。(昔は、全部が炭焼きだったんだよ。《老女が、昔の集落の生業を語る》)

このような「ジャ」にかかわる表現が、「ダ」のそれに比して、品位の点で勝っていることは、既述したとおりである。「ダ」が仲間うちで用いられやすいのに対して、「ジャ」は、気兼ねな他郷人にもよく用いられる。そのような状況のなかで、また、「ヤ」も、わずかながら行われている。

　〇昔は　イロリバッカシヤッタデ　ナーア。(……いろりばかりだったからねえ。《昔の暖房について語る》)

上掲の例と同一場面、同一話者のものであるが、同じ話題の説明表現に、「ジャ」の表現に交じって、このような例が稀に出てくる。これが、いわゆる都会ふうの言いかたであることは、話し手の内省によっても確認することができる。

(2) 引原方言の「ジャ」「ヤ」

　戸倉を５キロばかり南に下がった集落である引原(ヒキハラ)での、断定形式の用法を見よう。ここは、「ジャ」が本来の形式である。が、ここでも、「ヤ」が、新しく地歩をしめつつある。その実情を、土地人の会話例によって見てみよう。老夫婦が、小学校の、古びた卒業記念写真を見ながら、懐かしんでいる場面である。

　　○キクネージャ。ココジャ　ガナ。(菊姉さんだ。〈ほら〉ここだよ。《老婦が夫に》)
　　○ウン。モー　ヒトリ　オルジャロー。シンダケド　ナー。(うん。もう１人〈兄弟が〉いるだろう。〈もう〉死んだけどねえ。《老夫》)
　　○ドコライ　オルンジャー。(どのあたりにいるんだ。《老婦》)

老夫婦の、日常的な会話である。ここには「ジャ」が、ごく普通に行われている。幼い頃の学友の姿を発見した懐旧の思いが、興奮ぎみに表出されてもいよう。

　　○コレジャロー。ヨシオサン。(これだろう。良雄さんは。《老婦》)
　　○ウン。ソレジャ　ソレジャ。(うん。それだそれだ。《老夫》)
　　○ナーア。(ねえ。《老婦》)

これもまた、同じ場面でのものである。老夫婦間で、「ジャ」の表現が、ごくしぜんになじんでいるさまが看取されよう。

　ところが、その老女も、同じ場面で、たまたま訪問して来ていた初見の青年（地域ゆかりの大学生）に対しては、

　　○オジーチャン　オッテヤ　ワ。(〈あなたの〉おじいさん、〈この写真の中に〉いらっしゃるよ。)
　　○ワタシト　ドーキューヤ。(〈おじいさんは〉私と同級生だよ。)
　　○オトコマエヤッタ　デー。(〈おじいさんは〉美男子だったよ。)

などのように、「ヤ」関係形式を用いている。これが、見知らぬ人間に対する心づかいなのである。つまり、「ヤ」は、やや改まった意識で行われる、新しい言いかたと言うことができる。

　　○おじいさんとは、もと　イッショノ　ブラクデシタンヤ。(……同じ集落

だったんです。)

は、その老女が、筆者に説明した1文である。「ヤ」が、他郷の者に対して用いるのにふさわしい品位のものであることが諒解されよう。

(3) 千種方言の「ジャ」「ヤ」

前項で、「ダ」関係形式による表現を取りあげた際、西辺の佐用の場合を問題にした。既述のとおり、この地点には、「ダッタ」「ダロー」は存するが、言いきりの「ダ」はない。言いきりは「ジャ」(または「ヤ」)に限られると言ってよい。

佐用に北接する千種(チクサ)でも、佐用の場合同様に、「ダッタ」「ダロー」は行われるが、言いきりの「ダ」はない。その言いきりを分担しているのが「ジャ」(または「ヤ」)である。この地点でも、「ジャ」の活動は全般に優勢で、「ジャッタ」「ジャロー」もある。

　○イマジャッタラ　ナンジャケド、(今だったら、何だけど、……。)

は、中年女性の示した1例である。さて、その女性は、夫に対しては、

　○ソージャ　ソージャ。(そうだそうだ。)

などのように、「ジャ」を用いるのが普通であるが、他郷の筆者に対しては、例えば、

　○ミンナ　シテヤ　デ。(みんな〈鯖ずしを〉作られるよ。)

のように、「ヤ」を用いて対応することもしばしばであった。"「ヤ」はていねい"と内省している。"若い人は「ヤ」が多い"ともあった。「ジャ」の世界に、「ヤ」が、東から、しだいに滲透しつつある実情を知ることができる。

(4) 相生方言の「ジャ」「ヤ」

播磨西境一帯では、上述のとおり、南に下がるほど「ジャ」が衰退し、新しい「ヤ」の勢力が勝ってきている。相生でも、

　○船が　ハイル　ドックガ　アルンヤ。(……入るドックがあるのよ。《老女の説明》)

　○ソッチエ　イカナ　ワカランヤロ　カ。(そちらへ行かねばわからないだろうか。《中年女同士の会話》)

などのように「ヤ」関係の事象がよく行われており、上述の千種・佐用など

とは、また様相を異にしている。いわば、播磨東部・南部の、「ヤ」存立の一般状況にかなり類似しており、それらの地域の状況と、ごくしぜんに連続していると言ってよかろう。既掲出の分布図によっても諒解されるように、播磨南部一帯は、北部に比して、東からする新化の波がいっそう盛んである。

3．但馬東部での存立状態

　既述したように、播磨の東部・南部域は、おおむね「ヤ」の優勢な地域である。その「ヤ」の縁辺に、「ジャ」が分布する。その縁辺の「ジャ」も、どの程度にか「ヤ」を内蔵・内包していて、「ジャ」自体は衰微の様相を見せつつある。

　さて、東部において、「ジャ」の領域が、「ダ」の領域と接触する地域は、但馬の養父郡下である。先に、「ダ」の境域の南限を八鹿としたが、これに対峙する「ジャ」「ヤ」の北限主領域を、いちおう南に隣接する養父（町）とすることができる。が、分布の実情は、単純に線分で限られるようなことではなく、八鹿域内でも、「ヤ」（若干の「ジャ」も）は、ある程度存立している。まずは、養父における「ジャ」「ヤ」関係の実例を取りあげよう。

　　○ワシワ　ヨー　シャベリマスンジャ。（私はよくしゃべりますのよ。《老女の自己紹介》）
　　○モチート　キレーナ　オバーサンジャッタラ　エカッタ　ナー。（もう少しきれいなおばあさんだったらよかったねえ。《筆者との会話を終えたところで、老女がふざけて》）

このように当該域では、少なくとも老年層には「ジャ」が一般的と言ってよい。が、若い層では「ヤ」がよく聞かれる。老年層でも、例えば、

　　○イマー　アスンドリマスンヤ　ガナ。（今は遊んでいますんですよ。《老女自身についての弁解》）

のように、「ヤ」の行われることがある。これについて注意されるのは、古老と筆者との会話で、初対面の始めの頃は「ヤ」が多く、場がなじんで冗談も出るようになると、「ジャ」が多くなることである。うえに掲げた「ジャ」の２例文も、２時間近くの会話を終わろうとする頃のものであった。ここに

は、むろん「ヤ」による表現を"いいことば"とする意識がある。初対面の他郷人に対する緊張感が、しぜんに「ヤ」を選ばせたと解してよい。「ジャ」が古く、「ヤ」が新しいしする意識や内省は、個人によってはかなりはっきりしている。ちなみに、老年層には、「ダ」は聞かれなかった。"「ダ」は八鹿で言う"と報じる土地人は多い。このあたりの実情と意識とは、まず、確然としたものがある。

　八鹿の「ダ」は、既述のとおり、但馬東部における分布の南限と、ひとまず言うことができる。が、この「ダ」の地域へは、「ジャ」「ヤ」の、何ほどかの分布が認められる。特に「ヤ」が注意を引く。

　○コンナ　ワズライワ　ハジメテヤ。（こんな病気は始めてだ。《92歳の老女が自分の病気を嘆く》）

古老の用いた「ヤ」の1例である。"八鹿は「ダ」だ"と、実例を交えて内省する中年女性も、その語ることばには「ヤロー」が聞かれた。ある中年男性は、"若い頃、「ダ」や「ジャ」を常用していたが、大阪あたりへ行っていた人がたまに帰ってきて、「ヤ」を用いるのを聞き、都会のことばとして憧れていた"と内省した。その中年男性も、今日では、生活語として「ヤ」を用いている。

　このような存立状態は、「ダ」の分布するところへ、新しく「ジャ」および「ヤ」が浸透してきたさまをよく物語っていよう。

　「ヤ」が「ジャ」からの変化形（zja〔ʒa〕＞ja）であることは、すでに先学によっても明らかにされているとおりである。既述のとおり、「ヤ」の分布領域の拡大にしたがって、「ジャ」は、その縁辺に、残存的に存立しているのが実情である。「ジャ」「ヤ」が併存する場合でも、「ジャ」は、古老に多い。また、その表現性も、衰微・退縮に伴う、局限的な性格を見せがちである。その実際については、項を改めて問題にすることにしたい。

四、衰退形式と新生形式の表現性

1．総説

　「ヤ」が「ジャ」を基に新生した形式であることは、うえにも述べたとおりである。新生の「ヤ」と共に、あるいは新生の「ヤ」の中に、残存的に併存する「ジャ」は、同じ断定形式でありながら、主情性の勝った、局限的な表現性を見せることが多い。

　新旧の両形式が併存する場合、その使用層を概括すれば、当然ながら、古態形式の「ジャ」が老年層中心に行われ、新生形式の「ヤ」が若年層中心に行われるのが一般である。旧形式は、当該の地域に、古くからなじんできた形式である。それだけに、地域の人と生活とに、いっそう強く密着している。しぜん、理の表現よりも情の表現に適してこよう。それが、いわゆる陳述の形式であればなおさらである。当該形式が衰退色を深め、社会性を薄めてくれば、その内面の主情性は、いっそう濃縮され、露になってこよう。こうして、話し手中心の情意表現、主観表現に特色を見せるようになれば、品位も低下してくるのが、しぜんの成りゆきである。新生の「ヤ」のなかにあって衰退しつつある「ジャ」は、まさにこのような局限的な表現性を、基本として帯びてくる。これに対して、「ヤ」には、新生・生成の活力が認められる。しかも、京阪の中央部に顕著であるという事実が、"いいことば"としてのイメージを増幅させることにもなっていよう。その柔らかな音相も、人びとに迎えられやすい、一定の効果を生んでいる。

　先に、播磨西辺の引原や佐用の断定法を問題にして、「ジャ」と「ヤ」との表現性について観察し、考察した。「ヤ」の新鮮な用法が明らかである。「ヤ」の表現性を推考する1例としてここに参照することができる。

2．衰退形式「ジャ」の用法

　上述の播磨西辺は、「ヤ」の分布域の縁辺にあたっており、旧来の「ジャ」も、いまだ根強く生きている地域である。これに対して、播磨の東部から

中・南部一帯は、「ヤ」の優勢な、あるいは一般的な地域である。ここにも、文字どおり残存的に行われる「ジャ」があり、主として古老に聞かれる。「ヤ」のなかに埋没しながら、わずかに生き残った「ジャ」であるが、社会性の薄れた分だけ一方的な自己表出の作用が勝り、情意が濃縮されて、局限的な表現性を見せやすい。局限的な表現性を帯びたものは、古老に限られないのも注意点である。以下に、その一斑を取りあげよう。　はじめに、播磨東寄りに散在する、残存の「ジャ」を問題にしたい。この一帯が、「ヤ」分布の主要地域である。次は、その東播磨の中央部、滝野(タキノ)の例（黒崎良昭氏による）である。

　　○ナニガ　ベンキョージャー。（何が勉強だ〈遊んでいるくせに〉。《勉強を理由に、言いつけを拒んだ子に。親が》）
　　○ナニガ　アホージャー。（何があほうだ。《あほうと言われた青年が立腹して相手に言いかえす》）

このように、激した感情を表出する表現に、「ジャ」の行われているのが注意される。滝野の北方に位置する黒田庄(クロダショー)の例を見よう。

　　○今、寒いと言うと　フユワ　ドンナンジャ。ボケー。（……冬はどうするんだ。ばか。《夏の日、相手の少年が寒いと言ったのに対して。少年》）

このような「ジャ」は、少年同士の遊びのなかで、非難し合ったりののしり合ったりする表現によく行われている。この少年たちも、直前には、「ナツワ　イヤヤ　ノー。」（夏はいやだねえ。）などと穏やかに話し合っていた。「ヤ」の一般的な年少者であっも、情念の濃い特定表現には、このように、「ジャ」が行われているのが注意される。

　播磨西部からも１例をあげよう。先述のとおり、西南部の相生は、「ヤ」の優勢な地域である。「ヤ」の表現でもって、初対面の筆者を遇していたある老女は、近所の子どもが塀に登るのを見て、急に、

　　○コラコラ　ダレジャー。サヤン　トケー　アガリョンノ。（こらこら誰だ。そんなところにあがっているのは。）

と声を荒げて叫んだ。そして、後で、怒るときは「〜ジャ」となりやすいと内省した。

第一節　播磨・但馬方言の断定法　153

このような内省は他地でもある。
　○ナニ　シトンジャー。(何をしているんだ。〈まったく〉《青年が子どもをとがめて》)

東播磨の吉川(ヨカワ)での1例である。このような詰問の表現では、「ジャ」を「ヤ」と言い替えにくいと、当の青年は内省している。「〜ジャ」とあるほうが、非難や怒りを表出しやすいと言うのである。今石(1968)は、このような表現性に関して、次のような注記をしている。

　　兵庫県播磨揖保郡御津町朝臣(311)地点"○カジジャー。火事だ。——驚いたときとか、○ナンチュー　コト　スルンジャ。何と言うことをするんだ(障子を破って……)。——怒ったときとかに限ってならば、「ジャ」を使う。"(p.50)

このような内省が得られているのは、局限的表現性を重視しようとする筆者にとっては、心強い。なお、壁谷(1955)には、次のような記述が見られる。

　　一般に指定の助動詞としては、「デス」「ダス」の外に「ヤ」「ジャ」を使う。「ヤ」が最も普通で「ジャ」はもっと強い意味に響く。(p.2)

これも、「ジャ」の特殊な表現性を指摘したものと解することができる。

上掲の諸例は、「ナニ……ジャ」「ダレ……ジャ」などのように、疑問詞が先行する形式のものである。この形式の表現が、当該域の方言を離れても、例えば「何をする！」「誰が言った！」「どこへ行く！」などのように、強い感情を表出する日本語の特定表現形式であることは、改めて指摘するまでもなかろう。ここに衰退形式の「ジャ」が行われやすいのも、「ジャ」の、主情に富んだ局限的表現性を、よく示していると解される。もとより「ジャ」は、疑問詞がなくても、情意性の表現をしたてて行われることはむろんである。先掲の今石(1968)に、「カジジャー。」が見られるが、次に、これに類する表現例を取りあげよう。

　○イヤジャー。(いやだよ。《親に頼みごとをされた子が反抗的に》)

滝野での1例である。これも、感情の強い表出である。

　○オマエワ　アカン　ワ。(おまえはだめだよ。)
　↓
　○ホーケトンノ　オマエジャ。(惚けているのはおまえだ。)

黒田庄での1例である。少年2人が、相手を「オマエ」呼ばわりして、互いに非難し合っている。後の文の「〜ジャ」にも、そのような感情の強い表出が認められる。

　○オマエダケノ　セキト　チャウンジャ。(おまえだけの席ではないんだ。
　　《少年同士、バスの席を取り合って》)

社での実例である。これも、少年同士の争いのなかでの表現例である。以上の例は、いずれも少年のものであるが、このような特定表現に限って言えば、「ジャ」は、若年層にもわりとよく観察される。上例の少年たちの日常は、普通には「ヤ」の話し手であることはむろんである。こんななかでの「ジャ」は、衰退に赴く特定の陳述形式が、最後にたどりつく情念化の世界——と言うことができようか。別の類同衰退形式が、感声化して、特殊な生きかたを示している例は少なくない。

　○ジュミョージャ。ヨー　セン　ワ。(寿命だ。〈早く死にたいと思っても、
　　自殺は〉とてもできないよ。《老女の述懐》)
　○ヨー　セン。ヨー　セン。(できない。できない。)

大河内(オーコーチ)での実例である。老女2人が、自殺した老人について話し合っている。「ラクニ　デケルンヤッタラ　スルケド　ナー。」(楽に〈自殺が〉できるんだったらするけどねえ。)などと、「ヤ」によって話し合ったのちの、感慨をこめた1文である。「ジャ」での結びが、その感慨を、よく表し得ているように解される。

　○ヨコゼキー　ナ。ヨー　イタ　モンジャ。(横堰へね。よく行ったものだ。
　　《老男が若い頃を想起して》)
　○デンワッテ　ベンリナ　モンジャ。モー。(電話って便利なものだ。もう。
　　《老女の感慨》)

いずれも、姫路(ヒメジ)での実例である。古老が、昔の思い出を楽しんだり、現代の文明に驚いたりして、感慨にひたっているものである。このような「〜モンジャ」形式のものも、わりとよく聞かれるように思う。

　○ナンジャー。(なんだい。《バスの行先表示を、運転手が訂正したのを見て、
　　拍子抜けした小学生女が》)

社での例である。このような独白ふうの表現も、話し手の内面の一方的な表出であって、これを支える「ジャ」の、上述の局限的作用が明らかである。一般に、独白や引用文——、例えば次の山崎（ヤマサキ）での１例、

　○アノ　スシダケワ　ネー。ヒガ　タッタホドガ　オイシンジャ　ユーテ
　　ネー。（あの、すし〈鯖ずし〉だけはねえ。日数が経ったほどおいしんだ
　　と言ってねえ。《老女が、播磨の鯖ずしについて語る》）

などのような引用文——を支えて、局限的作用を見せる「ジャ」が行われやすい。これらの表現も、話し手中心の情念や主張が、聞き手への配慮の希薄なまま、直に表出されるからであろう。

3．総括

　以上のように、旧形式の「ジャ」と、これから派生した新形式の「ヤ」との間に、表現性の差異が認められる。旧形式が、新形式に押されて、やがて衰滅していくとしても、その衰滅前夜の表現性は、いわば濃縮された強い主情性の存する点で、注目に価する。

　このような、衰退にかかわる局限的表現性が、「ダ」と「ジャ」「ヤ」とのせめぎ合いの過程でも見られるはずであるが、現在のところ、当該域においては、明確にそれを指摘することができないでいる。このことは、当該域に、言いきりの「ダ」の、著しく衰微したものが存しないことによっている。これに関しては、次項でも問題にするところがある。

五、断定法形式の史的展開

1．総説

　本稿で対象にした地域で、主として問題にした但馬の北部および播磨の西辺は、「ダ」と「ジャ」とが交錯しながらあい接する地域である。「ダ」「ジャ」両者の成立およびその前後関係については、先学のすぐれた研究がある。藤原与一氏は、この問題について、次のように述べている。

　　もとの〔dea〕があって、それが、一方では〔da〕になり、他方では

〔dʒa〕になったのであろう。(中略)
　　〔dea〕が〔da〕になるか〔dʒa〕になるかは、わずかのゆれによることである。ゆれによって、諸方言では、随時、「ジャ」なり「ダ」なりを生じた、と考えてよいのではないか。(藤原　1962，p. 288)
「デアル」からの「デア」が、「ダ」も、また「ジャ」(「ヂャ」) も生起したとする見解は、全国にわたる両者の分布の実情に徴してみても、十分に首肯されるところである。ほぼ同様の見解は、柴田 (1964) にも見ることができる。このような状態であれば、
　　一般には、「ダ」「ジャ」成立に、一定的な先後性は考えにくい。先後もあり得たろうし、また、なかったろう。(藤原　1964，p. 289)
ということになる。もとの「デア」があれば、「ダ」も「ジャ」も、いつでも生起する機会があったのである。
　さて、大局をこう把握すれば、当面の播磨・但馬地域周辺で併存する「ダ」「ジャ」の、成立の先後関係を言うことは、基本的には困難であり、また、意味が薄かろう。が、それにしても、存立の現実を見れば、いくらかの補足を試みることもできるように思われる。その第1は、播磨西辺の状態であり、ついでは但馬東辺での状態である。

2．播磨西辺での存立状態とその源流

　先項で、播磨西辺域に沿って、ほぼ南北に分布する「ダ」について記述した。この「ダ」には言いきりの用法がなく、「ダッタ」「ダロー」が存するのみである。その言いきりには、「ジャ」(または「ヤ」) が立つのが一般である。これに類する状況が、淡路および四国の東北域にも見られることも既述した。このような、両形式による、いわば相補的な枠組みの成立には、どのような史的事情があったのか。当該域は「ジャ」の優勢な地域である。この地域での「ジャ」の枠組みのなかへ、「ダ」が侵入してきたとも、あるいは逆の、早く成立した「ダ」の枠組みを、「ジャ」が侵しつつあるとも、いくつかの解釈の試みは可能であろう。が、ここで注意したいことは、いったん成立した「ダ」または「ジャ」が、しぜんの形式推移で、一方の「ジャ」または

「ダ」へ移ることは、普通には考えにくいということである。その点、「ジャ」の枠組みを「ヤ」が侵す場合とは、事情を異にしていよう。「ダ」または「ジャ」の世界への、他形式の侵入は、別の事情を想定してみる必要があろう。

　ところで、「ダ」も「ジャ」も、もとの「デア」〔dea〕からのゆれ（このゆれが問題であるが）によって、随時、生起したとする解釈については、先にも見てきたとおりである。上述の「ダ」「ジャ」の相補的な枠組みについても、各事象の、「デア〜」からの個別的な展開・推移として受けとることができるのではないか。つまり、

　　　　dearu────── dea────── dʒa・ʒa
　　　　deatta──────────── datta
　　　　dearau──────────── daroo

このような展開・推移の図式を想定してみるのである。こう想定するについては、文献にも好例がある。『天草本伊曾保物語』（岩波文庫）によると、次のような叙述が見られる。本書が、中世の口語資料として貴重なものであることは、ここに言及するまでもなかろう。

　　○ある獅子若ざかりのときは勇気がすぎて、あるほどのけだものを欺き、仇を為いたことは計られぬことで<u>あつた</u>。(p.101, 下線引用者。以下同じ)
　　○つらつら物を案ずるに、世上に果報のいみじい者といふは、すなはち我らがことで<u>あらうず</u>、(p.52)

このように、問題の活用関係の言いかたは、「であつた」「であらうず」であるが、言いきりの言いかたについては、

　　○たとひその身は犯さずとも、罪を勧むる題目となるものは、凡人よりも重罪に付せうずることで<u>あ</u>。(p.71)
　　○さればその事<u>ぢや</u>、われもそれが不審<u>ぢや</u>、(p.93)

のように、「であ」「ぢや」が行われている。「であ」はこれが1例のみであるが、あとはすべて「ぢや」である。以上のような事態は、中世の京都で、言いきりは「であ」から「ぢや」へ移行しているにもかかわらず、「であつ

た」「であらう」は、そのままの形で行われていた一時期があることを物語っていようか。当面、問題にしている播磨西辺、その他の事態は、上述のような中世期中央語の様相を、そのまま反映しているのではないか。すなわち、「であつた」「であらう」は、中世期早くも「ヂャ」へ進んだ言いきりとは別に、時期を遅らせて「ダッタ」「ダロー」への道を選択したとするのである。これを図示すれば、

　　　（中世京都）　　　　　　　　（現在播磨西辺）
　　　dea・dʒa─────────ʒa
　　　deatta────────────datta
　　　dearau・(dearɔɔ)　─────daroo

このようになろうか。このような推移が、唯一の方向でなかったことは言うまでもない。「であつた」「であらう」から「ジャッタ」「ジャロー」をたどる筋道もあったことはむろんである。現に、このような展開の跡を見せているのが、近畿から中・四国以西へかけての状況である。ただ、当面の播磨西辺の「ダ」「ジャ」の交錯した枠組みの原形が、源流としての「中世京都」にも存したことに、特別な興味を覚える。そして、その原形の「デアル」から「デア」へ、さらには「ヂャ」または「ダ」へ、時に応じて生起し得た実情を、現前に認めることができるのである。

　中世京都語において、あるいは『天草本伊曾保物語』の世界において、言いきりの言いかた「デアル」が、他の活用形に先んじて、早くから「ヂャ」へ変化していた事実は、興味ある問題であるが、その究明は容易でない。ただ、一般論として言えることは、言いきりの言いかたが、具体の表現において、特別な陳述性を担っている点である。話し手の内面が色濃く表出されている局所は、文末の機能体である。指定・断定の言いきりともなればなおさらのことである。ここに、表現にあたっての、話し手の特殊な意識や判断が結集され、打ち出されるのは、改めて言うまでもない。これを担う要素が、他の要素と異なって、具体微妙な意味作用のままに、形態上の変化を被りやすいのは、しぜんの成りゆきであろう。

　先に、播磨域の、衰退しつつある「ジャ」について、特殊な局限的表現性

を問題にしたが、それも言いきりの場合に限ってのことであった。上来、言いきりにこだわり、これを特別視してきたのは、このような理由によっている。中世京都語で、言いきりの「デアル」が、他に先んじて「デア」に、さらに「ヂャ」に転化したのも、断定表現上の何らかの効果を意識してのこととされようか。

　さて、上述の播磨西辺を北上して、因幡との国境に位置する戸倉には、既述したとおり、「ダ」「ジャ」それに若干の「ヤ」もある。その「ダ」「ジャ」は、相補的に１つの枠を組むということではなく、それぞれに関する全事象が併存している。その存立の実情を観察すれば、山陰に連なる「ダ」関係の事象が存立するところへ、新しく、「ジャ」が波及してきたかと考えられる。「ダ」が日常的で、しかも家庭的な気安さを見せているのに対して、「ジャ」には、時に改まりの内面がのぞく。この「ジャ」が、わずかに「ヤ」を生んでもいる。表現の実情は複雑で、入り組んでいるが、おおよそこのように整頓することができよう。先述した播磨西辺一帯に見られる、「ダ」「ジャ」統一の枠組みに対して、戸倉のそれは、成立とその地域を異にする「ダ」「ジャ」の、相互影響関係として把握することができる。

3．但馬東部での存立状態

　以上の播磨西辺域での状態に対して、「ダ」「ジャ」「ヤ」が併存する但馬東部域に目を転じてみよう。先に、北の「ダ」の分布主領域と南の「ジャ」「ヤ」の分布領域との境域が、おおむね養父郡下にあることを指摘した。それにしても、この境域一帯は、「ダ」と「ジャ」「ヤ」とが入り組んでいて、単純ではない。が、その内実は、端的に言って、「ダ」の領域への、「ジャ」「ヤ」の新しい侵入・滲透ということであろう。「ダ」の南限とした八鹿域内でも、何ほどかの「ヤ」（および「ジャ」）が行われている（p.150）。注意されるのは、この八鹿で、「ジャ」の影が薄いことである。このことは、「ヤ」の侵入が、それだけ急であったかと解される。あるいは、「ジャ」を経ることなく、直接に「ヤ」を取り入れることもあったのではないか。「ヤ」の盛んな京阪地域が、地理的にも近接している事情を考慮すれば、この事態も、

ありうることとして首肯されよう。鎌田（1981）は、1920以来の「ヤ」の北進の状況を追跡しており、これによっても、「ヤ」の急激な滲透のさまを知ることができる。

「ヤ」の北進が急なのは、「ダ」分布域の人びとに、「都会のことば」として、「ヤ」に対する一種のあこがれの思いがある故に他ならない。もとより「ヤ」事態が持つ、柔らかく優しい表現性も無視できまい。いずれにしても、少なくとも当該域においては、「ダ」は、どの程度にか受け身に立っているのである。が、受け身とはいえ、その「ダ」に、際立った衰えは認められない。特に若年層では、依然として盛んなようである。（鎌田　1981）。これには、共通語からの支えもあろう。今後しばらくは、このままの状態で推移するものと考えられる。

以上のような併存状況は、成立事情と分布地域とを異にする両者の、相互影響関係として把握することができよう。その点、播磨西辺の、同じ枠組みのなかに共存する「ダ」「ジャ」の場合とは異なっている。

4．総括

同じ「デア」〔dea〕に発する「ダ」「ジャ」であっても、それぞれが成立する背景と過程とは、必ずしも単純ではない。「ジャ」から新生しつつある「ヤ」も、また特定の方言生活史的背景を担っている。すべての事象の成立と推移も、結局は、人びとの表現心意に深くかかわっている点を看過することはできないのである。

結　び

以上のとおり、播磨の西辺および但馬の東南部は、「ダ」「ジャ」「ヤ」3形式が併存する地域であって、3形式相関の実情と、史的推移の筋道とを明らかにするうえに、特に貴重な対象域と言うことができる。能動と受動、生成と衰退を、内面にあって支える言語心理の微細も、また、ここに興味深く観察されるのである。この考究を、近畿の西辺を対象にするだけでなく、少

なくとも南辺東辺へと、拡充していかなければならない。さらには全国を視野に入れることが肝要である。

なお、「ダ」「ジャ」「ヤ」の推移の一態として、文末にあって特定化し、感声化して、特定の呼びかけ機能を発揮する、いわゆる文末詞への転成の問題がある。この転成の盛稀にも、各形式とその表現性とが、微妙にかかわっていると考えられる。このような問題も、断定法推移の一環として、統合的に考究する必要があろう。

文献
藤原与一（1962）『方言学』（三省堂）
柴田　武（1964）「方言の源流をたどる」（『日本語の歴史』4　平凡社）
岡田荘之助（1951）「たじまことば」（『国語学』7）
壁谷真蔭（1955）「神戸方言『あんなにこんな』」（『兵庫方言』2）
今石元久（1968）「兵庫岡山両県地方方言の研究—断定の助動詞『ヤ・ジャ（ダ）』の分布について—」（『国文学攷』48）
鎌田良二（1981）「関西に於ける地方共通語化について」（『国語学』126）
上野智子（1985）「阿波方言の断定辞『ダ』『ジャ』『ヤ』」（『方言研究年報』28　和泉書院）

第二節　播磨・備前国境域方言の断定法

はじめに

　播磨と備前との国境地帯の地理的文化的状況については、すでに第二章第二節で概説した。すなわち、同地帯は、八塔寺山（539m）、石堂丸山（422m）、黒鉄山（431m）を主峰とする山地帯であって、古来、人の居住も往来も、容易ではなかったように推察される。国境の東、播磨側には、赤穂郡上郡町、赤穂市が位置する。国境の西、備前側には、北から和気郡吉永町、備前市、和気郡日生町と連なる。両地域の交流は、古来薄かったもののようである。それでも備前市と上郡町との間には山陽本線が、日生町と赤穂市との間には赤穂線が通じているが、その列車による両地域の交流も、ほとんど言うに足りないかのようである。

　南部の赤穂線に沿った集落は、東側に福浦、天和があり、西側に日生、寒河が存在する。いずれも、山境によって隔てられた、孤立的な集落である。そのうち福浦は、かつて備前側の日生町に属していたが、1963年に分離して赤穂市と合併した。福浦は、日生町に属していた当時も、日生や寒河など日生町側との交流に乏しく、むしろ赤穂との関係が深かった。その生活語も、かねてから播磨色が濃かったようである。これも、基本的には地理的な関係によるところが大きい（p. 83　第1図参照）。

　本稿は、このような国境一帯の方言の断定法——断定辞の諸形式の存立状態を記述し、その機能と形式との史的推移について討究するのが目的である。

一、国境東部——播磨北西部域方言の断定法

　先に、播磨・但馬方言の断定法について記述した（本章第一節）。播磨・但

馬の広い地域の断定法を問題にしているが、本稿との関連で見れば、当面の国境域に連なる、播磨北西部方言の断定法の状態についても記述している。本稿の展開上必要な範囲で、その状態の概要を述べておきたい。

　播磨北西部に位置する千種には、「ダッタ」「ダロー」は見られるが、言いきりの「ダ」はない。その言いきりは「ジャ」（または「ヤ」）である。「ジャ」の活動は全般に盛んであって、「ジャッタ」「ジャロー」もある。つまり、「ジャ」の枠組みの中に「ダッタ」「ダロー」が存立している。

　千種から南に 15 キロばかり下がった地点の佐用でも、事情は同様である。
　○イマダッタラ　ゴセンホド　カナー。ハンブンホドジャ。（今だったら 5 千円ばかりかねえ。〈以前の〉半分ばかりだ。《老女がガス代の減少ぶりを説明する》）
　○コレワ　モモヒキダロー。ナー。（これはももひきだろう。ねえ。《昔の服装図を見て。老女が夫に問いかける》）

これは老女の語った実例である。このように「ダッタ」「ダロー」は行われるのに、言いきりは「ジャ」に限られている。

　なお、千種・佐用の西、国境を越えた美作東部の町、作東や大原でも、同様の事態が観察される。すなわち、「ジャ」一連の形式の中に、「ダッタ」「ダロー」が、わずかに行われている。
　○アッチー　イキナッタンダロー　ガー。（あっちへ行かれたんだろうよ。《中年女性が小学生の娘に》）

作東での 1 例である。

　以上のように、備前との国境に沿った地帯で、「ジャ」関係の枠組みのなかに、「ダッタ」「ダロー」がある。その形式に共通しているのは、言いきりの「ダ」がないことである。このことは、当域の「ダ」系の成立に関係のあることと考えられる。

二、国境東部——播磨西部域方言の断定法

１．上郡方言の断定法

　上郡(カミゴーリ)は播磨と備前の国境に沿った、播磨側の町である。国境の峠を越えて西の備前側に出れば、備前市三石に至る。先の佐用町より約15キロ南に下がった地点に広がる、山地の多い町である。ここでも、先に見た千種および佐用方言の場合と同様、「ジャ」「ジャッタ」「ジャロー」の枠組みと共に、「ダ」形式関係（「ダッタ」「ダロー」）「ヤ」形式関係（「ヤッタ」「ヤロー」）が併存している。同町の中心部に近い、船坂(フナサカ)での実例を見よう。

　　○コレワ　モー　ヒトニ　ヨリケリジャ。(これはもう、人によりけりだ。《多様なことばの使いかたについて。老男》)
　　○ソレガ　タノシミジャッタ。(それ〈祭のご馳走〉が楽しみだった。《昔の村祭を話題にして。老女》)
　　○アシター　アメジャロー。(明日は雨だろう。)

「ジャ」形式にかかわる実例である。これが基本の枠組みかのようであるが、「ダ」形式、「ヤ」形式関係がこれにからんで、実情はやや複雑である。「ダ」形式関係は、次のとおりである。

　　○アサダッタラ　オハヨーサントカ　ナー。(朝だったらおはようさんとかねえ。《土地の挨拶のしかたを教示する。老女》)
　　○タブン　オッテダロー　オモー。(たぶんおられるだろうと思う。《筆者に、ある人の在宅を告げる》)

このような「ダッタ」「ダロー」が行われるが、既述のとおり言いきりの「ダ」はない。

　この「ダッタ」「ダロー」について、数人の話者のなかにいたある老翁は、「ジャ」形式と比較しながら、これが本来の言いかたであると主張する。一座のなかにいた他の老翁も「ジャ」形式を言うとしながらも、先の老翁の説に賛同する。両形式はほとんど無意識のうちに選択され、使用されているかのようである。同じく一座のなかにいた老女は、「ダ」形式を言うとしなが

らも、
　〇イーカタニヨッテ　ジャローガ　デル　トキモ　アルダロー　ナー。(言いかたによって、「ジャロー」が出るときもあるだろうねえ。)
と言う。先の老翁もこれを肯定して、「アルカモ　シレン。(あるかも知れない。)」と同調する。「ダロー」のつもりで言っているのに「ジャロー」と聞こえることもあるのかといぶかる。そして、
　〇ダローガ　ホンマヤ。(「ダロー」と言うのが本当だ。)
とつけ加えた。が、その老翁も、しぜんのうちに「ジャロー」「ジャッタ」を用いていることもある。
　〇キノーワ　アメジャッタ。(昨日は雨だった。)
は、別の文脈で、その老翁の見せた１例である。
　上郡町でも西端の山間に孤立した集落、梨が原(ナシガハラ)で、85歳の老翁と話す機会があった。その老翁は、例えば、
　〇センロー　マモルダケガ　イチニンマエジャッタンジャ。(線路を守るだけが１人前の仕事だったんだ。《若い頃の仕事を語る》)
のように、当初は「ジャ」形式関係の言いかたで応じていたのが、時が経って話がはずみ、気安い座になるにしたがって、「ダ」関係の言いかたが多くなっていった。
　〇ナ。シランダロー。ランプユー　モノワ。(ね。知らないだろう。ランプというものは。《昔の思い出を語る》)
その１例である。このような用いかたを見ると、この地域での「ダッタ」「ダロー」は、少なくとも共通語の影響による新来のものとは考えにくいが、それでも「ジャ」事象との先後関係は、にわかには断じがたいかのようである。ただ、言いきりの「ダ」がないという事態はまさに法則的で、このあたりに成立上の問題点がひそんでいるように思われる。
　再び上述の船坂に立ちかえってみよう。当地の数人の話者のなかにいた複数の老・中年女性は、既述のとおり「ダッタ」「ダロー」を本来の言いかたとしたが、筆者は、これにはいくらか共通語への思念もあるのかと疑った。が、確かなことは言えない。

○ブドーノ　ジブンダッタラ　ヨロシーデス　ガ⌒。(ぶどうの熟する頃だったらよいのですけれど。《筆者の再度の訪問を勧めて》)

　これは、中年女性が示した1例である。1文中に「ダッタラ」が「デス」と共に用いられているのが注意を引く。旧来の「ダ」形式を、新しい情意で支えているのであろうか。
　女性の言いかたで注意されるのは、「ヤ」形式の断定辞がよく用いられることである。

○ソコデモ　ケッコーヤ。(そこでも結構だ。《場席の位置。中年女性同士で席を譲りあう》)
○アンタモ　シットッテヤロー。(あなたもご存じでしょう。)
○アノコガ　イチバン　シタヤッタデ　ナ⌒。(あの子がいちばん年下だったからねえ。《老女が弟のことを語る》)

　いずれも、女性同士の気安い物言いである。このように用いられている「ヤ」形式を見ると、土地の日常の物言いによく熟しているさまが看取されよう。言うまでもなく、「ヤ」は「ジャ」が弱化・軟化して成立した形式である。これが、近畿圏での、ごく普通の言いかたであることは周知のとおりである。当、上郡域では、原形式の「ジャ」の使用も日常的であるが、しだいに「ヤ」への転化が目だち始めている。若い層では特にこれが著しい。
　「ヤ」は女性の物言いに聞かれやすいが、もとより女性特有の語ではない。先の梨が原の85歳翁が見せた1例を掲げておこう。

○ソレガ　モー　ノーソンノ　イキカタヤッタンヤ。(それがもう農村の行きかただったんだ。《村に伝わる習慣について語る》)

　老翁の物言いでも、多用される「ダ」「ジャ」形式のなかに、稀にこのような「ヤ」形式の表現が見られる。これが最も新しい形式であることは言うまでもない。

2．赤穂方言の断定法

　うえの上郡の南側に位置する赤穂市の方言の断定法を取りあげる。それも、国境に沿った集落、福浦(フクラ)の生活語に焦点をしぼろう。福浦は、かつて備前に

属していた。ところが、1963年、備前の日生から分離し、赤穂市に編入された（p.162参照）。いわば福浦は両地域の狭間にあって、帰属にゆれた地域である。

　この福浦の断定法にあっても、実情は先の上郡地域の状態と基本的に大きな差異は認められない。
　○トシジャカラ　チョット　カイモノニ　デテ　イクダケジャ。（年寄りだから、ちょっと買物に出て行くだけだ。《老女が、外出をひかえる自分の日常を語る》）
　○オナゴバージャッタラ　コマルンジャ。（女ばかりだったら、困るんだ。《力仕事の時に。老男の言》）
このように、「ジャ」形式の断定辞の行われるのが一般である。そういう状況の中でも、「ヤ」および「ダ」関係の事象が存立するのも、上述の他地域の状況に類している。
　○エー　ホンマジャー。（ああ、本当だよ。《老女が親しそうな中年女性に》）
　○ホンマヤー。（本当だよ。《中年女が老女に応答する》）
この例は、老女の「ジャ」に対して中年女が「ヤ」で応じたものである。「ヤ」は、古老にも見られるが、特に若い世代では、これが一般的と言ってよい。
　○ソリャ　ソーヤ。（それはそうだ。）
　○ホンマヤ　ナー。（本当だねえ。）
このような、心安い近隣の人に対する応答の言いかたも、ごく日常的である。いずれも中年女性のものである。

　さて、ここで注意されるのは、うえの諸例にも見られるとおり、表現をしめくくる断定辞の多くが、相手目あての特殊声調――声の表情を伴っている点である。「ジャー」「ヤー」「ヤ」などがそれである。「ジャ」「ヤ」など言いきりの断定辞は、実際の表現にあって文末に立ちやすい。文末に立つ要素は、表現内容を統括するのみでなく、その内容を相手に持ちかける、特定の機能を帯びることが少なくない。文末に立つ文末詞は、相手への訴えかけの働きを帯びた、典型的な文末要素である。その特定要素が立たない場合で

も、文末の抑揚・声調がその機能を果たすことが多い。当面の断定辞も、単に表現内容の判断や確認のみでなく、相手に対する呼びかけ・訴えかけの働きも、どの程度にか見せるようになっている。この点については、さらに後の項でも問題にする。

　○アー　ソーヤッタ　カナ。イツマデ　オルンヤロ。(ああ、そうだったかね。いつまでいるんだろう。)

これは、若い女性の見せた１例である。

　「ダ」形式関係も、上述の上郡その他の地域の方言の存立状態に類している。「ダッタ」「ダロー」はよく行われているが、言いきりの「ダ」はない。実例を見よう。

　○ムカシワ　カラダモ　ゲンキダッタシ、(昔は体も元気だったし、……。《古老の回想》)

　○モト　ギョーブノ　イエダッタンデス。(元刑部の家だったんです。《老女が、古屋敷の説明をする》)

　○イケダサンノ　ケンリョクガ　ヨカッタンダロー　ナー。(池田公の権力が強かったんだろうねえ。《古老が旧藩時代の治世を語る》)

「ダッタ」「ダロー」の例は多い。それらの用例を見て注意されるのは、過去や回想に関する叙述に行われることの多い点である。そのことは、うえの実例でもうかがわれよう。

　○ムカシダッタラ　アンタ　カミデッポートカ、(昔だったら、ねえ、紙鉄砲とか、……。《昔の子どもの遊びを語る》)

　○イマダッタラ　モー　ナー。エンピツモ　ケズラセン、(今だったらもうねえ。鉛筆も削らせない、……。《子どもに刃物を持たせようとしない現代の軟弱さを嘆く》)

過去・回想に関する叙述であれば、しぜんのうちに、時や事態を限定したり、取りたてたりすることも多くなろう。したがって、上例に用いられたような「〜ダッタラ」形式も、かなり目だってくる。これと対比してみれば、「ジャ」「ヤ」形式関係のものは、身近で具体的な話題・内容のものが多いかのようである。先にも触れたとおり、言いきりの「ジャ」「ヤ」形式のものが、

対話の相手に対する持ちかけの情意を、何ほどか帯びることもある実情については、もはや多くを言うまでもなかろう。先に掲げた「ジャ」「ヤ」関係の実例にも、日常性が看取されるようである。

関連してさらに１例を掲げよう。とある農家で、古い籠が話題になり、当家の老女が未だにそれを保存していると言う。筆者の問いに老女は、

○イマダッタラ　アル　イエワ　メッタニ　ナェーダロー　オモイマスナー。（今だったら〈そんな籠が〉あるうちは、めったにないだろうと思いますねえ。）

と応じた、すぐその後で、ちょっと離れた所にいた 50 歳前後の息子に、

○アルンジャロー。ユキオー。（〈家には古い籠が〉あるんだろう。幸夫よ。）

と問いかけた。回想に関しては「ダ」関係が、身近な日常に関しては「ジャ」関係が用いられているのが注意される。厳密な意味で、「ダ」関係、「ジャ」「ヤ」関係の用法に差があるとは言い難いとしても、両者の間には、おのずからに一定傾向を指摘できる状況が少なくない。仮にそうであるとしたら、この事態は、「ダ」形式関係の事象の形成が、かなり古いことを物語っていようか。

三、国境西部──備前東部域方言の断定法

１．寒河・日生方言の断定法

先に、本論の始めで述べたとおり、日生町(ヒナセ)に属する寒河(ソーゴ)は、播磨との国境の南端、その西側に位置する集落である。国境を挟んだ東側には播磨の赤穂市に属する集落、福浦が位置する。いわば、寒河と福浦とは、境を接している。境を接してはいるが、両集落の生活に、史的ないくらかの差異が認められるうえに、帰属をめぐっても深刻な経緯のあったことは、先に述べたとおりである。

さて、寒河は、備前に属しているとはいえ、かつては福浦と１村（福河村）を形成していた史的事情もあり、その生活語にも福浦のそれに類する一面を見せることがある。当面の断定法にしても、福浦方言の断定法に類似し

た存立状態を示している。かつて備前に属していたとはいえ、古来、東側からの、何らかの影響が浸透し続けたかのようである。

　次の例は老女同士の会話である。
　　○アスコニ　ハカガ　アルジャロー。アノ　ハカガ　ソレジャ。(あそこに墓があるだろう。あの墓がそれ〈話題の墓〉だ。)
　　○ウン。アノ　ハカガ　ソージャ。(うん。あの墓がそうだ。)
　　○ズーット　ムカシノ　コトジャ　ナ。(ずっと昔のことだね。)
このように土地人同士の日常会話に、しぜんのうちに「ジャ」形式の現れるのが一般である。
　　○ソージャ。(そうだ。)
　　○ジャー　ナ。(そうだね。《念押し》)
このような応答も、ごく日常的である。古老の示した1例である。ここに「ヤ」形式の行われることのあるのも、福浦の場合と変わりない。1例を掲げておこう。
　　○エーンヤ。ソレデ。(いいのよ。それで。)
中年女のものである。むろん「ヤッタ」「ヤロー」もある。若い層ではこの形式を用いることが多い。

　上来問題にしてきた、例の「ダ」関係のものも、この寒河で行われている。それも、播磨側の国境沿いに存立するのと同様、「ダッタ」「ダロー」形式のみで、言いきりの「ダ」はない。
　　○シンブンデモ　ゴジッセンダッタンジャ。ヒトツキガ　ナ。(新聞でも50銭だったんだ。1カ月がね。)
老女の示した1例である。老翁の1人も、
　　○リョーシワ　サンニンダッタンジャ　ナー。(〈昔、この集落で〉漁師は3人だったんだねえ。)
と説明している。これらの実例を見ても、「ダッタ」の行われた1文も、末尾での言いきりは「ジャ」であるのが注意される。

　先に、福浦の「ダッタ」「ダロー」について、これが過去・回想に関する叙述に行われやすいことを指摘した。そのことが寒河の生活語についても言

えそうである。うえの例も、集落の昔の生活や実情について回想した内容のものである。
　○ム̄カシワ　ソ̄ーダッタ。セ̄ワナイカラ。(昔はそうだった。めんどうがないから。《従兄弟姉妹同士の結婚》)
も、古老の示した1例である。
　寒河の西側に位置する集落は、日生町の中心部である「日生」である。当地は、役場をはじめ町の諸機関が存在する、人口密集の地であり、商店も多い。また、内海航路や漁業の基地でもあって、古来、名のある地域である。
　日生の生活語の断定法は、端的に言って、「ジャ」形式関係が中心である。「ダ」「ヤ」もあるが、淡く、弱い。
　○ム̄カシノ　リョ̄ーシジャッタンジャ。(昔の漁師だったんだ。《知人を紹介して。老翁》)
　○ア̄ンタ　ド̄ーセ　キョ̄クマデ　イ̄クンジャロー。(あんた、どうせ郵便局まで行くんだろう。《中年女同士》)
日生の日常は、このように行われる「ジャ」形式が一般である。若い層寄りで、「ジャ」を「ヤ」と言うことが稀にあるが、一種の気どりさえ感じさせる程度のものである。
　「ダ」関係の事象も稀である。
　○エ̄キナンカ　ミ̄ナ　ウ̄ミダッタンデスケド。(駅〈のある場所〉などみな、海だったんですけど。《埋立地に駅舎が建てられたことを説明する。老女》)
稀な例が共通語文体の中で行われているのを見ると、東側の集落、寒河・福浦などの「ダ」関係の表現との差異を思わせる。このような状態であっても、言いきりの「ダ」はない。
　日生は、海運業・漁業など面前の内海とのかかわりが深く、周辺の他町村とは、生活上の交流が浅かったかのようである。かつては、婚姻も集落内でのことが多かったと、土地の人たちは語っている。このような状態なので、全般にその生活語も特殊的である。が、この断定法の流れは、間違いなく備前側に向いている。備前の東南隅に位置していて、その生活も孤立的とはいえ、日生の方言は、明らかに備前域に属しているのである。

2．三石方言の断定法

　日生から国境に沿って、北方に転じてみよう。備前市に属する三石(ミツイシ)がある。三石は国境の西側に位置する集落で、国境の東側、播磨の上郡と相対している。両集落は、小高い峠（船坂峠）によって隔てられており、国境もその山中にある。ちなみに、両集落には、山陽本線が、国境の地下の長いトンネルによって通じており、その峠の麓の両側に三石駅と上郡駅とがある。

　三石は備前に属してはいるが、上述の地理的状況にあって、その方言には、いくらか播磨色が見られるようである。周辺の土地人も三石のことばは違うと評している。さて、当面の断定法は、「ジャ」形式関係が中心である。この点、先の日生のそれに類する。

　　○ソノ　マエワ　シュクバマチジャッタンジャ　ナー。トーゲノ。(その前は宿場町だったんだね。峠の。《中年男が三石の昔を語る》)
　　○ワタシ　ホーゲンヤコ　ヨー　シットルジャロー　カ。(私、方言などよく知っているだろうか。《方言について説明できるかどうか、不安がっている。中年女》)

このように「ジャ」形式がごく普通に行われている。

　「ジャ」と共に「ヤ」形式も行われている。その用いられかたはごくしぜんで、生活語としてかなり熟しているかのようである。

　　○ワタシワ　ココノ　ウマレデ　ココノ　ソダチヤケド　ノンキナ　ホージャカラ　ナー。(私はここの生まれで、ここの育ちだけれど、呑気な方だからねえ。《老女の自己紹介。土地のことばに無関心だと言う》)

「ヤ」の用いられた例である。この１文には「ヤ」と共に「ジャ」も行われている。この事例からも、三石の断定法の、両者混用の事態が首肯されよう。これも、国境を越えた東側の、播磨弁の影響と解することができようか。周辺の人びとが、三石のことばは違うと言う、その１例とすることができる。

　「ダ」関係は見られない。国境峠の東側、播磨の上郡で、「ダ」関係の事象がよく行われていたのに比べれば、対照的である。

3．伊里方言の断定法

　三石と同じ備前市に属する集落の１つに伊里(イリ)がある。かつて伊里村として独立していたが、今は備前市に併合されている。先の三石より、直線で10キロばかり西南に位置し、先に取りあげた日生町と境を接している。

　伊里方言の断定法は、おおむね「ジャ」形式による表現に限られる。それも、これまでに見てきた東側のそれに比して、かなりの特色を示している。

　　○トチガ　ナイカラ　ウエノ　ホーナンジャ。(土地がないから〈自宅は〉
　　　　山寄りの方なんだよ。《中年女が自宅の位置を説明する》)
　　○コノ　ムラデスンジャ。(この村ですのよ。《老女の住居》)

「ジャ」の言いきりの例である。「ジャ」が、相手に訴えかける上昇の声調を取っているのが注意される。既述したとおり、文末に立つ言いきりの「ジャ」(「ヤ」)は、単に表現内容の判断や確認のみでなく、相手に対する何らかの呼びかけ・訴えかけの働きをも見せることがある。伊里での言いきりの「ジャ」は、相手への訴えかけの姿勢が殊にけざやかで、相手目あての上昇声調が一定の慣習、あるいは型となっていると判断される。類例をあげよう。

　　○タンボエ　ナー。コー　ツキサスンデスンジャ。(田んぼにねえ。このよ
　　　　うに突きさすんですよ。《老男が「ユクボー」という昔の男児の遊びを紹介
　　　　し説明する。》)

上昇声調をとる「ジャ」は、「～ンジャ」であることが多い。この訴えの言いかたは、広く備前・備中、それに美作東部にも存立していて、いわば岡山方言色として際立つ形式である。相手に対する呼びかけ・訴えかけの働きが顕著なこの断定辞は、文末での判断・確認よりも、相手目あての機能の方が勝っている。このことは、断定辞から文末特定要素——文末詞への転化の過程にあるものとして把握することができよう。「ジャ」〔ȝa〕という、やや不透明で重い感じの発音も、上昇調を取ることによって、相手への近接の心意が深まり、それとして親愛の情が醸されるようになっている。

　関連して、備前市の西側に隣接する吉永(ヨシナガ)での１例を掲げておく。

　　○カワー　カエタ　ワケデスンジャ。(川の流れを、変えたわけですのよ。
　　　　《老女が町の治水について語る》)

むろん、上昇声調をとらない「ジャ」もある。
　○ミナ　オトコジャ。(〈友だちは〉みんな男だ。《老男》)
このような「ジャ」は、本来の断定辞のままの、判断・確認の機能を備えたものとしてよかろう。
　「ジャ」の盛んな伊里方言には「ヤ」関係の事象はない。「ダ」については、
　○サカヤダッタ　イエノ、(〈昔〉酒屋だった家の、……。)
の「ダッタ」が聞かれたが、ごく淡く、ほとんど言うに足りない。当域の東側に隣接する日生でも、「ダ」関係は弱い。この実情については既述した。

四、国境域方言の断定法

　以上に、国境に沿った、備前・播磨両地帯方言の断定法を取りあげた。両域では、断定法にかなりの差異が認められる。その概要を統括しておきたい。
　国境に沿った東側——播磨側では、断定辞「ジャ」「ヤ」「ダ」の3形式が行われている。このうち、「ジャ」形式関係(「ジャ」「ジャッタ」「ジャロー」)の用いられるのが一般である。が、「ジャ」形式関係は、「ヤ」形式関係への転化の度を強めていて、若い層ではむしろこの方が普通かのようである。当面の国境沿いの地域から東へ転じてみれば、播磨域の広い中原である。この地域ともなれば、「ヤ」形式が一般である。その「ヤ」形式の中に、「ジャ」形式は、特にその言いきりの「ジャ」は、残存の特殊な表現性——局限性をもって点在しているに過ぎない。その実情については、前節で明らかにしている。ただ、当面の国境寄りの地域では、「ジャ」形式が特殊化されることもなく、日常ごく普通に行われている。播磨方言の断定法の旧態状況を示しているものと解することができよう。
　注目されるのは「ダ」形式関係である。「ダ」の言いきりはなく、「ダッタ」「ダロー」のみが存立している。回想的な叙述・説明に行われやすい点を見ても、いずれ形成は古いかのように推察される。言いきりの形式が存しないのはきわめて法則的で、その成立の由来を明らかにする必要があろう。
　国境に沿った西側——備前側では、おおむね「ジャ」形式関係が行われ

ている。日生・寒河など南端の集落で、播磨側に類する「ヤ」「ダ」関係が見られはするものの、淡い。「ダ」関係は、ここでも言いきりの「ダ」はない。「ジャ」形式関係は、備前はむろんのこと、備中・備後以西の強力な「ジャ」の地域に連なる。

　この優勢な「ジャ」の生態も、播磨を含む近畿圏でのかつての状況に近似するものであろう。その後近畿圏では「ジャ」から「ヤ」への変化が急速に進んだが、国境の西側では、このような動きがなかった。国境の東側——播磨の西辺山間地域で「ジャ」の断定法が日常的なのも、かつての近畿圏での一般状況を示していようか。これが、そのまま国境を越えて西側へ、すなわち備前域へと連続しているのである。ただ、その西側でも、近畿圏とは異なった独自の動きはあった。それが言いきりの「ジャ」が帯びた、相手目あての訴えかけ機能である。この文末での特定化についても、既述したとおりである。

　ところで、うえで、断定辞の文末での特定化は、国境西側での独自の動きとした。が、実はこの動きは、必ずしも備前など特定地域に限ったことではないのである。断定辞に限らず、文末に立つ事象が相手への訴えかけ機能を帯びやすいのは、文末決定性を本性とする日本語の、基本的な動きである。断定辞の言いきりの事象も、単独で文末に立ちやすい。こうあれば、当該の断定事象が、何らかの相手への働きかけを見せるのは、しぜんの動きとも言えるのではないか。特に日本語は、——あるいは日本人は、と言うべきか——対話の現場にあって、断定の言いかたを避けようとする傾向がある。断定の機鋒を包んで、あるいは逸らして、相手の思惑や反応をうかがうのは、対話にあたってのごく普通の心意である。ここに、断定辞が相手目あての特定機能を帯びやすい理由の１つがある。

　播磨側に一般的な言いきりの「ヤ」にしても、その特定心意が働いているかとする説がある。藤原与一氏は、言いきりの「ヤ」について、次のような見解を示している。

　　いったい、近畿地方その他で、文末の「ジャ」が「ヤ」に変化したことは、すでに、一種の文末詞化とも、とれないことはない。「ジャ」が文

末ではたらく時、発音者の訴えの心理は、「ジャ」に重くかかっている。その「ジャ」を「ヤ」にしたというのであれば、ここには、訴えの心理のうごきがみとめられる。そのうごきは、文末詞的発想——文末詞をつかう気もち——にかようものとされよう。(藤原　1962, p.305)

近畿圏その他の地域の「ヤ」が、「一種の文末詞化」ともとれるとする見解は注意を要する。上述のとおり、対話の現場にあって、文末で言いきる断定辞に、相手への訴えかけの心意が動くのは、しぜんのこととされよう。その心意が、備前側にあっては特定の声調を取って現れ、播磨側にあっては音を軟化させることによって現れている、と解することができようか。いずれも、話し手が、相手を特別に意識することによって生じた現象である。国境の東側と西側とで現れかたが違うのは、今は、各地域の方言基質の差としか言えない。その差と、山岳地帯と国境による、近畿中央部からのことばの流れの規制とが相まって、両地域の変相が強調されたかのようである。

　この国境地域は、断定法に限らず、概して、方言の異色を示しがちである。この地域は、近畿圏と中国圏との接触地域であるうえに、山岳や海浜の入り組んだ特殊な地形を成している。このことが、点在する各集落の生活を孤立させやすかったようで、古来、いわば古態の溜り場ともなってきた。その環境・地盤のうえに、特色の際立つ生活語を育んできたと言えるであろう。当面の断定法の存立も、そのような史的背景の下に把握することが肝要である。

五、断定法の史的系脈

　本稿で取りあげた断定法で、特に注目されるのは、主として国境の東側——播磨側に展開する「ジャ」「ヤ」「ダ」各形式関係の併存の事態である。これを厳密に言えば、「ジャ」およびその形式の新化しつつある「ヤ」が一般に行われるなかに、「ダッタ」「ダロー」が交錯していると言ってよい。その実情については、うえの各項で述べたとおりである。このやや複雑な枠組みの成立は、どのような史的事情によるものか。「ダ」関係で、言いきりの「ダ」がないことも、その辺の事情に迫る1つの視点であろう。

前節で取りあげたとおり、兵庫県下で、「ダ」関係の分布する地域は、主として但馬である。ここには、むろん言いきりの「ダ」もあり、「ダ」関係の枠組みに欠損はない。山陰道の優勢な「ダ」の地域にしぜんに連なる。但馬の「ダ」は、播磨の「ジャ」「ヤ」に接しており、その接触地帯には両形式の併存も見られるが、それぞれ分布の主域を持っている。接触は単純であり、法則的な背景は見いだせない。ただ、播磨西辺――美作・備前との国境一帯に分布する「ダ」は、上述の様相とは異なっている。既述のとおり、「ジャ」(「ヤ」)の枠組みの中に「ダッタ」「ダロー」のみが存立するもので、言いきりの「ダ」はない。この点、きわめて法則的である。
　このような「ジャ」「ダ」の枠組みを示す方言の系脈は、なお、他へたどることができる。前節でも触れたとおり、淡路、阿波、讃岐および伊予東部、それに紀伊、大和の一部にも、この系脈が認められる。例えば淡路でも、「ジャ」「ヤ」の枠組みのなかに、「ダッタ」「ダロー」がある。その「ダロー」は「ダー」「ダ」となることも少なくない（「ダー」は、あるいは開音の痕跡を示すものか）。淡路町での１例を掲げよう。
　　○キョーワ　ヤスミデ　サー。ハマノ　ホーエ　オッテダ　オモー　ヨ。
　　　（今日は休みでねえ。浜の方へ居られるだろうと思うよ。《訪問先の人の所在を推量する。老女》）
この例の「ダ」は言いきりの「ダ」ではなく、「ダロー」にあたる推量の言いかたである。ちなみに、言いきりの「ジャ」の１例をあげておこう。
　　○ジャジャ　ノー。（そうだねえ。《老男同士》）
肯定・同意の意の「ジャ」を、さらに断定辞「ジャ」で統括した特異な例である。言いきりに「ダ」はない。
　阿波での状況は、上野（1985）に詳しい。ここでもほぼ全域で、「ジャ」「ヤ」の枠組みのなかに、「ダッタ」「ダロー」が観察されている。
　　○キョーワ　エー　オテンキダッタ　ナー。（今日はよいお天気だったねえ。
　　　〈中女→人々〉）
上野が取りあげた例文である。上野は、「連用形と未然形」（筆者注「ダッタ」「ダロー」）の実例をあげた後で、「（ダの）終止形は全く振るわず、確例は得

られていない。」と述べている (p.204)。

　讃岐方言についても、同様の事態が観察されるらしい。

　　○ムカシワ　エヒメケンダッタン　カノ。(昔は愛媛県だったのかな。《70歳代女性》)

これは東讃岐での1例である(森本邦香氏による。アクセント失)。その「ダッタ」「ダロー」も、古老の物言いとされているのは注意を要する。

　紀伊方言については、楳垣実氏に次の記述がある。

　　　断定のダも、古くから近畿にあったらしい。紀伊の日高郡あたりから南では終止形にはヤを使うのに、過去や推量にはダッタ・ダロオを使うことが多いし、四国でもだいたいその傾向が強い。(楳垣　1962, p.47)

この事態は、地域の識者、堀真澄氏によっても確認されている。堀氏の示した実例を掲げよう。日高郡印南のものである。

　　○キノー　アメダッタ　ナー。(昨日雨だったねえ。《老女》)
　　○ソッカラ　オーデイ　マイッタハカ　ノー。ソイデ　ユータンダロ　カイ。(そこから大勢参ったからねえ。それでそう言ったんだろうよ。《老男の説明》)

この例に見られる「ダッタ」「ダロー」は、稀に古老に行われるのみだと言う。全般には「ヤッタ」「ヤロー」である。言いきりはこの地域でも、「ヤ」、稀に「ジャ」で、「ダ」はない。

　　○ホンマニ　ソーヤ　デ。(ほんとうにそうだよ。《老女》)
　　○エライ　モンジャー。(偉いもんだよ。《老男》)

その実例である。なお、大和例は、『奈良の方言』(奈良県教育委員会　1991)「吉野郡十津川村重里」の項に見られる。

　以上のように、「ジャ」(「ヤ」)領域内における「ダ」の特定形式の存立は、系脈として、美作・備前との国境域の播磨側から淡路を経て、四国東部へとたどられ、また紀伊・大和の一部にも見られる。たしかに「ジャ」「ダ」の接触・併存地帯は他にも多い。が、当面の併存状態は、「ダ」の言いきり形式がないという点で、しかもその同じ枠組みがほぼ連続して見いだされるという点で特異である。明らかに一連の系脈を成していると解することができ

よう。
　「ジャ」「ダ」の成立については、前節でも取りあげた。この問題について藤原与一氏は次のように述べている。

　　考えてみるのに、「〜デ　アル」の「デア」から、「ダ」ができるか「ジャ」ができるかは、わずかに半歩の差であった。日本語諸方言上、およそ近古末以降に、「デア」から変化形が生起するばあい、土地によって、あるいは「ダ」形の反応がおこり、あるいは「ヂャ（ジャ）」形の反応がおこったと観察される。（藤原　1983，p.144）

「〜デ　アル」の「デア」から「ダ」ができるか、「ヂャ（ジャ）」ができるかは、わずか半歩の差であるとするのである。氏は、前著『方言学』（1962）でもこの問題に触れ、「〔dea〕が〔da〕になるか〔dʒa〕になるかは、わずかのゆれによることである。ゆれによって、諸方言では、随時、「ジャ」なり「ダ」なりを生じた、と考えてよいのではないか。」（p.289）と述べている。その「わずかなゆれ」は、「方言地盤にもとづく基質的な差異があったのであろう。」（p.291）としている。この指摘は重要である。例えば、中国の山陽山陰に分布を分ける「ジャ」「ダ」の生起は、たしかに個別の基質の潜在を思わせる。それにしても、同一地域での「ジャ」「ダ」の「ゆれ」は、いま１つ、別の要因を考えてみる必要があるのではないか。
　当面の、「ジャ」（「ヤ」）地域における「ダッタ」「ダロー」の存立は、どのように解釈することができようか。上説に従えば、「デアッタ」から、一方では「ジャッタ」が、他方では「ダッタ」が生起したとするのが本筋であろう。ただ、このゆれは、少なくとも偶発的な現象とは考えにくい。と言うのは、言いきりは「デア」からの「ジャ」が一定的で、「ダ」が見られないからである。しかも、この交錯の枠組みも法則的で、四国東部へ、紀伊中・南部へと連なる系脈を成している。この問題の解釈について、前節で一試案を提示した。概要は次のとおりである。
　中世京都の口語資料とされる『天草本伊曾保物語』（岩波文庫）に、件の断定法が次のように記されている。すなわち、言いきりについては「であ」が１例見られはするが、他の例はすべて「ぢや」である。ところが、過去・

推量の言いかたは「であつた」「であらう」である。前節に実例を引用したが、説明の便宜のために、本稿でも同書中の他例を引用しよう。
　○病者のいふは、「今宵鶏のなく時分から今まで、汗の出ることは車軸を
　　ながすごとく<u>ぢや</u>」といへば、(p. 70, 下線引用者。以下同じ)
　○引上げてみれば、魚は稀で、石ども<u>であつた</u>ところで、(p. 87)
　○「……相残るま一つの肢にも手をかけうずる者はすなはちわが敵<u>であら</u>
　　<u>う</u>ずる」といふによつて、(p. 40)
本書が、当時の京都の口語資料であるとはいえ、外人宣教師の日本語教科書として成ったものである以上、純粋な口語とは言いきれないが、それでも、大筋で実態を反映しているとみてよいのではないか。言いきりの言いかたが、他の過去・推量の言いかたに先んじて音の変化を起こしているのが注意される。1文の末尾に立つ言いきりの断定辞は、表現内容の判断・確認の働きを担うだけには留まらない。既述のとおり、口語の生きる対話の現場にあっては、相手への何らかの訴えかけの心意が動く。表現の文末に立つ要素は、話し手の如実な表現心意に支えられて、内外両面において特殊化しがちである。断定の機能体の「である」も文表現の末尾に立ち、他に先んじて、「であ」「ぢや」と、表現合理、表現効用の変容を進めたかと考えられる。

　『天草本伊曾保物語』によってかいまみることのできる中世京都の、少なくともその一時期の口語断定法の世界は、言いきりは「ヂャ」(「ジャ」)、そして「デアッタ」「デアロー」という枠組みであったかと想察される。これが四周に及んだ結果の痕跡が、当面の播磨西辺他にたどられる枠組みではないか。すなわち、「デアッタ」から「ダッタ」、「デアロー」から「ダロー」へと変化したとすれば、——変化しやすかったとすれば、今日の特異な枠組みも、おおよそ合理の説明が可能である。しかも播磨西辺から淡路、四国東部へ、そして紀伊、大和南部へと連なる系脈地帯も、大観すれば近畿圏の外周部と言ってよい。この地帯に、かつての京都語の古脈事象が滞存し、形を変えて今日に命脈を保っているとしても、合理の事態として納得できるのである。

　注意されるのは、四国の讃岐・伊予域内に、「デアッタ」の事例が見られ

ることである。
　○チューガッコーガ　サンネンデ　アッタンヤ。(中学校が3年だったんです。〈70歳女性〉)〔アクセント失〕
東讃岐の例である（森本邦香氏による）。また、東伊予でも、
　○カネノー　クサッタ　モンデ　アッタガ。(金属の腐ったものだったが。《老女がおはぐろの原料を説明する》)
の例を得ている。この地域に、「ダッタ」「ダロー」の存することは、これまでにも再三述べてきたとおりである。近畿圏の外周部に、その原形式が残存した例と見ることができるかどうか。結論を急ぐことは控えるとしても、しぜん注目をさそわれる。

　近畿の外周部に「デアッタ」「デアロー」またはその原形式が残存し、これから「ダッタ」「ダロー」が成立したか、とするのが、とりあえずの考察の道筋である。この際、言いきりの「ジャ」、またはその原形式は、早くも中世の京都で形成されていたとみる。「デアッタ」「デアロー」は破裂音の〔d〕が語頭に立っていることもあって、「ダッタ」「ダロー」と変化しやすかったのではなかろうか。それにしても、問題の地域には、「ジャッタ」「ジャロー」も併存している。とすれば、「デアッタ」「デアロー」から、「ダッタ」「ダロー」と共に「ジャッタ」「ジャロー」も生起したとしなくてはならない。既述のとおり、「ダ」になるか「ジャ」になるかは、「ゆれ」によるに過ぎない。

　こう考えて、なお問題として残るものがある。可能性として言えば、中世京都で言いきりが「ヂャ」、さらに「ジャ」になったのとほぼ時を同じくして、民間では「ジャッタ」「ジャロー」も生じていたのではないか。この「ジャ」形式の枠組みが、少なくとも一次的には四周に及んだのかも知れない。口語資料とはいえ、文献として、あるいは教科書として記録・記載される言語事象は、当該時期のものよりやや古いのが一般であろう。特に教科書ともなれば、そこに規範意識が出る。規範は、やや古い言いかたに求めるのがしぜんであろう。

　『天草本伊曾保物語』は、言うまでもなく力や能力の差を主題とした寓話

が多い。ここに行われる言語は、概して言えば、その力や能力を誇示するために、あるいは処世訓を説くために、尊大で高尚な文体のものが少なくない。したがって、本書の成立した16世紀の終わり頃の京都民間の生活語とは、いくらかおもむきを異にしていよう。本書に示された断定法の枠組みも、そのような文体に支えられているとすれば、今は、慎重に受けとる必要がある。

　『天草本伊曾保物語』に示された断定法の枠組みの受けとりかたには、いくらかの幅があるとしても、「デアッタ」「デアロー」の言いかたが、特定の文体、例えば強調や誇示の文体として、広い地域で活用されたであろうことは、十分に考えられることである。現に、先に讃岐の例などで見たとおり、「デアッタ」類が近畿圏の周辺部で生きているのである。『天草伊曾保』に見られる断定法の枠組みは、それとして、あり得る可能性を示しているに違いない。言いきりの言いかたが、他に先んじて「ヂャ」と変化したのも、特殊な表現効果を目ざしてのことであろう。

　先に、一次的には、「ジャ」関係の枠組みが四周に及んだかとする推論を提出した。これに重ねて、いま1つ推論を出せば、「デアッタ」「デアロー」は特定の強調表現に用いられた形式で、その強調性の故に語頭の破裂音が生き、「ダッタ」「ダロー」へと変化しやすかったのではなかろうか。すでに「ジャ」形式の枠組みが存立したはずであるにもかかわらず、重ねて「ダッタ」「ダロー」が生起したのは、このような情況下でのことと、考えてみることがでようか。播磨西辺に存立し、さらに淡路、四国東部、紀伊へと系脈をたどることのできる断定法の特異状況を、単なる「ゆれ」として把握することに、いくらかのためらいを覚えるとしたら、他にどのような解釈の可能性があるのか、その1つの試論である。

結　び

　播磨・備前の国境一帯に存立する断定法について論述した。国境の東側と西側とは、異なった様相を見せているが、なかで、東側――播磨西辺の断定法は、「ジャ」「ヤ」「ダ」関係が交錯する、格別の複雑さを見せている。

とりわけ注目されるのは「ダッタ」「ダロー」の存立である。この「ダ」関係は、言いきり形式がない点でも一定的で、単なる「ジャ」「ダ」の分布領域の接触地帯とは、おもむきを異にしている。しかもこの併存状態は、系脈として淡路から四国東部、それに紀伊・大和と、いわば近畿の外周部へとたどられる。この事態は、たしかに何らかの史的背景に基づくものと考えられる。上述はその解釈の一斑であるが、なお考究の余地はある。

　対話の世界に生きる口語の断定法は、古来、変動の大きい事態の１つである。これには、人びとの生活上の心情が深くかかわっていよう。断定・判断・確認の心意が、相手を現前にした対話の世界では、微妙にゆれるのがつねである。その変動の実質が、具体の生活表現のうえの、史的な背景となっていよう。

　本稿は、国境地帯という特殊地域の、断定諸事象の分布状態と用法を問題にし、その存立の史的解明をも試みたが、なお全国的な視野をもって、日本語の断定表現の推移と展望を明らかにしていく必要がある。

文献
藤原与一（1962）『方言学』（三省堂）
藤原与一（1976）『瀬戸内海三要地方言』（三弥井書店）
藤原与一（1983）『方言学原論』（三省堂）
楳垣　実（1962）「近畿方言総説」（『近畿方言の総合的研究』三省堂）
上野智子（1985）「阿波方言の断定辞『ダ』『ジャ』『ヤ』」（『方言研究年報』28，和泉書院）

第三節　播磨方言における断定辞の史的推移
――「ネン」「～テン」の成立とその機能――

はじめに

　主として、大阪方言とその周辺方言に存立する顕著な文末事象に、「ネン」「～テン」類がある。次のように行われるのがそれである。
　○ソーヤ　ネン。(そうなのさ。《相づち。老女同士》)
　○コーベデ　ヤブレデ　トートッテン。(神戸で藪医者で通っていたのよ。
　　《ある医者の評価。老男同士》)
神戸での実例である。これらの事象は、全国的に見ても特異であって、いわば大阪方言を核とした近畿方言を支える、際立った特色の１つと言うことができよう。この「ネン」「～テン」類については、夙に研究者その他の注目するところとなっていて、これまでにも、折りにふれて、論題・話題となってきた。「ネン」が「のや」を出自とし、「～テン」が「～たのや」を出自とすることも、すでに周知の事実となっていよう。本稿は、播磨方言での、同事象の成立とその機能について討究し、断定辞の推移を問題にするのが目的である。
　播磨は、言うまでもなく大阪の西方に連なる地域であるが、一方から言えば近畿圏の西部地域にあたる。この地域にも、問題の「ネン」「～テン」類が存立することはうえに述べたとおりであるが、ただ、西域に至るほどに分布が希薄になり、出自事象(「のや」「～たのや」)の分布が目立ってくる。このような分布事態は、同事象の成立と推移にかかわる諸問題を追究するうえに、有効な手がかりともなり得よう。史的変動が、表現上の機能と深くかかわっていることは多く言うまでもないが、本稿の記述のねらいも、また、播磨方言における「ネン」「～テン」類の成立と推移とを、表現上の機能とのかかわりにおいて追究しようとするところにある。

一、「ネン」の生態とその出自事象

1．「ネン」の存立状態

はじめに、同方言における「ネン」の存立状態について取りあげよう。

　○オラヘン　ネン。キョー　ドッカイ　イットン　ネン。(〈彼は〉居ないのよ。今日はどこかへ行ってるのよ。《中年女が夫に》)

　○ニッチョービワ　アカン　ネン。(日曜日はだめなのよ。《中年男が病院の休診日を中年女に告げる》)

　○モー　ダイネン　ベージュダヒ　ネン。(もう来年は米寿ですよ。《老翁が自分の年齢を告げる》)

播磨南部、加古川(カコガワ)、姫路、加西(カサイ)での実例である。ここに行われている「ネン」は、文末での遊離性・孤立性が明らかであるうえに、相手への呼びかけ、訴えかけ、さらには説明の姿勢さえも認められる。このような「ネン」は、文末特定要素——文末詞として、完全に転成し得ているものと解することができよう。

「ネン」は、また、他の文末詞と複合して行われることも少なくない。次はその実例で、播磨南部でのものである。

　○ウチノ　カゾク　カミ　オーイ　ネンナー。(私の家族は、髪の毛が多いのよね。《高校生女同士の会話》)［加古川］

　○キョー　ニューインノ　ヨテイヤ　ユー　ネンナ。(今日、入院の予定だと言うのよね。《青年女が、某のことを、親しそうな中年女に告げている》)［姫路］

これらは、「ネン」が「ナ(ー)」と複合した例である。告知の意味作用がよく認められる。このような例は若い女性に多い。

　○メーワ　ワルイ　コト　ナイ　ネンデ。
　　(目は悪いことはないのよ。《眼科に通う自分の目のぐあいを語る。青年女同士の会話》)［姫路］

　○アンタガ　クルノン　マットン　ネンデ。(あんたが来るのを待ってるの

よ。《中年女が、遅れて来た青年に対し、非難ぎみに言う》）［小野］
これらは、「ネン」が「デ」と複合した例である。告知の意味作用がいっそう明らかである。これも女性に多いか。

　　○オカーサンガ　スゴイ　キライ　ネンテ。（お母さんのことが、すごく嫌いなんだって。《ある学友の家族を話題にしての、中学生女同士の会話》）［滝野］
　　○ヨーケ　キトッテ　ネンテ。（大勢来ておられるんだって。《生花を習いに。中年女同士》）［加古川］

「ネン」が「テ」と複合している例である。「テ」による、伝聞・報告の意味作用が際立ち、「ネン」はこれとよく同調している。これも、おおむね女性によく聞かれる物言いである。（大阪およびその周辺には「ネンヨ」「ネンワ」もある。）

　概して「ネン」は、出自が「のや」であるにもかかわらず、その断定性が弱く、先にも述べたとおり、相手への訴えかけ、特に告知・説明の意味作用が勝っている。"親しみのある柔らかい言いかた""情のある温かい言いかた"と意識している個人もある。たしかにそのような表現性が認められる。末尾の撥音が、よくその表現性を支えてもいよう。全般的に見れば、男女共に用いるが、しぜん女性に聞かれやすいか。それも、若い層によく行われるようである。

2．播磨西辺の「のや」について

　播磨地域には、全般に、「ネン」の出自と目される「のや」もよく行われている。本項では、主としてその西辺の「のや」の生態について、「ネン」とのかかわりに留意しつつ、記述することにしたい。
　播磨西辺では、「ノヤ（ンヤ）」は見られるが、「ネン」は少なく、ほとんど見られない地域さえある。

　　○オサエツケナンダラ　モー　アカンノヤ。（押さえつけなかったら、もうだめなんだ。《老翁の教育論》）［波賀］
　　○デトッテ　ナー。カエッテ　ミタラ　オリャ　ヘンノヤ　デ。（外出し

ていてねえ。帰ってみたら〈亭主が〉居はしないんだよ。《中年女が、懇意な中年男に対して訴える》）［相生(アイオイ)］
　〇コノ　ウラニ　ヘヤガ　アリマスンヤ。(この裏に、部屋があるんですよ。《老女が間取りを説明して》）［山崎］

「ノヤ（ンヤ）」の行われた実例である。これには、話し手の断定・判断の意味作用が認められよう。さらに、説明の構えが見られるのも注意される。
　ところで、この播磨西辺では、「ノヤ（ンヤ）」よりもその前身である「ノジャ（ンジャ）」のほうがよく聞かれる。日常の、土地人同士の気安い会話では、このほうが普通である。
　〇頭がぼけて、イマノ　コトサエ　ワスレルンジャ。(……今のことさえ忘れるんだ。《老女が自分を説明して》）［千種］
　〇オバーサンガ　ヨー　イヨッタンジャ。オマエ　イラン　コジャ　ユーテ　ナー。(おばあさんがよく言っていたんだ。お前はいらない子だと言ってねえ。《末子の老翁が子どもの頃を回想して》）［波賀］

これが「ンジャ」の行われた実例である。こうあれば、問題の「ネン」にはいささか距離があろう。ちなみに、当域の西に隣接した備前・美作側でも、「ノジャ（ンジャ）」が全般によく行われ、１つの特色とも言える状況になっている。次はその実例である。
　〇パンガ　アリマセンノジャ。(パンがないんです。《店の主人〈中年男〉がパンを買いに来た青年女に言う》）［備前・和気(ワケ)］
　〇ソコニ　オーキナ　イワガ　アリマスンジャ。(そこに大きな岩があるんです。《老男が土地の説明をして》）［美作・奈義(ナギ)］

播磨西辺は、このような言いかたの盛んな備前・美作側と、しぜんの脈絡を保っている。そのような状況にありながらも、東に移るにしたがって、しだいに「ノヤ（ンヤ）」を濃くし、さらに「ネン」を繁くしていくのが実情である。
　当面の播磨西辺でも、わずかながら「ネン」が聞かれる。
　〇フネワ　ナー。ヒルバッカリ　ハシリャ　ヘン　ネン。(船はねえ。昼だけ走るんではないんだよ。《老女の説明》）［相生］

○タニガワガ　アン　ネン。ソコニ。(谷川があるのよ。そこに。《老女が青年女に伝説を語る》)［新宮(シングー)］

このように用いられてはいるが、全般に少ない。上掲の第2例と同じ新宮町に住む青年女は、「ネン」を用いたこともないし、聞いたこともないと言う。その女性が通学した、隣接の竜野(タツノ)市所在の高校でも、「ネン」は聞かれなかったと報じている。同じ校区の太子(タイシ)町からの通学生にも聞かれなかったと言う。それにしても、上掲のような実例が、稀にではあるが、しぜんに聞かれるのもまた事実である。ただ、上掲の諸例は、他郷人に対した場面でのものであった。東方の「ネン」が、このような形で、つまりていねい意識を伴った新しい言いかたとして、ここに受け入れられつつあるとみることができようか。太子町に東接する姫路市では、「ネン」はごく普通に行われている。

二、「ネン」の成立とその機能

「ネン」のよく行われる播磨中・東部地域にも、「ネン」の出自である「ノヤ（ンヤ）」がある。次はその実例である。

○ドコデモ　イキタイノヤ。(〈あの人は〉どこへでも出歩きたいのだ〈出歩きたくてしようがないんだ〉。《外出ずきの人のうわさをする。中年女同士》)［加古川］

○ミンナ　キガ　ツイテモ　ヨー　イヤヘンノヤ。(みんな、気がついても、言えないんだ。《町の顔役への苦言。中年男同士》)［明石(アカシ)］

○ソレ　ミタ　コト　アルンヤ。(それ、見たことがあるの。《漫画について。高校生女同士》)［姫路］

これらの実例が示すとおり、「ノヤ（ンヤ）」には、何ほどかの断定・判断の意味作用が認められる。このことはすでに述べた。ここには、弱いながら、たしかに断定辞「ヤ」の機能が生きている。

藤原与一氏は、「ノヤ」および「ネン」について、次のように述べている。

「アキマヘン　ノヤ。」(あきませんのです。)などの「ノヤ」が、「アキマヘン　ネン。」になっている。「ネン」が、さらに「ネ」ともなっている。

第三節　播磨方言における断定辞の史的推移　189

　　上例に見られるような「ノヤ」は、一種の複合形文末詞と見てもよいの
　　ではないか。「ません」のつぎに「ノ」がきて、さらに指定断定助動詞
　　の「ヤ」がきたのだとしても、「ます」ことばのおわったあとでの「ヤ」
　　助動詞は、語性上、いくらか不調和の存在でもある。このような「ヤ」
　　と助詞「ノ」との複合態は、もはや文末詞機能発揮者とされるであろう。
　　じっさい、「ノヤ」のはたらきは、文末詞のはたらきのようになってい
　　る。(藤原　1986, p.13)
ここには「ネン」の出自である「ノヤ」を、「文末詞機能発揮者」と認める
見解が示されている。「一種の複合形文末詞」ともある。「ノヤ」の語性から
すれば、たしかにこの見解には説得力がある。ただ、この「ヤ」助動詞は、
「いくらか不調和の存在で」あるとしても、また、断定の機能が弱化してい
るとしても、ともかく断定辞として一定の働きを担っている点は見逃せない
のではないか。しかも、助詞「ノ」は、いわば準体助詞として、先行の用言
(または助動詞)に無理なく接続している。この点を考慮すれば、「ノヤ」を
文末詞とすることは、しばらく保留しなければならないが、それにしても、
「ノヤ」に、断定機能もさることながら、相手に対する何らかの告知・説明
の姿勢の認められることも否定できない。特に、「ヤ」が卓立の声調を取れ
ばなおさらのことである。例えば次の例、
　　○テンジンマデ　イキマンノヤ。(〈バスは〉天神まで行くんですよ。《中年男
　　　が老女の問いに答えて》)［社(ヤシロ)］
こうあれば、告知・説明の意味作用が、いっそうはっきりしている。が、基
本に、どの程度にしろ、断定の構えの存することは、多く言うまでもない。
　さて、「ノヤ(ンヤ)」は、その変化形「ネン」を生み出していくのである
が、いわゆる原形式と変化形式とは、上述のように、併存してはいるが、そ
れぞれが、独自個別の意味作用を見せるようになっている。「ネン」は、基
本として、「ノヤ」よりも断定機能が薄れ、告知・説明の意味作用が勝って
いると解される。この事態は、「ネン」が、出自の「ノヤ」から転じ、文末
特定要素として新しい機能を帯びつつある、あるいは帯びるに至った、表現
上の距離や差異を示していよう。

「ネン」の、文末特定要素——文末詞としての新生と存立の事態を、また、次のような事例によっても確認することができる。
　　○ソレ　シランノヤ　ネン。(それ、知らないんだよ。《中年女同士、身近な情報交換》)［姫路］
　　○ボク　ヒトリボッチヤ　ネン。(ぼく、ひとりぼっちだよ。《幼児男同士の会話》)［加古川］
　　○ドコデモ　ソーヤ　ネン。(どこでもそのとおりだよ。《老女同士、互いの境遇について語る》)［明石］
これらの諸例では、「ネン」は、断定辞の「ヤ」に接して行われている。この事態は、「ネン」の内包する断定の機能の弱化・軟化を如実に示していよう。弱化・軟化と共に訴えかけ性を強め、文末特定要素として、特殊な機能を帯びるに至ったものと解することができる。ちなみに、ここに（「ネン」の替わりに）「ノヤ」の用いられることはない。
　ところで、播磨東部の内陸部（小野市北部・加東郡など）および隣接の摂津・三田では、
　　○ソー　ネン。(そうだよ。《高校生女同士》)［社］
　　○イマ　ハナシトー　トコ　ネン。(今、話しているところだよ。《中学生女同士》)［滝野］
などのように、「ネン」が、体言に直に接するかたちで用いられている。特に若い女性に多い。「ネン」を断定辞の「ヤ」に接して行う習慣の周辺地域の人たちには、これが異様に聞こえるらしい。いずれにしても、この事態は、「ネン」の、文末での特定化と遊離化のさまをよく物語っていよう。
　「ネン」の、断定機能の弱化・軟化に関して、また、次の実例（社例）にも見られるような事態を指摘することができる。
　　○イツモ　ソーネンヤ。(〈あの人は〉いつもそうなのよ。《友だちのうわさ。中学生女同士》)
　　○ソートーナ　テクニック　モットンネンヤ　ワ。(そうとうなテクニックを持っているんだよ。《友だちの髪型を見ての批評。青年女同士の会話》)
これらの例では、「ネン」を受けて「ヤ」が用いられている。この事態も、

「ネン」の断定機能の、弱化・軟化を示していようか。弱化・軟化のために、重ねて断定辞「ヤ」をとり得た――断定機能を補強したと考えられよう。ここで「ネン」は、いわば準体助詞の機能を果たしているように解される。

ところで、「ネンヤ」に類似して、それよりもはるかに頻度の高い言いかたに「ネヤ」がある。次はその実例である。

　○デンワ　カケタラ　デーヘンネヤ。（電話をかけたら、〈相手が〉出ないのよ。《中年女同士の会話》）［加古川］
　○ソンナ　メニ　オートンネヤ。ワシ　ナー。（そんなめにあってるんだ。俺はね。《老男が老女に自分の苦労を語る》）［加西］
　○オトーサン　オカネ　モットンネヤ。（お父さんは、お金を持ってるのよ。《孫にねだられ、お金がなくて困っている老女に、青年女が言う》）［社］

この「ネヤ」は何か。まずは、先の「ネンヤ」のつづまったものと考えるのがしぜんであろう。ただ、意味作用の面からみれば、先に述べた「ノヤ」に相当している。「ノヤ」の「ノ」が、単純に「ネ」に変化したと解することができなくもない。発音のうえからも、この変化には無理がない。そして、この「ネ」もまた、「ノ」に類する準体助詞の機能を見せている。ともあれ、この「ネ」が、上来、問題の「ネン」と、成立および機能の面で、ほぼ同じ軌道上に位置するものであることは、重ねて指摘するまでもなかろう。類例は多い。全般に女性によく聞かれる。

「～ネヤ」はまた、「ネン」によって統括されることがある。次も、播磨南部での実例である。

　○鬼を　コワイ　コワイバッカリ　ユーネヤ　ネン。（……怖い怖いと言うばかりするんだよ。《孫をつれ、節分の鬼を見に来た老女が、近所の老女に》）［加古川］
　○お金を、先方は　ハロタ　ユーネヤ　ネン。（……払ったと言うんだよ。《老女同士の会話》）［姫路］

「ネン」が、断定辞「ヤ」に接するかたちで用いられる事態については、うえでもすでに述べた。これを、「ネン」が内包する断定性の弱化・軟化にかかわる現象として把握したが、ここでも同様に解することができる。ただ、

ここで特に注意を引くのは、「～ネ（ネン）・ヤ・ネン」のように、断定辞の「ヤ」にかかわる事象が、次つぎと前件を統括している事実である。これも、同じ出自に基づきながら、それぞれが、語性の異なった展開を遂げているが故に他ならない。最後の文末に位置する「ネン」が、１文を統括して特定化している事態を、ここでも興味深く確認することができる。この一連の事態で注目されるのは、「ヤ」、特に「ノヤ」とある場合の著しい変容の実態である。当方言の断定辞「ヤ」の、特殊な性格にかかわることかと考えられるが、この問題に関しては、また項を改めて考察したい。

三、「～テン」の成立とその機能

播磨方言には、前項の「ネン」とほぼ帯同するかたちで、「～テン」が存立している。この事態については、すでに言及したところである。その実例を掲げよう。
- ○キ<u>ノ</u>ー　ヒルカラ　キテン。(昨日、昼から来たのよ。《青年女同士の会話》)［加古川］
- ○ココガ　チョット　ワルカッテン。(ここがちょっと悪かったの。《病院通いの老女が患部を押さえながら、友人の老女に》)［明石］
- ○コレ　トーキョーデ　コーテン。(これ、東京で買ったの。《定期入れを見せて。高校生女同士》)［姫路］

「～テン」はこのように行われる。おおむね完了性の説明・告知の意味作用を見せていよう。これが、「～たんや」を出自とするものであることも先述したとおりである。

出自の「～たんや」も、播磨のほぼ全域に存立する。特に、播磨の西辺にあってはこれが主であって、「～テン」はほとんど見られない。この点に関しても、「ネン」とその出自である「ノヤ」の場合に類似している。その西辺での「～タンヤ」の実例は、次のとおりである。
- ○ムカシワ　シシニク　ユーテ　ヤスカッタンヤ。(昔は、しし肉といって、安かったんだ。《老女が猪肉について語る》)

○以前はあの集落と　イッ︎ショ︎ノ　ブ︎ラ︎ク︎デシ︎タンヤ。(……同じ部落でしたのよ。《老女が、湖底に沈んだ旧村を語る》)

佐用および波賀での「～タンヤ」である。先述の「～テン」が、説明・告知の意味作用を見せるのに対して、この、出自の「～タンヤ」には、断定辞「ヤ」の機能が生きていて、断定・判断の意味作用が勝っている。これを"きつい言いかた"と内省する個人もある。

ところで、播磨の西辺、特に備前との国境一帯では、「～タンヤ」よりもその前身である「～タンジャ」とあるのが一般である。佐用および千種の実例である。

○マ︎エワ　ト︎ース︎デ　ヒ︎ッキ︎ョッタンジャ。(以前は〈籾を〉唐臼で引いて〈精米して〉いたのよ。《老女が一時代前の農作業を語る》)

○ムカ︎シワ　コ︎ナ︎イ︎ナ　ホ︎ソイ　ミ︎チジャッ︎タンジャ。(昔は、こんな細い道だったのよ。《老女が一時代前の村の様子を語る》)

これが「～タンジャ」の立つ実例である。断定の意味・気分がよく表れていよう。前の項で、「ネン」の出自にかかわる「ノジャ」の記述の場合にも言及したが、「～タンジャ」も、西に隣接する備前・美作側でもよく行われる。次はその実例である。

○イ︎マ　イ︎ト︎ッタンジャ。ワシャー。(今、行っていたんだよ。俺は。《青年男同士の会話》)［和気］

○バ︎ンシューニ　オ︎ト︎ト︎ガ　オッ︎タンジャ。(播州に弟が居たんだ。《老男の兄弟についての説明》)［大原］

このような例が、播磨の国境を越えた、備前・美作に広く分布している。これが、東に及んで「～タンヤ」となり、やがてこれが「～テン」と変化しているのが、当面の事象である。

さて、「～タンヤ」の「～ナン」への変容は、かなり大きな変化と言わねばならない。この変化の過程で、「～タ＋ネン」の複合が想定できなくもない。すでに成立していた「ネン」が、「～タ」を受けて働いたと解するのである。ただ、この想定の困難な点は、現実には「～タネン」とある例が確認されていないことである。それに、「ネン」の遊離性・孤立性も気になる。

「〜テン」と「ネン」の、形式と意味作用の両面の類同性からすれば、その形成は、ほぼ同様の発想に支えられて軌を一にし、おおむね同時に進行したと考えるのが妥当であろう。いずれにしても、この変化・変容を支えた近畿方言の基質と、表現生活の特殊性とが、改めて問題にされなければならない（後述）。

「〜テン」は、「〜タンヤ」が変容して成ったと考えられるだけに、完了の意味作用を内包している。内包——というより、この作用が際立っている。それに加えて、相手への訴えかけの作用も認められる。この機能は「〜タン」によっても果たされるほどのものである。

　○ソイデ　シャベリナガラ　イッタン。(それで、しゃべりながら行ったのよ。《自分たちの行動の説明。高校生女同士》)［姫路］

この実例に見られる「〜タン」についてみれば、ここに「〜テン」とあったとしても、両者にそれほどの差異は認められない。

　○ホンマ　モー　メチャクチャ　ハヤイ　コト　デキテン。ヨジマエニワ　モー　ヤキハジメヨッタン。(ほんとうにもうすごく早くできたの。4時前にはもう焼き始めていたのよ。《自分のケーキ作りについての説明。中学生女同士》)［滝野］

この実例では、連接した前後2文のうち、前文に「〜テン」が、後文に「〜タン」が用いられている。こうあればなおさらのこと、両者に意味作用上の大きな差異は認めにくい。「〜テン」には、このように完了の意味が勝っている。ここで注意したいのは、「〜タン」が主として若い層に聞かれやすいということである。習慣化した「〜テン」の意味に添って、新しく「〜タン」を制作したか、それとも「〜タンヤ」の「ヤ」を省略したか。あるいは文末詞「の」の接した「〜た　の」の「〜タン」か。このあたりは、にわかに論定しがたいところである。ともあれ、「〜タン」とある場合の末尾の撥音は、これとして待遇意識の機微を表していると解されるが、このことは、そのまま「〜テン」の末尾音についても言うことができよう。ただ、「〜テン」が「〜タンヤ」の変容したものとすると、その断定「ヤ」の流れが気になるところである。

○キョネン　センエンヤッタンヤ。(去年は千円だったんだ。《医療費について語る。老男同士》)〔加古川〕
　　○コドモガ　コーテ　クレタンヤ。(子どもが買ってくれたんだ。《財布を見せて。中年女同士》)〔姫路〕
このような「～タンヤ」の実例には、断定の働きが指摘されるうえに、いくらか重く、落ち着いた表現性が認められる。それが、
　　○ココニ　オイトッテン。(ここに置いていたのよ。《自分の自転車がなくなった状況の説明。青年女が中年女に》)〔加古川〕
のような「～テン」となると、重さと共にその断定性が薄れ、相手への軽やかな訴えかけの作用さえ認められるようになっている。末尾の撥音も、この訴えかけを担って相手に持ちかける、軽妙な内面を表していようか。「～タンヤ」の「ヤ」〔ja〕は、「タ」を「テ」に導く何らかの役割りを果たしたとしても、自身は、機能の弱化と共に形も略化し、しだいに直前の撥音(準体助詞「の」)に同化していったのではないか。
　「～テン」は、「ヤ」を取って行われることがある。次はその、加古川および社での実例である。
　　○ワタシ　イチバン　ムコーニ　イットッテンヤ。(私、いちばん向こうに行ってたのよ。《青年女同士の会話》)
　　○ブンカサイノ　トキワ　デーヘンカッテンヤ。(文化祭の時は〈ジュースが〉出なかったのよ。《高校生女同士の会話》)
この「ヤ」は断定辞であろう。若い女性に行われやすいところをみても、この「ヤ」は、新しく「～テン」に接合したものと解される。これも、「～テン」に断定機能が希薄な故と解することができよう。断定の意図・意志を表すためには、ここに新しく、その機能を補充する「ヤ」を取る必要があったのである。
　「～テン」はまた、「ネン」を取って行われることがある。
　　○デンワシテ　ミヨー　カ　ユーテ　ヨーッテン　ネン。(電話してみようかといって言っていたのよ。《中年女同士の会話》)
明石での実例である。それぞれが出自を薄めて、訴えかけ性本位の、軽妙な

語性をもって存立している事態が注目される。

　以上のように、「～テン」は、訴えかけ性を内包した特定の機能体として、新しい活力を見せているが、ただ、直前の用言に接して完了の機能を果たす「～タ」に深くかかわっているために、形式上は、文末で遊離することがない。その点、「ネン」とは異なっている。が、具体の意味作用面で、両者に類似の方向性が見られることは、上来、述べてきたとおりである。

四、断定辞「ヤ」の新展開

　以上で討究したとおり、「ノヤ」を出自とする「ネン」、「～タンヤ」を出自とする「～テン」のいずれも、特異な表現性をもって近畿方言を特色づけている。ここで特に注意したいのは、すでに触れたことであるが、出自に見られる断定辞「ヤ」の機能が、新しい変化形式の「ネン」「～テン」には希薄であることである。断定機能よりも相手への訴えかけ性が勝っている点である。

　いま、「ネン」について見れば、その出自の「ノヤ」には、断定辞「ヤ」を保持しているだけに、たしかに断定の働きが認められる。ただ、「ノヤ」についても、文末での特殊化——文末詞化を指摘する研究者（藤原　1986）もあるとおり、その断定作用に、ある不安定さの見られることも事実である。ここで改めて注意されるのは、断定辞としての「ヤ」の働きの弱化・軟化である。一般的にみて、断定辞「ヤ」自体、「ダ」および「ジャ」と比較して、断定の働きがいくらか弱いのではないか。もっとも、断定機能の強弱の問題は、各方言の個別的な内面性や構造にもかかわることで、単純に他と比較することは適当でないが、それにしても、「ヤ」には、断定の強さを和らげる、何らかの表現効果が認められるように観察される。この観点からすれば、当面の近畿方言において、断定辞として「ヤ」が新生したこと自体、注目すべきことに違いない。〔ja〕の音形成（半母音＋母音）に見られる母音化の傾向は、断定の意図や情意を和らげる一定の効果を、おのずからに目指したものではなかろうか。「ヤ」の成立が、直接には、出自の「ジャ」の断定機能の

弱化に基づいているとすれば、なおさらのことである。「ジャ」の地域出身の妻君を持つ、神戸のある識者は、"「ジャ」には抵抗を感じる。その「ジャ」を妻から言われると、見下されたようで腹がたつ。頭ではわかっていてもどうしようもない。"と語っている。「ジャ」に対する（おそらく「ダ」に対しても）近畿人のこのような感覚は、あるいは一般に潜在しているのではないか。

　「ヤ」の成立に関して、藤原与一氏は次のように述べている。

　　「ヤ」は、近畿人の方言生活での、表現の軽快とやさしさを求める心理から、また、特定の待遇感情をあらわそうとするところから、しぜんに開拓されたものではないだろうか。近畿方言の人びとの、表現生活上のしぜんのこのみが、「ヤ」をうむことになったのかと思う。（藤原1962, p. 283）

ここには、「ヤ」の新生を、「近畿人の方言生活での、表現の軽快とやさしさを求める心理から」との指摘がある。たしかに、この軽快さ・柔軟さが近畿方言の基質の１つであって、「ヤ」も、こうした根底的なものに支えられて形成されたと考えられる。当面の「ノヤ」「～タンヤ」の「ネン」「～テン」への変容も、そのような基質にかかわって推進されたに違いない。変容の極点でいっそう断定機能が薄れ、訴えかけ性を帯びた文末特定要素と化しているのも、この基質に沿った動きと解することができよう。

　一般的に言って、文末に位置して機能する断定辞は、往々にして、相手に訴えかける強調の働きを帯びがちで、これが習慣化し、いわば文末特定要素──文末詞として転成することがある。全国的に見て、「ダ」「ジャ」「ヤ」のいずれも文末詞化した事象が存立するが、なかでも特に顕著なのは、「ダ」に関する事象である。播磨の北側に位置する但馬は、山陰に連なって、おおむね「ダ」の盛んな地域である。この地域でも、文末詞「ダ」が、全般によく行われている。

　〇ギョギョーガ　サビレテ　キマシタ　ダ。（漁業がさびれてきましたよ。《老翁が漁業の衰退を語る》）［香住(カスミ)］
　〇カバンジャ　ナェー　ダ。フロシキニ　ツツンデ　ナーア。（鞄ではな

いんだ。〈教科書は〉風呂敷に包んでねえ。《老女が、昔の子どもの通学の様子を語る》）[温泉(オンセン)]

但馬西北部での、文末詞としての「ダ」の実例である。文末での遊離・孤立のさまが明らかであろう。あるいは、「〜ノダ」「〜ンダ」とあったのがしだいに「ノ（ン）」の働きを薄め、下方の「ダ」に、文末機能の重点を移していったかと推察される。新生の「ダ」は、断定の機能を何ほどか保持しながらも強調の作用を表しており、さらには、相手への訴えかけの働きをも見せるようになっている。「ダナ」「ダエ」「ダカ」「ダカナ」「ダゾ」「ダゼ」「ダガ」「ダガナ」「ダデ」「ダモン」「ダワ」など、「ダ」と、複合した文末詞も多い。

　○コワイ　ダゼ。ナクト。アレガ　カン　ダデ。（怖いよ。泣くと。あれが咬むよ。《犬を指さして。中年男が幼児に》）

は、香住での、その1例である。これらの複合の文末詞について見ても、「ダ」の断定性に支えられた強調の作用は際やかである。助動詞としての「ダ」は、文末詞に転じても、なおその形と機能とを、基底によく保持している点が注目される。多彩な複合形が新生しているのも、このような、「ダ」の特殊な強調性に関係があろう。

　一方、「ヤ」について見ると、少なくとも播磨域では、これが文末詞に転じている例を確認していない。もっとも、先にも述べたとおり、「ヤ」自体、断定の働きが比較的弱いと考えられる。助動詞としての機能に重ねて、すでに何らかの訴えかけの働きをも帯びて存立しているとみることができようか。

　○ナンノ　ハナシヤ。（何の話なの。《中学生女同士で》）[滝野]
　○バスガ　デテモータンヤ。（バスが出てしまったのよ。《バスに乗り遅れて。中年女同士》）[加古川]

この実例のように、「ヤ」が文末で上昇調をとればなおさらのこと、訴えかけの姿勢がいっそうよく認められる。

　ところで、上述の「ヤ」もさることながら、当面の播磨方言で、但馬方言の「ダ」文末詞に対応する事象は、むしろ既述の「ネン」（および「〜テン」）であろう。上述の「〜ノ（ン）ダ」「〜ノ（ン）ヤ」の、文末での意味機能

第三節　播磨方言における断定辞の史的推移　199

上の推移を見ると、「〜ノ（ン）ダ」は、上述のとおり、意味機能の重点が「ダ」に移り、「〜ノ（ン）ヤ」は、逆に、下図のように、「ノ（ン）」に収斂されていると解することができる。

　　　　〜ノ（ン）ダ　　　　　〜ノ（ン）ヤ
　　　　──→ダ　　　　　　　ネン←──

　前者の「ダ」への移行は、日本語の文末決定性に照らしても、順当な推移とみることができるが、同時にこの移行は、「ダ」の意味機能の根強さ（──吸引力）にも関係があるかと考えられる。それに対して、後者の場合の、「ヤ」の「ノ（ン）」への収斂は、「ヤ」の弱化・軟化に深くかかわっていよう。すなわち「ヤ」は、しだいに断定の意味機能を薄め、それにつれて、直前要素の「ノ（ン）」に同化していったものと想察される。その際、「ヤ」は、直前要素の「ノ」〔no〕が「ネ」〔ne〕に変容するのに、一定の役割りを果たしたとみることができよう。末尾の撥音は、直接には〔ja〕の変化形ではなくて、一定の待遇意識に支えられての新生音──新生尾音と考えることができようか（noja＞nee＞nen）。

　以上のような、原形式とその推移の観点からすれば、但馬域の「〜ダ」に対応するものは、播磨域では、おおむね「〜ネン」であるとすることができよう。すなわち、

　○オンナジ　ヒニ　シマス　ダ。（〈昔と〉同じ日にしますのよ。《祭の説明。老女》）［但馬・香住］
　○イットーグライ　タケマス　ネン。（〈米が〉1斗ぐらい炊けますのよ。《大釜の説明。老女》）［播磨・社］

この例に見られる文末の「ダ」と「ネン」は、本来、同じ源流（原形式）に発するものであろう。両者の形式と意味機能を分けたものは、再三論述したとおり、「ダ」と「ヤ」との断定機能の強弱の差にあったとみることができる。換言すれば、「ヤ」の、このような断定機能の弱化・軟化が、近畿方言を特色づける特異な新形式である「ネン」（および「〜テン」）を生成する、1つの重要な契機になったと考えることができる。そして、このような「ネン」（および「〜テン」）を生成せしめた近畿方言の基質に、改めて注目をさ

そわれるのである。

結　び

　以上、播磨方言の断定辞「ヤ」の語性と、その推移・変容・転成について討究してきた。当方言に限らず、広く近畿方言において、断定機能の弱い「ヤ」を生成したこと自体、近畿方言上の特性として重要視されるのであるが、これがさらに、会話の相手への思い入れの深い新形式、「ネン」「〜テン」を生み出し、近畿方言を特色づけている事態が注目されるのである。

　今日、「ヤ」の領域は、近畿圏の周辺へ拡大しつつある。近畿圏の外郭をなす但馬の「ダ」の領域へさえも、「ヤ」の侵入が観察される。近畿方言と直接の関連はなくても、中国域の西辺、九州域の北辺・南辺など、「ジャ」の領域にも「ヤ」の新生が認められる。「ヤ」の表現性は、少なくとも国の西部の方言には、しだいに調和しつつあるもののようである。それにしても、「ヤ」の推移が、特異な「ネン」「〜テン」を生成する契機となったのは、近畿方言の基質にかかわってのことと考えられよう。

　ここで、いま1点注意されるのは、断定辞の、文末での特定化の傾向が広く見られることである。「ヤ」に関しては上述のとおりであるが、「ダ」についても、また「ジャ」ついても、文末での特定化——文末詞化の傾向が指摘される。主として文末に働く要素が、その文末で、会話の相手への何らかの呼びかけ・訴えかけの機能を帯びるのは、「文末決定性」を特性とする国語の、しぜんの推移と解されるが、それにしても、断定表現形式が、知的な表現性から情的な表現性へと推移しつつあるのは、別して注目される。九州肥筑方言にあっては、断定性を持つ文末詞「バイ」「タイ」の活動によって、助動詞そのものが衰退してさえいるのである。当面の近畿方言での「ネン」「〜テン」への変容も、このような国語の一般的傾向に副った動きとみることができようか。

　断定辞の変動を全国的な視野で討究するとき、なお、国語の本質にかかわる重要な諸問題を、国語発展の史的法則として把握することができるように

思われる。

文献
藤原与一（1962）『方言学』（三省堂）
藤原与一（1986）『方言文末詞〈文末助詞〉の研究（下）』（春陽堂）

第四章　接続表現法

第一節　播磨・但馬方言の確定順接法
──その史的推移と表現性──

はじめに

　播磨および但馬の方言に行われている確定順接形式は、概して多彩であるが、なかでも、両地域の西部域では、確定順接の特定諸形式が累積的に分布していて、注目すべき併存状態を見せている。これらの累積状態が、残存と新来とにかかわる、新旧諸形式の交錯によるものであることは、多く言うまでもない。当該地域は、近畿圏の西の縁辺に位置しているうえに、中国域とも境を接していて、いわば特殊な地域である。この特殊性が、上述のような、新旧諸形式の累積・併存を招来したと解されよう。

　これらの諸形式によって表される確定条件には、形式による微妙な意味作用上の差異が認められる。その差異とはどのようなものか。その各おのの意味作用上の特性は、諸形式の史的推移と、どのようにかかわっているのか。当該方言のように、同じ表現法を支える異形式が併存する場合、各おのの意味作用上の守備範囲──機能分担の状態を、形式の史的推移とのかかわりにおいて明らかにしようとするのが、本稿の目的である。

　意味作用上の諸相が、史的所産である形式とその推移──盛衰に関連していることは、ここに改めて言うまでもなかろう。いわば、意味作用の視点から、主として播磨・但馬西部域の確定順接の史的断層──段層に注目しつつ、標記当該域全域の存立状態の把握を目指すことにしたい。

一、播磨・但馬地域における確定順接形式とその分布

　上述の趣旨から、播但西部域に注目しつつ、諸形式の分布状況を大観しよう。近畿圏の周縁部にあたる、但馬および播磨西部域で、その周縁にほぼ沿うように分布するのが、「～デ」形式である。

〇ジセッチャデ　ショーガ　ナイ　ワナ。(時節だから、しようがないよ。
　　《戦時中、生活が苦しかったのは、時節・時代が悪かったのだから………》)
これは、播磨北西部、山崎(ヤマサキ)での1例である。
　この「～デ」の内側に分布するのが、「～サカイ」「～サカ」「～ハカイ」「～ハカ」「～サケー」「～ハケー」「～シケー」「～スキャー」などの「～サカイ」類の形式である。
　〇シャーナイハカイ　ヤメル　カー。(しようがないからやめるか。)
これも山崎での1例である。この種の「～サカイ」類が、近畿中央部に顕著な形式であることはむろんで、当該域の播磨・但馬西辺地域にあっては新来のものである。
　西辺地域で、「～デ」形式の存立する外側に分布するのが、「～ケニ」「～ケン」「～キン」「～キー」「～ダケー」「～サケー」などの「～ケー」類形式である。
　〇オジーサンガ　マワッテ　オクレルケー　マー　タスカル　ワナー。
　　(おじいさんが〈田んぼの水を見に〉回って下さるから、まあ、手が省けて
　　助かるよねえ。)
これは但馬西北部、浜坂(ハマサカ)での1例である。この「～ケー」類形式が、中国・四国、それに九州の中・北部を覆う広い地域に分布することは、よく知られているとおりである。播但西部の当該域で、この形式と「～サカイ」類形式とが接触しており、その接触地帯に沿うように「～デ」形式が分布しているわけである。この地域では、各形式が相互に交錯して、注目すべき併存状態を見せていることは、既述したとおりである。
　なお、このような分布状態のうえに、共通語形式の「～カラ」が、新しく進出しつつある。「～カラ」は、国土のほぼ全域で、何らかの活動を見せているが、兵庫県下でも、全域でこの形式が盛んで、特に東部、南部で際立っている(国立国語研究所　1989, 参照)。
　以下では、上記当該域の要地における、諸形式の表現上の意味作用について討究することにしたい。

二、但馬地域における諸形式の存立状態

　当該域には、「〜デ」形式の広がりのうえに、「〜サカイ」類形式、それに、西部に「〜ケー」類形式が分布している。その実情を、おおよそ3地域に区分して記述することにする。便宜、中央部から始めたい。

1．中部域──香住地域

　香住は、但馬のほぼ中央の、海岸部に位置している町である。この地域には、「〜デ」形式と、「〜サカイ」類の「〜シケ」「〜ダシケ」形式とが併存している。それに、新形式の「〜カラ」が、時に応じて観察される。「〜デ」「〜シケ」類は、共に、日常の運用状況から判断して、土地に熟した形式とみられるが、2者のうちでは、「〜デ」の方が、老年層に行われやすい実情からして、いっそう古い形式と解される。この事態は、「〜デ」の成立時期および分布の実際に、よく適っている。一方の「〜シケ」が、「〜サカイ」に由来する転化形であることは、多く言うまでもなかろう。当該域が、但馬北部における「〜サカイ」類分布の西限とみてよい。　さて、この両形式の意味作用について問題にしよう。端的に言えば、この両者は、おおむね共通語の「〜ので」と「〜から」とに対応するとしてよい（永野　1952，参照）。言うまでもなく「〜デ」「〜ので」両者の類縁の深さを思えば、このことは当然かとも考えられる。「〜デ」形式の働く表現を取りあげよう。

　○カクショーガ　ナエデ　ソノ　チョーコクワ　ブンカザイニ　ナランテ。
　　（〈左甚五郎の作という〉確証がないので，その彫刻は、文化財にならないんだって。《土地の古寺の彫刻について。初老男》）
　○ソレグフイ　サガ　アルデ　マー　クニガ　ホーッチマウンデス　ナ。
　　（それぐらい〈価格の〉差があるので、国も放棄してしまうんですね。《地元の鉱山の製品が、価格の面で、輸入品と太刀打ちできないことを言う。初老男》）
　○嫁に　イッタラ　プント　スルデ　モー　イワレン　ワト　オモー。

(……〈文句を〉言ったらぷんとするので、もう言えないなと思う。《嫁に遠慮する老女の言》)

これらの実例が示すとおり、「〜デ」形式の立つ表現の前件は、事実を客観的に叙述したものであるのが普通である。第1例で言えば、文化財に指定されるのには確証がないという、客観的な事実である。ここに認められる因果関係も、話し手の主観や判断を越えた、必然とも当然とも言える、客観的な事実である。第2例にしても、同様の客観的事実であって、「〜デ」による前件後件の因果関係も、必然とも言える、社会一般の認識事態である。その観点からして、前件と後件とは、恒常的に結びついていると言ってよい。このことは、「〜ので」の表現性に関しても言えることである。永野賢氏は、「〜ので」の意味上の特性として、「因果関係に立つ二つの事がらは、判断や推論という主観的な営みによって結びつけられるものではなく、本来、全体として一つのものなのである。」(永野 1952)と説明している。当該域の「〜デ」に関しても、同様の意味作用が指摘される。第3例の後件には、話し手の感情が述べられているかのようであるが、これも、実際には、その情念を、客観的に叙したものと解するべきであろう。その背景には、現今の嫁姑の、一般的な立場とその認識がある。このように、社会的一般的な事態として、広く認識されている事がらについての叙述が、この形式で行われるのが普通である。

　一方、「〜シケ」形式は、次のような意味作用をもって行われている。
　〇シェンシェーガ　カケアシデ　コーギ　シナルシケ　ヨー　メモ　トラン　ワイ。(先生が大急ぎで講義をなさるから、メモをとることができないよ。《文化財についての現地説明。初老男》)

このように、「〜シケ」形式の立つ表現は、話し手の主観または体験にかかわる、具体的な事実であるのが普通である。後件の内容は、文末で統括している「ワイ」によっても看取されるとおり、話し手の弁明・弁解であって、前件はその理由である。その理由も、話し手の見解や情意に発するもので、ここに見られる因果関係は、いわば特殊的——または個別的主観的なものである。その意味で、共通語の「〜カラ」に見られるように、話し手の訴え

たい表現内容の重点は後半にあり、前半はその理由を主観的に述べたものと解される（永野　1952，参照）。
　　○ソンナ　モンデスダシケー　ナニガ　アリマス　デー。（そういうものですから、〈他に〉何がありますか。〈何もありませんよ。〉《中年男が旅の青年に町の貧しさを語る》）
この１文も、話し手の感情・情念の強いもので、後件の「何もない！」を強調的に表出している。
　　○コドモワ　エー　ナー。ワリビキガ　アルシケ　ナー。（子どもはいいねえ。割り引きがあるからねえ。《中年男が青年に》）（上記２例は中田斉氏による）
この例では、後件が前面に出ていて、理由が後から補充されている。「〜シケ」が、個別的主観的理由を、強調的に表出しているさまが明らかであろう。
　ここで、先述の「〜デ」と、この「〜シケ」類とが示す因果関係を対比的に見れば、「〜デ」は社会的一般的な事実を客観的に叙するところに主点があり、「〜シケ」類は話し手の判断・欲望・情念を主観的に述べるところに主点がある。これをしいて言えば、「〜デ」は前件に表現の焦点があり、「〜シケ」類は後件に表現の焦点がある。「〜デ」が、前件から後件への展開が自然的一般的であるのに対して、「〜シケ」類は、それが意識的個別的である。前者が理的因果関係を表すのに対して、後者は情的因果関係を表すと言える。
　　○チューブデ　ネトラレルデ　ソノヒトノ　カワリ　スル　ヒトガ　ナェーデ　ミタシェンシェーガ　キラレルデス。ダケド　アノヒト　マダ　ゲンエキデスシケ　チョット　ツゴーガ　ワリーデス　ガナ。（〈〜さんが〉中風で寝ておられるので、その人の代わりをする人がいないので、三田先生が来られます。けれど、あの人はまた勤めの現役ですから、〈代わりに立つのは〉ちょっと都合が悪いですよね。《文化財の案内役についての、初老男の説明》）
この実例では、前文が「〜デ」、後文が「〜シケ」によって表現されている。その前文が、事実の叙述を主目的とし、後文が話し手の判断・見解の表出を

主目的としていることは明らかであろう。「～デ」「～シケ」の対比的な意味作用がよく理解される。

ところで、「～デ」「～シケ」は、実際の会話では、後件への言及を中止する、特定用法を見せる場合が少なくない。その例として、まず、「～デ」の場合を見よう。

　○コレワ　カワト　ゴーリュー　シトリマスデ　ネー。（これ〈目前の入江〉は川と合流していますのでねえ。《入江の傍で。初老女》）
　○イマワ　ヒャクショーヤニ　オヨメモ　ナイデ　ネーエ。（いまは、農家に〈来る〉お嫁さんもいないのでねえ。《初老女の嘆き》）

いずれも、客観的一般的な事実を指示して、後件を言外に暗示している。この場合、後件の内容は、前件からの必然的な帰結として自然に理解されるのが普通である。これを、後件の内容が、おのずからに前件に収約されていると言ってもよい。

ついで、「～シケ」類の場合を取りあげる。

　○イマ　カエシタルシケ。（今、〈ホームへ〉還してやるから。《少年たちの野球。バッターの少年が叫ぶ》）
　○ワシャー　シロートデスシケー　ネー。（私は素人ですからねえ。《初老男の謙遜の言》）

いずれも、個別的主観的な見解を提示して、後件を言外に暗示している。この場合、暗示された後件の内容こそ主張したい主点なのであって、「～シケ」は、その主張の理由、主張の根ざすところを、強調的に表明しているのである。このように、後件を明言しない用法にあっても、「～デ」と「～シケ」類との両形式で、おのずからに意味作用に差異のあることが指摘される。これを一般的に言えば、「～デ」には、しぜんに相手の理解や納得を促す情意があり、「～シケ」類には、話し手の主張や説明を押しつける情意がある。

2．西部域——余部・浜坂・温泉地域

因幡との国境に近い地域である。余部は、現在では前項の香住町と合併しているが、旧時は余部村として独立していた。香住町部と余部との間には、

険しい山地があって、両地域の通行は、そうとうに困難であったらしい。したがって、両地域の間には形式の分布境界がある。余部は、西部域に属するとしてよい。

　当該域には、「〜デ」形式と共に、「〜ケー」「〜ダケー」「〜サケー」などの、いわば「〜ケー」類形式が併存している。「〜ケー」類が、中国以西に広く分布する形式であることは、先述したとおりであるが、当該域は、但馬北部における分布の東限とみられる。

　さて、両形式の意味作用の差が、ここでも認められる。おおむね「〜ケー」類が、中部域の「〜シケ」の位置にあると言ってよい。

　「〜デ」は、この地域でも、古老に行われることが多く、いわば古態の根深さが観察される。その意味作用も、先の香住地域の表現の場合と、ほぼ同様である。

　　○ムカシワ　モーケチュー　コトガ　ナエデ　シェーカツモ　フジューダッタデス　ナーア。（昔は賃金仕事ということがないので、生活も不自由だったですねえ。《老男の懐古談》）

余部での１例である。昔の生活状況を、そのまま客観的事実として語っているのが、この実例である。

　　○キョーワ　キシャガ　トーランデ　ユキカキニ　デテ　オクレ　ヤー。（今日は〈大雪で〉汽車が通らないので、雪かきに出て下さいよ。《村の世話役の触れことば。老女の説明》）

これも余部での１例であるが、この例も、大雪が降れば村賦役で雪かきをする——という、土地に定着したしきたり・慣習を背景にしてのものである。後件が依頼の言いかたになっているのも、このような背景があるからで、単なる個人の主観や意志に発するものとは区別されよう。それにしても、古老によっては、順接法はほとんど「〜デ」で弁じる個人もある。両形の使いわけが、個人によって時に偏りの認められることのあるのも、注意しておく必要がある。当該域には、「〜ダデ」「〜サデ」「〜デーニ」「〜ケーデ」などの類縁事象も存する。

　なお、「〜デ」は、国境に近い因幡域でも見いだされる。

「〜ケー」類による確定順接法は、既述のとおり、主として中国・四国および九州中部以北の広い領域を覆う、きわめて旺盛な活力を保持している。それが、分布の東限として当該域に存するわけであるが、注意されるのは、この表現法が、「〜デ」によるそれよりも、新しいとされる点である。少年・少女など若い層では、これが中心である。全般に、この方が活力に富んでいる。実例を取りあげよう。

　〇コワイケー　イナー。(こわいから帰ろう。《小学生女同士》)

　〇テンキダケー　サー　デトラレルカモ　ワカラン。(天気がいいから、さあ、〈畠に〉出ておられるかも知れない。《中年女が、ある老女の家を教えながら》)

余部での実例である。

　〇ウチワ　アホーデスダケー　オドリャー　シマヘン。(私はあほうですから踊りはしません。《盆踊りの時に。老女の述懐》)

　〇イマー　ココニ　カワガ　ニャーサケー　ゴッツイ　アンキニ　アリマス。(今は、ここに川がないから、たいへん安心です。《洪水常習の川を埋め立てたので。老女の述懐》)

浜坂での実例である。これらの実例のいずれも、話し手の想像・見解・意志を述べたもので、むろん後件にその判断表出の重点がある。前件はその理由・根拠であって、時に主情的に述べたものである。このような意味作用は、先の香住地域の「〜シケ」類のそれに類似する。

なお、最後例の「サケ」は、一見、「サカイ」類を思わせるが、実は「ダケ」の転化形である (da＞sa)。類例は多く、因幡域内でもこれがよく行われている。

　〇マンダ　ヨケー　アルサケー　トッテタギョー。(まだたくさんあるから、とっておいてあげよう。《老女同士》)

この例は、因幡船岡町大江(オーエ)でのものである。但馬の当該域、西部域では、「〜ダデ」が「〜サデ」となることもある。

　〇ネンネンニ　ヨケン　ナリマスサデ　ナーア。(年々、〈減反割当てが〉多くなりますのでねえ。《初老女の説明》)

は、浜坂での1例である。
　さて、「～デ」「～ケー」類両形式の立つ文表現で、上例にも見られるとおり、後件内容に言及しないまま中止する例も多い。
　○イマワ　コーバガ　チョコチョコ　デケトリマスデ　ナーア。(今は工場が、わりとできていますのでねえ。《初老女の説明》)
　○マエワ　アンタ　コーバチャン　モナー　アリャー　ヘナンダケー　ナーア。(以前は、あなた、工場なんてものは、ありはしなかったからねえ。《初老女の説明》)
温泉(町)の実例である。両例とも、同1人が同じ話題の下に語ったものであるが、前者が客観的な事実を、事実のままに説明し提示しているのに対して、後者はやや感情的強調的に事態を指摘し、訴えているのが注意される。ここで主張しようとするところは、後件に潜在的に示されている、以前の生活の苦しさであり、貧しさである。
　ちなみに、南但馬(朝来)では、「～デ」「～サケ」「～ケ」の各類が併存している(清水　1991)。各形式による表現上の意味作用は、既述の但馬西部域での状況に、ほぼ類似しているようである。「～サケ」「～ケ」の併存状況について、土地の識者、清水徹氏は次のように述べている。

　　「～ケ」の類は、老人層に限られ、頻度は低い。表現性は、「～サケ」の類と、ほぼ同様であるが、主張的・説明的な心意が、より強く認められよう(清水　1991, p.26)。

提示された実例によって検してみても、「～ケ」の局限的な主張性が看取される。当該域では、この「～ケ」類が、もっとも衰微しているとしてよかろうか。

3．東部域——八鹿・養父地域

　当該域には、「～デ」形式と共に、「～サカイ」類の「～サケー」が併存している。それに、新形式の「～カラ」が時に観察されるのは、先述の香住地域と同様である。
　○イエニ　オリンサラン　コトガ　ヨー　アルデ　アノヒトモ　ナーア。

(家におられないことがよくあるので、あの人もねえ。《中年女がある老人の家を紹介して。後半は傍の老人相手に》)
○オヤガ　シヨリマシタデ　ナ。ハタオリ　ズット。(親がしていましたのでねえ。機織りを、ずっと。《機織りの上手な老女の説明》)

八鹿(ヨーカ)および養父(ヤブ)での、「〜デ」の実例である。いずれも過去の習慣的な事態が、「〜デ」の前件内容になっていることは、これまでにも指摘したとおりである。次は「〜サケー」の例である。
○ワシモ　ウター　スキヤサケー　ナライマシテ　ナ。(私も歌は好きだから、習いましてね。《歌好きの老女》)

養父での1例である。歌の個人教授に通う老女の弁明・説明である。主観的理由が「〜サケー」の内容になっている。なお、先述の中部・香住地域では、「〜シケ」がよく聞かれたが、ここにはそれがない。同じ「〜サカイ」類でも、形式を分けているのが注意される。

三、播磨地域における諸形式の存立状態

1．西北部域

但馬および美作と境を接する播磨西北部一帯での、問題形式の存立状態を取りあげよう。(播磨西南部域については、次節で問題にする。)この地域でも、「〜デ」が、本来の形式として主流を占めている。ここに、新しく、東から「〜サカイ」類が侵出している。また「〜カラ」も目立つ。

「〜デ」が、客観的、一般的な事実についての叙述に行われやすいことは、但馬域での場合に変わりない。ただ、当該域では、この形式がそうとうに優勢なようで、日常よく熟しきっており、主情的な表現にも、これがかなり行われているように観察される。
○ジショーノ　モンダッセ　モー　ココノ　コトワ　ヨー　ワカットリマスンヤ。(土地〈地所〉の者なので、もう、この土地の事は、よくわかっていますのよ。《老女が、自分のことを自慢して》)

山崎での1例である。この例では、「〜ダスデ」が「〜ダッセ」と転化して

いる。古老には、この形がよく見られる。「～デ」の、土地によくなじんでいるさまが看取されよう。さて、この実例は、話し手自身の見解・判断を表明したものであるが、土地者だから土地のことに詳しいのは当然——という、いわば一般的な理を背景にした、客観的な事態についての叙述と解することができよう。それにしても、「～デ」が、主観的な判断にかかわって行われることもある。次がその実例である。

　○ソラ　ミナヤデ　ショーガ　ナイデ。(それは、みんなのことなのでしょうがないから。《老女が、村の昔の貧しい食事を語る》)

これも、山崎での１例である。この例にしても、ここに示された判断・見解の背景には、村の古い生活についての一般的な認識がある。

　当該域でも、「～デ」は、高年齢層に多い。古老によっては、ほとんど「～デ」しか用いない個人もある。こうあれば、上来、問題にしてきた客観・主観にかかわる叙述の区別は、必ずしも鮮明ではないわけである。それにしても、村の一般的な生活習慣や倫理観を背景にした、安定した論理や判断が、この表現を支えているように観察される。

　「～サカイ」類では、「～サカイ」「～サカイニ」「～サカ」および「～サカェー」「～サカェーニ」が行われる。後２者は南寄りに多い。これら「～サカイ」類が、新来の形式であることは、既述したとおりである。他郷人との会話で専らこれを用いる初老の男子もある。ここにはいくらか改まった意識がある。全体に、若い層に行われることが多い。千種(チクサ)の少年層は主としてこれであると報じた土地の識者もある。

　○ナミダー　ポロポロー"ット　コボスサカイ　アー　コンド　カイシンシタンジャナ　オモヨッタガ　ナーンノ　ウソジャー。(涙をぼろぼろと落とすから、ああ今度は改心したんだなと思っていたが、何のことはない、嘘だ。《老男が、非行少年教導の体験を語る》)

　○ワカリャヘンサカイ　ダンマットリャ　エンヤ。(わかりはしないから、黙っていればいいんだ。《中年女性同士》)

波賀(ハガ)および山崎での実例である。いずれも、話し手の体験を叙した、情の起伏の大きい表現である。「～サカイ」が、このような、主観的で情念の強い

理由表明に行われやすいことも、上来、注意してきたところである。

　○話が　ツラツラツラツラ　デテ　シモータ　ガネ。オシャベリジャサカイ。(……つらつらと出てしまったよ。おしゃべりだから。《筆者との会話がはずんだ後で。老女》)

　○19歳の2月1日ジャッタンジャデ　キューノ　ソレモ　ニガツノ　ツイタッチャサカイニ　ネー。ソガナ　コッチャ　ガナ。(……だったので、旧暦の、それも、2月1日だからねえ。そんなことだがね。《老女が、嫁入りしてきた時のことを回想して》)

いずれも千種での実例である。第1例の語り手である老女は、平常、「～デ」を用いるのを常としたが、この場合は、スムーズに運んだ会話を浮き浮きと振りかえって、はずんだ心情でこう述べた。補充の第2文に行われた「～サカイ」は、主情性の濃い、積極的な理由表明になっている。第2例では、話し手が、自分の嫁入りの日を繰り返し述べている。始めに「～デ」を用いて、事実を淡々と説明していたのが、しだいに情感が高まり、嫁入りの時の年齢の若さを強調する段に至って、「～サカイニ」が現れている。「～デ」と「～サカイ」類との、意味作用の相違を示す好例であろう。

　なお、国境を西に越えた美作の大原一帯でも、「～ケ」と共に「～デ」「～サカイ」がある。その「～サカイ」については、若い層に多いと報じる個人もある。

2．東部・南部域

　播磨の大部分を覆う主地域である。ここでは「～サカイ」類が中心である。特に中・高年齢層に著しい。それに「～カラ」の活動もある。「～サカイ」類は、多彩な形式を見せている。「～サカイ」「～サカイニ」「～ハカイ」「～ハカイニ」「～サケン」「～サケー」「～ハケー」「～サカ」「～ハカ」などがそれである。

　○サイフ　ワスレタサカイ　カワレヘン　ネン。(財布を忘れたから、買えないのよ。《中年女性同士の、街での立ち話》)

　○タダデモ　カマヘンサカイニ　アズカッテ　クレヘン　カー。(ただで

もかまわないから、預かってくれないか。《田んぼの持ち主が、近所の者に、耕作や管理を頼む。中年男同士》）

加古川（カコガワ）および黒田庄（クロダショー）での実例である。「〜サカイ」類は、いずれも、日常的で身近な理由や条件を支えている。

○ゴハン　タベテヘンサカイヤ　ガイナー。（ご飯を、食べていないからだよ。《菓子類をねだる子に、母親が手をやいて》）

社（ヤシロ）での１例である。子どもが欲しがる理由を、前面に取り立てている。

○オバー。オマエモ　ナガイキ　シトーハカ　ノー。モー　ハヨー　シネヨー。（ばあさんよ。おまえも長生きしてるからねえ。もう早く死ねよ。《老男が老女に。戯れに》）

明石（アカシ）での１例である。隔意のない間がらでの、それだけに下品な言いかたである。転化の「〜ハカ」は、このような状況下で行われることが多い。下品とされる文末要素の「ノー」とも、しぜんに釣りあっている。

当該域は、まさに「〜サカイ」類の地域である。

四、播磨・但馬域における「〜カラ」の存立状態

共通語形式の「〜カラ」は、近畿圏でも、かなりの広がりを見せているが、当該の播磨・但馬域にあっても、新しい活力をもって、分布の領域を拡大しつつある。多くは共通語意識の下に行われるもののようである。その実態について、いくらかのことを取りあげておきたい。

始めに、但馬中部の香住での実情を見よう。

○ナンデモ　モノガ　アルデ　ジューブンニ　アルカラ　ソー　カネートオモーケド、（何でも物があるので、十分にあるから〈若い者の暮らしぶりを見ても〉そうかねと思うけれど、……。《初老女の若者批判》）

この香住地域では、既述のとおり、「〜デ」および「〜シケ」が優勢である。話し手の初老女も、その２形式の使い手であるが、時に、「〜カラ」を、上例のような状況で用いている。この例では、始め「〜デ」と言ったのを、「〜カラ」と言い改めている。他郷人としての聞き手——筆者を意識しての

ことであろう。類例を、いま1例掲げよう。

○ホショーモ　ナンニモ　ナカッタデスデ、サカラ　ネーエ。イチバン　ソンデス　ワ。(〈医療の〉保障も何もなかったですから、だからねえ。〈昔の者が〉いちばん損ですよ。《昔の医療制度の不備を語る。初老女》)

この例でも、「～デ」を「～カラ」に言い改めている。これも聞き手は筆者である。

以上のように、少なくとも但馬では、「～カラ」が、何らかの共通語意識の下に行われることは、否定できない。もとよりここに、単なることばづかいだけのことではなくて、理由づけを新しくしようとする意識が認められることも事実である。

播磨の場合を見よう。

○冬は炭俵を　アマンナランデ　ネー。コノゴロワ　ナイロンガ　アルカラ　スグ　デキルケド　ネ。(……編まねばならないのでねえ。最近はナイロンがあるからすぐできるれどねえ。《老男が昔と今との生活を比較して昔の苦労を語る》)

播磨北西部の波賀での類例である。これにも、「～カラ」への言い改めが見られる。ところで、播磨南部東部となれば、この「～カラ」形式はそうとうに盛んであり、土着の古さ、確かさを思わせる。

○センド　バス　ノラヘンカラ　ワカラヘン。(いつもバスに乗らないからわからない。《バスの行き先を運転手に尋ねた老女が。照れながら独白ぎみに》)[加古川]

○ヨー　モタン　ワ。オモタイカラ　ナー。(持てないよ。重いからねえ。《荷物を提げてみて。中年女同士》)[姫路(ヒメジ)]

○クジマデ　イッタラ　エーネンカラ　マダヤ　ワー。(9時までに行ったらいいんだから、まだよ。《高校女同士》)[滝野(タキノ)]

当該域での実例である。会話の相手も内容もごく内うちであって、日常的である。生活語として、かなり熟しているように観察される。滝野・社では、少年層に「～カラ」、中・壮年層に「～サカイ」「～カラ」の併存、やや「～サカイ」が優勢、老年層に「～サカイ」、やや「～カラ」が交じる程度

——といった状況である（黒崎良昭氏による）。「～カラ」が、共通語形としての背景や活力の下に、おおむね東から西へ（特に南部に厚く）と、また、若年層から老年層へと、しだいに浸透を深めつつあるさまを展望することができる。

　「～カラ」は、そのまま備前南部へと続き、一帯によく根づいている。その形成や展開に関しては、なおよく考究してみる必要があろう。

五、諸形式の動態補述

　「～デ」形式は、近畿圏の周辺を、ほぼ取り巻く形で分布している（国立国語研究所　1989，参照）。この状態が、その内側に分布する、新興の「～サカイ」類（および「～ヨッテ」類）の能動的な動きによって、中心部から浸触された結果——周辺へ押しやられた結果——と解することは容易である。

　当面の播磨西辺や但馬に限らず、近畿圏の他の周辺域でも、また「～デ」と「～サカイ」類との併存の事態が指摘される。京都府北部、丹後町方言の接続表現については、室山敏昭氏の報告がある（室山　1967）。同地域は「～サカイ」類、「～デ」類の他、わずかながら「～ケニ」類、「～シ」類があり、四者の併存する地域である。なかでも、「～サキャー」などの「～サカイ」類の活動が著しいようで、「老年層男女のもの言いから少年層男女のもの言いまで、きわめてさかんにおこなわれている。」(p.126)と言う。一方、「～デー」などの「～デ」類についても、ほぼこれに準じた記述があり、かれこれ、両者あい拮抗する勢力かと想察される。掲げられた文例（引用）について検討すると、「～サカイ｜類は、例えば、

　○クリャーサキャー　コッチー　キテ　オクンナハレ。暗いからこちらに
　　来て下さいませ。(中男)〈間人〉

などのように、話し手の意向・判断を支える個別的主観的な理由を、強調的に表出した表現が多い。一方、「～デ」は、

　○ココラチワ　イナカダッタデ　タマオバ　チーテ　ナー。ここらは田舎
　　だったからお手玉をついてねえ。(老女→老女)〈袖志〉

などのように、慣習や事実を客観的に説明した表現が多い。このことは、既述の、播磨・但馬での事態に通うものである。

　近畿圏の東辺域では、近江の湖東および三重県下が、注目の併存地域である。伊勢一帯は、「〜デ」の優勢な地域である。特に中勢に著しい。そのようななかで、中・高年齢層には、劣勢ながら「〜サカイ」類も行われている。注意されるのは、その「〜サカイ」類が、受動の形式であるらしいことである。このあたりの事情について、土地の識者の生駒昌之氏は、"土着の「〜デ」のうえに、いったん近畿中央からの「〜サカイ」類の侵入を許した後、再び名古屋方面から、「〜デ」が、新勢力として進出したのではないか"と説明している。名古屋圏に大きく組み込まれている近来の当該域の状況を見れば、この見かたも首肯されよう。当該域出身の佐藤虎男氏は、「〜デ」を根幹の生活語としてきた１人であるが、「〜デ」の意味作用に主観・客観の偏向はなく、当然ながら、主観的な理由を強調する場合にも「〜デ」である、と内省している。両形式を併用する同一話者について、両者の使用状況を比較討究することが、今後の１つの課題であろう。近江の湖東域では、「〜サカイ」類が能動の新勢力である。

　先に、但馬西域の「〜ケー」類形式について問題にした。これが、中国・四国および九州中部以北を分布領域とする有力な形式であることは、既述したとおりである。そのまとまりの東端に位置するのが、兵庫県下では但馬西域とした。さて、実は、この形式は、裏日本をさらに東に伸びて、丹後半島および越前域の一部にも存するらしい（室山　1967, 藤原　1969, 参照）。

　〇トシヨリワ　フワンデスケー　ナー。年寄はファンですからねえ。（老男）〈間人〉

は、室山敏昭氏の提示した、丹後町の１例で、「間人を中心として、網野町よりの地域に、わずかにおこなわれているだけである。」と説明している。かなり限られた小地域でのことのようである。

　〇スキナ　モンジャケー、

　　すきなものだから、

は、越前織田町での１例で、藤原与一氏による。「『ケー』はどういう『ケ

ー』か。『……ジャ（ヤ）』の言いかたの時に限って、『ケー』も存しうるのが注意点である。」と説明している。これも、かなり限られた用法によって存立しているとみられる。

　「ケー」の成立については諸説があるが、柳田国男氏、亀井孝氏に、「ければ」系とする説がある（柳田　1934，亀井　1936）。筆者もこれを支持したい。これが、かつて近畿の中央部に存した用法とすれば（亀井　1936）、今日の西域への分布に限らず、例え小規模でも、他域への分布が認められて不思議ではない。上述の近畿北辺の諸例は、その一斑と解されようか。それにしても、「〜ケー」類が、つねに「〜サカイ」類に接して分布しているのも注意を引く事実である。「〜ケー」と聞いたのも、時に「〜ハケー」などの縮音形である場合もあるのではないか。例えば、日本放送協会（1966）の近江湖西域「高島郡朽木村」の例に、

　　　f……イワナンダケ
　　　　　言いませんでしたから、（p. 152）

などが見られるが、これは、当該資料に頻出する「〜ハケ」（キレーヤハケ〈きらいだから〉）の縮音形とされるふしがないでもない。このような点についても、今後の精査が望まれる。

結　び

　以上、播磨・但馬域に存立する、確定順接法の諸相について討究した。史的断層がもたらした、併存する諸形式の間に、表現上の意味作用の差が認められる点については、上述したとおりである。ここで特に注意されるのは、各形式が、出自にかかわって保有する基本的な表現性と、史的推移にかかわって帯びる能動性・受動性との相関の事態である。これらの史的諸関連が、各形式の意味作用のうえに微妙な陰影をもたらしている。この点については、なお探究する必要があるが、意味作用把握の、重要な視点であることは疑いない。

　なお、当面の順接法に限って言えば、順接形式の多様さに対して、逆接形

式（「〜ケレド」類）の単純さの問題がある。このことは、両面の表現の真相に、何ほどか、かかわってのことに違いない。この点に関しても、接続表現法全般の問題として、総合的に追究していく必要があろう。

当該域を含む近畿周辺部は、近畿方言、さらに言えばかつての中央語展開の史的深層を見せる、注意すべき地域である。この地域の言語を比較討究する生態的研究は、国語の基本的な表現法を把握するうえに、重要な意味を持つものと考えられる。

文献
永野　賢（1952）「『から』と『ので』とはどう違うか」（『国語と国文学』27.2, 至文堂・『伝達論にもとづく日本語文法の研究』再録，東京堂出版, 1970）
藤原与一（1969）「越前の一小方言について」（『国文学攷』50）
室山敏昭（1967）「京都府竹野郡丹後町方言の接続語について」（『ノートルダム清心女子大学紀要』1）
清水　徹（1991）「南但馬方言の条件接続法―順接確定条件法について」（『言語表現研究』6）
柳田国男（1934）「そやさかいに」（『方言』4.1）
亀井　孝（1936）「理由を表はす接続助詞『さかいに』」（『方言』6.9）
国立国語研究所（1989）『方言文法全国地図』1
日本放送協会（1966）『全国方言資料』4

第二節　播磨・備前国境域方言の接続法

はじめに

　播磨と備前との国境地域は、八塔寺山（539m）、石堂丸山（422m）、黒鉄山（431m）を主峰とする一帯の山地であって、古来、人の居住も往来も、容易ではなかったように想察される。国境の東側には赤穂市、赤穂郡上郡町が位置し、西側には備前市三石、和気郡吉永町が位置しているが、両方言にはかなりの差異が認められる。ただその南部の海浜地帯には、孤立状態ながら集落が点在している。すなわち、国境から東の播磨側には赤穂市に属する福浦、天和があり、西の備前側には日生町に属する寒河、日生がある。各集落は、互いに山稜によって隔てられており、背後も高い山地によって覆われている。したがって、各集落とも孤立状態にあり、かつては集落間の通行も、舟によることが多かったと報じられている。

　寒河と福浦とは、明治22年に合併して1つの村（福河村）となったが、昭和30年に日生町に編入された。ところが昭和38年に福浦が分離し、赤穂市に編入されて今日に至っている。これによって、福浦は、岡山県から兵庫県へ移ったことになる。

　福浦は、上述のとおり、三方を山地に囲まれ、前面も、はるかに海を控えているとはいえ、それも小高い山によって隔てられた、孤立した地形に形成された集落である。かつて福浦と共に1村を成していた寒河もまた同様の地形にある。両集落は、1村を成していながら、古来、生活上の関連は薄かったかのようである。以前は、両集落を隔てる峠付近に小学校があり、双方から坂を登って通学した。子供たちは、互いに相手方集落の子供のことばが違うことを意識していたと言う。言うまでもなく、西側の寒河に備前色が、東側の福浦に播磨色が目立った。中等学校も、福浦の子どもたちは、県境を越えて赤穂市に通学するのが普通であった。この福浦が、寒河と別れて赤穂に

付き、県境が変動した。大事件であったと、当時の経緯を知る双方の住民が、回顧して語っている（p.82参照）。

　本稿では、これらの国境・県境一帯の方言を中心に、文表現中の接続法を問題にし、その生態を明らかにすると共に、同法の史的推移とその表現性について討究することにしたい。

一、国境地域一帯の方言の接続法

　当地域一帯の方言には、文表現中の接続法に、複数の形式が併存している。それも、確定順接形式が多彩である。この諸形式の間に、史的先後関係があることは言うまでもない。山地帯によって分けられた国境の両地域に、それぞれ異なった形式が存することも注意されるが、全国的に見ても稀な形式が分布していることも看過できない。諸形式が表す接続の意味作用と共に、当域における接続法の史的断層を明らかにするのが、本稿の目的である。

　諸形式とその分布の大概を見ておきたい。確定の順接形式については次のとおりである。

　当該地域の全域に「〜カラ」がある。がそれも、国境の備前側に濃い分布を見せている。播磨側に「〜サカイ」類が分布している。その変化形は多様であるが、それについては後項で取りあげることにしたい。

　上記の、国境をはさんでの大きい分布に重ねて、播磨の国境沿いに「〜デ」がある。この「〜デ」は、但馬から播磨西域に分布する同事象に連なる。ここで注目されるのは、主として播磨側に、仮に「〜ソエニ」類とした事象が分布することである。その播磨南西部に接する備前の日生（ヒナセ）に「〜ショイ」がある。これが「〜ソエニ」の変化形であるとすれば、一類のかつての活動や広がりのさまが想察される。

　なお、日生を中心とした備前の南東部は別として、その外周あたりから西に「〜ケー」類がある。この分布は、周知のとおり、中国・四国・九州へと続く。

　以上が、当地域に分布する確定順接形式の大概である。諸形式とその分布

の実情は、当該地域と方言の特異性とをよく物語っているように思われる。

前節の論考は、播磨・但馬方言全般の確定順接法を取りあげたものであるが、本稿は、当該地域内に認められる特定の要地方言について、その順接法を含む接続法全般について問題にしたものである。

確定の逆接形式は、当該地域の全域で「〜ケレド」類で、他形式は存しない。ただ、日生を中心とした備前の南東部には、その変化形の「〜ケー」がある。順接形式の「〜ケー」との、形式上、分布上の問題もあって、その存立が注目される。

二、確定順接形式の分布と意味作用

1．「〜ソエニ」類形式

国境に沿った播磨側に、仮に「〜ソエニ」類とした事象がある。「〜セーニ」「〜セニ」「〜センニ」「〜セン」「〜セ」、それに備前側の日生に存立する「〜ショイ」がそれである。これらの諸形式は、少なくとも当該地域のそれは、『方言文法全国地図』（国立国語研究所）にも取りあげられていないようで、いわば珍しい事象と言える。ただ、その地図によれば、日生の南方の小豆島に「〜シニ」が見えるが、あるいは「〜セーニ」に関連する事象であろうか。ちなみに『瀬戸内海言語図巻』（藤原与一）によれば、小豆島に「〜セ（シェ）ニ」が分布している。関連の事象であろう。

備前寒河（ソーゴ）での実例を掲げる。

○エー　センセガ　オルセーニ　ヨー　ワカルンジャ。（いい先生が居るから〈寒河弁が〉よくわかるんだ。《土地ことばをよく話す老女を指して。友人の老女の冗談》）

○アメガ　フルセン　イナン　カノー。（雨が降るから帰らないかね。《老女同士の誘い》）

当地では、「〜ソエニ」類は「〜セン」が一般的か。土地人同士の間ではごく日常的である。しぜん、老人から聞かれることが多い。中年以下の人たちには「〜カラ」が普通である。

○アノ　ヒトワ　トウエセン　ノー。(あの人の家は遠いからねえ。《老人が嫁に同意を求める》)

これも寒河での１例である。「〜セン」で文表現をしめくくる例も多い。この形式は、衰微した残存形式とみなされるだけに、主観性の強いものである。いわば、後件の理由を主観的に言いたてるニュアンスが濃い。「〜セン」でしめくくられる文にも、理由を前面に立てる意識がある。

寒河の隣集落の日生町の日生では、前面の所属の島嶼も含めて、
○アメガ　フルショイ　モー　イノイ　ナー。(雨が降るからもう帰ろうよ。)

このように「〜ショイ」が用いられている。隣集落の寒河に用いられている「〜セン」はない。「〜ショイ」は老人ことばと言う。それにしても急速に薄れつつあるもののようで、土地人の記憶や意識には鮮明であるものの、必ずしも一般的とは言いがたいように観察される。日生のある催しごとで、たまたま顔を合わせた70歳前後の老女３人の自然会話を聞いた。３人とも同級生と言い、ごく親しい間がらのようであったが、30分ばかりの賑やかな会話の間に、「〜ショイ」は１度も用いられなかった。会話の当該箇所では「〜カラ」が用いられていた。そんな状況ではあるが、日生の周辺地域の人たちも、「日生は『〜ショイ』を用いる」と説明しており、関心を示している。自然会話の３人の老女も、後の確認では「〜ショイ」を用いることもあると言っている。日生では、かつてはこの「〜ショイ」が、またはその同類が、一般的であったのではないか。それが現今では、「〜カラ」に場席を譲りつつあるのであろう（後述）。

さて、その「〜ショイ」であるが、「〜ソエニ」が変化を重ねて成ったものかどうか。「〜ソエニ」の変化形であるとすれば、この特異な形式だけが、寒河を越えて隣集落の日生に分布していることになる。あるいは、かつて国境域南部の両地域に分布していた「〜ソエニ」類が、備前側で早く衰微し、現在、南東隅の日生に特異な形式を留めているにすぎないとする見かたが当たっていようか。

日生・寒河は、先に触れたとおり、周辺から孤立しやすい地形にある。そ

のうえ、日生は、古来、海運業・漁業等が盛んで、周辺の地域とは違った生活形態をとっている。他集落との生活上の交渉も少ないうえに、内部の結束は堅かったかのようである。事実、周辺の住民は、日生の特殊性を言い、周辺との通婚も少なかったと報じている。いきおい、生活語も孤立しがちであったようで、周辺も「日生ことば」の特異性を指摘している。この地域に、孤立的に「～ショイ」が行われているのも首肯されよう。

　それにしても、ここに「～ソエニ」類としたものは、どのような成立にかかわるものであろうか。播磨の西辺山間部に散在する、同類の諸形式の分布状況は、古態の事象の残存を思わせる。しかも、後述する「～サカイ」類の、東から進出する勢力に堪えた生息状況である。とすれば「～サカイ」類よりも古態の形式であろう。この形態によって思いあたるのは、平安時代の訓点語その他に見られる「そゑに」である（大坪　1972，参照）。大坪併治氏は「そゑに」が、単に訓点資料のうえだけでなく、和文・和歌にも用いられることがあったと、上記論文で述べている。この種の接続事象が、どの程度にか、一般民衆の生活の中でも行われていたと想察することは、それほど無理なことではない。これが今日、特定の辺地局所でわずかに命脈を保っていると考えることもできるのではないか。が、なお推考の余地があろう。

　ちなみに、九州の、天草下島北部から島原、西彼杵、平戸、壱岐にかけての西海岸線地帯に「～セ（シェ）ン」がある（神部　1992，p. 116　参照）。が、この「～セ（シェ）ン」もすでに衰微しており、残存状況にある。播磨・備前国境の南部域の「～ソエニ」類と何らかの関係があるものかどうか、今は明らかにすることができない。ただ、備前・寒河の「～セン」を見れば、九州西辺の事象との関連が指摘できなくもない。かつて広く行われていた同類事象が、今日、九州西辺や播磨・備前の局地に、残存の状態で消え残っているのであろうか。先述のとおり、「～ソエニ」類はおおむね主観的な表現性を見せている。これも残存事象の示す特殊機能としてよかろうか。

2．「～デ」形式

　播磨・備前国境に沿うようにして、播磨側に「～デ」がある。この「～

デ」については、前節でも取りあげたとおり、但馬から播磨西部にかけて分布している。換言すれば、近畿圏に顕著な「〜サカイ」類の存立する地域の縁辺を、ほぼなぞる形で分布している。前節では、主として但馬西部、播磨北西部に分布する当該事象を問題にしたが、本稿では、これに続いて、播磨南西部に分布する「〜デ」を取りあげる。この事象は備前側には全く見られない。この分布状況のけざやかさも、注目に価いしよう。実例を掲げよう。

　○ワスレモン　シタデ　インダラ　キブンガ　ワルー　ナッテ　スグ　イッタ　モンナー。(忘れ物をしたので帰ったら気分が悪くなって、すぐ〈病院へ〉行ったものねえ。《病気入院のいきさつを語る。老女同士》)

　○フクモ　カバンモ　ボシモ　ミナ　アルデ　ノーガッコーエ　ヤットケユーノニ　ナー。(制服も鞄も帽子も皆あるので、農業学校へ通学させろと言ったのにねえ。《兄の通った学校へ弟も入学させるという願い。老女》)

赤穂天和(テンワ)および上郡(カミゴーリ)での例である。前節でも指摘したが、「〜デ」形式の立つ接続表現の前件は、事実を客観的に叙したものであるのが一般的である。第1例で見れば、「忘れ物をした」という事実を述べて、それから当然導き出される結果、つまり「帰った」という後件を展開している。

　○ヘビワ　ナメクジワ　キラウデ　ナー。(蛇は、なめくじを嫌うのでねえ。)

　○イノットリジャデ　ナー。ホンマニ　イノットリジャデ　ナー。(命取りなのでねえ。ほんとうに命取りだからね。《まむしに咬まれたら命取りだと言う。老女》)

福浦(フクラ)での実例である。「〜デ」の前件のままにしめくくった文であるが、省略された後件では、前件から必然的に導かれる事態、あるいは結果が述べられることになる。

　この「〜デ」の形式は、おおむね中年層以上のものである。先項の「〜ソエニ」類も、老年層のものであった。が、その「〜ソエニ」類がごく狭い地域に、あたかも追いつめられたかのような状況で行われているのに対して、「〜デ」は、近畿圏の縁辺とはいえ、やや広い分布領域を持っている。その分布状況からして、「〜ソエニ」類よりは新しい事象と推察されるが、それにしても、若い層には用いられていない。全国的な視野で見れば、中部地域

や九州南部地域に、比較的密度の濃い分布が指摘されはするものの、やはり古態の事象であって、おおむね衰微の方向にあるとしてよかろう。当該地域の「〜デ」形式も、播磨西部および但馬のそれとのつながりを見せて分布し、生活語表現のしぜんの働きを発揮してはいるが、古態残存の消極的な影は否めない。この形式と、新旧の深いかかわりを示しているのは、次項の「〜サカイ」類である。

3．「〜サカイ」類形式

「〜サカイ」は、近畿全円で一般的な形式であり、他域への広がりや存立についても、改めて取りあげるまでもない、周知の事象である。当該の播磨西域にも「〜サカイ」類がしげく分布している。注意されるのは、この類の形式は、国境を越えた備前側には全く存しないことである。それにもかかわらず、国境の播磨側には多彩な変化形式が分布していて、領域の相違を見せている。国境に沿った南部域一帯には、次のような変化形式がある。「〜サカイ」「〜サカイニ」「〜サケー」「〜サケーニ」「〜サケン」「〜サケンニ」「〜サキンニ」「〜ハカニ」などがそれである。福浦には、備前ことばの発音上の特色を見せて、「〜サカェー」「〜サカェーニ」「〜ハカェー」「〜ハカェーニ」がある。

　○アメガ　フルサカイ　ヤメトコ　カ。(雨が降るから、〈行くのを〉やめておこうか。)
　○ソーヤサカイニ　ミナ　ハヨーニ　ゴジゴロニ　イクンヤ。(だからみんな早く、朝5時ごろに行くんだ。《義士祭の当日、大勢で赤穂の町へ出かける。老女の説明》)
　○フネガ　ツッキョッタサケンニ　フナト　ユーンジャ。(船が着いていたから「船渡」と言うのだ。《老女の地名解説》)

上郡および赤穂天和の実例である。近畿圏に優勢な「〜サカイ」類が、その西辺地域でもかなりの勢力を保っている。が、それも、概して中年以上に厚く、若い層に薄い。若い層では「〜カラ」が一般的である。

　○ナイロンワ　アンマリ　エー　コト　ナェー　オモーサカェー　ワタシ

ナイロンテ　スカンノジャ。(ナイロンはあまりいいことが無いと思うから、わたし、ナイロンなんて好かないのよ。《老女同士の気楽な会話》)

福浦での1例である。かつて備前日生に属していた土地がらであるが、この地域には、播磨からの「～サカイ」類の侵入が認められるわけである。既述のとおり、福浦は、1963年に分町して播磨の赤穂と合併しているが、生活やことばのうえでも、それ以前から播磨色を示していたようである。が、「～サカェー」の発音自体は備前のものであり、両地域の狭間に生きた福浦方言の位置が想われる。
　〇ナマコギ　ユーテ　ナ。ナマデ　コグサカェーニ。(生扱ぎと言ってね。生で扱ぐから。《まだ熟さない、青い稲を刈りとって扱ぐ作業を説明する。老女》)

連文の例である。「～サカェーニ」が後文に位置し、前文の説明・判断の根拠となる理由を補充的に述べている。強調の心意もある。ここでも、主として中年層以上に行われ、日常の生活表現としてよく熟している。

4．「～カラ」形式

　当該地域の全域に「～カラ」が分布する。もっとも、この形式が共通語の言いかたとして、ほぼ全国に行われていることはむろんである。が、そういう一般状況のなかにあっても、地域地域の特定の事情による、分布の濃淡、有無の別も見いだされる。当面の国境域の播磨側には、既述のとおり、「～ソエニ」類、「～デ」、「～サカイ」類などの諸形式が分布しており、「～カラ」は、それらの諸形式と共に存立している。一方、備前側には、東南隅の日生に古態の「～ショイ」、寒河に「～セニ」「～セン」が存立するものの、これを別にすれば、「～カラ」形式一色である。国境の東と西に、このような際立った差異があるのは、注目に値いする。
　播磨側の「～カラ」形式を取りあげよう。
　〇テンワテ　ムズカシーカラ　カンタンナ　ジ　カクンヤ。(鵤和というのは難しいから、簡単な字〈天和〉を書くんだ。《老女が天和の地名の成り立ちを解説をする》)

○イマノ　ヒトワ　コトバガ　ヨー　ナットーカラ　ナー。（今の若い人は、ことばがよくなっているからねえ。）

　赤穂天和および上郡での実例である。当該地域に行われている諸形式のなかでは、この「〜カラ」がもっとも新しいもののようである。若い層ではこれが普通であるが、中年層以上の人たちにとっては、概して、何らかの共通語意識に基づくかのように観察される。旧来の諸形式に比べて、"よいことば"との意識がある。この事態は、当域に限らず、播磨全般の実情でもある。

　備前側には、既述のとおり、東南隅の日生に「〜ショイ」があり、寒河に「〜セニ」「〜セン」がある。当該地域で「〜カラ」形式は、これらの諸形式と共に存立している。

　　○ヌクイ　ゴハン　タェートルカラ　タベン　カナ。（温かいご飯を炊いているから食べないかね。《中年女性が家の前を通りかかった近所の老女に声をかける》）

　　○ハナカラ　イカン　ユーノモ　ワルイカラ　イク　ユートンジャ。（始めから行かないと言うのも悪いから、行くと言ってるんだよ。《老女同士の会話》）

　寒河および日生での実例である。旧形式の「〜セニ」「〜セン」、それに「〜ショイ」が、すでに衰微している実情については既述した。その旧形式に対して、「〜カラ」は少なくとも新形式である。「〜カラ」は、ちょうど旧形式にとって変わろうとしているかのような様相を呈している。日生の「〜ショイ」は、寒河の「〜セニ」「〜セン」に比していっそう淡くなっている。このような日生では、老年層でも「〜カラ」の使用が際立っている。

　さて、日生の西・北部に、日生を囲繞するように隣接する備前市では、老若にわたって「〜カラ」形式が行われるのみである。

　　○オメーラー　コーメーカラ　ワカラン。オッキョー　ナッタフ　ソカルンジャ。（おまえたちは小さいからわからない。大きくなったらわかるんだよ。《老人が子どもを諭す》）

　備前市穂浪（ホナミ）での１例である。この地域が「〜カラ」１形式であることは、かなり以前からのことである。44、5年前、筆者が当地の方言を調査した折も、

まさに「〜カラ」一態であった。この状態は、備前市の北部に広がる地域でも同様である。
　○タンボガ　オーキーカラ　ナー。フタリヤ　サンニンデ　ヨー　ウエリャー　セズ　ナー。（田ぼが大きいからねえ。2人や3人で植えられないしねえ。《昔の田植えの様子を語る。老女》）

備前市の北部に位置する吉永（ヨシナガ）での1例である。このような「〜カラ」1形式のみが存立するのは、日生・寒河を囲繞する地域一帯でのことである。「〜カラ」はさらに西の地域へと分布しているが、上記の地域を出はずれれば、他の形式、「〜ケニ」「〜ケー」などと併存する。この事態については後述する。

　以上のような「〜カラ」の分布状況を見ると、その「〜カラ」1形式のみの地域にも、かつては、旧来の他形式が併存していたのではないかと疑われる。その旧来の他形式の存立状況は、あるいは特殊な地勢と生活でもって保守的な、日生・寒河の今日状態に類していたのではなかろうか。つまり、日生の「〜ショイ」、寒河の「〜セニ」「〜セン」に類する形式、いわば先に「〜ソエニ」類とした形式が「〜カラ」と共に併存していたのではあるまいか。国境に沿って、播磨側にかなりの分布が見られ、備前域の日生・寒河にも、その変化形が分布している状況からすれば、かつて日生・寒河に隣接する備前市その他の地域でも、何らかの分布が見られたかとする推定は、必ずしも無意味な幻想とばかりは言えないのではないか。同形式は全くの古態であって、全国的にもほとんど痕跡を留めていない。当該域以外では九州西辺に見られるのみである。日生・寒河を囲繞する周辺地域でも、かつては「〜カラ」と共に併存していたのが、やがて衰滅したのではないか。その結果は、「〜カラ」1形式のみが存立することとなった。それと同じ過程をたどりつつあるのが、現今の日生・寒河の状態ではなかろうか。日生の「〜ショイ」、寒河の「〜セニ」「〜セン」の存立状況を見れば、これが近い将来に衰滅するであろうことは容易に想察される。その結果は、「〜カラ」1形式のみが存立することになるであろう。つまり、備前市とその周辺の今日状態と等しくなるのである。

「〜カラ」は、既述のとおり、共通語として、ほぼ全国的に分布している。が、むろん同類の史的源流は古い。今日の関東・東北への分布状況を見ても、西部地域への分布が、単に新しい共通語に発しているとばかりは考えがたい。順接形式が、東部地域に比して西部地域に、特段に多彩である事態からすれば、仮に古く東部と同じ「〜カラ」類が西部に及んだとしても、西部地域は、東部地域とは違った様相を呈したかと考えられる。それに、主として九州方言、それに中国方言には、格助詞「カラ」の特異で多様な古態用法がある（愛宕　1992）。この格助詞は、基本的には「発始」を表すもので、接続助詞「カラ」の成立にも、この格助詞が、何らかのかたちでかかわっていることも考えられる。とすれば西部地域の「〜カラ」類も、存外根は古いのかも知れない。

　西部方言において「〜カラ」類は、おおむね在来の旧形式と併存している。そのなかにあって、備前東部の当該地域、それに長門、日向の特定地域一帯に、「〜カラ」類形式のみが分布している。この「〜カラ」類も、かつては他形式と併存するということもあったのではないか。ともあれ西部地域の「〜カラ」類は、今日ではおおむね共通語の影響下にあるとしてよい。古く分布した同形式も、新しい共通語化の波の中で、活力を復しつつあるかのようである。

5．「〜ケー」形式

　「〜ケー」形式は、上述の「〜カラ」形式のみが分布する備前東部地域には無いが、その地域の北部・西部の縁辺から広く分布する形式である。すなわち、この類の形式が、中国・四国および九州中部以北に分布する、いわば国の西部方言の有力な順接形式あることは周知のとおりである。当面の備前での分布大概は上述のとおりであるが、注意されることは、「〜カラ」１形式が分布する地域の外から、中国地域の西部北部への分布が始まる点である。つまり、優勢な「〜ケー」も、「〜カラ」１形式が存立する領域には分布していない。見方をかえれば、かつて「〜ケー」類の分布を阻止する形式が、当該地域に行われていたことを想察せしめる。それを「〜ソエニ」類形式と

考えるのが、本稿の立場である。
　「〜ソエニ」類が、何らかの形で活用されていた当該地域には、受け入れられる余地のなかったのが「〜ケー」形式ではないか。その「〜ソエニ」類形式が存しなかった地域、あるいは衰微した地域に、新形式として、「〜ケー」類が用いられ始めたのではなかろうか。とすれば、かつて「〜ケー」類の分布を阻んだ「〜ソエニ」類も、やがて衰退し、「〜カラ」の発展を許すことになる。ただ、この推論は、「〜ケー」類の分布している中国・四国・九州の広い地域を視野に入れての立論ではない。が、少なくとも当該の備前東部に関してはこういう仮説が成り立つ。なお、西域の広い地域の分布状況についても、観察を細かくしていく必要がある。
　「〜カラ」１形式が分布する地域の外側に存立する「〜ケー」の使用例を掲げておく。
　　〇アメガ　フルケー　ヨー　イカン　ワー。（雨が降るから、行くことができないよ。）
備前市の西側に隣接する、牛窓（ウシマド）の例である。ある古老は、この「〜ケー」の他に、「〜ケニ」を用いることもあると報じた。「ジャケニ、」（だから、）は祖母の言いぐせだと語った識者もいた。これと共に、
　　〇オイシーカラ　タベラレー。（おいしいからおあがり。）
このような「〜カラ」もよく用いられている。邑久（オク）例である。
　　次は、当該地域の北側に位置する和気（ワケ）の実例である。
　　〇モー　ネブテーケー　オドラン　ユンジャ。（もう眠いから踊らないと言うのよ。《盆踊りで。母親が友人に、娘のことを話す》）
このような「〜ケー」が、次のような「〜カラ」と共に行われている。
　　〇オネーサンガ　ミョルカラ　ナー。（お姉さんが見ているからねえ。《姉が踊りの輪に入ろうとする妹に》）
これも和気での１例である。このような「〜カラ」がいくらか"いいことば"との意識を伴って、大きく西へ北へと展開していく。

三、確定逆接形式の分布と意味作用

　確定逆接法は、全国の広い地域で、「〜ケレド」類が、多彩な変化形を見せながらも、かなり安定した分布を示している（国立国語研究所〈1989〉38図参照）。当面の播磨・備前域においても、この類の形式がほとんど一定的である。国境の両域においても同様である。
　さて、大局をこう把握するとしても、詳細に観察すれば、当該の国境の両域に差異が見いだされて、注目される。播磨側では「〜ケド」がおおむね1形式で存立している。
　　○キタナイ　トコヤケド　カケテ　チョーダイ。（汚い所だけれど掛けて下
　　　さい。《老女が旅の者に》）
　　○ゴハンワ　オイシー　ナイシ　オモヨーッタケド　ナ。（ご飯はおいしく
　　　ないし、と思っていたけれどね。《入院経験を語る。老女》）
上郡および赤穂天和での実例である。このような「〜ケド」は、播磨全域に広く分布している。他に「〜ケンド」がわずかに認められる程度で、比較的安定した分布を見せている。
　国境の備前側では、同じ「〜ケレド」類ながら、その変化形が多様である。同域の中核とみなしてきた日生・寒河では、「〜ケド」と共に「〜ケード」「〜ケードモ」「〜ケー」「〜ケ」がある。
　　○キョー　オマエン　トコイ　イタケード　オマエ　オラナンダ　ノー。
　　　（今日、おまえの家に行ったけれど、おまえ、居なかったねえ。）
寒河での1例である。「〜ケード」が中心か。ところで、この地域で注目されるのは、「〜ケー」「〜ケ」である。
　　○ヒナセジャケー　ソーゴジャ。（日生に住んでいるけれど寒河生まれだ。
　　　《老女の自己出自の説明》）
日生での1例であるが、この文に行われている「〜ケー」は「〜けれど」である。
　　○スマンケー　ヒナセチョーノ　シリョーオ　モッテ　コサシテー。（す

まないれど、日生町の資料を持って来させて。《老男が電話で依頼する》)
このようにも行われている。日常、ごく気安く、普通に用いられる言いかたのようである。

　○シャーケー　イチネンセーノ　トキニワ、(だけど、小学１年生の時には、……。)
　○シャーケド　コンド　イタクセーデ、(だけど、今度は委託生で、……。
　　《委託生として校区外の小学校に通学したと言う》)

老女が小学生の頃を語る文である。同じ話題の中で、「〜ケー」が「〜ケド」と共に用いられている。

　○ケー　アノ　ウンチンノ　ヒキシメヤ、(けれど、あの、運賃の引きしめや、……。)
　○ケド　マー　ネンカン　ツージテ、(けれど、まあ、年間通じて、)

これは文頭に行われた「接続詞」の例である。「ケー」と「ケド」とが、同一人によって、同場面、同一話題で用いられている。「〜ケ」とさらに短縮された例もある。

　この「〜ケー」は、日生・寒河に限らず、さらに周辺にも行われる。かつて日生町に属していた福浦に、これが見いだされるのは当然とされようが、注意されるのは、その使用域が、順接「〜カラ」１形式のみ行われる地域に限られていることである。

　○タキョー　キッテ　キテ　タナバタ　シテ　ナー。ニギヤカニ　ショーリマシタケ　イマー　モー　ナー。(竹を切って来て七夕をしてねえ。にぎやかにしていましたけれど、今はもうねえ。〈何も行事はない〉《昔の七夕を語る。老女》)
　○シャケー　イマワ　チョット　ハイカラン　ナッテ、(だけど今はちょっとハイカラになって、……。)

吉永および備前市穂浪での実例である。この地域でも、「〜ケド」「〜ケード」が併用されていることはむろんである。

　「〜ケー」形式の他域での分布は、現在のところ見いだされていない。『方言文法全国地図』(国立国語研究所)にも記録がない。その意味でも当該地域

のそれは、稀な例とすることができよう。

　ここで注意されるのは、備前東部に分布する「〜ケー」も、順接形式の「〜ケー」が分布する地域には存しないことである。相反する機能を有する両者が、同形式となることを避けた、しぜんの選択と考えてよかろうか。日生・寒河の方言が、異色を示しがちであることは、これまでにも再三触れてきたところであるが、順接の「〜ケー」の隙間に、逆接の「〜ケー」が存立することは、たしかに注目される事態に違いない。

　「けれど」の逆接機能は、末尾の「ど」によって保持されるのが一般であろう。したがって、逆接の機能体が「ど」を省略することは、普通には起こり得ないか、起こり得たとしても稀なのではなかろうか。(静岡県清水市の吉原には、逆接「けれど」の「ケン」がある。)当面の逆接の機能体「ケー」は、直接には「ケード」からの変化形かと推察されるが、その「ド」を省略して、なお逆接の機能を発揮しているとすれば、「けれど」は、この地域において、古来、よほど安定した逆接機能体であったと思われる。順接の「〜ケー」の分布状態を見れば、両者は重なっておらず、まぎれる気遣いもなかったのであろう。ここに逆接の「〜ケー」を生成する条件が整っていたとみることができよう。そこにはまた、前件後件の、逆接の因果関係の恒常化ということもあったか。

　順接の「〜ケー」と逆接の「〜ケー」——、ここまでくれば、成立にかかわる両者の関係が問題になる。先に、前節で、順接の「ケー」類の成立を「ければ」とする説を支持した(柳田 1934, 亀井 1936, 参照)。順接の「ケー」類の成立については諸説があり、いずれも傾聴に価いするが、現在のところ定説がない。ここに具体の存立状態を検討して、上述の「ければ」起源説を、改めて提示してみたい。「已然形＋ば」が古態の確定順接形式であったことは言うまでもないが、これが東北や沖縄に現存している(彦坂 1972)とすれば、形を変えて中国・四国・九州北部の地域に定着したとしてもおかしくないのではないか。「ければ」の順接、「けれど」の逆接の帯同は、存立状態の実際からして、１つの重要な視点であるように思われる。一般には「ければ」の「ば」は影を薄めても、「けれど」の「ど」は、逆接機能を明示

する意味でも、省略されることは普通にはなかったのであろう。こうして、国の西部の広い地域で、両者は、帯同して順・逆を分担したとみることができよう。が、なお考究の余地はある。

四、当該地域の接続法収束

　以上、播磨・備前国境域一帯の確定接続法について取りあげた。注意されるのは、国境の東と西に、大きな断層のあることである。確定順接法で言えば、国境の東、播磨側に多彩な形式が見られ、西の備前側の形式が簡素なことである。播磨側には、「〜ソエニ」類「〜デ」「〜サカイ」類、それに「〜カラ」と多くの形式が存立している。対して備前側には、日生・寒河に、わずかに「〜ソエニ」類（「〜セン・セニ」「〜ショイ」）があるものの、これを別にすれば「〜カラ」１形式の地域である。既述したとおり、国境を中にした両地域は、自然の地形によって隔てられており、両地域の集落がほぼ等間隔に点在する南部一帯も、各集落の地域性がかなり際立っていて、要所に峠道はあるものの、古来、人の通交も稀であったかのように想察される。したがって、両地域の差異は、このような住環境にも大きくかかわっていよう。

　播磨側に、順接法に関する形式の多いことについては、これまでにも再三論述した。このことは、播磨が近畿圏に属していることと関係があろう。京都を中心とした国の中央で、新しい形式が生成され、四周に及んだ。大局をこう把握するとして、播磨も、その直接的な影響下にあったわけである。今日、近畿圏では「〜サカイ」類が中心であるが、播磨でもこの状況に変わりはない。「〜サカイ」類の分布する西の縁辺に沿うように、「〜デ」が見られ、さらにその先に、押しこめられるように「〜ソエニ」類が分布する。このような分布状況からして、「〜ソエニ」類が最も古く「〜デ」がそれにつぐと言えるのではないか。「〜デ」は、先にも指摘したとおり、中部地域や九州南部地域に、比較的密度の濃い分布が見られはするものの、いずれも近畿域からすれば周辺の地であり、また、もの自体も古態である。当該の地域でも、これが国境一帯の辺境に分布しているのは、史的推移の結果と言えるであろ

う。むしろ注意されるのは、「〜ソエニ」類を含めて、これら古態の事象が、国境の山間部に残存していることであり、また、国境を越えては西の地域に及んでいないことである。これも、国境の峻険な地形の故とも考えられるが、また、その自然の地形にも守られた政治体制——藩政の特殊性にもよっていようか。ただ興味深いのは、備前から北へ西へと広がる例の「〜ケー」類の広大な分布領域を仮に統括してみれば、その領域の尽きた地域に、南九州の「〜デ」が広がり、播磨（および但馬）の「〜デ」としぜんに繋がることである。両分布領域は、かつてどの程度にか連続し関連しあっていたのか。それを、新しく台頭した「〜ケー」類が分断したとも考えられる。播磨・備前国境域の「〜セン」に類するとみられる事象が、九州西域に分布している事態もある。国の西部域では、辺境とも目される九州の南辺・西辺に残存的に存立する事象が、近畿圏ながら播磨の西辺の山間辺地に、これも残存的に分布している事態は、両者を比べあわせて、興味深いものがある。当該地域が、国の辺境域に類する地域的特徴を見せていることもさることながら、そういう地域であればこそ、古来今日までの多くの順接形式が累積し、特殊な事象と表現とを見せていることが首肯される。

　それにしても、確定の逆接形式に比して、確定の順接形式のみが多彩ある事態については、播磨が近畿圏に属していることの他にも、何らかの理由があろう。当該地域にこそ無いが、近畿の中心部一帯には「〜ヨッテ」類もある。国の中央部では、たしかに新形式が生まれやすいが、それが順接形式に偏っていることが注意をひく。あるいは判断・要求等の理由づけを好む意識と、これを強調する意識が、つねに新しい形式を要求したのであろうか。

　「〜サカイ」類が、今日、近畿圏の中核的形式であるが、これも現今では、新形式の「〜カラ」の侵入を許しつつある。前節でも触れたが、播磨の中央部では、おおむね老年層に「〜サカイ」類、中・壮年層に「〜サカイ」類と「〜カラ」の併存、やや「〜サカイ」類が優勢、少年層に「〜カラ」、であると言うことができる。しだいに若い層から「〜カラ」が優勢に赴こうとしているが、この状態は、当該地域でもだいたい同様である。一方、備前側には順接形式が簡素である。「〜カラ」１形式の地域もある。近畿圏で生成さ

れた諸形式が、国境の山地帯で遮られたうえに、各集落の孤立的な生活上の事由もあってか、備前域に及びかねてきたようである。「〜カラ」1形式が存立する地域の外縁に接して、西へ北へと広がる「〜ケー」類の強力な機能性も無視できない。それぞれの事象の存立状態については、分布状況のみでなく、個々の事象が担っている史的背景を十分に考究する必要がある。

　確定の逆接法については、当該地域に限らず、国の広い地域で「〜ケレド」類が行われている。ただ、既述したとおり、国境の西、備前側に「〜ケー・ケ」とあるのが注意される。一般に、確定の逆接法は、国の広い地域にわたって「〜ケレド」一類であること、当該地域では、逆接の徴表とも言うべき「ド」さえも省略して行われていることなど、かれこれ観察を深めてみれば、逆接の因果関係の一般化、恒常化が、かなり強く認められる状況になっていると思われる。

結　び

　以上、播磨・備前国境域一帯に分布する確定接続法について記述した。全国的な視野で見れば、ごく限られた小地域であるが、ここに、順接・逆接とも、新古にわたって、多くのまた特殊な形式が存立していることは上述のとおりである。当該地域は、近畿圏の縁辺の一角として、かつての中央語の展開の跡を、いわば史的な層としてその深さを見せる、重要な地域である。接続法についても、その機能と史的推移を、縮約的に見せる地域であることは言うまでもない。その意味でも、当該地域方言と、その主要事項の1つである接続法は、今日の言語生活の生態を明らかにしていくうえでも、また国語の史的展開上の法則を追求していくうえでも、別して重要な研究対象と言うことができよう。このような認識のもとに、今後ともいっそう慎重に討究していく必要がある。

文献

藤原与一（1974）『瀬戸内海言語図巻』上巻（東京大学出版会）

国立国語研究所（1989）『方言文法全国地図』1
大坪併治（1972）「『かれ』と『そゑに』―訓点語を中心に―」（『国語学』91）
彦坂佳宣（1972）「原因・理由を表す助詞の分布と歴史（ノート）―『方言文法全国地図』の解釈―」（『日本語の歴史地理構造』明治書院）
小林賢次（1992）「原因・理由を表す接続助詞―分布と史的変遷―」（『日本語学』11の6，明治書院）
愛宕八郎康隆（1992）「九州方言―「カラ」から見て―」（『日本語学』11の6，明治書院）
神部宏泰（1992）『九州方言の表現論的研究』（和泉書院）

第五章　婉曲・間接表現法とその推移

第一節　播磨方言の否定法
——その形式の史的推移と意味作用——

はじめに

　近畿方言では、京都・大阪を中心に、否定形式として、「〜ン」および「〜ヘン（〜シン・〜ヒン・〜イン・〜エン……）」の2形式が行われている。両者の成立とその分布状況、用法および機能差などについては、これまでにも諸多の研究が公にされている（文献参照）。本稿では、これらの諸研究を踏まえながら、近畿地域の西の外縁に位置する播磨の生活語を対象にし、上記2形式の史的推移と相関の実情を、主として意味作用の面から、微細にわたって討究することにしたい。このような追究が、表現形式の、史的推移と表現性との密接な関係を明らかにするものであることは、多く言うまでもない。

一、否定形式の分布大概

　「〜ン」（行カン・来ン）は、西日本に広く分布する形式である。近畿地域においても、濃淡の差は認められるものの、ほぼ全域に分布している。これに対して「〜ヘン」（行カヘン・行ケヘン・来ーヘン・来ーヒン・来ーヘン……）は、主として近畿地域およびその周辺の特定地域に分布する形式である。この「〜ヘン」形式を、京阪を中心に生成し、現に周辺に波及しつつある形式——と説明することは、おおむね許されようかと思う。

　以上のような分布の大概については、ここに改めて取りあげるまでもなく、これまでの諸研究によって、すでに明らかにされているとおりである（楳垣実　1962, 他）。国立国語研究所『方言文法全国地図』2（1991）の「起きない」「飽きない」「見ない」などの第72〜84図によっても、当該形式の分布の大要を概観することができる。それにしても、「〜ン」形式はともかく、

「〜ヘン」形式に属する個別具体の形は多彩で、しかも分布の細部にわたれば、そうとうに複雑である。分布の地域・地点も、例えば上記の『方言文法全国地図』2によっても、覆いつくされないところが多分にある。それぞれに、時代を生きた表現生活、否定・否認の感情生活の起伏を反映していて単純でない。このような生態の把握を目指せば、さらに詳密な調査・探究が必要である。

　播磨の全域に分布する「〜ン」形式が、旧来の、いわば古形式であることは多く言うまでもない。この形式が分布するところへ、東から――近畿中央部から、新形式の「〜ヘン」の刺激が強くなってきた。それにつれて、播磨東部地域での「〜ン」形式が、しだいに影を薄くしてきている。一方、新興の「〜ヘン」形式の及びかねている播磨西辺（および但馬北辺）などは、概して「〜ン」形式の活動が著しい。優劣の互換的な差異は存するものの、両形式は、それぞれの実情に応じて、まさに相関の関係を保っており、あい擁して一定の否定・否認機能を支えている点が注意される。以下では、それぞれの形式の生態と推移との相関の実際について討究することにしたい。

二、「〜ヘン」形式の生成と意味作用

1.「〜ヘン」形式の原形

　「〜ヘン」が、「動詞連用形＋は＋せん（へん）」（行キワセン〈ヘン〉・来ワセン〈ヘン〉）に由来する言いかたであることは周知のとおりである。この本来形式（〜はせん〈へん〉・〜はしない）は、国の東北地方でこそ淡いようではあるが、関東から西の地域では、ほぼ全域で行われている（国立国語研究所　1999, 151図参照）。当該域の近畿域では、この言いかたを進化せしめて、新しく「〜ヘン」形式を生成したわけで、このような展開を特立して推進した近畿方言の基質が、改めて注目されるところである。

　「動詞連用形＋は＋せん（へん）」は、いわば強調の否定形式である。「行キワセン（ヘン）」「来ワセン（ヘン）」は、「行く」「来る」という事態を特に取りあげ、限定してこれを否定するもので、「行カン」「来ン」に比して、意

第一節　播磨方言の否定法　247

識的であり、強調的である。前田勇（1955）が、これを「強消」と解しているのは、周知のとおりである。

この本来形式は、もとより近畿域でも行われているが、本論の対象域である播磨でも、特に西辺・北辺において盛んである。その実情は次のとおりである。

　○コドマー　デテモーテ　オリャ　ヘン。（子どもは〈家を〉出てしまって、居りはしない。《村がさびれるのを嘆きあって。老女同士の会話》）［山崎(ヤマサキ)］
　○昔の風呂は　ナカナカ　ワキャ　ヘン。（……なかなか沸きはしない。《昔と今の風呂の比較。老男》）［佐用(サヨー)］
　○オヨグンダキャー　ダーレニモ　マケヤ　ヘン。（泳ぐのだけは、誰にも負けはしない。《老女の自慢話》）［相生(アイオイ)］

播磨西辺での実例である。「～ワ（は）」は、「～リャ」「～キャ」などのように、前接動詞の末尾音と融合して現れるのが一般である。（ただ、第3例のように、一段動詞に接続する場合は、「～ャ」〈拗音〉でなく、「連用形＋ヤ」の形を取る。これには、語幹保持の意識も働いているか。）第1例は、異常とも言える村や家の現状を、失望と不安の思いをもって訴えかけたものである。「～はヘン」は、その情念を表出する恰好の形式である。また、怒りや主張の情念を、この形式で表すこともある。第2例には、昔の風呂とその能率の悪さを語る、一種の感慨や詠嘆がある。第3例は、老女の若い頃の自慢話である。ここには、他を排して自らを誇る、軒昂たる思いがうかがわれよう。いずれにしても、「～は　ヘン」形式による表現は、話し手自らの確認や確信を、強調的に表出するのが基本である。言いきり、またはこれに準じる用法を主とするのも、陳述性の高い表現形式である故であろう。

　○サガイタッテ　オリャ　ヘン　ガナー。（探したって居はしないよ。《孫の嫁を探している老女に、老翁が。老翁は若い娘が近郷に居ないことを知っている》）［加西(カサイ)］
　○ダレニモ　ワカリャ　ヘン　ワナー。（誰にも〈自分の胸の内は〉わかりはしないよねえ。《中年女性が、老女相手に、日頃の苦衷を語る》）［姫路(ヒメジ)］

いずれも、話し手自身の、確認あるいは確信に基づく発言である。この確認

あるいは確信を、強調的に表出するのが、この形式による否定法である。これらの表現には、当該の動作・作用を、"あたりまえ"とか"当然"とか判じて強調するニュアンスがある。もとよりその判断は、主観に満ちたものではあるが、その主観を支える、何らかの拠りどころもある。話し手は、それを、確信——として打ちだすのである。件の「〜ヘン」形式の成立にも、このような、何らかの客体とのかかわり、あるいはその意識を支える一種の間接性が、一定の意味を持ったものと考えられる。

2．「〜ワ　セン（ヘン）」の音変化と意味作用

ところで、この「〜ワ　セン（ヘン）」は、例えば「居リャ　ヘン」「書キャ　ヘン」などのように拗音化するが、やがて、その拗音が直音化して、「居ラヘン」「書カヘン」のようになる。播磨西辺、相生の実例をあげると、次のとおりである。

　○ホンマニ　エーヤラ　ワルイヤラ　ワカラヘン。（ほんとうにいいのか悪いのかわかりはしない。《市場に並べられた品物をあれこれ見立てながら。老女の言》）

　○米以外の　ホカナ　モン　ナンニモ　ツクラヘン　デ。（……他のものは、何も作りはしないよ。《農家の老女が農作物を語る》）

ここに見られる「ワカラヘン」「ツクラヘン」は、意味作用のうえでも、「ワカリャヘン」「ツクリャヘン」に近似している。第1例「ホンマニ……」、第2例「ナンニモ……」などのように、特定の修飾部と呼応して行われている点を見ても、これが強調の言いかたであることは容易に看取されよう。つまり、これらは、原形式に近い「〜リャヘン」から、わずかに形が変化したに過ぎない——とも言える状態で存立しているのである。

　○ナンジカ　ワカリャ　ヘン　ナー。（〈バスの時間が〉何時かわかりはしないねえ。《老女が、明かりの消えた時刻板を見上げて》）

　○ナー。デンキ　ツイテヘンカラ　ワカラヘン。（ねえ。〈時刻板の〉明かりがついていないからわかりはしない。《中年女が老女に応えて》）

相生よりも東寄りの姫路での実例であるが、この「ワカラヘン」にも、「ワ

カリャヘン」に即応した、強調的な落胆や不満の情意が認められよう。

　以上のように、五段動詞に関してみれば、少なくとも播磨では、「〜Caヘン」(行カヘン・読マヘン)形式に、変化した直後——とも言える、生なましい跡を見せる例がだんだんに認められる。これが、慣用されるに従って強調度を薄め、普通の否定の意味作用を示すようになるのは、しぜんの推移と言うべきであろう。姫路の東、加古川(カコガワ)の例を見よう。
　　○カワヘン。ソレトモ　カウ。(買わないの。それとも買う。)
　　○カワヘン。(買わない。《高校生女同士の会話》)
　　○アンタ　キョーワ　イノウエサンニ　アワヘン　ノ。(あなた、今日は井
　　　上さんに会わないの。)
　　○アワヘン　ワー。(会わないよ。《中年女性同士の会話》)
このように用いられた「〜ヘン」には、特別な強調意識は認められない。例えば、第1例では、「買ワヘン」は「買ウ」と対応して用いられていて、単純な動作否定になっている。このような意味・用法に立つものが、加古川でも、日常的になりつつあるようである。

　ここで注意されるのは、「〜Ca　ヘン」が定着度を高めるのに従って、「〜Ce　ヘン」へと変化した例も、かなり認められることである。
　　○ドコ　イッテ　エーカ　ワカレヘン。(どこへ行っていいかわからない。
　　　《中年女性同士の、路上での会話》)［姫路］
　　○オトーサンワ　オレヘン。(お父さんは居ない。《少年男が母親に訴える》)
　　　［加古川］
この、「ワカレヘン」「オレヘン」のような「〜Ce　ヘン」が、「〜Ca」に後接する「ヘン」〔hen〕の母音の影響(逆行同化)によって変化した形であることは、すでに先学の指摘もあるとおりである(奥村三雄　他〈楳垣実1962〉)。近畿の中央部でも、「〜Ca　ヘン」が京都で広く行われるのに対して、「〜Ce　ヘン」が大阪で優勢であることは、よく知られていよう。播磨でも、東寄り、南寄りに、これが見られやすいことは、新しい動きとして注意されよう。上述のとおり、言語内の同化現象として位置づけることができるのはむろんであるが、ここには、大阪方言からする何らかの刺激や影響も、

無視できないのではないか。それにしても、両形の分布領域は交錯するところがあって、必ずしも単純でない。加古川で、"祖母は「行キャヘン」、母は「行カヘン」、娘は「行ケヘン」"と説明した識者もある。両形に認められる新古の差異は、むろん表現性にもかかわってくる。一般的に言って、新形の「〜Ce ヘン」に、軽快な清新さがあろう。

3．一段・カ変・サ変動詞にかかわる否定法

「〜ヘン」が、一段・カ変・サ変動詞にかかわる場合を見よう。先に、南西部の相生の実例として、「負ケヤヘン」を取りあげた。これは、「負ケ＋ワ＋ヘン」が変化したものであろう。注意されるのは「〜ヤ」であるが、これも前接の動詞連用形の末尾音とのかかわりで、「ワ」〔wa〕が転化したものと解される。

　　○イマ　ソヤン　コト　シヤ　ヘン。(今、そんなことはしはしない。《七夕祭の行事について語る。老女》)

これも相生の実例である。同じ言いかたについて、播磨西の奥地、相生よりも北寄りの、千種(チクサ)での１例を取りあげよう。

　　○見合いなんか　シヤー　セン。(……しはしない。《老女が、自分の結婚のいきさつについて語る》)

ここに用いられている「シヤー　セン」の方が、「シヤ　ヘン」よりも、古形であると考えられる。これが、「シワ　セン」の転化形であることは、もはや多く言うまでもなかろう。見られるとおり、この表現には、強調の情意が生きている。前述の「〜ヤ」は、この「〜ヤー」が縮音化して成ったものであろう。

　　○コドモラデモ　イエニ　ネヤ　ヘン　ガナ。(子どもらでも、家のなかには寝はしないのよ。《戦時中、空襲を恐れて。老女の回想》)
　　○ナカナカ　フナノリ　デキヤ　ヘン。(なかなか船乗りはできはしない。《船乗りの経験を持つ老女の自慢話》)

いずれも相生での実例である。相生では、このような例と共に、

　　○オヨグンワ　マケー　ヘン。(泳ぐのは〈誰にも〉負けはしない。)

○ダレニモ　クレー　ヘン。(誰にもくれはしない。)

などのように、前接の動詞連用形の末尾音を長呼する例がある。これも前述の「〜ヤ」の、順行同化による音変化の結果かと推察される。長呼されたものは、やがて慣用につれて、短呼されるようになるのであろう。「負ケヘン」「クレヘン」の形が、中部・南東部では一般的である。

　　○デッタイ　コーテ　クレヘン　ネナー。(ぜったい買ってくれないのよねえ。《母が服を。高校生女同士の会話》)

東部、社(ヤシロ)での１例である。ただ、高砂など、一段動詞の五段化傾向のある地域では、例えば「クレラヘン」「負ケラヘン」などの行われることもある(楳垣実　1962，参照)。

　一段動詞で、その連用形がイ段音に終わるものに関しては、次のような注意点がある。

　　○ヨゴレガ　オチヒン　デ。(〈服の〉汚れが落ちないよ。《中学生女同士の身近な会話》)[滝野(タキノ)]

　　○スキーノ　ハナシヤッタラ　ツキヒン　ワー。(スキーの話だったら尽きないよ。《高校生女同士の会話》)[社]

　　○マダ　ミーヒン　ナー。(まだ見ないねえ。《同上》)[社]

東部地域での実例である。「オチヘン」「ツキヘン」「ミーヘン」とあるのが一般であるが、若年層中心に「〜ヒン」の言いかたが増えてきている。これも、順行同化の結果であることはむろんである。「〜ヘン」形式の熟度をよく物語っていよう。なお、第３例のような語幹１音節の動詞は、その連用形の末尾音が長呼される形になるのが普通である。

　変格の「来る」の否定形式は、いくらか他とは異なった展開を見せている。「キヤ　ヘン」が古形であることは、類例について前述したところでも明らかである。この言いかたから「ケーヘン」「キーヘン」が生まれ、また、「キーヒン」もできている。

　　○マットッテモ　キーヒン。(待っていても来ない。《連れを待っている中年女性同士の会話》)

姫路での１例である。一連の言いかたのなかでは、これが新しいようで、南

部東寄りでは若い層でよく聞かれる。中年以上に聞かれやすいのは「ケーヘン」か。

　さらに、若い男女に多いのは「コエヘン」「コーヘン」である。
　○キョー　カエッテ　コエヘン　ノ。(今日、帰って来ないの。)
　○クルマガ　コーヘン　ネン。(車が来ないのよ。)

いずれも、加古川での、若い女性同士のものである。「コーヘン」の方がいっそう気安い言いかたのようである。男子の高・中学生の間で、これがよく行われている。"目上には用いられない"と内省する識者もある。(西寄りに「コーヘン」、東寄りに「コエヘン」と報じる土地人もある。)神戸には「コヤヘン」があるとされるが(楳垣実　1962)、上述の諸形も、これに類する言いかたから変化したものか。「キワヘン」からの「キヤヘン」に発する、一連の言いかたが主流とすれば、この「コエヘン」「コーヘン」は傍流とも言うことができる。「キ〜」から「コ〜」への転移も、元来、否定を支えてきた動詞の形式──「未然形＋ん」の「コン」に類推してのことと解されよう。それにしても、派生した形の多さは注目に価する。語幹1音節で安定を欠くうえに、上述のとおり、未然・連用の両形が形を異にするのも、数多の形を生むことになったと考えられる。加えて、生活基礎語としての、日常の頻用がある。

　「為る」の否定形式についても、大阪などでは、「来る」とあい似た展開が指摘されるが、播磨では「来る」の否定形式ほどの多様さはない。先に、西部地域の「シヤヘン」を取りあげた。東寄りには、この形から転化したとみられる「セーヘン」「シーヒン」がある。
　○マットカナ　ショーチ　セーヘン。(待っておかないと承知しない。《少女
　　同士の会話》)

加古川での1例である。この「セーヘン」の方が、全般によく行われるようである。ここでも、「セ〜」「シ〜」の2系列が認められはするが、両系列の差異は、「来る」の場合の「キ〜」「コ〜」各系列ほどの多様さはない。これも、両動詞それぞれの、未然形・連用形の音差の程度にもよっていよう。もっとも、大阪その他の場合など、地域を広くとってみれば、「シエヘン」な

ど、ここにもそうとうの多様性が認められる（楳垣実　1962，参照）。上述の「セーヘン」は、あるいはこの「シエヘン」を経たものか。

4．「〜ヘン」形式成立の背景

　以上のように、「〜ヘン」は、播磨でも一般的な否定形式となりつつある。ところで、その母胎の強調形式「〜ワ　セン」は、先にも見たように、関東以西で広く行われているにもかかわらず、近畿域にほぼ限って、問題の否定形式が生成したのは何故であろうか。柴田武（1976）は、「後者（筆者注「書カヘン」）はもともと当たりの柔らかい表現である。（中略）京都・大阪あたりでは、このようにちょっと間を置いて打ち消したり、遠回しに打ち消したりするくふうが発達している。」（p.91）と述べているが、上述のとおり、この「〜ワ　セン」は、本来、強調の言いかたであって、「もともと当たりの柔らかい」言いかたではなかったのである。これが、普通の否定形式として定着するまでには、それとしての経緯があったわけである。ただ、「〜ワセン」は、すでに述べたように、対象とする動作・作用を特に取りあげて限定し、これを否定するもので、一種の間接性は認められようか。基底には、その否定判断を、"当然" として強調するニュアンスがある。このような意味作用は、慣用がすすみ、強調性が薄れるのに従って、何らかの客体性を見せるようになるのがしぜんの成りゆきであろう。これが、「当たりの柔らかい」言いかたとか、「遠回しに打ち消す」とか説明される１つの理由にもなっていよう。前田（1955）の言う「強消」から「弱消」への変質も、このような推移のなかで、しぜんに遂行されたと想察される。

　「〜ヘン」形式の生成と定着とが、近畿方言域で推進されたのは、上述のとおり、いわば間接的な表現を好む、当方言の言語基質にかかわるところがたしかにあろう。これと共に看過できないのは、当方言の発音慣習である。端的に言って、この形式を生む直接の契機となったのは、次のような発音傾向ではなかったか。

(1)　**直音化傾向**

　これは、例えば「書キャヘン」「読ミャヘン」が、「書カヘン」「読マヘン」

へと安定していく傾向である。近畿方言に、この、拗音を避けて直音化する強い傾向の存することは、よく知られていよう。例えば、大阪方言で言えば、「ナケラ」(←無ケリャ)「ヨケラ」(←良ケリャ)〈形容詞〉、「アラ」(←アリャ〈あれは〉)「ソラ」(←ソリャ〈それは〉)〈指示詞〉、「〜ナ」(←行かニャ・書かニャ)〈特定助動詞〉などは、よく聞かれる事象である。「行キマヒョ」「来マヒョ」からの「行キマホ」「来マホ」なども、大阪弁らしい軽快さがあろう。このような傾向は、播磨でもよく認められる。特に話部末によく見られて、例えば、

　○チョキン　セナ　アカン　シ。(貯金をしなければならないの。《高校生女同士の会話》)［社］
　○ホナ　イキマホ　カ。(では、行きましょうか。《老女同士》)［明石(アカシ)］
　○ソラ　エー　ワ。(それはいいよ。《中年女性同士》)［明石］

このような実例は多い。当面の否定の言いかた——「行キャセン(ヘン)」などの「行キャ」にも、当然この直音化が起こった。直音化が起これば、動詞活用形の一態(この場合は未然形)になぞらえられもしよう。

(2) 短音化・縮音化傾向

ついで注目されるのは、短音化あるいは縮音化傾向である。これも近畿域に見られる、強い傾向である。その実例の一斑を掲げよう。いずれも明石でのものである。

　○ソヤロ　ナー。(そうだろうねえ。《老女同士》)
　○イコ　カ。(行こうか。《老女同士》)

これらには、助動詞「う」のかかわった短音化が見られる。

　○モー　モロタ　ワ。(もう貰ったよ。《中年女性同士》)
　○テーキモ　タコ　ナッタ　ワナー。(定期券も高くなったよねえ。《青年女性同士の嘆き》)

これらには、連用形にかかわっての短音化現象が見られる。このような短音化現象は、近畿方言の基質として注目に価しよう。当面、問題の否定形式に関しても、例えば、「書きはせん」「行きはせん」からの「書キャーセン(ヘン)」「行キャーセン(ヘン)」が、「書カヘン」「行カヘン」のように縮音化

したのも、このような短音化の傾向に支えられてのことに違いない。
(3) sV＞hV 傾向
　いま１つあげれば、近畿方言に著しい、サ行音がハ行音に変化しやすい傾向がある。この発音習慣が、「〜セン」から「〜ヘン」への変化を支えていることはむろんで、軽い音感を与える否定形式の形成に、一定の役割を果したと考えることができようか。
　以上のような基質的な発音傾向に基づいて、この否定の「〜ヘン」も、ほどよい利便の形式へと推移した。慣用の結果は、この「〜ヘン」が、動詞に直接する否定の助動詞と目されても不自然でないほどに、安定してきている。
　近畿方言が、簡略さ、軽快さを根底に蔵する言語であることは、改めて言うまでもなかろう。「〜ヘン」の否定形式も、内面・外面共にその基質に支えられて、まさに近畿方言の世界で、生成すべくして生成したと考えられるのである。

三、「〜ン」形式の衰退と意味作用

１．主情性（←陳述）
　「〜ヘン」形式が新しく興隆し、旧来、「〜ン」形式が占めていた地位を侵すようになるのに従って、「〜ン」形式が衰退していくのは、しぜんの理である。ただ、衰微し衰退していけば、それにつれて、表現性に特殊な傾向が現れてくる。すなわち、社会性が薄れるのにつれて、強い主情性を帯びてくることである。そして、特殊な表現に偏して行われる。その実情の一斑を問題にしよう。
(1)　一人称表現（心内語も含む）
　衰微した「〜ン」形式は、一人称の表現に行われやすい。
　〇イヤイヤ。モー　イラン。（いやいや。もういらない。《中年女性が男の強いる食物をことわる》）［明石］
　〇コッチラ　モチハカ　イラン。（私なんか、餅しかいらない。《老女同士の会話》）［加古川］

○ウチ　イカンノヤ。(私、行かないのよ。《老女同士》)[明石]
これらの実例に見られる「〜ン」は、話し手の、一方的な判断や情念を表出している。主情性を言う場合、「〜ン」のかかわる動詞の主体が話し手(一人称)であることが多いのも、当然と言えば当然であるが、やはり注意すべき点である。が、一人称表現であれば、必ず「〜ン」形式をとる、のではないこともむろんである。例えば若い女性同士で、一方が、
　　○ガム　イラン。(ガムはいらない。《ガムを差し出しながら》)
と聞いた場合、他の一方は、
　　○イラン。(いらない。)
とも、また、
　　○イラヘン。(いらない。〈今は欲しくないの〉)
とも応じることができる。前者はきつく、時に不機嫌なことわりかたになり、後者は柔らかく、やや婉曲なことわりかたになるようである。当然、後者の方がいくらか品位がよい。ただ、この後者の「〜ヘン」の場合、時に、本心を押さえ、欲しいのを無理して、こう応じることもあり得る。そのような表現の場合には、"やや傷ついた、いじけたニュアンスがある"と土地の識者(姫路・浜田正晴氏)は内省している。既述のとおり、「〜ヘン」には、基本的に、客体的な表現性が認められる。上述の場合も、率直な要求の心意を抑圧して、あえて客体形式によったところに、かえって内面のいじましさがにじみ出てくるわけであろう(神部　1984,参照)。
　問いかけ・働きかけの場合について言えば、上述の「〜　イラン」は、相手に密着した情味のある言いかたで、その相手は、隔意のない個人であるのがふさわしい。"甘えた言いかた"と内省する識者もある。相手が複数である場合などは、
　　○ガム　イラヘン。(ガム、いらない。)
と言うのがしぜんのようである。特定の個人への思い入れではなくて、広くオープンに、公平な立場で相手の意思を確かめる場合だからである。
　　○アンナ　モン　シラン　ワイ。(あんなもの、知らないよ。《隔意のない友
　　　人である老男同士の会話》)[明石]

○ウチ　シラン　デー。(私、知らないよ。《中年女性同士》)［姫路］
「知ラン」の用いられた例文である。いずれも動作の主体は話し手であって、自らの判断や情念が、直に表出されている。この「知ラン」は、全般によく行われている。あるいはこれが慣用句になっているかのようで、他の動詞による「〜ン」形式に抜きんでている。年少者に「知ラヘン」の聞かれることもあるが、少ない。
　○アレ　シラヘン　カー。(あのことを知らないの。)
　○シラーン。(知らない。《高校生女同士の会話》)
これは姫路での実例である。若い女性の識者は、ここに「知ラヘン」を用いるのは、ごく稀なことだと言う。が、あえて「知ラヘン」を用いているのは、相手の意向に配慮したところがあろう。
　○アノコワ　ナンニモ　シラヘンカラ、(あの娘は何も知らないから、……。
　　《青年女同士、友人のうわさをして》)
神戸での１例である。これは第三者に関して用いられたもので、いわば、「〜ヘン」の客体性が効いた表現と言えよう。ある神戸の中学校男性教師(30歳代)は、生徒の質問で答えに詰まった場合、「知ラン」と言うより、しぜん、
　○そんなことは　シラヘン。
の方を選ぶと内省している。この方が、婉曲で柔らかい感じがすると説明するが、同時に、教師の不勉強を一般化し、恥を薄めようとする意識も働いていると解されよう。
　○キータカテ　シラン　ユワー。(聞いたって、知らないと言うよ。〈あの人は〉)
　○シラン　ユー　ワナー。(知らないと言うよねえ。《ある人物〈第三者〉についてのうわさ話。老女と中年女》)
姫路での実例である。これが、ごく普通の用法である。
　ついで、次の別例、
　○マエノ　コト　ワカランノヤ。シランノヤ。(以前のことはわからないんだ。知らないんだ。《老男の強弁》)［黒田庄］

○ソー。ウチャ　ワカラン。(そう。私はわからない。《中年女性同士の会話》)［加古川］

このような「ワカラン」も、よく聞かれる言いかたである。

　総じて言えば、「要ラン」「知ラン」とか、あるいは「ワカラン」などのように、知覚や欲望を表す動詞は「〜ン」形式を取ることが多い。「ヨー　行カン」などのように、話し手の能力に関する不可能を表す場合に、「〜ン」となりやすいことは、別稿でも問題にした（神部　1993）。

　ところで、このような特定の動詞でなくても、話し手の判断や情念を強く表出する場合は、「〜ン」形式を取ることが少なくない。次の例文のとおりである。

　○マチワ　ウレン。(町では〈物は〉売れない。《行商の中年女同士、買い手がつかないのを慨嘆して》)［加古川］

　○モー　セキニンワ　オワン。(もう責任は負わない。《中年女同士、憤慨の面もちで》)［姫路］

類例は多い。ラジオのスイッチを切れと言われて「切ラン。」と抗弁する場合、話を聞けと強要されて「聞カン。」と応じる場合など（明石例、佐藤雅彦氏による）、いずれもこの例である。親が子どもにものを食べさせようとする場合、始めのうちは、ややいらだちながら、

　○ハヨー　タベン　カ。(早く食べないか。)

などのように言うが、それでも子どもは食べないとなって、

　○タベヘン　カー。(食べないか。)

　○タベヘンノン　カー。(食べないのか。〈食べないつもりか。〉)

のように言うことがある。これには一種の威圧感があると言う（佐藤氏による）。察するに、客体性を見せる「〜ヘン」形式を取ることによって、相手の子どもとの間に、心理的な距離をおいた故であろう。この距離意識が、この場合、開き直りと共に、後での報復を匂わせこともある。「〜ン」の直接的な情念の表出とは違って、あえて平静（無関心）を装うことによって生じる効果である。

　以上の諸例は、「〜ン」形式の、衰微・衰退につれて露になってくる、強

い主情性を示すものである。前田（1955）が、「〜ン」の性格の１つを「対自性」ととらえているのも、これに関係があろう。ただ、注意したいことは、前田の対自性が、本来「ん」に備わったものとされている点である。ここに言う主情性は、広く、衰微していく特定形式に、しだいに濃縮されてくるものであって、「〜ン」形式が、本来特別に帯びていたものとは言い難い。

(2) **否定慣用句**

　上述のような主情性を、色濃く帯びた特定の否定慣用句がある。「アカン」「イカン」「スマン」「カナワン〈カナン〉」などがそれである。はじめに、「アカン」について取りあげよう。

　「アカン」は、この「〜ン」１形のみで存立している。つまり「あく」に関する他の活用形がない。その点、「くだらん」「つまらん」「たまらん」などと同類である。他の活用形を持たず、否定形だけで活きているのは、この形式が特殊化した故に他ならない。この形式のまま慣用され、慣用がすすむにつれて特殊化し、主情性が際立って、いわば、辞的な性格を深めたものである。「〜ン」形式の衰微の、１つの極限的な姿と言うことができよう。

　○ムコー　イッタラ　アカン　デ。(向こうへ行ったらだめだよ。《少女が相手の少女を制して》)
　○アカン。ゼッタイ　アカン。(だめだ。〈あいつは〉絶対だめだ。《老男同士、ある人物を批判して》)
　○コレワ　モー　モラワヘン　デ。(これはもう貰わないよ。)
　○ソラ　アカン。ソラ　アカン。(それはだめ。それはだめよ。《中年女性同士、お金を互いに相手に押しつけながら》)

いずれも加古川での実例である。このように、「アカン」は、全般によく行われ、否認・否定を基本に、禁止・規制、さらには非難・悲観など、情念の濃い広範な働きを見せている。

　播磨南辺の西寄り一帯には、「アカヘン」もある。

　○マゴニ　ヤロ　オモーテ　ミタトコデ　モー　アカヘン　デ。(孫に〈お金を〉あげようと思ったところで、もうだめだよ。《少々の金額では、喜ばないので。老女の嘆き》)

姫路での1例である。高砂のある識者によれば、「アカヘン」は、高砂方言でもよく聞かれるようである。そのうえ、若い層では、「アカシン」も用いられると言う。女性語とも言える一面があり、いくらか丁寧とも報じている。南辺をさらに西に下った赤穂の若い女性も、

　○ソンナ　コト　シタラ　アカヘン　デー。（そんなことをしたらだめよ。《子どもをたしなめて》）

のような「アカヘン」が、ごく日常的であると内省している。が、「アカシン」はないらしい。ちなみに、神戸では、「アカン」が一般的と、複数の若い女性が、自らの言語生活を顧みて説明している。それにしても、次の1例、

　○コノヨーナ　モン　アカヘン。ゼッタイ　アカン　ワー。（こんなやつ、だめだ。絶対だめだよ。《老男同士、ある人物を批判して》）［加古川］

この、第三者批判に、「アカヘン」が、主情性の濃い「アカン」と対比的に用いられているところを見ると、これには、やはり客体的な性格があるのかも知れない。後文の、「ゼッタイ……」のように、話し手の感情が強く表出される文脈で、「アカン」の行われているのが注意される。

　なお、丁寧の場合には、「アキマヘン」の形式を取る。

　○イーエ　モー　ナー。アキマヘン　ネヤ。（いいえ、もうねえ。だめなんですよ。《お元気ですねと言われたのに対して、老女が》）

社での1例である。

　播磨には、また、「アカン」に類する「イカン」がある。優勢な「アカン」に押されてか、目だたない。

　○ミテ　モラワナ　イカン　ナ。（見て貰わないといけないね。《中年女性が老女に、家相について語る》）

識者は、この文例を「アカン」と比較して、いっそう焦点的と言う。道徳律とのかかわりが大きいとも言う。

　○アカン　ヤッチャ　ナー。（だめな奴だねえ。）［社］
　○イカン　コヤ　ナー。（困った子だねえ。）［社］

この2例文を比較して、識者（黒崎良昭氏）は、前者が能力不足の稚拙な子を言うのに対して、後者は"反道徳的"な悪童を言う、と説明する。

○ニクガ　イカン。(肉を食べるのがいけない。《老女が、祭の奉仕者の戒律を説明して》) [社]

この例は、生活共同体としての、村の戒めを言ったものである。概して、「アカン」が陽性で現象的であるのに対し、「イカン」は陰性で慣行的である。

否定形のみで存立する特殊形式で、日び頻用されるものに、別に、「スマン」(謝辞)がある。
○カメヘン　カ。(〈座っても〉構わないか。)
○ウン。(うん。)
○スマン　ナー。(すまないねえ。)

加古川線の列車のなかで、空席を独占している高校生男に、中年男性が声をかけたものである。このように、「スマン」は、謝辞として熟し、よく行われている。これが、主情性の濃い辞的な事象であることは、多く言うまでもなかろう。
○カナワン　ナー。ナー。(かなわないねえ。ねえ。《中年女性同士、嘆き合って》)

加古川での１例である。「カナワン」も、専ら話し手の心情表出に用いられるもので、「～ン」形式を取るのが一般である。
○カナン　デ。(かなわないよ。)
○カナン　ワ。(かなわないよ。〈全く〉)

明石での実例で、老女同士のものである。このように「カナン」と縮音化されて行われることもしばしばで、こうあれば、辞的な性格がいっそう明らかであろう。
○ユービンキョクイ　イカン　ナラン。(郵便局へ行かねばならない。《中年女性同士の会話》) [加古川]

このような「～ン　ナラン」も、話し手の判断を主観的に表出する慣行的な形式である。いま１例、
○チョット　アルカンナン。(少し歩かねばならない。《同上》)

このように縮音化された形式でも、全般的によく行われている。こうあれば、内面・外面共に、特定化、局限化が極まった状態と言える。

2．透明性（慣用句←叙述）

　上述の諸例は、いわば辞化したともみられる事象であるが、これらは、むろん慣用の末の特殊現象である。この場合に限らず、旧形式の「〜ン」が残存的に生きているのは、すべて何らかの慣用性に支えられていると言って過言ではなかろう。ところで、衰微した残存形式が、強い主情性を帯びてくることは、上来、検討してきたとおりであるが、また一方で、逆に情意を薄め、恒常的な透明性を見せる場合がある。衰微にあたって、前者が表現性を内面・情意へと局限化していったのに対して、これは外面・外形へと局限化していった結果である。前者は「陳述」形式に関係があり、後者は「叙述」形式に関係がある。その、慣用性、透明性を見せる実例の一斑を掲げよう。

　　○ウシノ　オラン　イエワ　ナカッタ。（牛が居ない家はなかった。《昔の農家。老男の回顧談》）〔山崎〕
　　○マイニチ　フロ　イラント　ネラレヘン。（毎日、風呂に入らないと〈気持ちが悪くて〉寝られない。《老女同士の会話》）〔明石〕
　　○ドコモ　ヨリミチ　センデ　カエリ。（どこへも寄り道をしないでお帰り。《老女が少女に》）〔加古川〕

これらの例に見られる「〜ン」は、いわば、客体的な事実を事実として叙述したものである。

　　○トータカ　トーランカ　ソンナ　コト　シラン　ワイナー。（〈汽車が〉通ったか通らないか、そんなことは知らないわよ。《中年女性同士》）〔加古川〕

「〜ン」が、対句ふうに行われている例である。

　　○タカイバッカリデ　ウレン　ユートッタ　デ。（〈値段が〉高いばかりで売れないと言っていたよ。《中年女性同士の会話》）〔加古川〕

「〜ン」が引用句のなかに見られる例である。

　以上のいずれも、形式本位、叙述本位の用法のもので、話し手の情意は希薄である。これも、慣習のままに衰微していく事象がたどる、1つの筋道に他ならない。前田（1955）が、「〜ン」の表現性の1つを「論理性」としているのも、これと関係があろうか。

結　び

　以上、播磨方言における否定法を取りあげ、その形式の史的推移と表現性とについて討究した。当方言は、その否定法の、新生・萌芽の形式、これが成熟した一般・中核の形式、衰微して周辺へと退行した慣習・局限の形式と、史的断層を見せる諸形式が併存していて、推移の背景と筋道とをよく表している。その内面外面にわたる変遷・推移が、人びとの表現心意と密接にかかわっている実情も、ここに、法則的な事態として観察することができる。諸形式が、相互に関連し合い、全体として、否定機能の幅の広さを示している点も注目に価しよう。

　ところで、上述の否定形式変容・推移の軌跡は、播磨方言に限らず、広く、近畿方言一般に認められる史的事態である。さらに、近畿域、特に東辺および北辺南辺の実態についても討究を深めて微細を追究し、否定法推移の史的法則を見極めると共に、これを、国語史上の一般法則として位置づけることが肝要であろう。

文献
前田　勇（1955）「大阪方言における動詞打消法」（近畿方言学会編『東条操先生古稀祝賀論文集』）
楳垣　実（1962）『近畿方言の総合的研究』（三省堂）
柴田　武（1976）『現代日本語』（朝日新聞社）
国立国語研究所（1991）『方言文法全国地図』2
国立国語研究所（1999）『方言文法全国地図』4
神部宏泰（1984）「国語方言上の否定表現法(1)──生活語教育の基礎的研究」（『言語表現研究』3）
神部宏泰（1993）「方言文表現の特性──『局限的特性』を中心に」（『国語学論集』桜楓社）

第二節　播磨方言における同意・確認要求の表現法

はじめに

　同意・確認要求の表現法となると、普通には、さまざまな類型が認められよう。例えば特定の文末詞を用いる、「今日はいい天気だ　ナー。」にしても、話し手が、同じ体験の域内にあると認める聞き手に呼びかけ訴えかけて、同意・同感を期待する表現類型の１つに他ならない。

　本稿では、播磨方言を対象にして、ここに存立する同意・確認要求表現の諸類型から、特に、話し手が、聞き手の立場や意向に何らかの関心を示す点で共通性が認められる、「〜ヤロ」「〜トチガウカ」「ヤンカ・ヤン」の３形式による表現に限って取りあげ、問題にすることにしたい。この３形式は、当、播磨方言に限らず、近畿方言のほぼ全般に存立する。特に「〜トチガウカ」「ヤンカ・ヤン」形式は、近畿色の豊かな表現形式である。もとより、播磨方言においても、これが顕著である。ただ、播磨方言は、中国圏の備前・美作方言に接してもいて、近畿中央の京阪方言とは、おのずから色調の異なる面をも見せている。本稿では、特に、この播磨方言のうちに存する事態について取りあげ、３形式の具体の意味作用を明らかにすると共に、同意・確認要求の表現法における、３者の相関関係について討究することにしたい。

一、「〜ヤロ」形式による表現

　「〜ヤロ」（〜だろう）が、一般には、特定の不確実な事態について、話し手の推量・推定を表す形式であることは、ここに改めて言うまでもなかろう。
　○アシタ　アメヤロ―。（明日は雨だろう。《中年女同士》）［姫路］
　○アンター　ヒトリヤロ。（あんたは一人だろう。〈連れがないのだろう〉《老

女同士》）［明石］

これらの表現は、天候や相手の状態についての推量を聞き手に語りかけ、持ちかけたもので、当該域における「〜ヤロ」形式の、ごく一般的な表現法である。このような形式の表現が、単純な問いかけになる場合もあるが、また、話し手の推量を持ちかけ、——あるいは判断を推量の形式で持ちかけ、聞き手の同意や確認を求めようとする場合もある。本稿では、特に、この同意・確認要求の表現法を取りあげ、問題にすることにしたい。この表現法は、おおむね以下のように整頓、記述される。

1．同意要求の表現
(1) 体験・判断の持ちかけ

　話し手の体験や体験に基づく判断を、推量の形式を用いて持ちかけ、これに対する聞き手の同意・共感を期待し、要求する表現法である。「〜ヤロ」形式によるこれらの持ちかけが、婉曲な持ちかけになる場合も少なくない。聞き手に内在するはず（と、話し手が意識する）知識や体験の想起を婉曲に促し、同意を期待し、要求するのがこの表現法の基本である。

　○娘が着物を　ヨー　ヌワン　イワレヘンヤロ。（……縫えないなんて〈世間様に〉言えないだろう。《初老男が知りあいの初老女に、孫娘の不出来を嘆く》）［加西］
　○ミカン　タベテ　ナー。キーロン　ナットル　ヒトガ　アルヤロ。（みかんを食べ過ぎてねえ。肌が黄色くなっている人がいるだろう。《老女同士の会話》）［加古川］
　○ブジハンヤッタラ　クライヤロ。キー。（5時半だったら、暗いだろう。もう。《11月の終わり頃の、夕方の様子を話題にして。中年女同士》）［姫路］
　○キノー　キョジンガ　カッタヤロ。（昨日、巨人が勝っただろう。《中学生男同士》）［加古川］

いずれも、上述のとおり、話し手の体験に基づく判断を推量の形式で持ちかけて、聞き手の意識内に存する、——あるいは埋没している当該の知識や

体験を喚起し、同意を求めたものである。この表現で注意したいのは、聞き手に持ちかける話し手の判断が、何らかの体験や根拠に基づいている点である。それだけに、婉曲に相手の同意を求めるとはいえ、時に、理づめで、押しつけがましいニュアンスを帯びることがある。

(2) **体験・認識の持ちかけ**

　話し手の体験や体験に基づく認識を説明的に持ちかけて、これに対する聞き手の同意・共感を期待し、要求する表現法である。この場合も、聞き手に内在するはずの、類似の体験や認識を喚起して、同意・共感を求めるのが一般である。

　○ツッカケ　サンゾクモ　コータヤロ。(つっかけ草履を3足も買っただろう。〈だから荷物が重くて……〉《話し手自身の行為を説明している。老女同士》)［姫路］

　○太ると　キル　モンガ　ノー　ナルヤロ。(……着るものが無くなるでしょう。〈だから新しいものを買わないと……〉《太って従来の衣服が小さくなり、やむを得ず無駄な買物をしなくてはならないことを嘆く。中年女同士》)［加古川］

　○タンボガ　サンダン　ユータテ　キカエデ　ヤリマッシャロ。(田んぼが3反歩あるといっても、機械で耕作しますでしょう。〈だから早い……〉《初老男の、最近の機械化された農作業についての説明》)［加西］

いずれも話し手の体験やその体験に基づく認識を話題にし、聞き手に持ちかけて、同意を求めたものである。注意したいことは、この説明的な持ちかけが、真に同意や理解を求めたい事項の、理由説明になっている点である。理由についての同意が得られれば、伝達を意図する主たる事項も、おのずからに聞き手の意識内に落ちる。ここでも、時に理づめの姿勢が認められはするが、それにしても、聞き手の理解を確認しつつ同意を求めようとする表現の意図がよく表れていよう。

2．確認要求の表現

　本項で問題にするものは、主として聞き手側に属する事態について、聞き

手の判断や認識を確認したり、確認を要求したりする表現法である。例を見よう。姫路のものである。
　○イチニチ　カカリャ　ヘンヤロ。（１日かかりはしないんだろう。《聞き手方の所用。中年女が老男に》）
　○モー　オーキ　ナッタヤロ。（もう大きくなったろう。《聞き手方の子どもの成長。中年女同士》）
　○アンタ　オシッコ　シタインヤロ。（おまえ、おしっこをしたいんだろう。《老女が孫娘の様子を見て》）
いずれも、聞き手側の事態・事件について、聞き手の確認を求めた表現である。聞き手側に属する事態とはいえ、話し手に、その事態についての常識的な判断・推定がある。（第３例は、相手の態度・様子が判断の拠りどころになっている。）その判断・推定についての、聞き手からの確認を求めるのが、この表現法の基本である。
　○アンタ　コナイダ　イータヤロ。（あんた、この前言ったろう。〈言ったではないか〉《母親が娘を叱る》）［三木ミキ］
この例は、聞き手の言動についての確認を求めたものであるが、これには聞き手の不誠実をなじる意図がある。一般に、表現上の形式としては確認要求であっても、話し手の、確かな判断・推定に基づく詰問の意図が加われば、聞き手非難の表現となることが多い。ここには、聞き手に確認を求めて、自らの反省を促す意図があろう。次はその例である。
　○オマエ　デキヒンヤロ。（おまえ、できないだろう。〈おまえにできるもんか〉《中学生男同士》）［加古川］
　○オマェ　リンネンヤロ。ボケ。（おまえ、３年生だろう。〈３年生のくせにこれができないのか〉ばかやろう。《聞き手のまぬけぶりに腹を立てて。小学生男同士》）［黒田庄］
いずれも、確認要求の形式を取った、なじり・そしりの表現と言ってもよい。
　総じて、この「〜ヤロ」形式による同意・確認要求の表現は、話し手の体験や根拠に基づく判断・認識の、推量持ちかけ（推量形式をとる持ちかけ）を基調としたものである点が注意される。

二、「〜トチガウカ」形式による表現

相手に、同意や確認を求める言いかたに、「〜トチガウカ」形式を取る表現法がある。この特定の問いかけ形式が、当面の播磨方言に限らず、広く近畿方言において頻用され、特色を示していることは、すでに述べたとおりである。自説や判断についての、相手への持ちかけを婉曲にして、穏やかに同意・確認を求めるのが、この表現法の要諦である。以下に、この形式を取る表現の、実際の働きと表現性について討究することにしたい。

1．同意要求の表現

(1) 判断の持ちかけ

第1に問題にしたいのは、話し手の判断を婉曲に持ちかけて、聞き手の同意を求めようとする表現である。その実例を見よう。

○ソラ　アンタノ　ココロガケシダイ　チャウ　カ。（それはあなたの心がけしだいではないの。《不満を言う聞き手の友人をたしなめる。高校生女同士》）〔滝野〕

○イチバン　イマ　タカイ　トキト　チャウ　カ。（いちばん今高い時ではないの。《梨の値段表を見て。中年女同士》）〔相生〕

○キョー　ヤスミト　チャウ　カ。（今日は休みではないのか。《病院の休診を疑う。老男が老女に》）〔姫路〕

これらの実例は、話し手の確信に近い判断を、婉曲に持ちかけたものである。例えば第1例は、聞き手を諭し、たしなめる内容のものであるが、この形式には、その内容を穏やかに伝えようとする心づかいが表れている。第2・3例にしても、話し手の確信に近い判断を、ひかえめに持ちかけたものである。共に、聞き手の同意を期待した表現であることはむろんである。なお、「〜トチガウカ」は、実際には「〜チャウカ」のように、「ト」の顕在しない場合も多く、「チガウ」が「チャウ」となることも少なくない。問いかけの「カ」についても、他に「ノ（ン）」や、文末要素を取らない上昇調の抑揚な

どの行われることがある。いずれも軽快な表現上の色あいを添えている。

(2) 不確かな判断の持ちかけ

　ところで、「～トチガウカ」形式による表現が、つねに、上項の例のように、話し手の確信を核にしているとは限らない。例えば、

　　○アレ　レギュラー　チャウ　ン。（あいつ、レギュラーではないの。《野球選手について。中学生男同士》）［加古川］

などは、不確かなままに持ちかけた、単純な問いかけとも解されようか。

　　○キノー　キョジン　カッタヤロ。（昨日、巨人が勝ったろう。）
　　○シラン。カッタン　チャウ　ン。（知らない。勝ったんではないの。《プロ野球について。中学生男同士》）［加古川］

この例なども、「シラン。」が先行してもいるように、不確かな内容についてのものであることは明らかである。このような、話し手の不確かな判断の持ちかけの場合について、なお、次下のように整頓することができる。

　　○アレ　オジーチャン　チャウ　ン。（あれは、おじいちゃんではないの。《遠方の老人を見て。青年女が老女に》）［姫路］
　　○モー　デタン　チャウ　カ。（〈バスは〉もう出たんではないの。《乗り場の様子を見て。中年女同士》）［山崎］

いずれも、話し手聞き手が共に視認できる現前の状況について、不確かな判断のままに持ちかけ、聞き手の確認と判断を求めたものである。こうあれば、同意を期待する意識はいくらか薄かろう。

　　○マットルント　チャウ　カナー。（〈家では〉待っているんではないかねえ。《バスの遅れを心配して。中年女同士》）［姫路］
　　○オトッツァン　イヨーッタン　チャウ　カイノー。（「おとっつぁん」と言っていたんではないかねえ。《昔の、父親の呼びかたについて。中年女が夫に》）［家島（イエシマ）］

これも、話し手の不確かな判断を持ちかけたものである。この文例では、文末に「カナー」「カイナー」が行われている。こうあれば、不確かなままに、推量の意を込めての持ちかけであることを把握しやすい。

　　○ナンカ　ワルイ　コト　シタン　チャウ　カー。（何か、悪いことをした

んではないかなあ。《校長に呼ばれ驚いて。中学生男同士》）［滝野］
　○ドーモ　イッショニ　オルン　チャウ　カー。（どうも〈２人は〉いっしょに居るんではないかね。《中年女同士》）［姫路］

これらの例には、「ナンカ」「ドーモ」のような不確かさを表す副詞が先行していて、半信半疑の持ちかけであることをよく表している。

　以上のように、この形式による表現は、不確かな判断の持ちかけ・問いかけを基本としていよう。この表現性を利して、確信またはそれに近いものでも、この形式によって、婉曲に持ちかけることが一般化している。この事態については、すでに問題にしてきたとおりである。

２．確認要求の表現

　話し手側でなく、聞き手側に属する事態について推定し、これを婉曲に持ちかけて、聞き手の確認を求める表現がある。
　○ユーベ　ネラレナンダント　チガウ。（昨夜、寝られなかったんではないの。《聞き手の様子を見て尋ねる。中年女が、親しそうな中年男に》）
　○ナンベンモ　デンワ　シタント　チガウー。（何べんも電話したんではないの。《留守にしていたことを気にして。青年女同士》）
　○アゲタラ　スット　シタント　チガウ。（吐いたらすっとしたんではないの。《腹痛で苦しんでいる連れに。中年女同士》）

いずれも加古川での実例である。これらの例は、聞き手側に生起した事態についての推定を穏やかに持ちかけ、問いかけて、確認を求めたものである。ここでも、当該の形式による表現に、聞き手への心づかいがよく表れている。それにしても、次の加古川例、
　○ネトッタン　チャウン　ケー。オマエラ。（眠っていたんではないんか。おまえたち。《修学旅行の車中でのこと。中学生男同士》）
　○ナニ　ユートン　ノ。アホ　チャウ　カ。（何を言ってるの。あほうじゃないの。《青年女が青年男に》）

この例のように、話し手のやや感情的な推定を、強引に押しつける表現もある。が、この場合も、基調には、何らかの心づかいが存するとみることがで

きようか。特に第2例は、情の深い、たしなめの表現と言うこともできよう。
付1　主張の表現
　当該の形式にかかわる「〜トチガウ」が、強い自己主張を表すことがある。ただ、この表現を支える形式は、うえのとおり、問いかけの構えをとらず、一方的に押しつける体のものである。実例を見よう。
　　○ワシガ　ナオスン　チャウ。ボケー。（おれが直すんではないよ。〈何を言っているのだ〉ばかやろう。《自転車の修理をめぐってのもめごと。小学生男同士》）［黒田庄］
　　○イシャト　チャウ。（医者ではない。《聞き手が、「その人は医者か」と問いかけたのに対して。中年女が中年男に》）［姫路］
これらの例は、上述のとおり「〜トチガウ」形式を取っており、自説・判断を一方的に主張するものである。問いかけの構えを取らないという点で、上来問題にしてきた表現とは区別される。ではあるが、「〜と違う」という発想は、やはり近畿方言のものであり、上来の形式にかかわるものであろう。その観点から、主題からはいくらかずれるが、関連項目として、本項で取りあげることにしたい。
　　○ソーユー　イミト　チャウ　ネン。（そういう意味ではないんだよ。《小学生男が祖母に》）［加古川］
　　○ワシャ　ジーノ　ヒトト　チャウ　ネン。（私はこの町〈地〉の人間ではないんだよ。《老女同士の会話》）［明石で］
これらの例は、「〜トチガウ　ネン」の形式を取っている。文末の「ネン」は「のや」からきたもので、弱いながら判断・断定の機能を蔵した事象である。ここには、自説・判断を一方的に持ちかかり、相手を説得しようとする姿勢が明らかである。
　　○カミクズト　チャウ　デー。（紙くずではないよ。《小学生女が母親に抗議して》）［加古川］
　　○チューネン　チャウ　デー。（〈あの人は〉中年ではないよ。《ある人物についての話題。高校生女同士》）［加古川］
これらは、「〜トチガウ　デー」の形式を取っている。文末の「デー」は、

告知の意味作用を基本とする事象である。この作用に支えられて、本例文も、自説・判断の一方的な持ちかけの表現になっている。

既述したとおり、以上の諸類型は、「〜トチガウ」を核としてはいるものの、問いかけの形式を取ってはいない。言いきりであったり、訴えかけの特定の文末詞を取ったりして、自説・判断の持ちかけが一方的直截的である。こうあれば、「〜トチガウ」形式は、かえって強調的に働くこともあって、主張の表現効果を高める結果になっている。

付2　過去の表現

「〜トチガウカ」に過去形式が生まれている。

○ナンカ　ニシテツ　チャウカッタ　カー。（何か、〈落合選手が最初所属していたのは〉西鉄ではなかったか。《野球選手についての話題。中学生同士》）［加古川］

この文例では、「〜トチガウカ」の過去形式として、「〜トチャウカッタカ」が行われている。「〜トチャウ」が熟合しきって、意味作用のうえで、「ない」になぞらえられているのであろう。その「ない」の過去形「なかった」に類推して、「〜チャウカッタ」が生成したものと解される。高・中・小学生など、若い層に行われるのが普通のようである。

三、「ヤンカ」形式による表現

1.「ヤンカ」の成立

「ヤンカ」が、「〜ヤナイカ」（〜ではないか）に由来する形式であろうとする見解は、すでに先学の指摘があるとおりである（藤原　1985，佐藤　1990）。近畿のほぼ全域に分布する事態についてもまた同様である。「〜ジャナイカ」からきているとみられる「ジャンカ」「ジャン」になると、東海から関東に及び、さらには、濃淡の差や空白地域（近畿圏など）は認められるものの、全国にわたる広い分布を見せている。この事態についても、すでに先学によって指摘されているとおりである（山口　1988，井上　1984）。ところで、佐藤虎男氏は、「〜ヤナイカ」が「〜ジャナイカ」に由来する可能性を指摘し

ているが（佐藤　1990）、筆者も同様な見解を持っている。両形式は根底で、深く交わっていると解してよかろうかと思う。

　さて、播磨方言においても、「ヤンカ」およびこれの縮約形とみられる「ヤン」が、よく行われている。原形式とされる「〜ヤナイカ」もまた、わずかながら行われている。次は、その「〜ヤナイカ」の例である。

　○ドナイデモ　エーヤ　ナイ　カ。ナンデモ　エーヤ　ナイ　カ。（どうでもいいではないか。何でもいいではないか。《老女同士のやや緊迫したやりとり》）［姫路］
　○セヤロ　ガー。ユータ　トーリヤ　ナイ　カ。オマエー。（そうだろう。おれが言ったとおりではないか。おまえ。《中学生男同士》）［滝野］

このようにあって、話し手の判断や見解を、一方的に押しつける表現になっている。この形式は、播磨も西域に至るほどに観察されやすいかのようである。西域瀬戸内海上の家島群島でも、これがよく行われている。次はその例である。

　○イドガ　ホッテ　アンノヤ　ナイ　カイナ。（井戸が掘ってあるんだよ。《水不足に備えて家の裏に。老女が中年の嫁に》）
　○メシ　タベロー　メシ　タベロー　イヨーッタンヤ　ナ　カエ。（〈以前、島ではママと言っていたのに、姫路に行くと、気どって〉メシを食べようメシを食べようと言っていたんだよ。《老女が孫娘に語って聞かせる》）

これらは、強調的な説明の表現と言うことができる。「〜ヤナイカイ（ナ）」は、文末で慣習化した特定形式ともみられるほどによく熟していて、強調的な呼びかけの機能をもって存立している。第2例の「〜ヤナカエ」は、「ナイ」が「ナ」と縮音化している。これに類する形を取ったものは他にも例がある。

　次は、加古川市内の、ある中学生男子の示した実例である（福田昌之氏の教示による）。

　○モー　エーヤ　ネー　カ。（もういいではないか。〈やめておけ〉《先生に突っかかっている同級生をたしなめる。中学生男同士》）

相手をたしなめた1例である。これは、ごく野卑な言いかたで、少なくとも

女子中学生は用いないと言う。これが、
　○モー　エー　ヤネー。（もういいよ。〈もういいではないか〉）
のように、「ヤネー」となることも多い。いっそう主情性の勝った言いかたである。この形での慣用の事態を見ると、すでに文末に遊離した特定要素、文末詞とすることができるように思われる。さらに1例を掲げよう。
　○オー　コラー。ヤメン　カー。オチル　ヤネー。（おいこら。やめないか。
　　落ちるぞ。〈落ちるではないか〉《相手の乱暴な行為をたしなめる。中学生男同士》）
この「ヤネー」は、「ヤネーカ」に比していっそう一方的で、自己表出性（自己主張性）の強い言いかたのようである。ちなみに、本項で問題にする「ヤンカ」「ヤン」は、上述の「ヤネーカ」「ヤネー」に比して、いくらか柔らかい言いかたである。女子中学生も、この方は、日常よく用いている。
　「ヤンカ」が、「ヤナイカ」に由来するとする推定は既述したとおりであるが、その経過について、佐藤氏は、「ヤナイカ→ヤイカ→ヤンカ」の可能性を指摘している（佐藤　1990, p.23）が、これと共に「ヤナイカ→ヤナカ・ヤネカ→ヤンカ」も、1つの変化過程として考えてみることができるかも知れない。
　なお、「ヤネー」については、先に、文末詞への転成の可能性を指摘したが、「ヤンカ」「ヤン」についも、その形態や意味作用からして、同様に、文末特定要素、すなわち文末詞への転成を指摘することができる。

2．「ヤンカ」の意味作用

　大阪方言の「ヤンカ」の意味について、上記の佐藤虎男氏は次のように整理している（佐藤　1990, p.17）。
　　①非難する　　　　②腹を立てて言う　　③反抗して口答えする
　　④あきれて言う　　⑤驚いて知らせる　　⑥念を入れて教える
　　⑦驚いて呼びかける　⑧さそいすすめる　　⑨相手に同感する
　　⑩相手に同感を求める
このようにとりまとめた項目だけでは理解しにくい面があろう。さらに整理

の可能な項目もある。また、播磨方言のそれとの違いもある。本項ではこれらを参照しながらも、本論の趣旨に従って、その意味作用を、次のように整頓して記述することにする。

3．「ヤンカ」による表現
(1) 同意要求の意味作用

話し手の判断を持ちかけ、聞き手の同意を求める表現がこれである。
- ナンカ ソーユーフーニ イワレタラ ナンモ イワレヘン ヤンカ。（何だか、そんなふうに言われたら、何も言えないではないの。《中学生女同士》）［滝野］
- ソンナラ イカイデモ エー ヤンカ。（では行かなくてもいいではないか。《相手の訴えを聞いて。老男同士》）［明石］
- セヤケド ドレグライ カカルカ ワカラヘン ヤーン。（だけど、どれぐらい〈時間が〉かかるか、わからないではない。《歯医者の時間待ち。中年女同士》）［姫路］

いずれも、話し手の判断を持ちかけ、聞き手の同意を求めようとした表現であるが、ほとんど一方的に聞き手に押しつけたもので、聞き手の意向については、ごく関心の薄いのが一般である。なお、上掲の最後例のような「ヤーン」が、「ヤンカ」に比して、表出性の強い、いっそう主情的な言いかたであることは、先述の「ヤネーカ」に対する「ヤネー」の場合とほぼ同様である。

(2) 確認要求の意味作用

聞き手側に属する事態につき、話し手の見解や判断を持ちかけ、確認を求める表現である。次はその実例である。
- ドコモ ワルイヨーニ ナイ ヤンカ。アシカテ ナー。（どこも悪いようにないではないの。足だってねえ。《病院通いをしていると言う友人に。中年女同士》）
- エライ ハヤイ ヤンカ。カエリガ。（たいそう早いではないの。帰りが。《聞き手の帰りについて聞く。中年女同士》）

いずれも明石での実例である。聞き手側に属する事態ではあるが、それに対する話し手の見解・判断を一方的に持ちかけ、相手の確認を求めたものである。ただ、これは、実例によっても理解されるとおり、聞き手側に属する事態とはいえ、話し手にとっては、現前の事実・状態についての判断である。それだけに婉曲の構えや意味は薄く、その判断はかなり直截的であり、一方的である。前項との相違点は、再三述べたとおり、判断の対象が、聞き手側に属するという点に求められよう。

　この種の表現は、また、聞き手との共同体験の事態に関する見解・判断についても、聞き手に持ちかけてその確認を求める場合がある。次はその例である。

　　○アトー　ナンカ　イッパイ　アル　ヤンカ。(〈終業式の〉あと、何かいっぱいお楽しみがあるでしょう。《学校行事のあとに出る菓子類について。中学生女同士》)
　　○モリセンセー　ワリト　ハヤイ　ヤンカ。(森先生は〈出勤が〉わりと早いでしょう。《担任教師についての話題。中学生女同士》)

滝野での実例である。共同体験、あるいは共同認識の事態についての、確認要求の表現である。これらにも、押しつけがましさがある。それにしても、表現の色調は明るい。

　「ヤンカ」形式は、以上のように、話し手の見解や判断を一方的に押しつけたり、念を押したりする意味作用を見せている。出自の「〜ヤナイカ」（〜ではないか）が蔵していたはずの、聞き手本位の問いかけ姿勢は、「ヤンカ」には見い出しにくくなっている。この表現性が、次下のような諸表現類型を生んでいる。

(3)　主張の意味作用

　話し手の主張を、聞き手に、一方的に持ちかける表現である。この種のものは、上掲の(1)(2)に類するとしても、聞き手の同意や確認を求める姿勢はいっそう消極的である。

　　○ウチラ　ヤンカ。(私たちよ。〈決まっているではないの〉《誰が公園の掃除をするのかと問いかけた相手に対して。中年女同士》)

○ハヨ　オリント　シマッテマウ　ヤンカー。(早く降りないと〈電車の扉が〉閉まってしまうよ。〈閉まってしまうではないの〉《発車間際までぐずぐずしている人に言う。中年女同士》)

加古川での実例である。例えば第1例の表現には、話し手の判断をみずから当然とするニュアンスがある。このような心意が、主張の表現を支えていよう。

(4)　説明の意味作用

「ヤンカ」はまた、説明の表現をしたてる。これも、一方的な説得の意味作用を見せることが少なくない。

　○ヤマサキ　ユテ　カイテ　アル　ヤンカ。ソレニ　ノル　ヤンカ。(「山崎」と書いてあるんだよ。それに乗るんだよ。《バスの乗りかたについての説明。中年女同士》)［姫路］
　○キリガ　フコーテ　サキガ　ミエヘンカッタ　ヤンカー。(霧が深くて、先が見えなかったんだよ。《通学路の朝の霧の状況を語る。中学生女同士》)［滝野］

この例について見れば、説き聞かせの表現、納得要求の表現、と言う方がふさわしいかも知れない。話題進行上、限定した条件や場面について、とりあえず納得を求める表現の場合も、この形式の行われることがある。次はその例である。

　○ニジップン　カカルト　スル　ヤン。ホンデ　ナ。(20分かかるとするだろう。そしてね。………。《中学生男同士の会話》)

加古川での1例である。この種の表現も、「説明の表現」の一類型として位置づけることができようか。例は多い。

(5)　非難の意味作用

押しつけの強い言いかたは、やがて感情に走り、相手を非難したり詰問したりする表現へと極まっていく。

　○ウゴイタラ　アカン　ヤン。アホー。(動いたらだめじゃないか。あほう。《聞き手を非難して。小学生男同士》)［加古川］
　○アンタガ　シタ　ヤンカ。(あんたがやったじゃないの。《聞き手を非難し

て。小学生女同士》）［姫路］

これらは、強い調子での非難・詰問の表現である。
　　○キ̄タナイ　ナ̄ー。オヨ̄ーフク　ヨゴ̄レル　ヤンカ̄ー。（汚いねえ。お洋服が汚れるじゃないの。《母が水遊びの子をたしなめて》）
　　○オジ̄ーチャン　ジテ̄ンシャガ　ヌレ̄ル　ヤンカ̄ー。（おじいちゃん、自転車が濡れるじゃないの。《小学生女が、水を撒いている祖父を制して》）
加古川での実例である。このように、たしなめや規制の表現にもなる。

　総じて、「ヤンカ」形式による表現は、自説や判断を強く持ちかけるのが基本で、聞き手の意向への顧慮は、ごく薄くなっているとみることができる。

四、同意・確認の表現法収束

　同意や確認を期待し、要求する表現類型は、問いかけ形式を中心に、さまざまに見いだすことができよう。本稿で特に問題にしたのは、聞き手の立場や意向に留意しつつ自説や判断を持ちかけ、同意・確認を得ようとする、特定形式（「～ヤロ」「～トチガウカ」「ヤンカ・ヤン」）による表現法であった。これら3形式の基本的な意味作用には、たしかに聞き手への、何らかの心づかいの存する点で共通するところが認められる。が、また一方では、当然ながら各形式固有の表現性があるわけで、それぞれが個性的な展開を遂げていることも事実である。本項では、うえの各項で記述したこれら3形式の、表現上の相互の関係について問題にし、とりまとめてみたいと思う。

　当、播磨方言で特色を見せている形式は、「～トチガウカ」であろう。この形式による表現が、自説や判断についての、聞き手への持ちかけを婉曲にして、穏やかに同意・確認を求めるものであることは、うえにも述べたとおりである。言うまでもなく、この形式の基本的な意味機能は、不確かな判断の持ちかけ、問いかけにある。この形式をもって、話し手の自説や判断を持ちかけるところが注目点である。こうあれば、自説や判断を、あたかもオブラートに包んだかのように、間接的にまた婉曲的に相手に持ちかけることができるのである。一歩退いて聞き手を立てる、穏やかな表現法である。この

種の表現が、おおむね品位のよいものになりがちであることはむろんである。
　「ヤンカ・ヤン」形式も、出自の「〜ヤナイカ」を踏まえていることもあって、基本的には、婉曲な持ちかけ、疑いながらの問いかけを本領としていよう。が、慣用が進み、形が単純化するにつれて意味作用も特定化極限化してきている。判断を持ちかけて聞き手の同意や確認を求めるにしても、かなり一方的で直截的である。押しつけがましいところもある。当然ながら、聞き手の意向への関心や顧慮は、ごく薄いのが一般である。
　「ヤンカ・ヤン」のこのような押しつけの意味作用は、非難・詰問・たしなめの表現をも生み出している。この種の表現が、おおむね品位の低いものになりがちであることはむろんである。
　ところで、「〜トチガウカ」形式と、「ヤンカ・ヤン」形式とは、対照的な意味作用を持って存立している。同意・確認要求の表現について言えば、前者が婉曲的間接的であるのに対して、後者は一方的直截的である。いわば両者は、相補的に、同意・確認要求の表現を支えている。「〜トチガウカ」形式が聞き手への思い入れの深い表現を支え、「ヤンカ・ヤン」形式が話し手の一方的な押しつけの表現を支えている。この観点からすれば、後者の「ヤンカ・ヤン」形式による表現は、納得要求の表現と言ってもよい。
　以上の「〜トチガウカ」「ヤンカ・ヤン」の両形式による表現法とは別に、「〜ヤロ」による同意・確認要求の表現法がある。この表現法が、話し手の判断を推量の形で持ちかけ、要求を婉曲に運ぼうとの意図が存する点については、先の「〜トチガウカ」形式と、軌を一にしていよう。が、「〜トチガウカ」形式の機能が、不確かな判断の持ちかけを基本とするのに対して、この「〜ヤロ」形式は、何らかの体験や根拠に基づく判断の、推量持ちかけを基本としている。それだけに、時に、持ちかけが理づめになって、聞き手の応答の幅を狭めることにもなっている。この面からすれば、「〜トチガウカ」形式が情的であるのに対して、「〜ヤロ」形式は知的である。前者が具体的現象的であるのに対して、後者は一般的常識的である。
　以上のように、聞き手の立場や意向に何らかの関心を示すという点で類同の３形式も、それぞれが固有の基本的な機能を踏まえた、表現性の推移を見

せている。これらが共に相寄って、当該表現法の活力のある構造体を成している点が注目される。

結び

　聞き手に対して同意・確認を要求するとなれば、どの程度にしろ待遇上の心づかいがいる。その心意が、近畿圏の方言に、特殊形式「〜トチガウカ」を生んだ。近畿方言の、柔らかく軽快な表現性にも支えられて、この形式による表現法は、全般によく行われている。いわば、近畿色の濃い表現形式と言うことができよう。近畿圏の一端を担う播磨の方言でも、むろんこの形式が際立っている。

　注意されるのは、この形式と連関しつつ存立する、「ヤンカ・ヤン」「〜ヤロ」形式の表現である。この形式は、本来、日本語の伝統的一般的な言いかたにかかわるものであるが、これも、当該方言においては、特色の豊かな「〜トチガウカ」形式の表現性の広がりのなかにしぜんに位置づけられ、系列化されているかのように受けとられる。特に「ヤンカ・ヤン」が、「〜トチガウカ」の間接的な意味機能に対して、直截的な意味機能を示し、両者、相補的な表現性を見せている事態は、注目に価しよう。

　同意・確認要求の表現法は、話し手の待遇心意の細やかさを反映して、全国的に、多くの形式を生んでいよう。それらの諸類型が、特定の方言圏の内面に、どのような表現系列や秩序をもって存立しているのか、この点に関しても、興味の深い究明が期待されるように考えられる。

文献
藤原与一（1985）『方言文末詞〈文末助詞〉の研究（中）』（春陽堂）
井上史雄・荻野綱男（1984）『新しい日本語地図集』
井上史雄（1985）『新しい日本語―《新方言》の分布と変化―』（明治書院）
山口幸洋（1988）「静岡県東部方言における疑似断定表現『ジャ』について」
　　　　（『方言研究年報』30，広島方言研究所）
佐藤虎男（1990）「大阪弁の文末詞ヤンカについて」（『学大国文』33，大教大）

第六章 特殊表現法

第一節　近畿北部方言における説明の一表現形式
――連文の後文末尾の上昇調を中心に――

はじめに

　近畿北部方言とは、但馬・丹波・丹後域を含む、近畿北部地域一帯の方言を指している。この方言には、特殊な説明の連文表現法があって注意される。その表現法とは、2文連結の連文統体にあって、第2文――後文の末尾に、説明内容（情報）を聞き手に持ちかける、柔らかくて穏やかな、とも言える、上昇調の音調の認められる一定類型のものを言う（第二項以下の例文参照）。本稿では、この特定の説明表現法の実態を明らかにすると共に、主として後文の動態に注目することによって、その表現法の、機能と特性とを追求することを目的としたい。

一、連文とその機能

　連文とは、2文以上の文が連結する構造体であって、方言談話の世界では、日常ごく一般的なものである。これを「文章」と言うこともできる。その連文の基本は、2文連結体である。これについて、藤原与一氏は次のように述べている。

　　方言上では、その生活表現において、二文連結の文章が話されることが多い。また、それ以上に長大な文章の話しとなる場合にも、その文章形態では、つねに、前後に並ぶ二文間だけ必然的連関が密でありがちである。（中略）方言人が、話しの文章を造出する時、直接に責任を持つのは（――自覚的につづるのは）、前文に対する後文ばかりといったようなことが多い。このゆえに、私どもは、方言の文章を研究するうえでは、二文の連結体を当面の対象とすることができる。（藤原　1969, p.154）

氏は、このように、「つねに、前後に並ぶ二文間だけ必然的連関が密であり

がちである。」として、方言連文（文章）研究の基本を2文連結体に置いている。（以下、2文連結体を「連文」と呼ぶことにする。）

さて、藤原（1969）は、連文を大きく「展叙」（直流性の連文）と「補充」（反転性の連文）の2つの類型に収約している。「展叙」は、前文の内容を後文が順よく受け継ぎ叙述するものを言う。当該方言から1例をあげれば、

　　○ヨナベニ　ネー。スルンデヒ　ニ。（夜なべにねえ。するんですよ。《昔の草履作りの説明。老女》）[丹波・丹南(タンナン)]

がそれである。前文の内容は、後文へと順よく受け継がれていて、前後の2文が緊密に連関しあっているさまが明らかであろう。「補充」は、前文の内容を後文で補充するものであって、一般にはこれを「倒置」とも言われてきた。当該方言から1例をあげれば、

　　○イエニ　オッテデス。アノ　ヒトデシタラ。（家におられます。あの人でしたら。《中年女性が、近所の老人の在宅を知らせる》）[丹波・丹南]

がそれである。後文が前文を補充して、ここでも前後の2文は、緊密に連関しあっているさまが看取されよう。この2種の連文の分野の内でそれぞれに、また、特色のある諸類型の認められることはむろんである。

本稿で取りあげる説明の表現連文（以下、「説明連文」と言う。）は、後者の補充の連文に属するもので、前文を補充する後文の末尾に、聞き手に対して訴えかける上昇調の音調を取るのが注意点である。（上昇調の見られないものもあるが、この種のものは、ひとまず考察の対象から除外する。）以下、この「説明連文」について討究することにしたい。

二、「説明連文」の類型

「説明連文」として本稿で取りあつかうものは、例えば、

　　○ヒチカソンデスデ　ネー。コノ　ソンワ。（7か村ですからねえ。この村は。《7か村が合併して、現在の町になったことを説明する。老女》）[但馬・八鹿(ヨーカ)]

この例のように、2文連結体であって、前文を補充して後文が立ち、その末

尾に上昇調の認められるものである。「説明連文」表現の機能と特性を把握するためには、後文と後文末尾の音調に注目することが重要である。その観点から、「説明連文」の後文に視点を置いて、以下のとおり、類型化を試みることにしたい。

1．後文が前文の「主部」に相当するもの

○ジューニサンニンデスケド ナ。アノ グループガ。(12、3人ですけどねえ。あのグループが。《詩吟を習うグループの人数についての説明。老女》）[但馬・養父]

○ニホンデモ アマリ カズ ナイデ チョーホー シトンナル。トットリケンガ。（日本でもあまり多くないので大事にしておられる。鳥取県が。《魚の壁画を持つ古墳についての説明。老男》）[但馬・香住]

○コワイ オモイ ショッタ。ヒー タクノンワ。（こわい思いをしていた。火を焚くのは。《昔の、たばこ葉を乾燥させる火焚きを回顧して。老女》）[丹波・今田]

○モー ニジニモ ナットリャー ハタケニ デトラレマス。アノ オバーチャンモ。（もう2時にもなっていれば、畠に出ておられます。あのおばあさんも。《近所の老女の働きぶりについて旅の者に告げる。中年女》）[但馬・香住]

上述の後文の「～ガ」「～ワ」および「～モ」は、前文の主部に相当するものである。主部・主題を補充して、前文の意味内容を限定し、いっそう確かなものにしている。同時に、その限定された中核的な意味内容（情報）を聞き手に訴えかけている。

2．後文が前文の「修飾部」に相当するもの

(1) 体言＋オ（を）

○ハハガ オクッテ クレテ ネー。マッシロナ キレオ。（母が送ってくれてねえ。真っ白な布を。《老女が若い頃を回想して語る》）[丹波・氷上]

○ハクズルカラ カイニ キマシテ ナー。ソノ トージオ。（「白鶴」か

286　第六章　特殊表現法

　　ら買いに来ましてねえ。その杜氏を。《酒造会社が杜氏を雇用した時の話し。老男》）［丹波・篠山（ササヤマ）］
　○イッパイ　ツンデ　ネー。オコメトカ　ムギトカオ。（いっぱい〈車に〉積んでねえ。お米とか麦とかを。《昔の、良き時代を回想して語る。老男》）［丹波・春日（カスガ）］
　○マンダ　イマ　キーデ　タキマス　ガナ。フロオー。（いまだに木で焚きますのよ。風呂を。《昔ふうの生活を惜しんで語る。老女》）［但馬・温泉（オンセン）］

上述の「～オ」は、前文の修飾部に相当するものである。修飾部ではあるが、述部の意味が要求する動作の中核的な対象である。これを補充して前文の意味内容を限定し、確かで安定したものにしている。同時に、その限定された中核的な意味内容（情報）を聞き手に訴えかけて、表現の理解を促している。

(2)　体言＋ニ　（場所）

　○ソレオ　モー　ミンナ　ミーニ　イッキョリマシタ。オミヤサンニ。（それをもうみんな見に行っていました。お宮さんに。《代神楽を見に行った昔の回想。老女》）［丹波・氷上］
　○フネデ　モッテ　キテ　モラッテ　タメトキマス　ダ。ソーコニ。（舟で持って来てもらって溜めておきますのよ。倉庫に。《昔の冬期営業分の酒類についての説明。商店の老女》）［但馬・香住］
　○ヨソノワ　ミナ　テデ　コーシテ　ウエトリマスデ　ナーア。ウエノホーニ。（余所のはみな、手で、こうして植えていますからねえ。上の方に。《昔の田植えを語る。老女》）［丹後・網野（アミノ）］

上述の「～ニ」は、前文の修飾部に相当するものである。述部の意味が要求する動作の場所を補充して前文の意味内容を限定し、より精確な情報伝達を図っている。

(3)　体言＋ニ　（時）

　○ソーデス。ゴガツゴロニ。（そうです。5月頃に。《花が咲くのかと尋ねたのに対して。老女》）［丹波・氷上］
　○ソラ　アリマス　ナー。ワカイ　トキニ。（それは、ありますねえ。若い時に。《篠山まで歩いたことはと尋ねたのに対して。老女》）［丹波・今田］

第一節　近畿北部方言における説明の一表現形式

上述の「〜ニ」は、前文の述部の意味が要求する動作の時を補充して、前文の意味内容を限定している。同時に聞き手にその「時」を提示し、伝達の意図を明確にしている。

(4)　その他

○ホテ　ハツボンワ　セガケダナ　タテニ　イッタリ　ネーェ。オテラエ。（そして、初盆は施餓鬼棚を立てに行ったりねえ。お寺へ。《盆の行事を説明する。老女》）［丹波・柏原（カイハラ）］

○シゴーケン　アルノモ　オンナシ　ムラナンデス　ヤ。ココト。（4、5軒あるのも同じ村なんですよ。この村と。《川向こうに見えている家についての説明。老女》）［但馬・八鹿］

○コッチワ　チョット　ヒク　シタデスケド。アトカラ。（こちらはちょっと低くしましたけど。後になってから。《天井の高さ。寒いので低くしたと言う。老女》）［丹後・網野］

○ニノーテ　モーリョッテヤッタンヤロ　ナー。ボーデ。（担って帰っておられたんだろうねえ。棒で。《昔、山から薪を運ぶ手段について語る。老女》）［丹波・今田］

○イッケンダケヤッタラ　ソンナ　コト　デキシマヘンケド　ネー。タウエデモ　ナンデモ。（一軒だけだったら、そんなことはできませんけどねえ。田植えでも何でも。《昔の近所同士の、効率のよい共同作業の説明。老女》）［丹波・氷上］

上述の「〜エ」（着点）、「〜ト」（場所）、「〜カラ」（起点）、「〜デ」（手段）、「〜デモ」（例示）も、それぞれ前文の述部の示す動作の意味内容を補充していて、前文と後文とは、必然的に関連しあっている。同時に、後文の補充内容を聞き手に訴えかけて、表現内容の情況を細かくし、理解を促している。

　以上のように、「説明連文」の後文には諸相が認められる。が、いずれも、「体言＋助詞」の構造を持つ短文であって、前文の述部の意味内容を補充して立つ、2文の緊密な連関の実情が明らかであろう。同時に注意されるのは、末尾の上昇調の音調である。これが表現の特殊な色調を生んでいる事態についてはすでに触れたが、さらに次項で問題にしたい。

三、「説明連文」の機能

1．後文末尾の上昇調と下降調

「説明連文」の討究にあたって、後文末尾の上昇調に注目するべきことについては、これまでにも再三述べてきたとおりである。この音調が、聞き手目あてのものであることはむろんである。これには、話し手の説明内容について聞き手の理解を促す、穏やかな持ちかけのニュアンスがある。聞き手の意向に配慮する情の深さと品の良さがある。

○キュージューニニモ　サンモ　ナッタ　カタガ　オラレマスンヤケドナ。コノ　シタニ。(92歳にも3歳にもなった方がおられるんですけどね。この下の家に。《方言の話し手を探している筆者に。老女が告げる》)［但馬・八鹿］

この例文にしても、後文末尾の上昇調には、見知らぬ他郷人の意向を気にする、情意の深さ、穏やかさが認められる。

ところで、説明表現の連文が、すべて、後文に上昇調を取るとは限らない。例えば次の例文に見られるとおりである。

○コノ　ムラデ　イチバン　トシヨリデス　ヤ。オバーサンガ。(この村でいちばん年寄りですよ。おばあさんが。《傍らに居る老女を指して説明する。老女》)［但馬・八鹿］

○ナツワ　ドーリツクリヤ。ヒルワ。(夏は草履作りだ。昼は。《夏は？と尋ねたのに対して。暑さを避けての日陰での作業。昔の生活を語る。老女》)［丹波・篠山］

○ヤマイ　イッキョリマシタ　デ。スミヤキニ。(山へ行っていましたよ。炭焼きに。《山へは？と尋ねたのに対して。昔の生活を語る。老女》)［丹波・丹南］

このような例は多い。上昇調をとる先掲の諸例と対比してこれを見ると、その音調の有無が、表現性を大きく左右していることが首肯されよう。第1例は、主部に相当するものが補充の後文に立っているが、当の話題の老女は現

前に居る。そういう具体の場面に支えられていることが、上昇調を取らないことの１つの理由になっていようか。それにしても、第２・３例には、第１例と違って、現前に、話題の内容を支える具体の場面がない。が、これは、聞き手の問いかけに応じての説明表現である。その話題の焦点は、前文に尽くされている。

　２文連関の連文を討究するにあたっても、単に２文の連関の事態を問題にするだけでなく、当の連文にかかわる場面や文脈を重視しなければならない。会話の流れの中で扱われることが重要である。後文の特定音調の有無も、そのような会話の流れに乗った話し手の心的状態が、深くかかわっているものと考えられる。

　これに関連して、いま１点注意すべきことがある。それは、副詞または副詞に準じるものが後文に立つ場合、原則として、例の上昇調が見られないということである。

　○ムカシノ　モンワ　エライ　メニ　オートル。ホンマニ。(昔の者はつらい目にあっている。ほんとうに。《昔の生活の苦しさを語る。老女》)［丹波・篠山］

　○ソンナ　ハナシバッカリシテ　クライトン　ネ。マイニチ。(そんな話しばかりして暮らしているのよ。毎日。《近所の老女２人、若い頃のことを話題にして》)［丹波・今田］

これがその例である。一般に、会話の連文では、副詞類が後文に立ちやすい。当該方言でも例外ではないが、ただ、既述のとおり、ここには、特別な場合を除けば、後文末尾に上昇音調の見られることがまずない。特別な場合とは、次の１例、

　○イッツモ　コシテ　ヒンネ　スルンデッケド　ナー。イッツモー。(いつもこうして昼寝をするんですけどねえ。いつも。《老女が自分の日常の習慣を語る》)［丹波・篠山］

このような例である。後文の副詞「イッツモー」は、前文に行われている副詞を改めて繰り返し、強調したものである。この表現において、話し手が最もこだわり、最も訴えたい事態は、「いつも」という生活習慣であるに違い

ない。ここには、生活の気楽さと余裕を誇り、大げさに訴えたいという心情がある。「イッツモ」のように促音を挿入した形式を取っている点にも、話し手の強調の心意が認められる。当の話し手は、この表現の後で、
　○イッツモ　ヒンネ　スルンヤ。(いつも昼寝をするんだよ。)
と再度訴えかけている。

　以上のように見てくると、「説明連文」において、上昇調の音調に支えられた後文の内容こそが、少なくとも心情面・意識面で、話し手の最も訴えたい情報であると解してよかろうか。例えば既掲出の例文、
　○ハハガ　オクッテ　クレテ　ネー。マッシロナ　キレオ。(母が送ってくれてねえ。真っ白な布を。)
にしても、聞き手に訴えて理解を促したい情報として、話し手の意識内にあるのは、「母が送ってくれた真っ白な布」であろう。
　○フネデ　モッテ　キテ　モラッテ　タメトキマス　ダ。ソーコニ。(〈酒を〉舟で持ってきてもらって溜めておきますのよ。倉庫に。)
も、酒を収納する場所が「座敷」でなく「倉庫」であることを、穏やかに訴えかけたものである。聞き手が商店主の老女と会話した場所が、商品のいくらかを隅に積み並べた座敷であったことが、この表現の背景にあるものと想察される。このような解釈の視座からすれば、先に掲げた、後文に特定の音調の見られない例は、前文を補充する本来の機能に重点があり、後文での情報を、直接的に聞き手へ持ちかける意識（――話し手の意識）の、比較的希薄な表現と解されよう。殊に副詞類は、言うまでもなく、用言中心の叙述を修飾限定するのが本務の機能体である。後文の副詞類が、前文の補充に力点をおき、聞き手への直接的な訴えかけに消極的でありがちなのは当然とも言えよう。

　後文が、上述の特定音調を欠く場合、別に、次のような形式をとることがある。
　○オミヤサンワ　アリマッセー。コノ　ムコーニ　ナー。(お宮さんはありますよ。この向こうにねえ。《氏神社の有無を尋ねたのに対して。老女》)
　　［丹波・丹南］

○ヒルワ　タンボバッカシヤ　ニ。ムカシワ　ナー。(昼は、田んぼでの作
　　業ばかりだよ。昔はねえ。《昔の農作業を説明する。老女》)［丹波・篠山］
　○スガイタラ　ワカルンデス　ワ。カイコガ　ネー。(成熟したらわかるん
　　ですよ。蚕がねえ。《かつての養蚕の経験を語る。老女》)［丹波・山南(サンナン)］
これらの例は、後文が「ナー」「ネー」など、感声的な文末詞を取っている。
この種の文末詞は聞き手に呼びかけ、同意を要求する機能が中心である。後
文の内容(情報)を直接的に聞き手に持ちかける点では、当面問題の音調の
場合と変わりないが、ただ両者には表現の実質面で差異がある。「ナー」「ネ
ー」類の文末詞を取るものは、たしかに聞き手への呼びかけ・持ちかけの意
識は強いが、例の上昇調に認められるような穏やかさがない。聞き手を話し
手と同一の次元・領域に据え、同意を求めるのが、この種の感声的な文末詞
である。その意味では、この文末詞を取る後文は、論理面では前文を補充し
つつも、情意面では逆に前文を大きく包摂して、聞き手への対応に立ってい
ると言うこともできよう。後文の上昇音調を欠くもの、逆に特定の呼びかけ
要素(文末詞)を取るもの、それぞれの表現性を討究してきて、当面の「説
明連文」の上昇音調が内包する、聞き手への思い入れの深さが、いっそう明
らかになったかと思う。

2．前文後文の連関

　本稿では、「説明連文」の、主として前文と後文の連関のさまを見ておき
たい。後文が前文を補充して行われる事態については、上来、再三言及した
とおりであるが、その後文が、前文で述べた情報を、改めて繰り返す例があ
る。先に、副詞類の、後文での繰り返しについて取りあげ、その表現性を問
題にしたが、ここでも、別の、以下のような例を取りあげることができる。
　○オトー　ユーテ　アリマシテ　ナー。マツリノ　オトーガ。(お灯と言
　　ってありましてね。祭りのお灯が。《宮の境内で行われる火焚きの行事の説
　　明。老女》)［丹波・氷上］
この例に見られる後文は、前文に行われている主要な内容、「オトー」を改
めて取りあげている。そして、限定を加えて、強調的に聞き手に訴えかけ、

理解を促している。話し手が伝達を図りたい主要な内容・情報が「お灯の行事」であることは、多く言うまでもなかろう。

　　○カブ　キリヨッタサカイ　ナ。コンナ　イネノ　カブオ。(株を切っていたからねえ。こんな稲の株を。《かつての、稲の切り株掘りの作業の説明。老女》)［丹波・今田］
　　○ヒカミー　イタラ　テーネニ　ユーテヤケド。ヒカミノ　ホーワ。(氷上へ行ったら丁寧なことばを話されるけど。氷上の方は。《氷上町はことばが丁寧という認識がある。老女》)［丹波・今田］

類例である。話し手の意識に占める前文の主要内容を、後文で再度取りあげ、限定を細かくして前文を補充している。その、焦点化された後文の情を、聞き手へ直接的に訴えようとする意識を運ぶのが、例の文末特定の音調である。

　ここで、いま１点注意されるのは、後文末尾に位置する助詞に関してである。端的に言って、「説明連文」後文の助詞は省かれることがない。例えば既出の次の１例、

　　○カブ　キリヨッタサカイ　ナ。コンナ　イネノ　カブオ。(株を切っていたからねえ。こんな稲の株を。)

この例文でも、後文末尾の格助詞「オ」は顕在している。が、普通一般の会話では、当該の助詞の省かれることが少なくない。例えば、

　　○ンメ　タベタラ　カラダ　シャント　スル　ナー。アサマ。(梅を食べたら体がしゃんとするねえ。朝。《梅干しの効用を説明する。老女》)［丹波・篠山］

この例に見られるとおりである。助詞の省略は、その多くが場面や文脈に支えられてのことであるが、問題の後文は前文の補充の位置にあり、しかも、その格関係を明示することが要求される。ここに助詞が顕在するのは当然のことと言えよう。その助詞に例の上昇調が置かれていて、いっそうその存立が際立っている。

四、上昇調の音調

　以上に、「説明連文」の、後文末尾の上昇調を中心に、当該説明表現の機能と特性とを問題にしてきた。ところで、当該地域の方言には、上述の場合に限らず、広く、文末に上昇の音調の見られることが多い。例えば次のとおりである。
　　○道が　コンドワ　ドット　ヒロー　ナッタンデス。(……今度はぐっと広くなりましたよ。《新道ができて。老女》)［丹波・丹南］
　　○ゴーツイ　ベンリガ　ヨー　アリマス。(たいへん便利がよろしいですよ。《スーパーができて。老女》)［但馬・浜坂(ハマサカ)］
　　○牛が　ドッコモ　オリマシタ。(……どこの家にもおりましたよ。《以前の農家に、農耕用として。老女》)［丹波・氷上］
　　○井戸は　ドノ　イエニモ　アリマスネヤ。(……どの家にもありますのよ。《老女の説明》)［丹波・今田］
これらの例に行われている文末の上昇調は、聞き手に穏やかに訴えかけて理解を促そうとする、意識を表していると解される。いわば先の項で討究した、連文の後文に行われる音調の働きに類するものである。ただ、「説明連文」の後文の場合は、既述のとおり、前文の補充を第1の目あてとする点で、理を包摂した情の濃さを見せているのが注意される。
　文末に立って、聞き手への呼びかけ・訴えかけを基本とする文末詞には、上昇調の音調の見られることが少なくない。実例をあげよう。
　　○道が　ヨー　ナリマシテン　エ。(……よくなりましたのよ。《昔と比べて》)［丹波・丹南］
　　○オトコノ　コワ　ゴーニンデフ　ニ。(男の子は5人ですよ。《老女が自分の子を説明して》)［丹波・丹南］
　　○家が　コッチー　アリマショー　ガ。(……こっちにありましょう？ね。《相手に確認させる》)［但馬・八鹿］
　　○ワタシンダッタ　デ。(渡し舟だったのよ。《昔の川筋》)［但馬・八鹿］

このような状態である。この上昇調には、たしかに、穏やかで品のよい訴えかけの意識が認められる。さらに、連文の実例を、いま1例掲げよう。

○アノ ナ。バンシューノ ナ。カコガワノ ナ。センセーガ ナ。ムカシノ コトー ナ。キカシテ モライターテ ナ。(あのね。播州のね。加古川のね。先生がね。昔のことをね。聞かせてもらいたくてね。《筆者を案内した老女が、近所の老女に筆者を紹介する》)[但馬・八鹿]

この上昇調の「ナ」には、1文1文丁寧に説明し、聞き手の納得・理解を促しているさまがよく表れている。

以上のように、当該方言の説明表現には、文末に上昇調の音調の現れる傾向があり、1つの社会習慣と認めてよいように考えられる。本稿の主題である「説明連文」後文の上昇音調も、このような一般傾向に沿った事態として、しぜんに包摂されるべきものかと思う。

結　び

説明の表現は、日常の会話において、大きな分野を占めている。それだけに内容は多岐にわたり、表現類型の整頓も容易でない。本稿で取りあげた、後文が補充の関係に立つ2文連結体の説明表現も、その一類型として位置づけることができよう。

2文連結の説明表現の、機能と特性とを討究するにあたって注目したのは、後文（補充文）末尾の上昇調の音調である。ここに、話し手の、説明の姿勢が結集していると解した。後文は、前文を補充する知的な内実をもって存立しているが、その補充の方向と共に、聞き手への訴えの姿勢を見せるのが、末尾の上昇調である。その表現性は、聞き手の理解を柔らかく穏やかに促す、概して情意の満ちたものである。ここに、いわゆる説明連文の特性を見出すことができるように思う。

連文（談話文章）の研究は、上述の「説明連文」に限らず、全般にわたって、さらに拡充していかなくてはならない。それと共に、本稿で注目した音調についても、今後、討究を深めていく必要があろう。

文献
藤原与一（1969）『日本語方言文法の世界』（塙書房）
藤原与一（1994）『文法学』（武蔵野書院）

296　第六章　特殊表現法

第二節　近畿方言における特定の指示・呼びかけ表現
──「見よ」形式の間投用法を中心に──

はじめに

　会話の世界に生きる方言表現にあって、聞き手への直接的な働きかけを表す、特定の指示や呼びかけには、伝達の意識や感情がいっそう露にうちだされており、この面で、表現を、特殊で生なましいものにしている。近畿方言のうちには、文の表現の中途で、聞き手に、「見よ」「見なさい」など（以下、「見よ」形式と言う）をとって指示し、呼びかける、特定の表現法があって注目される。本稿では、この、文中に間投される「見よ」形式の表現効果を問題にしつつ、これによって特色づけられる文表現の、主としてその機能について討究することにしたい。

一、「見よ」形式による指示・呼びかけ表現

1．「見よ」形式の間投用法

　会話の表現にあって、「見よ」に類する事象が、聞き手への指示または呼びかけの機能をもって行われるのは、特定の方言に限らず、日本語のごく一般的な事態かと思う。例えば、
　　○ホラ　ミテ　ミテー。コッチー。（ほら、見て、見て。こっちよ。《高校生女同士》）［播磨・姫路(ヒメジ)］
　　○ミタッテ。ヨーサン　モッテ　キトッテヤ　ガイナ。（ごらん。たくさん持って来ておられるよ。《老女同士で。行商の魚類を見て相手を促す》）［播磨・東条(トージョー)］）
このような表現は、聞き手に、視認すべき事がらを、直接指示したものであって、類例は多い。

第二節　近畿方言における特定の指示・呼びかけ表現　297

　○ソラ　アンタカテ　タベテ　ミナハレ。ホンマ　トテモ　グアイガ　ヨ
　　ロシー　ワ。(それは、あなただって食べてごらんなさい。ほんとうに、
　　とても具合がいいですよ。《老女が、筆者に梅干しの効用を説く》)［丹
　　波・篠山］
　○センパイニ　シラレテ　ミー　ヨー。(先輩に知られてごらんよ。〈ひどい
　　目にあうよ。〉《クラブ活動の練習に遅れたことを話す。高校生女同士》)
　　［播磨・姫路］
このように、いわゆる試行・仮定の意をもって、補助的に用いられることも、日本語に広く見られる表現法である。「それ見ろ。」「ざまあ見ろ。」「もう1度、言ってみろ。」などの類も、特定の慣用文として、これも広く頻用されていよう。
　ところで、本稿で問題にしようとしているのは、この「見よ」が、文中に遊離孤立し、特殊な指示成分として慣習化したものについてである。いわば感声化した特殊要素であって、「見よ」とあっても、具体的な視認を求めるのではない。実際の実例を見よう。
　○ワタシノ　トコノ　マゴガ　ナー。アノ　ミナハレナ、ヒメジニ　アン
　　ノダスケド　ナー。(私のとこの孫がねえ。あの、姫路にいるんですけど
　　ねえ。《老女が町内の老翁に語る》)
播磨・加西(カサイ)での実例である。言うまでもなくこれは、説明の表現文で、話し手に属する情報を説明し、伝達しようとしたものである。ここに行われている「ミナハレナ」は、相手の関心を喚起し、意識を集中させて、そこに情報──説明内容を、強調的に持ちかけようとする意図に支えられたものである。ここには、相手に、疑問や異論をさしはさむことを許さないほどの、強い自己主張性が認められる。既述したとおり、この「ミナハレナ」は、具象の事物について視認の行為を求めるのではなく、しいて言えば、相手に呼びかけて、その内面を指示するものと言うことができようか。内面の一点を指示して、相手の意識の流れを制御しようとするのである。このように、「見よ」形式は、慣用が生んだ辞的要素とも言うべきものであって、話し手の、説明・主張の表現意図に付随した、特殊な表現成分と言うことができる。

○ヘーテ　マゴモ　ミナハイナ、オンナノコト　オトコノコト　フタリ　ヤケンド、(そして孫も、ほら、女の子と男の子と2人だけれど、……。《老女が孫について語る》)［播磨・社(ヤシロ)］
○イマラ　ミナイナ、トシガ　ヨッタラ　ヨケ　シゴト　センナン　ニー。(今なんか、ほら、年が寄ったら〈若い頃よりは〉よけいに仕事をしなければならないのよ。《年が寄っても楽にならない老女の嘆き》)［丹波・篠山］
○ダケド　イマゴロ　ミナハレ、リョーシガ　スタッテ　ナーア。(けれど、今ごろは、ほら、漁師がいなくなってねえ。《老男が、最近の浜の暮らしぶりを語る》)［但馬・浜坂］
○ソレモ　ミナサイナ、キシャ　アラシマヘンヤロ。(それも、ほら、〈当時は〉汽車はありませんでしょう。《老女が、昔の不自由な旅行事情を語る》)［播磨・社］

第1例の播磨社の例は、「ミナハイナ」と指示して、聞き手の関心と注意とを喚起し、ここに孫についての情報を持ちこみ、説明しようとしたものである。「見よ」と指示したところに、話し手の積極的な意識・姿勢が認められる。第2・3・4例について見ても、同様に、話し手の積極的な説明の構えが明らかである。このように、「見よ」形式を支える意識は、話し手の一方的な伝達の意識、自己主張の意識であって、相手の受容・同意を、強く期待するところがある。

　ところで、この類の文表現は、その説明内容に関して、聞き手に、何らかの基礎知識、一般常識があるものと、〈話し手が〉しぜんのうちに、推測、または想定するところに成立する、とも言える。例えば上掲の実例について見ると、第2例の、年が寄るほどに仕事が増えるというのは、時空を越えた老人一般の嘆きでもあり、第3例の、年ねん漁師が減っていくという嘆きも、これまた、世間一般の共通認識でもある。文中の「見よ」の意図するところは、聞き手の内面に潜在しているはずの、当該の話題・内容に関する意識・常識を指示し、喚起して、情報受容を容易にする、心的状態を醸成しようとするにある。これが、話し手自身の説明・主張への、聞き手の追従を、強く期待してのことであるのは、先にも述べたとおりである。

○ヘ̄テ　ミナハレナ、ハ̄タ　オ̄ッリョリマシタンヤ↗。(そして、ねえほら、〈自分で〉機を織っていましたのよ。《老女の若い頃の話》)

○ヘ̄テ　ミナハレナ、ア̄タマン　ナ̄カエ　ナ̄ーア。ゴ̄ハン　イ̄レテ、(そして、ほらねえ、〈鯖の〉頭の中にねえ。ご飯を入れて、……。《老女が鯖ずしの作りかたを説明する》)

いずれも、播磨の中[中町]での、同じ老女による実例で、聞き手は筆者である。話し手自身の体験に基づいて説明したもので、その内容は、少なくとも、聞き手の筆者にとっては新しい情報である。が、この場合も、昔の暮らしぶりについての全般的な話題の中で発言されたものであって、話し手は、聞き手に、話題内容に関する、何らかの一般常識、あるいは知識の基盤があると想定したものとみてよかろうか。これを、話題伝達に関する、彼我共通の場の形成を意図したものと解することもできよう。ともあれ、文中に間投された「見よ」形式を核とする文表現は、既述のとおり、基本的には、話し手の一方的な伝達、自己主張の説明表現と言うことができる。

2．「見よ」の諸形式

上掲の諸例に行われている問題の「見よ」形式は、具体的には「ミナハレナ」「ミナハイナ」「ミナイナ」それに「ミナハレ」である。見られるとおりこれらは単一語ではなく、例えば「ミナハイナ」について見れば、3単語の連語形式である。が、これが一体の機能体で、文中に遊離する特殊な指示成分——間投成分であることは、すでに述べたとおりである。実際の表現面では、その形式の行われた後に、内面外面にかかわる、小さいポーズのあるのが普通である。ここには、聞き手に、受容の心的態勢の整うのを期して待つ、一種の心の矯めが認められる。また、うえの諸例に見られるとおり、当該形式の末尾に、呼びかけ性の強い文末詞「ナ」が行われているのも、聞き手との間の心的距離の調節が、主な目当てと解されよう。再説するまでもないが、この文末詞「ナ」も、当該の「見よ」形式の立つ表現面では、他の要素、すなわち「ミナハレ」などと共に、一体の機能体として存立していることはむろんである。

ここで、いま1点注意されることは、上掲の「ミナハレナ」などに見られるとおり、この事象に、「ナハレ」のような待遇語が行われている点である。この間投事象が、1文の核として、直に聞き手に働きかけるものであることが、ここに関係していよう。もとより、待遇語の見られない場合もある。

○イマラー　ミーナ、カルイ　カルイ　フトン　キテモ　オモタイ　オモタイ　ユーノニ　ナー。（今頃は、ほらねえ、軽い軽い布団を着ても、重たい重たいと言うのにねえ。《老女が、若い者の軟弱ぶりを非難して》）

丹波・篠山での1例である。ここには、「ミーナ」とあって、待遇語が見られない。心安い間がらにあっては、むしろこれが普通であろう。このように、相手に応じた待遇形式を取ったり、また、末尾に「ナ」を取ったりして、命令形式の内包する要求の意味作用を和らげようとしているのは、先述のとおり、この事象が、直接、聞き手への働きかけを本務としているからに他ならない。聞き手に対する待遇の情意が、このような形で実現しているのである。単純に形式本位に見れば、あれこれ異同が認められはするが、この事象で重要な点は、「見る」が内包する意味と、その意味を他に要求する意味、すなわち命令の意味とである。これを端的に言えば、「見よ」という意味である。これが辞的な表現性を帯びるまでに慣用され、熟用されて、説明表現の1つのスタイルを形成しているのは、説明の心意をよく表している点においても、注目に価しよう。

この種の表現は、概して老女によく見られる。

二、「見よ」形式の分布状況

1．近畿域における分布状況

上項で問題にした「見よ」形式の、近畿域における分布状況を見よう。まず注目されるのは兵庫県下で、特に播磨・但馬・丹波のうちにこれが存することは、上掲の諸例に見られるとおりである。

ついで注目されるのは奈良県下である。奈良県教育委員会（1991）によると、ほぼ全県にわたる調査地（大和郡山市矢田町北矢田、宇陀郡榛原町赤瀬、

五条市五条、吉野郡下北山村寺垣内・浦向）に、この事象が見られる。（南辺の十津川村重里にはこれが見られない。）以下、同書によって、当該の文例の一斑（佐藤虎男氏記）を掲げる。

 A ソッカラ　ミナイナ。アノ　キカイ　マ　アシブミノ　キカイ　デケ
   それから　ほらね。　あの　機械　まあ　足踏みの　　機械が　でき

   テー。
   て。(p. 254)

大和郡山市北矢田の実例である。ここに見られる「ミナイナ」は、まさに本論で問題にしている事象とすることができる。この事象には、次のような注記がある。

 ミナイナ＝もと「ごらんなさいな」の意であるが、見なさいという本義を離れて、これ全体で、「ほらね」と相手の注意を喚起するものになっている。ミナハイナ・ミーナ・ミーなど、いろいろの形がある。
 (p. 257)

この注の見解も、上来の筆者の見解と、ほぼ一致している。

 A（前略）アンマリ　オソ　ナッタラ　ミー、マタ　ウチノー　バハン
     あまり　遅く　なったら　さあ、また　うちの　ばあさん

   マタ　シンパイショルヤロー。
   が　また　心配するだろう？ (p. 47)

榛原町赤瀬での実例である。ここには「ミー」が行われている。「さあ」という苦心の訳が見られるが、これも、当該事象の、いわゆる辞的性格をよく認識したものと言えよう。これにも注があり、次のように記述されている。

 ミー＝間投詞。「見る」の運用形命令法ミーの転。「ね、ほら」に近い意。
 (p. 49)

ここには「間投詞」とあるが、これを品詞段階で見ればまさにそのとおりである。

 いま1例、別例を掲げよう。

A（前略）コノ　ゴジョーノ　ミー、シンマチノ　セーネンカイチョー
　　　　　　この　五条の　　　ね、　新町の　　　　青年会長に

　　　　　　ニ　ナレッ　チュテ　ナッ。
　　　　　　　　なれといって　　ね。(p. 202)

ここにも「ミー」が見られる。

　以上のように、奈良県下には、「見よ」形式の特定事象——間投詞がよく行われている。この奈良に隣接する諸県にも、何らかの分布が見られるかと想察されはするが、現在では確認するに至っていない。ただ、京都府教育委員会（1987）によれば、京都府南部の相楽郡山城町神童子の方言について、次のように報じている。

> 間投詞として「ミー」が用いられている。「見よ。」「見なさい。」の意。老年層の男性がよく用いる。老年層の女性も、話に勢いがつくとこれが表れる。老年層女性の場合、「ミナサイ」が用いられることもある。（吉田則夫氏記，p. 54）

ここで取りあげている「ミー」「ミナサイ」は、当面問題にしている事象であろう。（ただし、本文中には実例がない。）山城のうちにこれが存するとすれば、先述の兵庫県下、および奈良県下への分布が、しぜんの脈絡を保つことになる。

2．「見よ」類縁の事象

　文中に間投される上述の事象とは異なるが、「見よ」に類する指示・呼びかけの事象が、淡路南端の沼島に行われているらしい。藤原与一（1979）には、この事象について、次のように取りあげられている。

> 沼島独特かに思えたおもしろいことばが、一つある。「ソエナー」というのがそれである。これはつけそえことばだ。（もともと、「それ見な」というようなものででもあったか）ひとりの中年女性は、初老の女性に、つぎのような言いかたをした。
> 　☆——もう、祭りまでに十日しかないのに、ナニーモ　シトリャ

ヘン　ガナ。ソエナー。
　　　………、なんにもしたくをしてやしないわ。ソエナー。
　「ソエナー」が、「ソイナー」ともある。
　　☆――アレ　ヨー。ソイナー。センドブリジャー　ノー。
　　　あれまあ。ほんとに。久しぶりですなあ。
　この種のつけそえことばは、主として婦人層に聞かれるもののようである。(p. 42)

ここに取りあげられている「ソエナー」「ソイナー」が、問題の事象である。「それ見な」が、本来のものかと推定されている。形の変化と共に、視認の意味はすでになく、慣用が進んで、「つけそえことば」とあるように、話し手の内面を強調的に表出する、特定の辞的要素となっている。これを見ると、上来、記述してきた間投の「見よ」に、一脈、通うものがあるように思われる。「見よ」をもって、説明あるいは情念表出の表現の核とする発想は、少なくとも近畿域では、かなり一般的な現象と言うことができようか。

３．他域での「見よ」類縁の事象

　ところで、このような「見よ」による指示や呼びかけの習慣は、実は近畿域に限ったことではない。岡野信子（1992）によると、下関市域での、上述したところに類するとみられる、次のような事態が報告されている。
　　〇コリョ　ミー　ナ。イソ　イコー　ヤ。〈安岡・吉見〉
　　　ねえ、ちょっと。磯に貝掘りに（あるいは海藻を取りに）行こうよ。
　　〇コリョ　ゴイ。コリョ　ゴイ。アノンター　ドネー　ユ　チャッタホ。〈吉見〉
　　　ねえねえ、ちょっと。あの人はどう言われたの。
　「ゴイ」は「御覧ぜよ」の簡略形である。「ミー　ナ」（見なさい）も「ゴイ」も、相手の注意をこちらに向けさせるための呼びかけ語である。
　　〇コン　ナェ。〈蓋井島・安岡〉
　　　ねえ、ちょっと。

「コン　ナェ」は「これ、見ない」の「見」を落としたもので、「ナェ」は「なさい」の簡略形である。妻から夫への呼びかけ、また親しい女性どうしの呼びかけである。(p.721)

ここに見られる「ミー　ナ」「ゴイ」も、上来取りあげてきた一連の事象と、ほぼ同一の発想にかかわるものとしてよかろうか。ここでは、「コリョ」(「これを」か)と共に慣用されていて、すでに視認の原意を離れて転化し、呼びかけの機能体として熟しているとみられる。「コン　ナェ」のように、「見」を沈めて行われているのを見ても、先述の淡路の沼島の事象に通うところがあり、この機能体の転化・完熟のさまが明らかであろう。岡野氏によると、山口県下には、この「コン　ナェ」に類する呼びかけが、他に、「コリ　サンセ」「コリ　サン」「コリ　サイ」「コリ　ヤンセ」「コリ　マイ（ませ）」などと、多彩な形を取って行われているらしい。これからしても、「見よ」にかかわる呼びかけの特定事象が、方言に顕著であることが、よく看取されるのである。

　○ミテン、ワタシガ　ユータヤン。(ほら、私が言ったじゃあない。〈言わないこっちゃあないよ。〉)

北九州にも、このような「ミテン」があると言う。まさに当該の事象である（岡野信子・住田幾子氏による）。肥後南部人吉地方の『球磨弁まっ出し』（前田一洋、熊本日日新聞社）にも、「昔ゃみなんし、石のツブロでぐざんしたでな」（昔は、ほら、〈ごらんなさい〉石の風呂でございましたからね。〈筆者注〉）のような例も見られる（p.46）。

三、文末に立つ「見よ」形式

上述したところに類する「見よ」形式が、文末に立つ表現がある。先掲の『奈良県の方言』には、五条市五条の会話例として、次の１文が掲載されている。

　A　ホイカラ　ヤマダリョカンノー　ナーチャントカ　ミー。
　　　それから　山田旅館の　　　　ナーちゃんとか　ね。　(p.202)

この文末の「ミー」は「見よ」であろうか。これも、「見よ」本来の視認を求める意味で用いられているのではなくて、叙述内容を、相手に強く訴える働きを見せているものである。文末詞化したものと解することができる。

　文末詞化した「見よ」形式は、主として近畿以西に分布している（藤原1986，参照）。が、これがとりわけよく行われるのは中国域である。１例を、出雲方言の中から掲出しよう。

　　○ケーガ、コノ　ババワ　ツマラン　トミナサエ。（これが、このばあさんは、だめなんですよ。《バスに弱くて、遠い道のりでも歩かなければならない。老女が自分を語る》）

美保関長浜（ナガハマ）での実例である。これには、「トミナサエ」（と見なさい）という文末詞が認められる。同方言には、「トミー」「トミナサイマセ」「トミタガエー」など、類する事象は多い。これらの文末詞で注意されるのは、「見よ」が、いわゆる引用の「ト」（と）に導かれている点である。近畿以西に分布する当該の文末詞は、おおむねこの形式である。この形式のままに文表現に行われて、強い訴えの機能を発揮している。

　先に、文中に行われる間投詞としての「見よ」形式を取りあげ、その機能を問題にしたが、文末詞としての同形式も、文末に、基本的には、ほぼ同様の機能をもって存立している。ただ、「ト〜」は、本来、先行の叙述内容と、それに伴う判断とを、諸に相手に持ちかけることを働きとするものである。言うならば「〜ト見よ」は、叙述内容と判断とを相手に持ちかけて、判断の筋道を納得させようとする意図に基づく表現と言える。それにしても、文末詞として熟成したこの事象は、上述の意味を蔵しつつも、実質は、自己の判断を強く訴える機能休となっている。

　　○エー　アレマス　トミナサイマセ。（はい、荒れますよ〈荒れますとも〉。《眼下に広がる日本海を見て、冬は荒れるだろうと質問したのに対して、老女の応答》）

伯耆・御来屋（ミクリヤ）での１例である。敬語じたての、手厚い文末詞である。ここでも、判断の筋道が、真直ぐに持ちかけられていて、ゆるぎのない強い訴えかけとなっている。岡野（1992）からも、下関例を引用しておこう。

○ヤスマ　セン　トミヤー。(休みは、しないよ。)

「トミヤー」は「と見やい」であろう。

　ちなみに、「と思え」関係の文末詞が、中国地方内にはよく行われている。隠岐での1例を掲げよう。

○マゴワ　アッタエド　シンダデ　ヒトリホカニャ　ネー　トモワッシャイ。(孫はいたけれど死んだので、〈今は〉1人しかいないんですよ。)

島後五箇での実例である。「トモワッシャイ」は「と思わっしゃい」である。この種の文末詞も、先の「と見よ」と、発想・機能を、おおむね一にするものとみてよい。共に、国の西部域に盛んなこの事態は、注目に価する。

結　び

　以上、「見よ」形式の間投される特定の説明表現を中心に、文表現における、特殊化した「見よ」の働きについて討究してきた。「見よ」が、本来の視認の意味を内面化させ、話し手の自己主張の意図を担うと共に、相手の納得・同意を積極的に指示する、特殊な機能体として生きているさまを看取することができる。この「見よ」形式および類縁の機能体が、主として近畿およびそれ以西に存立しているのも、注目される点である。

　「見よ」形式と同様、文中に間投され、相手に呼びかけて、その納得や同意を期待する機能体に、近畿地域でも、「アナタ」類があり、「ソレ」類がある。また、特殊な上昇調を取って、類似の働きを示す例がある。これらは、「見よ」形式と微妙に異なる機能を見せてはいるが、基本に、相手の同意を期待する自己主張の意図がある。これらの事象とその機能についても、稿を改めて討究することにしたい。

文献

藤原与一（1979）『日本語を歩く』（冬樹社）

藤原与一（1986）『方言文末詞〈文末助詞〉の研究（下）』（春陽堂）

岡野信子（1992）「暮らしのことば」（『下関市史〈民俗編〉』）

京都府教育委員会（1979）『京都府の方言―京都府方言収集緊急調査報告書―』
奈良県教育委員会（1991）『奈良県の方言―奈良県方言収集緊急調査報告書―』

第三節　近畿西部方言の間投表現法

はじめに

　会話の文表現に見られやすいものに、その文中に間投される特定の遊離成分がある。この成分は、文表現を支える内面の心的起伏・抑揚に応じて現れる（間投される）もので、いわば当該の文表現を特色づけ、その性格を端的に表していると言える。逆に言えば、この遊離成分（間投事象）を通して、文表現の表現性を把握することができる。
　この成分は、単語の次元では間投詞であることもあり、人代名詞、指示代名詞であることもある。また特定の感動詞——文であることもあって多彩である（藤原　1969, p. 217 参照）。地方、地域によるさまざまの形式が認められるが、当該の近畿西部域でも、主として指示代名詞系と人代名詞系との間投事象による表現が存立する。本稿では、その実情と特性とについて記述することにしたい。

一、指示代名詞系間投事象

1．大要

　ここに指示代名詞系間投事象としたものは、中称の「それ」系の事象である。「ソレ」「ホレ」「ホラ」「セー」「ヘー」それに「サー」など、多様な形をもって実現している。この種の事象を一括して、仮に「指示代名詞系間投事象」としておこう。
　この間投事象が主として分布するのは、播磨西辺地域および備前東辺地域である。概して言えば、播磨・備前の国境域一帯ということができる。この国境地域は、第二章第二節の記述（p. 82）でも触れたとおり、一帯の山地であって、古来、人の居住も往来も、かなり困難であったように推察される。

その故か、この地域の方言は古態を示すことが多く、しかも隣接した集落間の違いさえも、時に指摘することができるような状態である。この地域に「それ」系の間投事象が見られやすいのは注目に価する。次下、各事象の分布状況と意味作用とについて討究しよう。

2．「ソレ」「ホレ」間投事象

「ソレ」が、単語・品詞の次元で指示代名詞であることは多く言うまでもない。これが文中に間投されて、特殊な表現性を見せている。ただ、当該地域では、この形を取る事象はごく少ない。実例も備前側で2例を得たに留まる。

　○オトコノ　コー　ユータラ　ソレ　ナー。ヤッパリ　アレー　モンナー。
　　（男の子と言ったらホラねえ。やっぱり気性が荒いものねえ。《老女が回想しながら説明する》）
　○スニ　ツケテーテ　ナ。スニ　ツケテーテ　ソレ　ゴハンオ　ナー。
　　（酢につけておいてね。酢につけておいて、ホラね、ご飯をねえ。《老女が鯖ずしの作りかたを説明する》）

備前域の穂波(ホナミ)および吉永(ヨシナガ)での実例である。両地域とも、播磨との国境に程近い集落である。「ソレ」のような、いわば本来形とも目される事象は、上述のとおり、この地域でも多くはない。国境の東側、播磨域では、これまでに見いだし得ないでいる。

　さて、この2例文は、間投された「ソレ」によって性格づけられていると言ってよい。第1例の「ソレ」には、世間一般の常識、あるいは聞き手の認識に焦点を合わせようとする、話し手の意識が表れてよう。女性に比して男性の気性が荒いとする認識は一般のことである。この1文で、話し手は、聞き手に存するはずの一般認識に訴えつつ、自己の情報・説明を持ちかけている。第2例も、相手に潜在するはず（話し手の判断）の認識に訴えつつ、あるいはその認識を喚起しつつ、鯖ずし作りの常識である、酢飯の扱いかたを説明しようとしている。要するに、2文とも、間投の「ソレ」が、話し手の表現の意図や心意を、頂点的に表示していると言ってよい。換言すれば、間

投の「ソレ」に、話し手の、相手を顧慮する説明の心意が表示されており、１文はその特定事象によって特色づけられていると言えるのである。これも「そ」系指示代名詞の、相手圏内を指示する基本的な機能にかかわっていよう。

「ホレ」となった変化形（so＞ho）は多い。これも主として国境に沿った地域に分布している。

　○テーガ　ホレ　チカラ　イレテ　スルデ。(手が、ねえ、力を入れて〈仕事を〉するので。《老女が、荒れた手を見せて。荒れたのは力仕事のせいだと説明する》)

播磨側の天和(テンワ)での１例である。自分の手を見せながらの１文で、この例文に用いられた「ホレ」には、本来の指示代名詞としての指示作用がよく表れているかのようである。が、これも、文中に立って、それとして１文を特色づけていることに変わりない。

　○アンタラー　ホレ　ヨバレ。コレ　サメルカラ。(あなたたちは、ホラどうぞ、召しあがれ。これがさめるから。《老女が、訪問してきた青年女にコーヒーを勧めながら》)

上掲の天和に隣接する、備前側の寒河(ソーガ)での１例である。これも、現前のコーヒーを視野に入れての「ホレ」である。具象物を指す本来の指示性がよく表れている。が、これも、当該表現の勧奨の心意を、頂点的に表示しているとしてよい。

　○ホイテ　ホレ　フユワ　カキムキガ　ナー。(そして、ねえ、冬は牡蠣むきがねえ。《漁獲に伴う多忙な作業を列挙して。老女が旅の筆者に》)

備前側日生(ヒナセ)での１例である。この「ホレ」には、上例のような具象の指示物はない。この表現の場合、牡蠣むき作業は一方的に話し手に属する体験であるが、牡蠣自体は冬の味覚として周知のものである。それに伴う牡蠣うちも、一般によく知られていよう。話し手は、聞き手にもその情報や認識が存するものとして、「ホレ」によってその情報や認識を喚起しようとしている。聞き手の認識のなかに、話し手の身近な情報をしぜんに位置づけようとしてのことであろう。あるいはここでは、「ホレ」は、聞き手への配慮と共に、自

己の記憶や体験をも喚起しているのかも知れない。いずれにしても、「ホレ」によって、1文は、情意の濃いものになっている。

　○キンジョニ　ホレ　アシノ　タタン　オバハンガ　オッタンジャ。(近所に、ホラ、足のたたないおばさんが居たのよ。《老女が幼年時代の日常を回顧して》)

　備前・穂波での1例である。この「ホレ」も基本的には聞き手目あてのものである。聞き手の注意・認識の喚起に働いていよう。足の不自由な婦人のイメージの喚起を、聞き手に期待したのか。それもさることながら、多分に自己の往時をも想起しようとしたのであろう。

　○ソレカラ　ホレ　アレ　ショッタ　ガー。ケリダマ。(それから、ホラ、あれをしていたがね。けり玉。《老女同士、幼年時代の遊びを思い出して相手を促している》)

　寒河での1例である。この例では、遊びの「ケリダマ」ということばがすぐに出てこない。相手の老女にその助けを求めている。幼時、共に過ごした相手に、その記憶があることを話し手は確実に意識している。「ホレ」には、なかなかことばにならない、話し手のもどかしさが表れることもある。相手に持ちかけて、その補助を求めるのである。

　「ホレ」による指示の対象は、具象的な事物から聞き手が保持しいてるであろう情報・認識へ、そして話し手自身の体験へと多様である。が、基本的には、聞き手目あての意図や心意を頂点的に表示したものであることは、再三述べたとおりである。

　ところで、この「ホレ」が、「アノ」と共に用いられることが少なくない。例えば次の諸例のとおりである。

　○マタ　アノホレ　オカーサン　ユーノー　アノホレ　ヨシタカサンラー　オッカチャン　ユーテ、(また、あのホラ、お母さんと言うのを、あのねえ、義孝さんなんかはオッカチャンと言って、《少女時代の隣村福浦の少年の物言いを思い出して。老女同士》)［備前・寒河］

　○コノー　ナニデ　アノホレ　カシノキトカナンカ　キッテ　キテ、(この、あれで、あのホラ、樫の木など切ってきて、《以前、湿田の稲刈りの折、

田んぼに敷く樹木の葉について説明する。老女》）［備前・福浦、現在は
　　　兵庫県域］
　○キョ̄ー　ナ。キヨコチャンガ　アノ̄ーホレ　ホ̄レ　ニモツ̄ー　ウットコエ　モ
　　　ッテ　ク̄ルンヤ　ガ。（今日ね。清子ちゃんが、あのホラ、荷物を私の家
　　　に持って来るんだよ。《共通の知人である娘の下宿についての説明。老女同
　　　士》）［播磨・天和］

これらの例文のように、「アノホレ」と、「ホレ」が「アノ」と共に用いられ
ることが多い。国境の南辺域を中心とした、限られた地域でのことと観察さ
れるが、例は多い。それも女性に聞かれやすい。
　「アノ」は、普通、話し手にとって、失念した事実、思いだしにくい事実、
あるいは言いだしにくい事実などを持ちかけようとするときに行われやすい。
ここには、相手を、ともあれ自己と共通の領域に誘い込もうとする意識が表
れていようか。この際、「ホレ」は「アノ」と共に行われて、「アノ」の意味
作用をいっそう助長している。すなわち、相手への持ちかけを助け、さらに
その相手の意識に潜在しているはずの当該の既情報を、指示し喚起している。
いわば「アノ」と「ホレ」とは、相手と話し手との共通の領域を立てようと
する意識面での作用において、ほぼ相似た働きを見せているのである。例え
ば、第1例は、老女2人が、その少女時代の生活語を話題にする文脈のな
かでのものである。2人の共通の体験を取りあげているが、話し手の老女が、
相手に、共通の場、共通の認識を期待しているさまが明らかであろう。

3．「ホラ」間投事象

　「ホラ」も、前項の「ソレ」「ホレ」に類する事象とみてよかろうか。これ
が主として分布するのも国境の南部域である。
　○チョットダケ　ホ̄ラ　レ̄ンシュー　スルンヤロ　ナ⤴。（少しだけ、ホラ、
　　　練習するんだろうね。《赤穂の義士祭の道中の練習。老女》）
　○ヒ̄ナセモ　ホ̄ラ　リョ̄ーシマチヤカラ　ネ̄ー。（日生も、ホラ、漁師町だ
　　　からねえ。《隣町の日生についての説明。老女》）
播磨側の天和および備前側の福浦（フクラ）の実例である。2例とも、「ホラ」は、聞

き手の常識、あるいは認識（既情報）を指示し、喚起している。換言すれば、相手の心的領域に身を寄せて、自己の判断を持ちかけ、訴えかけているのである。

　○ウミノ　ホラ　ナワバリ　ユンカ　ナニカ　アリマショーオ。(海のホラ、縄張りと言うのか、そんなものがありましょう。《漁業区域についての説明》)

福浦での１例である。この例文では、相手の認識を喚起しようとする意図がいっそう明らかである。

「ホラ」は、周知のとおり、共通語ふうの物言いにも現れやすい。藤原与一氏は、

　　○自分で　ホレ　云々。

　　などと「ホレ」を言うのは東系か。北陸にもある。「ホラ」も東に多かろう。(中略)「ソレ」は東系のものだろう。(藤原　1954, p.213)

のように述べて、指示代名詞「それ」系の間投事象が東系のものであることを示唆している。が、その藤原氏も、別稿で、高知県下の「ホラ」を指摘している（藤原　2000, p.784）。全国状況からすれば、「それ」系の事象は、他にも熊本県下など西にもだんだんに見いだされはするが、それにしても、東に比べれば少ないのではないか。そういう分布状況のなかにあって、当該の特定地域に、この種の間投事象が際立って存立するのは注目に価しよう。

4．「セー」「ヘー」間投事象

「それ」が「セー」と変化したものは、国境の西側、備前市域に存立する。それも国境に程近い地域に多い。

　○イマワ　セー　ミナ　セー　クルマデ　イクカラ　ナー。(今は、ホラ、みな、ねえ、車で行くからねえ。《どこに行くにも車で行く若い人の生活ぶりを語る老女》)

　○セーデ　セー　ソネーシテ　マタ　セー　イチモンズツ　ツツンデ　ナー。(それで、ホラ、そんなにしてまた、ねえ、１文ずつ包んでえ。《祭礼の日、集落を廻る子どもに金を包む習慣。老女》)

いずれも吉永での実例で、聞き手は筆者である。「ソレ」が「セー」と変化 (sore>soe>see) しやすのは備前域でのことで、播磨では、普通、このような母音同化は起こらない。

さて、「セー」も「それ」系の間投事象であるだけに、その作用は上述した諸形式と同様である。上掲の対話の話し手となった老女は、「セー」を殊によく用い、ほとんど連発の状況であった。この種の間投事象が、相手の認識に焦点を合わせようとするものであるだけに、基本的には、相手への何らかの心づかいが表れていよう。その相手が他郷人であればなおさらである。当の話し手の老女のことばづかいに、他郷人の筆者に対する慎みが存していたとしてもふしぎではない。「セー」の多用も、そのような心づかいに支えられてのことであったかも知れない。

いま1例、老女と筆者との会話の一斑を掲げよう。秋の稲刈り作業が話題である。
○カルカル ワラワ キレルシ ヘーカラ モミワ セー フクロン ナ カエ ハェールカラ ナー。(刈る一方で藁は切れるし、それから籾は、ホラ〈ご存じのように〉袋のなかへ入るからねえ。)
○そうそう。
○マー セー ナ。(まあ、ホラ、ね。)
○楽なものですねえ。
○ラクナ モンジャ。ムカシワ セー ナー。(楽なものだ。昔はホラ〈ご存じのように難儀な仕事でした〉ねえ。)

この一連の会話は、上述のとおり、稲刈りが話題であるが、老女は、昔と今との作業を比較し、現今のコンバインの威力を、感慨を込めて語っている。老女の説明文に「セー」が頻出するのが注意される。最後の1文に見られる「セー」も、筆者に、昔の稲刈りの認識、情報があることを推測しての使用であろう。この例に限らず、どの「セー」の場合も、相手である筆者の認識に焦点を合わせようとする、老女の表現意識がよく表れていよう。

国境の南部に位置する日生に「ヘー」がある。
○セーナ コト イワレテモ ヘー コマル ウェー。(そんなことを言わ

れても、ねえ、困るわよ。《中年女同士》）

　この「ヘー」も、先の「ソレ」の変化形か。備前市域では「セー」に、播磨に近い地域では「ヘー」になったか。例の播磨域に著しいs＞hの影響下の現象とされようか。日生より東側に、「ホラ」（既述）が存することと思い合わされる。土地の識者は、これを、中年以上の女性の物言いとしている。

　なお、国境の播磨側に、わずかながら「サー」が聞かれる。これも、関連の事象かどうか。

　　○イマデモ　サー　ツクルケド　ナー。（今でもねえ、作るけどねえ。《老女がとち餅について語る》）

戸倉(トクラ)での１例である。これもおおむね女性のものである。

　藤原与一氏は、丹後に「サー」「セー」のあることを指摘している（藤原2000，p. 787）

5．総括

　以上、指示代名詞「それ」系の間投事象を取りあげ、その意味作用について記述した。この事象が主として播磨・備前の国境地帯に存立している事態が注意される。既述したとおり、「それ」系の事象は国の東系のものとされているが、それをややゆるやかに受けとるとしても、当該の国境の山地帯に際立つ一群を形成しているのは注目に価しよう。

　指示代名詞系と言えば、「それ」に対応して「これ」がある。しかし、当該地域には「これ」系の事象はない。ところが岡山県下にはその転化形があるとされる。藤原与一氏は『日本語方言辞書』（中）で次のように記述している。

　　備中例：キョーワ　ケー　オエン　トミー　ノー。（きょうは、うん、うまくいかないなあ。中男。独話的。卓球をやりながら、自分の調子のわるいのを言う。）(p. 185)

このようにあって、岡山県下の「これ」系の「ケー」が指摘されている。県北には「カー」も存するらしい（同書　p. 7）。同書によって見ると、「これ」系の間投事象がよく行われるのは西系の地域か。

西系の地域で、「それ」「これ」両系の間投事象が存立しているのは隠岐である。「それ」には「ソエ」「ソー」「シェー」「サー」などの転化形があり、「これ」には「ケー」「カェー」「コー」などがあって、両系ともよく活用されている（神部　1978，参照）。

　　〇マエワ　ソー　カネモーケガ　トボシダケ　ノー。（以前は、ねえ〈ご承知のように〉金もうけ〈の仕事〉が少ないならねえ。）

「それ」系の「ソー」の行われた１例である。この「ソー」にも、相手の保持しているであろう常識に焦点を合わせようとする、話し手の意識が認められる。

　　〇エマワ　ケー　ゴザラヌ。（今は、ほんとに、ありません。）

「これ」系の「ケー」の行われた１例である。この文表現にあって、「ケー」は、話し手の主張の心意を強調的に表示している。いわば「これ」系は、「それ」系と対照的に、話し手の自己主張的な心意を頂点的に表示するのが基本である。上述のとおり、隠岐においては両系の間投事象が存立し、それぞれに表現上の特性を見せている。これはこれとして、隠岐方言の特性を問題にするに足る事態であるが、少なくとも中国域一般となると事情は異なってくる。「これ」系はかなり分布しているが、「それ」系はごく少ない。そういう分布状況にあって、当該の播磨・備前の国境域においては、上来見てきたとおり、「それ」系の間投事象がまとまって分布している。たしかに注目すべき事態であろう。

二、人代名詞系間投事象

1．大要

　ここに、人代名詞系としたものは、対称系の事象である。実際に行われるのは「アンタ」が中心で、他にわずかに男性中心の「オマエ」がある。これを「人代名詞系間投事象」としておこう。先項の指示代名詞系事象と共に、相手を指す語（代名詞）が当該の間投事象として慣習化している。対話の現場における相手への呼びかけ・訴えかけの機能体が、ここに立ちやすい事態

を、改めて確認することができる。

　さて、対称の人代名詞は、全国的に見て、間投事象化しやすいのではないか。そういう一般状況のなかにあって、当該の兵庫県下では、間投事象として「アンタ」の立つことが著しい。言うまでもなく、当該域は、対称の代名詞としても「アンタ」の行われるのが一般である。

2．播磨・備前国境域方言の「アンタ」間投事象

　同国境域は、先項でも問題にしたとおり、「それ」系間投事象のよく行われる地域である。この地域には、間投事象の「アンタ」は存立しないかのようである。特に「それ」系の盛んな備前域ともなれば、ほとんど言うに足りない。ただ、国境南部の日生、寒河にはいくらか見いだすことができる。既述したとおり、この地域の東部は播磨に接している。そちらからの影響もあろうか。

　○タダデ　タベルダケナラ　エーケ　アンタ　タダデ　タベテ　ツリ　モロートンジャ。（只で食べるだけならいいけれど、全く、只で食べてお釣りを貰っているのよ。《ある男のあつかましさを語る。老女同士》）
　○ムカシワ　アンタ　イトコドーシノ　ケッコンガ　オイカッタ。セワネーカラ。（昔は、ほんとに、従兄弟同士の結婚が多かった。世話が無いから。《昔の結婚風習について語る。老女》）

日生および寒河での例である。これらの実例に見られるとおり、間投された「アンタ」は、相手に呼びかける働きが大きい。「それ」系の間投事象が主として相手の内面情報を指示し、喚起しているのに比して、これは相手自身に直に呼びかけている。呼びかけて相手の注意を促し、そこに自己の情報を持ちかけて、その全面的な受容を期待している。上掲の実例によって見ても、話し手の語る内容は、いずれも話し手の体験・見聞や判断にかかわるもので、一方的に話し手に属する情報である。間投の「アンタ」には、その情報を相手に強調的に、また、効果的に持ちかけるべく、焦点を定めようとする心意・意図が認められる。いわば「アンタ」は、そのような話し手の自己主張的な情意を、頂点的に表示していると言ってよい。

「それ」系の間投事象は、相手の常識・認識に焦点を合わせて、彼我共通の場を形成しようとしたが、これは話し手自身の側に焦点を置いて共通の場を形成しようとしている。その点で両者は、対立的な表現性を示していると言えるのである。「それ」系間投事象の盛んな国境の備前側に「アンタ」が立ちにくいのも、あるいは上述の表現性の違いがかかわっていようか。

うえの日生・寒河に東接する兵庫側の福浦では、その「アンタ」もいくらか見いだせる。次はその1例である。

　○ランプヤ　アンタ　カンテラ　トボショール　コト　オモタラ　ナー。アカカッタ　エ。(らんぷや、ねえ、かんてらを点していたことを思ったらねえ。明るかったよ。《はじめて電灯がついた当時を回想して。老女》)

3．播磨方言の「アンタ」間投事象

播磨は「アンタ」間投事象の盛んな地域である。対称代名詞としては、「アンタ」の他に「アンタハン」「アンサン」「オマエ（イ）」「オマエ（イ）ハン」などが、人や場に応じて行われているが、間投事象として頻用されるのは「アンタ」である。実例を見よう。

　○ソレオ　アンタ　ニモツオ　オーテダッセ　ナー。(そのうえに、ほんとに、荷物を背負ってですのねえ。《かつて、けわしい峠道を越えた難儀を語る。老女》)

　○オチタラ　アンタ　サガスノニ　エライ　コッチャ　デー。(落としたら、全くねえ、探すのにたいへんなことだよ。《コンタクトレンズを落とした体験を語る。中年女同士》)

　○ヘテ　アンタ　タビモ　ヌヨリマシタ　ワイナ。(そして、ほんとに足袋も自分で縫っていましたよね。《かつての戦時中の不便で不自由な生活を語る。老女》)

山崎、加古川および社での実例である。いずれも、間投の「アンタ」に、相手への呼びかけの際立った働きが看取されよう。話し手は、自己の持つ情報を、誇張的に相手に持ちかけている。間投の「アンタ」は、相手を改めて捉え直して、その情報を、一方的、誇張的、さらには主張的に持ちかけようと

する情意を、頂点的に表示していよう。
　　○ミッツモ　アンタ　セッケンヤ。（3つも、全く、石鹸だよ。《くじ引きの結果を告げる。中年女同士》）

　加古川での1例である。これも落胆の思いを大げさに、また誇張的に相手に訴えかけている。ここにも「アンタ」が、その訴えかけを支える、有効な情意を表出しているさまがうかがわれよう。
　全般に、播磨での「アンタ」の活動は盛んである。

4．但馬方言の「アンタ」間投事象

　「アンタ」間投事象は、但馬域でも盛んである。その用法・機能は、おおむね播磨域のそれと変わらない。
　　○ソノ　クラガ　アンター　カワニ　ドーント　カヤッタデス　ワナ。（その倉が、ほんとに、川にどっと倒れたんですよ。《洪水のすさまじさを訴える。老男》）
　　○フユワ　アンタ　スキーニ　イキマフンジャ　ワナ。（冬は、ねえ、スキーに行くんですよね。《山陰の冬の生活を語る。老女》）

　浜坂および養父(ヤブ)での実例である。いずれも話し手の側に属する情報を積極的に、また時に強調的に相手に持ちかけ、説明した文である。ここでも、「アンタ」は、上述のとおり、相手に呼びかけ、訴えかけて注意や関心を喚起し、その主張・伝達の意図と情意を、頂点的に表示していよう。
　但馬域での「アンタ」で特に注意を引くのは、これが文末に行われることが際立っている点である。つまり、ひとまとまりの表現の持ちかけが終わった後で、念を押すかのように相手に呼びかけ、当の表現受容を確認しようとするのである。
　　○コンニチワ　アンタ。（今日は、あなた。《老女同士》）
　　○カワリマシタ　カワリマシタ　アンタ。（変わりました、変わりました、ほんとに。《昔と今との暮らしの違いを強調する。老女》）

　いずれも浜坂での実例である。先に、念押し、確認としたが、あるいは1文の叙述で果たし得なかった伝達の思いを、最後的に補おうとする心意が込め

このような文末の「アンタ」は、上来取りあげてきた間投事象に類するとはいえ、全く同一とは言えない。文中、文末と、１文中において用いられる箇所が異なっているからである。箇所が異なれば、厳密に言って、働きも違ってこよう。概して言えば、文中の事象は相手の受容の構えを改めて喚起する意図があり、文末のそれは念押し・確認、さらには補充の意図があろう。ただ両者は呼びかけ機能の「アンタ」であるという点で共通している。ここに、関連して文末の「アンタ」に留意するゆえんである。
　上掲の実例のとおり、但馬域では文末の「アンタ」が盛んである。あるいは文中の「アンタ」をしのいでいようか。この「アンタ」は、文末の特定要素——文末詞の用いられた後でも行われる。つまりどのような文末でも、呼びかけの働きをもって、その末尾に立つことができるのである。
　○セーナ　コトガ　デキル　モンカナ、アンター。（そんなことができるものかね、アンタ。《老女同士》）
　○ボチボチ　シマスデス　ガ、アンター。（ぽちぽちしますのよ、アンタ。《家業の農業を。老女》）
両例とも浜坂でのものである。呼びかけの文末詞の立つ１文の末尾にも、「アンタ」は、さらに大きな呼びかけの効果を見せて行われている。ところで、「アンタ」の前に立つ文末詞として際立つのは「ナー」である。
　○ソー　イッテモ　ナー。ツクラントモ　オレマヘンデスシ　ナー、アンタ。（そう言ってもねえ。作らないでもおれませんしねえ。《米の減反政策を嘆く。老女》）
これも浜坂での１例である。「ナーアンタ」はやがて「ナーンタ」となり、「ナンタ」に落ち着く（第一章第一節参照）。
　○ヨー　フリマス　ナンタ。（よく降りますねえ。《路上での行きずりの挨拶。老女同士》）
うえの浜坂に隣接する温泉での１例である。「ナンタ」となったものは、浜坂・温泉地域を始めとして、但馬全域および丹後の一部に行われる。文末の特定要素として熟しきるほどに、文末呼びかけの「ナンタ」は、強い習慣と

なっているのである。
　この呼びかけの習慣は、実は当該地域に限ったことではない。分布の濃淡の差を見せながらも、当該域から山陰を西へ、さらには九州北・西部へと連なる。山口県下の「ノンタ」、九州北部西部の「ナンタ」「ナータ」「ナタ」は、ここに関連の事象として取りあげることができよう（第一章第一節参照）。山陰に連なる地域に、文末呼びかけの「アンタ」が顕著であることは、それとして注目すべきことであるが、当面の間投事象との異同にも留意することが肝要であろう。
　なお、近畿以西には、用法の差は別として、全般的に「アンタ」の特定用法が優勢である。このことは、あるいは前項の「それ」系の、同域での展開を阻んでいるのかも知れない。「それ」系間投事象が同域で劣性であるのも、優勢な「アンタ」間投事象とのかかわりがあるのではないか。今後の研究課題である。

5．播但外周域方言の「アンタ」間投事象
　兵庫県下の播磨、但馬以外の地域でも、「アンタ」間投事象はよく行われている。
　　○アッツーテ　アンタ　カナンサカイ　ナー。（暑くて、全く、たまらないからねえ。《老女の述懐》）
　　○ムカシワ　テート　カタトバッカシデ　アンタ　シマシタハカイ　ナー。（昔は手と肩とばかりで、ねえ、仕事をしましたからねえ。《昔の農作業を語る。老女》）
兵庫県下の丹波・篠山および摂津・三田(サンダ)での実例である。間投の「アンタ」に、上来取りあげてきた呼びかけの働きが見られるのはむろんである。

6．総括
　人代名詞の「アンタ」が文中に間投される慣習と、その表現性とについて見てきた。この間投事象は、たしかに兵庫県下に盛んである。が、この事態は、実は同県下に限った現象ではない。少なくとも近畿以西においては、

「アンタ」間投事象が見られやすいかのようである。当該域の西部に連なる岡山県下においても同様である。先に、播磨・備前国境一帯の「それ」系間投事象について記述し、この一帯に「アンタ」の見られにくいことを述べた。ところがこの地域を西にたどって岡山も中原に至ると、「アンタ」間投事象が目立ってくる。

　○モー　アンタ　ハチジューモ　キタラ　アシガ　ナー。(もうねえ、80歳がきたら足がねえ。《老翁の嘆き》)

岡山市での1例である。

　神鳥武彦氏は広島県熊野町の方言について、次のように述べている。

　　代名詞の「アンタ」も間投されることが多いものである。
　　○キノー　アシコデ　アンター　イーヨッタ　トーリノ　コトガ　オキテ　モー　ワカラン　ヨノ。(昨日あそこで、あなた、言っていた通りのことが起きて、もう、だめだよね。中男→中女)

　「アンター」は、長い表現では一文の中に、二度、三度となく出現していることがある。(中略)

　「アンター」を文中に間投する強い傾向は、大竹市阿多田島に見られる。(神鳥　1989, p.25)

　藤原与一氏(2001)にも、山口県長門北部の例として、

　　○イマクソ　アンタ　キカイセンガ　ありますが、……。
　　　今こそ、あなた、機械船がありますが、……。(老男→藤原)

が見られる(p.283)。この他にも、山陽や九州の諸地域からの実例を取りあげることができる。

　「アンタ」は、既述のとおり、全国的に行われる人代名詞であるとしても、西系の地域では、特にその用法が多彩で、際立つかのようである。そういうなかにあって、当該地域での、間投事象としての著しい活用は、注目に価しよう。

三、間投事象総括

　指示代名詞「それ」系と人代名詞「アンタ」との間投事象について取りあげ、その実情と表現性とについて討究してきた。注意されるのは、この両系の間投事象が、同一地域で共存することがきわめて稀なことである。「それ」系間投事象は、相手の内面情報に関心があり、「アンタ」は相手の聞きとりの姿勢に関心がある。とすれば、両者はかなり異なった表現性を保持していることになろう。このことが、共存に消極的であったのか。今、当該地域に焦点をしぼれば、「それ」系間投事象が播・備国境域の主として西側の限られた地帯に、「アンタ」がその東側の地域に分布して、それぞれ活動領域を異にしているのも、あるいは上述のような表現性の違いにも起因しているのではないか。
　大局的に見れば、「それ」系が国の東側に、「アンタ」が西側に、それぞれ分布や活動の主域を持っているかとする観方も興味深い。その「それ」系が、西側に属する当該地域に、限られた状況で生息しているのも、また関心を呼ぶ事実である。従来、ともすれば見過ごされがちであった間投事象とその表現性に、改めて注目をさそわれるのである。

結　び

　会話の文表現にあって、指示や呼びかけの機能を蔵した文中の遊離成分が、会話の相手に働きかける特定の役割りを担い、やがてこれが慣習化し時に感声化して、話し手の意図や情意を端的に表出することがあるのは、会話の表現運用のしぜんの流れの１つであろう。これが、会話の表現の調子を整える働きを果たすこともたしかにあろう。本稿で取りあげた間投事象も、そのような流れに乗っている。いわばこの遊離した特定事象は、会話の表現のリズムを導くと共に、会話の表現の特性を端的に、また頂点的に表示する機能を担っているとも言えるのである。その特性は、基本的には、話し手と聞き手

との間に、共通の場の形成を念じるところに生じるものとしてよいのではないか。

　この種の間投事象は、上述のとおり、会話の世界に、その個性に応じておのずからに生起するものである。全国的な視野で見れば、しぜん、そのものも形も多彩である。当該の地域においても、前節で取りあげた文中に間投される「見よ」形式も、いわば本稿の事象に類する「間投事象」であろう。日本語会話表現の世界に、どのような間投事象が、どのような生態を見せているのか、表現の特性を明らかにするうえでも、広く追究していくことが肝要であろう。

文献
藤原与一（1954）「文法」（東条操編『日本方言学』吉川弘文館）
藤原与一（1969）『日本語方言文法の世界』（塙書房）
藤原与一（2000）『日本語方言文法』（武蔵野書院）
藤原与一（2001）『日本語方言での特異表現法』（武蔵野書院）
神鳥武彦（1989）「熊野町におけることばの生活―方言―」（『熊野町史　生活誌編』）
神部宏泰（1978）『隠岐方言の研究』（風間書房）

第七章　生活語の世界

第一節　社会環境に生きる女性の生活語
——その生態と特性——

はじめに

　ここに言う「社会環境」とは、人間の生活する、社会的な場を指している。人間は、社会環境の中で生活し、社会環境の中で言語生活を営んでいる。その意味では、「社会環境」を、人間の「生活環境」と言ってもよい。ここでは、そういう環境での言語生活に、視点を置こうとしている。

　社会環境は、歴史的に形成されたものである。今日の言語生活が、この史的環境に適応し、あるいはその形成にかかわりながら営まれていることは多く言うまでもない。とすれば、その言語は、人間とその生活に根ざして生きる、いわば生活語というべきものである。老若男女、それぞれの生活語によって史的環境を生きている。本稿では、このうち、特に女性の生活語に視点を定めて、その生態と特性を明らかにすると共に、女性の生活語の、活力と創造力とについて討究することにしたい。

　「女性語」に対する関心は、近来、著しく増大しつつあるかのようである。また、その研究も多い。女性語の特色とされる一般的な事象・表現形式の指摘も、おおむね出揃った感がある。が、本稿では、これらの先行研究（井出1997，他）を視野に入れながらも、現前の生活語の世界に沈潜し、女性が見せやすい言語習慣に注目してみたいと思う。表題に「女性の生活語」としたが、"女性特有語"と言うつもりはない。傾向として女性に行われやすい言語事象（便宜、これを女性語と言うことがある。）のいくつかを取りあげ、その生態と社会的・生活的背景、および機能上の特性について考察していくことにしたい。

　なお、本稿で問題にする事象は、主として近畿西部域に行われる生活語（播磨の生活語）に限ることにする。

一、女性の生活語

　地域地域の生活語の世界に接してみると、女性によってよく行われる言いかたがある。女性にしか用いられない事象も、稀ではあるが、たしかにある。それは、当該の地域ではすでに衰微した用法のものであったり、逆に、新来の、あるいは新形式の言いかたのものであったりして、いわゆる女性語の複雑な一面を見せている。

　女性語の保守性と革新性とについては、一般に議論の対象になることが多い。この相反する性格を女性が共有する事態については、どのように解することができるのか。筆者も、方言調査の際のインフォーマント（話者）として、女性を選ぶことが少なくない。むろん、話者は、老若男女に偏りのないのが理想であるが、すべてを尽くせない短時間の調査の折など、しぜん老年の女性を求める。その生活語が、伝統的な土地の言語をよく表して、安定していることが多いからである。1960年から5年間のうちに実施された、藤原与一氏の「瀬戸内海方言の方言地理学的研究」（筆者も調査の一部に参加した。）においても、選んだ話者は、老年層少年層の女性（総計931地点，2793人）であった。男性よりも女性の方が、純粋な方言を保有する率の高いことを確信してのことである。女性は、結婚によって出生地を動くことが多く、当該地に生まれ育った話者を得ることは、かなり困難である。したがって、一般には、方言地理学的研究のための話者として、女性を選ぶことはごく稀である。が、うえの調査では、女性の話者を得たことによって、『瀬戸内海言語図巻　上・下』（東京大学出版会　1974）の純粋性が、一段と保証されたことは言うまでもない。

　Jenifer Coates (1986) は、女性の話者について、次のように述べている。
　　1つの考え方に女性は本来保守的であるからインフォーマントとして最良であるという見方があった。この観点は19世紀の終わりから1940年代に至るまでスロベニア、スイス、フランダース、ルーマニアといったさまざまな地域のさまざまな方言学者が表明したものである。(p. 49)

ここでは、女性の言語が保守的であるとした学者のことを紹介している。このような観察や議論は、古くから、内外に広く存したかのようである。保守的であることが女性の本性と言えるのかどうかはさておき、保守的な面の存することは否めない事実である。このことは、女性の生きる環境とも、どの程度にか、かかわっていようか。特に村の古老ともなれば、男性に比して、世間との交流がかなり限られてくるのではないか。家を中心にした狭い行動範囲であるのが普通であろう。

　女性が保守的かとする説に関連して、瀬川清子氏が、柳田国男について述べた回想文を引用しよう。

　　村に入っても、おじいさんは、世間を知りすぎて、虚の話も交じるが、おばあさんの話には傾聴するに足るものが多い、と注意された。そのように伝承者としての女性の価値を認めて居られたのは、杓子の権を握る家々の主婦のはたらきはもとよりのこと、(中略)女性自身が考えているよりも、もっと広く深く、女性の力を知って居られるからであった。
　　(臼井　1972, p.101)

柳田が、女性の律儀さを、高く評価していたことを紹介した文である。方言調査の目的で村むらを歩いてきた筆者にも、思いあたるふしのある指摘である。先の、女性語の保守的ともみられる一面は、家を守り、家を取りまく周囲との和合を第一とした、律儀で誠実一途の気風に支えられてのことかも知れない。一方で、女性語の革新性が問題になる。幼児期の言語習得において、男児よりも女児の方が先んじているという素朴な観察は世に多い。事実、それを裏づける研究もある (Jenifer 1986)。長じても、女性の方が言語に敏感なのではないか。流入してくる新語に対しても、敏感に反応するのは女性である場合が多い。例えば、「キョーモ　ハヤイ　ネー。」(今日も早いねえ。)に見られる共通語ふうの文末詞「ネー」にしても、これを用いる習慣のなかったあちこちの地域で、いちはやくこれを取りこみ、用い始めたのは、だいたい中・青年の女性であった。これを核に、今や全般に普及しつつある。マスコミによる言語の新情報も、少年層レベルの特別な流行語は別として、地域への定着のはしりは、まず女性の使用にかかるのが一般であるかのようで

ある。流入してくる新語の場合に限らず、旧来の言語事象を、新しく改変して普及させるのも、女性である場合が少なくない。例えば近畿方言の断定辞「ヤ」にしても、旧来の「ジャ」から改変し、一般化させたのは、おおむね女性ではないか。これについては、項を改めて問題にしたい。

言語改変の担い手として性差を問題にする視点から、Jenifer（1986）は、次のように述べている。

　　女性の話し手が言語変化の先導役を務める場合もあれば男性の話し手の場合もある。しかしながら、言語における性差が言語変化のメカニズムに深くかかわっているらしいと言うことは正しい。（p. 170）

性差が言語改変にかかわることを指摘しているが、本稿では、女性の立場に、いっそう際立たしい活力を見ようとしている。牧野（1996）は、女性が先天的に保持する「共感」性を問題にしている。このことは、待遇心意という面において、言語改変を支える心理的メカニズムと、深くかかわりあっているように考えられる。

以上のような女性語の保守的な面と革新的な面は、一見相反する局面のように見られるが、実はこれも、同じ源流に発していると解することができよう。その源流なるものをしいてあげれば、伝統と環境への強い順応力であろうか。今は、これを、仮に女性語の特性と言っておきたい。

日本語は、本来、情感の深い言語なのではないか。今日、外国語との交流や比照が盛んになるにつれて、ともすれば日本語の非論理性ということが問題になる。が、日本語には日本語の論理があることはむろんである。その論理は、豊かな情感に支えられた、いわば詩的論理とも言うべきものである。その伝統的な論理と内質とが、今日、女性の、あるいは女性語の感覚の中に、残存的に認められるということがあるのではないか。もとよりそれは、女性とその言語に限ったことではないとしても、豊潤な日本語の伝統を見失わないためにも、女性の律儀な順応力が、いまは改めて評価されなければならないのである。

女性語が内包する特性とはいかなるものか。以下、特定地域——播磨地域の女性の生活語の世界に、その特性の一斑を探ってみることにする。

二、女性の敬語表現

　生活語は、人間の生活する場に育まれる言語である。その具体の表現活動の場は、多くは会話・対話の世界であり、それはまた人間関係によって支えられた世界と言うことができよう。会話・対話の相手との心的距離をどうわきまえるか。敬語が生まれるのも、この狭間においてである。女性語が概して丁寧であると評されるのは、この距離感覚がとりわけ敏感である点に関係があろう。相手からの拘束をはかり、自己をわきまえる生活感覚が、その使用言語を性格づけてくるのである。この敬意表現――敬語表現に視点をおいて、女性語に関するいくつかの問題を取りあげることにしたい。
　当該の生活語の世界に、「おばあさんことば」と呼ばれるものがある。

1．「動詞連用形」敬語法

　ここに、「動詞連用形」敬語法と仮称しているものは、摂津西部の三田（サンダ）から播磨東部の吉川（ヨカワ）・社（ヤシロ）・滝野を結ぶ、旧西脇街道に沿って分布する、特殊な敬語法である（p.101 参照）。実例をあげると、
　　○キョー　サダコガ　キーヤ　デ。（今日、貞子姉さんが来られるよ。《老女
　　　が孫娘に、他家に嫁入った娘が来ることを知らせる》）［社］
に見られるとおり、「来ーヤ」（来られる）、「来ータ」（来られた）、「来ーナイ」（来られない）など、一連の形式をもって存立している。家庭・近隣のごく親しい間がらで用いる、軽い敬意と親愛感を表す語法である。この敬語法の主な担い手は老年の女性で、土地の人たちはこれを「おばあさんことば」と呼んでいる。
　　○モー　モドリタ　カ。（もう帰られたか。）
　　○キョーワ　イキナイ　デ。（今日は行かれないよ。）
は、三田および吉川の例で、いずれも80歳の老女のものである。このような実例を見ても、共通語では訳出しにくい、微妙な敬意を表しており、いわば柔らかく優しい言いかたになっていることがうかがわれよう。

この敬語法が敬意を生むのは、基本的には、初例に見られるとおり、断定辞「ヤ」で統括することによって、当面の連用形を体言化するところにある。体言化して、対象の人物の動作内容を、客体化し間接化するのである。こうして、軽くはあるが情愛のある、特定の敬意表現形式が成立したとみることができよう。体言化した連用形式は、やがてこれを核に、「～タ」「～ナイ」など、新しい形式を生んでいった。

この敬語法の源流は、すでに上方後期の洒落本にも見えている。これを島田（1959）は、「遊里女性用語」としている。京阪のこの語法は、当面の西脇街道に限らず、おそらく他の街道へも流れたと推察されるが、今日では、他ではまったく見ることができない。既述の地域で、わずかに老女の生活語として息づいているに過ぎない。成立の当初から「女性用語」であった可能性はあるが、それにしても、今日の生きざまは注目に価する。この敬語法の内包する情愛の細やかさが、女性の生活とその意識に適い、根を深くして今日に及んだと解することができようか。が、この生活語法も、すでに衰微している。この敬語法の生活を日常とする老女の幾人かは、"汚いことば"と内省する。少なくとも、仲間うちからはずれた相手に対しては、用いにくい恥ずべきことばと意識しているむきがある。女性に支えられて生きてきた特殊な敬語法が、衰退に臨んで見せる、一種のゆらめきであろうか。そのゆらめきがたたえる深淵を、女性語の真実として、注意深く見守っていく必要があろう。

2．敬語命令形式

播磨の姫路（ヒメジ）に、「クダンことば」と言われるものがある（p. 97参照）。「クダン」とは「下さい」の意である。これも女性に、しかも老女に多い。

〇コレ　クダン。（これを下さい。）
〇アシタ　キテ　クダン　ヨ。（明日、来て下さいよ。）

このように行われている。興味深いことに、この事象の存立する地域は、ほぼ姫路市域の中心部に限られている。かつては、商家の男性も用いていたと報じる識者もあるが、今日では、まず女性に限られていると言ってよい。し

かも、ごく親しい間がらで用いられるのが普通で、識者はこれを、柔らかい上品な言いかたと言う。

ところで、播磨の西南隅、赤穂に隣接する備前の日生・寒河に、同様に「下さい」にあたる「ダンセ」がある（p.97参照）。

○コレ　ダンセ。（これを下さい。）

寒河での１例である。これも"大年寄り"の言いかたとされ、主として女性に行われることが多い。ある老女は、"年上の人に対して使う優しい言いかた"と説明する。またある老女は、"今はもう使わない"とも言う。いずれにしても、衰滅に近い状態のものであることは確かである。

さて、姫路の「クダン」、日生・寒河の「ダンセ」は、同根の事象に発するものではないか。日生に、「クダンセ」「クランセ」が稀に聞かれるところからすると、「クダン」も「ダンセ」もこの事象から生じたのではないか。「クダンセ」が「クダサンセ」から成ったものであることは明らかであるが、その「クダンセ」からさらに、一方は語尾の「セ」を略して姫路に、一方は語頭の「ク」を略して日生・寒河に定着したと考えることができる。それぞれの地域で別の形式が派生した史的背景は、今は措くとして、かつて、少なくとも両地域を含む播・備南部一帯の地域に、「クダサンセ」「クダンセ」が行われ、それが推移し、やがて衰微して成ったのが、今日の状態である。いわば「クダン」も「ダンセ」も化石的に残存しているわけであるが、それが共に、主として老女に依って存立しているのが注意される。

敬語の命令形式は、一連の活用の諸形式から遊離して、孤立的に行われることが少なくない。遊離して行われる命令形式は、概して古態の事象である。当該の地域でも、うえの「クダン」「ダンセ」に類する、他の残存の命令形式を取りあげることができる。１例をあげれば、日生・寒河には「〜ンセ・サ（ヤ）ンセ」がある。

○ハヨー　イカンセ。（早く行きなさい。）
○ヒトツ　タベヤンセ。（１つおあがりなさい。）

寒河の実例である。これも命令形式だけが行われていて、他の活用形はない。しかも古老に、それもしぜん女性に聞かれやすい。「〜ンセ・サ（ヤ）ンセ」

は、「行カッシャンス」「来サッシャンス」などの「〜シャンス・サッシャンス」から成った形式とされる。上述のとおり、この敬語の命令形式だけが残存的に行われ、それも衰微しているのが、今日の日生・寒河での状況である。

関連して、類例をいま１例取りあげよう。播磨の周辺域には、「なさる」系の「ナル」があり、しかもその命令形式の「〜ナイ（ネー）」のみが行われている。播磨南西部、上郡(カミゴーリ)の例をあげよう。

　○ニーサン。コッチ　キネー。ハヨ。（兄さん。こっちへおいで。早く。《場席を示しながら》）

老女が、近所の年上の老翁を手招きして言った１例である。これが古老に行われる残存形式であることは、上述の場合と同様で、しかも、主として女性の物言いである。播磨南西部の反対側、播磨北東部に隣接する、丹波の春日(カスガ)でも、

　○マー　ハイッテ　ヤスミネー　ナ。（まあ入って休みなさいな。）

のように行われており、土地人には"優しい女ことば"として意識されているようである。ちなみに、山陽側に残存的に点在する「ナル」も、おおむね「〜ナイ（ネー）」のみで生きているかのようである。例えば備中でも、

　○ハヨー　シネー。（早くおし。）［里庄(サトショー)］

に見られる「〜ネー」のみが、他の関連の活用形から孤立して残存しており、しかも、"女性の使用率が圧倒的に高い"と、土地の識者は説明している。備中と境を接した、備後東部に生育した筆者も、同地の「ハヨー　行キナェー。」の「〜ナェー（ない）」を、女性語と意識してきた。

以上のように、敬語の命令形式が特立して行われる場合は、概して古態であることが少なくない。いわば残存の命令形式である。相手と直接に対面し、その心的規制の下に用いられる命令形式であってみれば、使用の慣習の中に、形式独自の表現性が生まれてもこよう。特に、敬語を用いるような相手に対しての命令の表現であれば、話し手にとっても負担の意識は大きいに違いない。他の活用形が衰退しても、なお残存して一定の機能を果しているのは、その命令形式に胚胎した、特殊な表現性の故であろうか。この表現性を、女性の表現心意に結びつけるのは短絡に過ぎるかもしれない。敬意表現の形式

の成立が、本来、基本的に間接性・婉曲性に支えられているとすれば、直接に当の相手と対面した場面で行われる敬意の命令表現は、とりわけ心的負担が大きかろう。それらの複雑な表現心意を大きく内包して成立する一定形式は、ある意味では間接性を帯びることにもなるのではないか。それが古態であれば、現実からの距離感で、なおいっそう間接性は高まろう。加えて古雅の風趣もある。

　女性が持つ、人間関係への細やかな気配りと情意は、おそらく日本語の敬語諸形式の成立や発達にも一定の役割りを果たしたかと想察されるが、今日の生活語の世界でも、一般に、敬語表現を担う女性の活力は際立っている。当面の特殊化した命令形式の消長も、やはり、そういう女性の情の深さとある程度かかわっていよう。先に、女性語の保守性を問題にした。そのことはここにも生きていようが、なお注目すべきは、女性の環境への配慮であろうか。

3．特殊丁寧語法

　播磨南西部を中心に、これも老女ことばとされる、特定の丁寧語法が行われている。
　○イマワ　ケッコナ　ヨーダハ　ナ。(今は結構な世の中ですよ。《昔と比べて》)［加西(カサイ)］
　○ソーダハン。(そうですよ。)［赤穂(アコー)］
いずれも老女のものであるが、文末の「～ダハ」「～ダハン」が当面問題の丁寧語法である (p.123参照)。これが、「～ダス　ワ」「～ダス　ワナ」が縮約されて成ったものであることは、容易に推察される (daεuwa＞dasa＞daha)。「～ダハン」の末尾の撥音は、「ナ」の変化形であろう。「ダス」が、当域を含む近畿域の、個性的な丁寧語として存立していることは、周知のとおりである。これが核となって行われる、上述のいわば特殊丁寧語法は、土地の識者も、"柔らかくて丁寧"と説明しているとおり、親しい間がらで行われる女性語として、一定の位置を保っている。

　赤穂や但馬南端の生野(イクノ)では、「～ダン」という言いかたも生まれている。

○ウチ　シランダン。(私、知りませんよ。)

は、赤穂での１例である。言うまでもなく女性の物言いである。但馬の生野では、かつては代官所屋敷の格式のことばであったと報じる識者もあるが、今日では全般にきわめて劣性である。それでも、何ほどかの敬意は存するようで、例えば、妻が夫に対して用いるのにふさわしい言いかたとも言う。「ダン」は、ダハナ＞ダハン＞ダーン＞ダンのような変化の過程をたどった、最終の形式と推察されるが、前述のとおり、すでに衰微している。注意されるのは、終始、女性が担い手であったことで、ここでも女性語の性格の一斑をうかがい知ることができよう。

　なお、「ダハ」「ダハン」の行われる地域には、帯同して「デハ」「マハ」もある（p.130, 133 参照）。「〜デス　ワ」「〜マス　ワ」から、「ダハ」同様の経緯によって成ったものである。女性語であることはむろんであるが、ここでは付記するに留めたい。

三、女性の特定文末表現

　文末に至って表現が決定するという、「文末決定性」を特性とするのが日本語である。主語に続いてすぐに述語が出る、英語や中国語の文構造に比べると、日本語は、かなり際立った違いを見せている。表現の重点を後へ送りこんでいく、文末決定の日本語は、文末に、叙述の全体を包摂して相手に持ちかける、特定要素を取りやすい。そしてその特定要素に、相手に対する待遇の情意が、色濃く表れるのが普通である。本項では、女性語の視点から、注意すべき特定要素（文末詞）を取りあげ、その表現上の色あいと働きに注目してみよう。

１．文末詞の特定変化形

　当面の播磨域には、文末詞「カイ」の変化形である「ケー」がよく活用されている。（この事象は近畿全域にも存立する。）

　○オバハン。オッテ　ケー。(おばさん。居られるの。《他家に入るときの挨

拶がわり。老女》)
〇アー　ソーダッ　ケ。(ああそうですか。《老女の、老男に対するあいづち》)

　姫路および加西での実例である。姫路のある識者は、この「ケー」を女ことばと言い、優しく情のある言いかたと説明する。女性から「ホンマ　カー。」(本当か。)と言われればいい気持ちはしないと言い、ここは「ホンマ　ケー。」がよいとも言う。

　近畿域では、takai（高い）、akai（赤い）などのように、ai 連母音はおおむね同化しないのが一般である。にもかかわらず、上述の「カイ」の ai は同化（kai＞kee）しており、しかもそれが、文末の機能体——文末詞であるのが注意される。先にも述べたとおり、文末詞は、対話の現場にあって、話し手がその意を相手に持ちかけていく、いわば表現の急所であって、ここに、相手目あての微妙な表現心意・待遇心意の働くのが普通である。このような話し手の特別な心意に支えられて、本来であれば起こり得ない同化形「ケー」が生まれたと解されようか。さらに注意したいのは、その「ケー」への変化も、主として女性によって推進されたのではないかという点である。相手に配慮する女性の細やかな思いが、おのずからに「カイ」を避け、母音のやや細めの、「ケー」の表現性を選択したのであろう。情のある言いかたとされるのも、女性の、そういう相手への気配りが利いていよう。その情意が、地域の方言基質の論理を動かしたかと考えられるのである。これを、先にあげた女性語の革新性の例としてもよい。

　同様な事象が他にもある。「ワイ」の「ウェー」化（wai＞wee）がそれで、播磨の周辺、北部および南西部に存立する。
〇アンタ　ヨカッタ　ウェー。(あなた、よかったよ。《老女同士》)
赤穂での1例である。この「ウェー」も、女性語と言ってよい。"おばあさんことば" と言っている地域もある。"柔らかく丁寧な感じ" と説明する識者もある。「カイ」からの「ケー」の場合と同様に、連母音 ai の音質の太さ硬さが、文末で発揮すべき情の機微にそぐわなかったのであろう。

　なお、この「ウェー」は、播磨に隣接する北の但馬、西の備前にも、何ほ

どか行われているようである。
　〇イマ　イキョール　ウェー。(今、行っているよ。)
は、備前・日生での１例である。ここでも、老女のことばであることに変わりはない。"優しい感じ"と言う。
　播磨にはまた、「ガイ」から変化した「ゲー」がある。これについては次項で触れることにしたい。

２．女性の文末詞と男性の文末詞

　播磨では、主として女性の用いる文末詞と、男性の用いる文末詞とが、対応して存立している（第一章第二節参照）。その主なものをあげると、次のとおりである。

　　　ガイナ──ガイヤ　　　　カイナ──カイヤ
　　　ワイナ──ワイヤ　　　　ドイナ──ドイヤ

この対応する各事象のうち、概して言えば、前者の「〜ナ」が女性語、後者の「〜ヤ」が男性語である。以下、それぞれの事象の表現性を明らかにしよう。

(1) 「ガイナ」「ガイヤ」

　はじめに「ガイナ」「ガイヤ」を取りあげる。共に、日常よく行われる文末詞である。それぞれは、「ガイ」と「ナ」、「ガイ」と「ヤ」とが複合して成った文末詞で、女性語男性語の色あいを支えているのは、後部要素の「ナ」および「ヤ」と言うことができる。
　「ガイ」は、次の例（明石例）のように用いられる。
　〇ソリャ　ヨロシー　ガイ。(それは結構なことだよ。《老男同士》)
押しつけがましいところはあるが、それでも相手の意向を気にする、何ほどかの協調の姿勢も認められる。それでも品位は中程度か。これが「ガイナ」となると、品位はかなりよくなる。
　〇イマワ　データクニ　ナットリマフ　ガイナ。(今はぜいたくになっていますよね。《昔と比べての感慨。老女》) ［中］
この表現は、述部に丁寧語「マフ」（ます）を取っている点を見ても、話し

手の老女の、一定の敬意は認められよう。この表現を支えて「ガイナ」が用いられているわけで、品位は悪くない。地域では、これを、女性語、あるいは女性語ふうのものとして認識している。

　女性語の色あいを支えている後部要素の「ナ」は、当域でも、単独で広く行われているが、まず、品位は中位、またはそれ以上である。話し手の発話内容が、相手の認識に合致することを想定し、または期待して持ちかけるのが基本の機能体である。話し手の領域に、相手を呼びこむ効果を表すことも少なくない。基本に、相手に対する心づかいがある。この「ナ」を複合要素とした「ガイナ」が、女性に行われやすいのは、当然と言えるかも知れない。

　これに対して、「ガイヤ」は、品位が下がる。
　○クル　ユーテ　ケーヘナンダ　ガイヤー。（来ると言って来なかったじゃないか。《相手をなじって。老男同士》）〔社〕
「ガイヤ」は、このように、話し手の判断や思念を、強く主張したり相手に押しつけたりする働きを持っている。後部要素の「ヤ」も、単独でも行われ、その働きは、話し手の発話内容を、相手の認識如何にかかわらず、一方的にその領域内に持ちこむのが基本である。先の「ナ」とは、機能面はもとよりのこと、品位のうえでも大きな差異がある。「ガイヤ」が、時に感情的な言いかたになったり、相手をなじる言いかたになったりするのは、この「ヤ」の働きによるところが大きい。一般に、これを、男性語ふうのものとして認識されているのは、当然のことと解される。

　ところで、「ガイ」が「ゲー」と変化することがあるのは、前項でも指摘したとおりであるが、この種の変化形が、原形の事象に比して、柔らかくて情のある表現性を帯びることも、すでに明らかにしたところである。「ゲー」もこの例に漏れず、「ガイ」よりも気配りの利いた事象となっている。その複合形も、「ゲーナ」「ゲナ」はあるが「ゲーヤ」はない。
　○デンワデ　ラクダフ　ゲナ。（電話でかまいませんよ。《連絡方法について。老女が老男に》）〔加西〕
「ゲナ」の用いられた例である。柔らかく品位のよい言いかたになっている。

(2) 「カイナ」「カイヤ」

　ついで、「カイナ」「カイヤ」を取りあげよう。これもまた、日常よく行われる文末詞である。その「カイナ」は、穏やかで、概して情の温かさ優しさを見せる。次はその1例である。

　　○オハヨーサン。キョーワ　ヒトリ　カイナ。（お早よう。今日は1人なの。《路上で声をかける。中年女性同士》）[小野]

このようにあって、女性がよく用いる。一方、「カイヤ」は、

　　○ワレ　モチット　コシ　ノバシテ　アルカン　カイヤー。（おまえ、もっと腰を伸ばして歩かないかい。《老男同士》）[山崎]

このように用いられる。この例に見られるとおり、問尋を踏まえた、非難がましい要求の表現になるのが一般である。ここに掲げた1例も、相手の行動に対する不満や非難の心意が表出されていて、全体、きわめて下卑た表現になっていよう。いきおい、男性の物言いである。若い層でも、これがよく行われており、加古川(カコガワ)のある女子中学生は、"「カイヤ」は男子、「カイナ」は女子"と説明した。次は、その女子中学生の会話に見られた例である。

　　○ナンカ　オカシカッタ　ナー。ホンマニ　オッタン　カイナ。（何か変だったねえ。ほんとうに居たのかねえ。《友だち同士》）

(3) 「ワイナ」「ワイヤ」

　次に、「ワイナ」「ワイヤ」を取りあげよう。この文末詞も全般に盛んである。複合の前部要素「ワイ」も、単独でよく用いられる。ところで、その「ワイ」には、強い自己主張が認められ、これが表現の実際では、反発的な色あいを帯びることもある。その1例である。

　　○モラワン　ホーガ　エー　ワイ。（貰わないほうがいいや。《老男が恩きせがましい老女に反発して》）[明石]

このように、「ワイ」には、情念の強い表出が認められるが、その変化形「ウェー」〔weː〕が、逆に、柔らかく丁寧な表現性をもって、女性に行われやすいことは、既述したとおりである。

　さて、その「ワイ」と「ヤ」とが複合した「ワイヤ」も、主張・反発の心情の、強く表出された表現をしたてることが多い。次はその例、

○ソンナ　コト　シラン　ワイヤ。（そんなことは知らないよ。《相手に反発して。老男同士》）［社］

反発の表現である。ただ、注意したいのは、この表現の場合、「～ワイ」と言い放ったものより、いくらか主張性が和らげられていようか。それにしても下品であって、男性の乱暴な物言いと言うに適している。

　「ワイナ」となれば、「ワイヤ」に比してかなり柔らかくなり、女性の言いかたと評される。次は姫路での１例である。

　　○アルイトリャ　ドッカデ　アウ　ワイナ。（歩いていると、どこかで逢うはずよ。《路上で別れぎわに。中年女が不安そうな老女に》）

自己の判断を、穏やかに相手に持ちかけている。ある土地の識者は、"優しい感じ""男性も目上に対しては使う"と説明している。

　なお、先に取りあげた、「ウェー」の存する地域には「ウェーナ」もある。が、「ウェーヤ」はない。「ウェー」と「ヤ」の機能・品位が調和しないからであろう。

⑷　「ドイナ」「ドイヤ」

　最後に「ドイナ」「ドイヤ」を取りあげる。両者とも問尋の表現を支えるのが基本である。また、これまでに問題にしてきたとおりの、「～ナ」「～ヤ」の表現差が認められる。

　　○ナン　ドイナ。（何かね。《中年女同士》）［吉川］

このような「ドイナ」は、女性にも行われる。が、

　　○ナン　ドイヤ。（何かい。《中年男同士》）［加古川］

となると、品位は下がる。土地人の間には、"播州弁は汚い"という意識があるが、その汚いことばの代表としてあげられるのが、この「ドイヤ」である。むろん男性中心のものである。

⑸　まとめ

　以上、「ナ」にかかわる複合形と「ヤ」にかかわる複合形とが、対応して存立し、前者が主として女性に、後者が主として男性に行われる実情について討究してきた。その、両者の表現性の差異は、「ナ」「ヤ」それぞれが保持している機能差・品位差に、おおむね依拠している。すなわち、「ナ」の持

つ相手への間接性、「ヤ」の持つ相手への直接性が、両者の表現性を大きく分けたかと考えられる。「〜ナ」が女性に支持され、時に女性語と認識されてきたのも、このような実情にかかわっていよう。女性の物言いが、基本として間接性を志向している事態を、改めて確認することができる。

四、女性の断定表現

　断定辞（ダ・ジャ・ヤ）による断定表現は、今日、国のほぼ全域で、ごく日常的に行われている。当該の播磨域でも例外ではない。が、大局的に見れば、断定辞とその表現も、生活の根の深いところで、しだいに性格を変えてきているのではないか。すなわち、客体的な判断を表す知的な表現性から、主体的な判断を表す情的な表現性へ、である。さらには、断定辞が、相手に訴えかける、文末特定要素——文末詞化の傾向さえ見せるようになっている。例えば播磨の北部に連なる但馬では、断定辞「ダ」が、

　　○ギョギョーガ　サビレテ　キマシタ　ダ。（漁業がさびれてきましたよ。
　　　《老男が漁業の衰退を語る》）［香住(カスミ)］

のように文末詞化しており、また「ダナ」「ダカ」「ダゾ」「ダゼ」「ダガ」など、多くの複合形も生んでいる。九州肥筑域の、例の顕著な文末詞「バイ」にしても、原形の「ワイ」の語頭音が、破裂音化（wai>bai）するに従って強調性を帯び、やがて主体性の勝った断定性を帯びるようになった。このため、旧来の断定辞「ダ」または「ジャ」は、本来の機能を薄め、「バイ」の機能に、しだいに収斂されていったかのようである。その結果、新生の「バイ」は、相手への呼びかけ・訴えかけの情的な機能と共に、何らかの断定性を帯びることにもなった。観点を変えれば、知的な断定要素が、情的な訴えかけ要素へと変化したのである。天草の、「バイ」の１例を掲げておこう。

　　○アリャー　ネコ　バイ。（あれは猫だよ。《老女同士》）［久玉(クタマ)］

　さて、当面の播磨を含む近畿域では、断定辞は「ヤ」であるのが一般である。

　　○ソレガ　オジーサンノ　コーヤ。（それがおじいさんの子だ。）［社］

第一節　社会環境に生きる女性の生活語　343

このような「ヤ」が、「ジャ」から生成しものであることは周知のとおりである。ところで、新生の「ヤ」は、出自の「ジャ」に比して、断定の働きがかなり弱いのではないか。国の東部域その他の「ダ」と比較するとなおさらである。〔ʒa〕から〔ja〕への変化は、いわば母音化（半母音＋母音）の傾向を示すものであろう。換言すれば、この変化は、断定の意図や強さを和らげる一定の効果を、おのずからに目指したところに生まれたものではないか。

　関西の言語が、関東の言語に比して、母音性が際立つことはよく知られていよう。「ヤ」への変化が、このような関西方言の基質にかかわってのこととする解釈も、１つの立場として重要である。それにしても、実際にこの変化を推進した担い手は、やはり女性であったのではないか。このことについては、前田（1952）の指摘もある。鎌田（1981）によって前田を引用してみよう。

　　大阪における指定助動詞「や」の発生は天保の終り近い頃ではないだろうかと思われるのである。そして今一つ想像されることはこれは元来女性の間から生まれたのではないかということである。用例も女性の場合が多いのみならず、どうも語感が女性的である。

このように、前田（1952）も、「ヤ」の発生を、女性によるものかと疑っている。今日、播磨での存立状況を見れば、必ずしも女性に偏しているとは言えないとしても、その軽さ・柔らかさは、たしかに女性むきの語感を持っている。藤原（1962）は、「ヤ」の成立について、次のように述べている。

　　「ヤ」は、近畿人の方言生活での、表現の軽快とやさしさを求める心理から、また、特定の待遇感情をあらわそうとするところから、しぜんに開拓されたものではないだろうか。近畿方言の人びとの、表現生活上のしぜんのこのみが、「ヤ」をうむことになったのかと思う。(p. 283)

ここには、「ヤ」の生成を、「近畿人の方言生活での、表現の軽快とやさしさを求める心理から」との指摘がある。その軽快さ、優しさは、たしかに近畿方言を支える根底的な基質として認められるものであるが、またこれが女性語的な性格を示すものであることも事実である。母音性によって支えられる近畿方言は、本来、女性語的な性格を、基質として保持しているのではなか

ろうか。さらに言えば、女性によって開拓され、主導されてきたのが近畿方言と言えるのではないか。それはしばらく措くとしても、近畿方言の要諦のいくつかに、女性語ふうのものが根を下ろしている事実を、看過するわけにはいかないように思われる。この事態は、あるいは日本語の根幹とその伝統に、深くかかわってのことではないか、とも疑われるのである。

　当該地域には、「のや」を出自とする「ネン」があり、盛んに行われている。明石での1例を掲げよう。
　○ドコデモ　ソーヤ　ネン。（どこでもそうなのよ。《老女同士》）
「のや」を出自とするにもかかわらず、「ネン」は、形も意味作用も、原形式から大きく変化している。本来、「や」が保持していたはずの断定性も弱く、むしろ相手への訴えかけ、特に告知・説明の意味作用が勝っている。もはや、断定辞と言うより文末特定要素（文末詞）と言うのが適していよう。この変移も、先に問題にした、近畿方言の基質、「表現の軽快とやさしさを求める心理」にかかわって推進されたとみることができるのではないか。また、国の全般に見られる断定性の弱化・軟化とも、何ほどか関係があるかと考えられる。"親しみのある柔らかい言いかた""情のある温かい言いかた"と意識している識者もある。末尾の撥音も、よくその表現性を支えていよう。全般的に見れば、男女共に用いはするが、やはり女性に聞かれやすい。それも、若い層によく行われるようである。

　女性の生活語が見せやすい断定性の忌避、あるいは断定辞の排除は、広く、そして深く認められる事実であるが、このことは、本項の始めで指摘した、日本語表現の、断定の知的表現性から情的表現性への推移と、無縁ではないように考えられる。この推移が際立つ近畿域で、その主導的役割りを果たしているのが女性であるとすれば、日本語の改新と存立を支える女性語の位置と実質とについて、今後いっそう関心を深めていくことが肝要であろう。

五、総　　括

　以上、敬語表現、特定文末表現、断定表現の3項目について、女性語の視

点から取りあげ、その生態と、特性の一斑を明らかにした。女性語の根底的なものを１点提示するとすれば、それは周囲への気配りということであろうか。これを、人間に対する情愛の深さと言ってもよい。生活語に生きる女性語の豊かさの根源を、ここに見いだすことができるように思われる。

　女性語の視点に限らず、広く人間言語の真実を討究するには、単に表層に留まることなく、生活語の内面に沈潜し、その生の機微を凝視することが重要である。生活環境に生きつつ、つねにこれを創造していく、生の営みそのものが、また、生活語の生命であることを、ここに改めて確認する必要がある。

結　び

　伝統的な日本人の生活と生活語の流れを、大きく、家を中心とした私的生活面と、世間にかかわる社会的生活面とに分けて把握することができるとしたら、主として、その私的生活面に生きてきたのが女性ではなかったか。女性を取りまく社会環境――生活環境も、家を中心とした世界と言うことができよう。換言すれば、家を守る女性中心の世界、さらには、その女性が取り結ぶ人間関係の世界に他ならない。先に、女性語の保守的な面と革新的な面とを問題にしたが、このことも、結局は、家を中心とした生活において、伝統と環境との調和と向上とを志向した、女性のしぜんの願いに支えられたものであった。うえの諸項で、女性語の特性として指摘した情意の諸事項も、そうした女性の生活意識の表れとみられよう。このような生活語の史的展開の軌跡を、今は、女性の環境創造の営みとして、積極的に把握したいと思う。

　ところで、その情意の女性語が、実は、日本語の伝統に根ざし、日本語の基質的な性格を、いっそう色こく保持しているかとする認識は重要である。が、昨今は、若い女性の物言いが、日本語の乱れの顕著な例として話題になることが少なくない。例えば感声や感覚語の多用が、伝統的な情意性に基づいているとしたら、問題である。諸外国語との比照的研究も進展しつつあるこのとき、日本語の伝統と発展の論理を、生活語の本質に即して、さらに深

く追究することが、旨として肝要であるように考えられる。

文献
島田勇雄（1952）「指定助動詞『や』について」（『近畿方言』12）
島田勇雄（1959）「近世後期の上方語」（『国語と国文学』36-10）
藤原与一（1962）『方言学』（三省堂）
藤原与一（1989）『方言学の原理』（三省堂）
臼井吉見（1972）『柳田国男回想』（筑摩書房）
井出祥子（1997）『女性語の世界』（明治書院）
鎌田良二（1981）「関西に於ける地方共通語化について」（『国語学』126）
Jenifer Coates〈吉田正治訳〉（1986）『女と男とことば―女性語の社会言語学的研究法―』（研究社出版）
牧野成一（1996）『ウチとソトの言語文化学―文法を文化で切る―』（アルク）

第二節　生活敬語法推移の軌跡
―― 対話の表現心理 ――

はじめに

　敬語の存立は、古来、日本語の1つの特色とされてきた。しかし敬意の表現、ていねい意識の表現となると、何も日本語に限ったことではない。それどころか、「敬語は日本語だけのものではない」（J. V. ネウストプニー）として、日本語の敬語にきわめて近い、世界の敬語事象の存立も、詳細に報告されている（林・南　1974）。それにしても、日本語の敬語は特定の語彙や用法を持っている。その敬語法の発達は特段のことではなかろうか。

　本稿で言う「生活敬語」とは、生活語に生きる敬語を指している。いわゆる中央語（共通語）の世界で敬語がいったん成立した後に、その敬語がどのような展開・推移をたどるのか、それを地方の生活語の世界で、おおよその筋道を追跡してみたい。なお、共通語を日常用いて生活している人びとにとっては、共通語ももとより生活語である。が、ここでは、共通語を、日常の生活言語圏の外に位置づけている、地方の多くの人びとの生活語を念頭においている。

一、敬語を生む日本語の風土

　日本語は、本質的にムラ社会（集団社会・閉鎖社会）の言語と言われることがある。ムラの住民の言語、ムラ人の会話行動に育まれた言語ということであろう。そのムラ社会の言語を、また内（ウチ）・外（ソト）の論理で説明しようとする研究者もある（牧野　1996，森田　1998，他）。言うまでもなく、ムラの内うちでの言語生活はウチの人間関係、つまり「親」の人間関係に基づく言語をもって行われ、ムラの外とかかわる言語生活はソトとの人間関係、つまり「疎」の人間関係に基づく言語をもって行われる。両者に、話し手聞

き手相互の間の心理的距離感の点で、差異の存することは言うまでもない。

　敬語は、本来、何らかの身分意識・上下意識、あるいは敬遠意識のもたらす人間関係のなかで生まれるとしてよい。が、ウチ同士の人間関係とソトに対する人間関係とでは、その意識にもおのずから差異がある。ソト意識のかかわる人間関係では、緊張度の高い敬語が生まれやすかろう。それに引きかえ、ウチ意識の人間関係では、敬意表現も穏やかなものになりがちである。もとよりウチにはウチの社会秩序――道徳律がある。その言語生活は、ムラの内うちの生活と道徳律に適った、人間とその心の交わりを基本にしていよう。

　ムラ言語の性格を担っているとされる日本語は、たしかにその表現も生活性・主観性を帯びている。日本語の表現では、話し手が、まず相手と場を見定めることが重要である。相手が話し手に把握されてはじめて、表現活動が開始されると言ってよい。このことはまた、話し手が相手に拘束されることによって、表現が成立すると言うこともできる。上述のとおり、その相手がソト関係と意識されれば、待遇の表現は手厚いものとなろう。その手厚い表現の原理は間接法であり婉曲法であって、それが一定形式として固定した事象が敬語にほかならない。逆にごく内うちの関係であればくだけた待遇のしかたになるのが普通である。特定の生活語社会では、敬語のない表現の行われることも珍しくない。日本は敬語の国とされがちであるが、敬語の存しないウチの世界もあるのである。その場合、待遇の心づかいは、例えば思いやりの心や態度など他の表現方法によって満たされるのが普通である。敬語によらない場合も、人間関係に即して、交流が動的で細やかであることに留意する必要がある。

二、中央敬語と地方敬語

　ここで仮に「中央敬語」としたものは、おおむね共通語に行われる敬語を指しており、「地方敬語」としたものは、先に定義した生活語に生きる敬語、すなわち生活敬語を指している。さらに上来の用語を用いれば、前者はソト

関係の勝る敬語であり、後者はウチ関係の勝る敬語である。もとよりソトにもウチの世界があり、ウチにもソトの世界がある。が、しばらくこのように区分して、大局を把握することにしたい。

　敬語が新しく成立するとなると、それは主として国の中央である。中央は、政治・経済等の動態につれて、物と人の動きが激しい。この社会に生きる人間関係もまた複雑である。いわば中央はソトの際立つ世界である。しぜんここには複雑な敬語が生まれやすい。多様な人間関係が敬語を必要とするからである。

　新しく敬語が生まれたとしても、その敬語は、いつまでも中央に留まっているわけではない。人の移動と共に地方に運ばれていく。その場合、中央でも、当該の敬語が未だ盛んに活動していることもあれば、すでに衰微していることもある。衰微のあげく、全く形を留めなくなっている場合さえもある。が、地方の人びとは、そのような動きには関心が薄かった。ただ、中央から伝播してきた敬語を、自らの生活語のなかにどう取りこみ、自らの敬意表現のためにどう順応させ、活用するかに、しぜんの心を傾けたかのようである。本稿では、述部の敬語にしぼって、その実情に注目してみよう。

三、地方と地方敬語の論理

　ここで言う地方は、先項のムラの世界であり、ウチの世界である。閉鎖的な集団社会である。ここは、個人よりも全体が優先する社会である。集団社会の安寧と息災を至上とする、全体の論理、協同・協調の論理が支配する社会である。ここで個人は、たしかに全体に埋没しているかの感がある。が、その個人も、実は、単に全体に埋没しているだけの存在ではなかった。全体の秩序と繁栄を願い、連帯・協同の奉仕と責任を担うことによって、いつの世にも、１人ひとりがムラ社会・連帯社会の屋台骨を形成してきたのである。そしてこの生きかたこそが、個人自らの生を支える道でもあると信じたのである。その観点からしても、地方は中央に対して、単に受け身に立つだけの存在ではなかったと言ってよい。地方には地方の生きかたがあり、論理があ

ることはむろんである。このような社会に迎え取られた敬語も、その生活論理に支えられて、個性的な生きかたを見せるようになったのは、しぜんの推移であった。

地方の生活語の世界にも、もとより敬意表現がある。その諸相についての詳細は、いまは省くほかはない。ここでは、中央から伝播してきた敬語をどう受けとめ、どう活用したか、あるいはしているか、という問題にしぼろう。先にも述べたとおり、地方の生活語は、主体性をもって安定しており、中央の言語に対して、一方的に受け身に立っているわけではない。中央から敬語を受け入れたとしても、その敬語は、当該の社会語にあって新しく生活語化し、特殊な生命を得て必要な役割を果たし、一定の位置を獲得している。

いま、本稿では、論述の必要上、仮に中央と地方の言語を区分したが、本来両者は、合い寄って日本語の実質を支えているのである。地方の生活語の活力と動態も、日本語の現実相と発展相に他ならない。このことは、ここに改めて言うまでもなかろう。

なお、地方にも種々相があり、その性格も、中央語の受け入れかたも一様でない。が、ここでは、統合の見地に立ち、中央に対する地方という観点から問題を把握し、その地方性に基づいて生きる生活語を対象とすることにしたい。

四、地方における中央敬語の活用

地方の生活語が、特定の中央の敬語を、その体系のなかに受け入れたのは、基本的に言えば、その敬語の活用・利用を欲したからであろう。ソトからの敬語は、ウチの世界に見られない新鮮な機能、高い敬意を示していたに違いない。が、その新来の敬語も、時にその敬意を利用することがあったとしても、あるいは利用に備えて保留されることがあったとしても、その自在の活用を、地方の生活語体系のなかに根づかせるには、それなりの修訂が必要であった。すなわち形式と意味（敬意）の両面において、当該の生活語の機能や体系に適う手直しである。その方向は、おおむね地域の親愛語化を目ざし

たものであったかのようである。この生活語化には、むろん時を必要とした。が、その推力は間違いなく地方生活語の主体的論理である。その生活語化には、大きく「語形の変容」「語形の短縮」「新敬語の派生」「本来敬語の活用」の4方向が認められる。

1．語形の変容ー「ナサル」敬語の場合ー

　「ナサル」は、古く中世の頃に成立した敬語である。それがなお今日でも、何ほどか共通語としても行われている、息の長い敬語である。成立以来約400年余りの間に、この敬語もほぼ全国に広まった。今日、全国各地で見出だされる転化の諸形式は、30種にも及ぶが、さらに「マス」のかかわる結合形式（「ナサリマス」）関係を加えるとなると100種近くにも達している（藤原　1978，参照）。この全国の諸地方に見られる多彩な転化形式も、各地方の生活風土や論理に基づく変容であることは、先にも触れたところである。地方の生活語には、「ナサル」のどのような変容が見られるのか。その実情の一斑を例説しよう。

　近畿で「ナサル」は「ナハル」［naharu］と変容してよく用いられている。次はその1例である。
　　○アッチー　イキナハッタ　ヨ。（あちらへ行きなさったよ。）［京都］

　この変容が、近畿で起こったと想察されるのには理由がある。周知のとおり近畿域は、「歯茎摩擦音」（サ行子音）を避ける傾向があり、sa＞ha の変化の特に著しい地域である。この地方に際立つ「誰だれさん」の「誰だれハん」、「ありません」の「ありまへん」などもその例である。その「ナハル」も、また全国に広く分布したかのようである。今日では主として山陰や四国・九州など西の特定地域にも存立している。

　「ナサル」はまた、近畿の周辺、特に西域の山陽側および北九州一帯で「ンサル」となっている。その分布状況は、上述の「ナハル」の分布とおおむね相補的である。次はその1例である。
　　○ドケー　イキンサッタン　ノ。（どこへ行かれたの。）［広島］

　「ナサル」から「ナハル」「ンサル」への変化を分けたものは何であったの

か、興味は深い。このことには、先にも問題にした「サ」行子音の音質が、どの程度にかかわっていようか。「ンサル」の顕著な中国山陽方言では、「サ」を格別軟化させることがない。むしろ「サ」が際立って、いきおい前接音「ナ」を軟化させたのではないか。ここにはまた、抑揚の対立的な相違もかかわっていようか。近畿地方の高平調・曲揚調と、中国山陽地方の後上げ調との差である。いずれにしても、語形の変容は、地方の風土と生活語の性格と論理に支えられていよう。

2．語形の短縮（縮音化）

(1) 「ナサル」敬語の場合

　説明を簡略にするために、上項の「ナサル」敬語を、ここでも引き続いて取りあげよう。語形の変容は、その短縮化につながる場合が多い。
　上項で問題にした「ナハル」は、また「ナル」とも変化した（naharu＞naaru＞naːru＞naru）。次はその１例である。
　○ムコーエ　イキナッタラ　マチガ　アリマス。(向うへ行かれたら町があります。《中年女が、旅の者に道を教えて》)［丹波・柏原(カイハラ)］
　このように「ナル」となったものも、近畿の周辺をはじめ、西の地域のみならず東の地域にも分布していて、濃淡の差はあるものの、ほぼ全国に見出だされる（藤原　1978）。先に広く分布した「ナハル」から直接変化したのか、それとも中央で「ナル」と変化したものが分布したのか、この点については、今は定かでない。ともあれ「ナル」は格別の安定形式であったようである。
　地方に及んだ中央敬語が、地方性の影響によって変容しやすいことは上述したとおりであるが、近隣の交わりの濃い生活語にあっては、敬語助動詞にも、活動性や安定性を目ざす手ごろな長さ——形式がある。「ナル」のような２音節形式は、その要求に適していたかのようである。この縮音化と共に、敬意もやや低下し、日常的で程よい程度のものになった。この変容が、全国にわたって広く受け入れられた要因の１つであろう。
　「ナハル」を形成した近畿地方では、また「ナハル」から「ハル（ヤハル）」を生起させた（行かハル・来ヤハル）。この形式の存立と運用は、ほぼ

近畿圏に限られていて、これも近畿生活語の風土が生んだ特色形式である。「行キナハル」が「行カハル」となるような (ikinaharu＞ikaharu) 広母音を柱にして安定する縮音化は、まさに近畿色と言うことができ、また、本項の敬語形式の短縮化の方向にも沿っている。いわば「ハル」は、同地方の特色敬語として安定した語感と親愛の情意を示しており、人びとの、よこの交わりに欠かせない敬語として熟用されている。1例を掲げておこう。

　○センセガ　キハッタ　ンヨ。（先生が来られたのよ。）［神戸］

(2)　「ナサリマス」敬語の場合

　前項の「ナサル」は丁寧語の「マス」と結んで、「ナサリ（イ）マス」となって存立することも著しい。このような結合形式は、「ナサル」単独の場合よりは、いっそうていねいな言いかたになることはむろんである。その「ナサリマス」の結合形式も全国に分布した。ただ、この長めの形式は、改まりや慎みの敬意をよく表したが、人の交わりのあつい、地方の生活語の日常にはなじみにくかったかのようである。このこともあってか、「ナサリマス」は、地方それぞれの生活風土に応じて、多くの縮音形式を生んだ。ところで、その縮音形式の分布する今日状況を見ると、その多くは、おおむね遠隔の地方、いわば辺境とも目される地域に分布していることが注意される（藤原　1978，参照）。今、その分布地域の1つ、九州に例を求めてみよう。

　熊本の離島、天草には「ナス」がある。これが「ナサリマス」の縮音形式であることは明らかである。今日、天草では、「ル（ラル）」「ス（サス）」「ナス」の3形式の尊敬語が行われているが、そのなかで「ナス」はもっとも高い敬意を表して存立している。

　○ドケー　イキナス　カ。（どこへ行かれますか。）

は、その1例である。熊本県下では、全般に、ソト向けの改まった場合の敬語として、

　○オカケナハリマッシェ。ドーゾ。（おかけなさいませ。どうぞ。）

のような「ナハリマス」が聞かれるが、上述の「ナス」も、このような言いかたから、「ナッス」を経て成ったものとみられる。短形の縮音形が、生活語の日常に適う安定形式であったことが推察できよう。

ところで、離島の天草に対する本土部の熊本市一帯では、「ナス」はその命令形（および禁止形）のみを残して、他の一連の活用形はすでに衰滅している。天草は閉鎖性のいちだんと強い離島であるがゆえに、新語の伝来・伝播の速度もにぶく、滞ったであろう。またそのゆえにこそ、現在に至るまで、旧敬語の活力も保持し得たかと考えられる。

なお、熊本市一帯の、命令形のみの残存状況に関しては、後の項で改めて問題にしたい。

3．新敬語の派生―「ス（サス）」敬語の場合―

中世京都語の「せらるる（させらるる）」に発するとされる「シャル（サッシャル）」敬語がある。これもよく行われて、今日では、近畿・中国山陽・四国地方にこそ行われることが少ないとはいうものの、ほぼ全国に分布している。九州でもその西北部にこれが多い。

さて、その九州であるが、「先生が　行カッシャッタ」などの「シャル（サッシャル）」が比較的よく行われるのは、福岡の筑後・筑前および肥前佐賀の北・西部の一部である。次はその１例である。

○センセイガ　コラッシャッタ。（先生が来られた。）［久留米］

佐賀・長崎・熊本の肥筑地方では、「シャル（サッシャル）」よりも、これから派生したとされる「ス（サス）」が全般によく行われている。この派生については、藤原与一氏に説がある（藤原　1978）。すなわち、連用形利用の頻度が高く、例えば「行カッシャッタ」の「シャ」が、頻用されるうちに直音化して「シ」となり、「行カシタ」のように言うことが慣習化した。頻度の高い連用形にいったん「シ」が生じれば、これを回転の軸として、五段活用方式にも類推し、しぜんのうちに「行カッサン」（未然形）「行カス」（終止・連体形）「行カッセバ」（仮定形）「行カッセ（シ）」（命令形）のように、五段活用の「ス（サス）」敬語が完成したとされる。次はその１例である。

○オトッツァンナ　オラス　ナ。（お父さんは居られるかな。《中年男性が近所の小学生男に》）［熊本］

この説が支持されるのは、同様に「シャル」敬語が日常よく行われている

中国地方の山陰（出雲・隠岐）で、「誰だれさんが　行かッシャッタ」と共に、「誰だれさんが　行かシタ」という言いかたが頻用されていることである。次はその1例である。

　〇ドコ　エカシタ　カエー。（どこに行かれたかな。）［隠岐］

この「シ」も、「〜シャッタ」の「シャ」が直音化して成ったものであろう。今日では、「行かッシャッタ」よりも「行かシタ」の方がよく行われている。が、この連用形「シ」以外の活用形は派生していない。この点が九州の場合とは異なる。

　九州では、連用形「シ」を派生させた原形式の敬語「シャル」が、当該の多くの地域で衰滅している。新生の「ス（サス）」敬語に、機能のすべてをすっかり譲り渡しているのである。一方の山陰では、原形式の「シャル」敬語が併存している。いわば、相対的な時間差と、これを含む地方性の差異が、両地域に見られる「ス（サス）」敬語の発達の違いをもたらしたかと考えられる。

　「シャル（サッシャル）」が「ス（サス）」を派生させたのは、前項の「ナハル」が「ナル」「ハル」に転化したのと同様に、敬語音形の縮音化でもあることに注意したい。この縮音化が地域の敬意表現に適していたとみられる。

　「シャル（サッシャル）」の原形式であった「せらるる（させらるる）」は、高位の敬意を備えた敬語であったとされるが、「シャル（サッシャル）」と転化して生じた「シャ」の拗音は、その敬意を支えるのにいくらか重い音感であったのかも知れない。この拗音を避けようとする表現心理が働いたとしても不思議ではない。「ス（サス）」の派生は、その心理にも沿っていよう。音の短縮と共に、敬意の程度が下がるのは一般のことである。「ス（サス）」は、内うちの仲間同士の間での親愛感を表すのに、程よく適した敬語法であったと言える。このような地方での新敬語の形成も、単に受け身や成りゆきというのではなく、地方の生活の実情や論理に支えられたものであったことを再認識する必要があろう。いわば、生活語の論理である。

4．本来敬語の活用―「レル（ラレル）」敬語の場合―

　本来敬語（共通語敬語）とされるものが、そのままの形式で活用・利用される場合がある。1例を「レル（ラレル）」敬語に求めよう。

　「レル（ラレル）」敬語は、中古以来の伝統を持っており、中央をはじめ、その流れに連なる地方・地域において活用されてきたが、その生きかたは単純でない。

　今日の「レル（ラレル）」形式が、古くは「る（らる）」であり、中世以降は「るる（らるる）」となって推移してきたことは、改めてここに言うまでもない。つまり「レル（ラレル）」は、直接には「るる（らるる）」からの転化形である。「る（らる）」および「るる（らるる）」の行われた時期にも、当然ながら地方への分布があり、地方での利用があった。その分布が、国の西部に厚かったことは、今日の残存状況からして明らかである。地方に波及したこれらの敬語は、それぞれの風土のなかで、特殊な形式や用法を生んで生活語に深くなじんだかのようである。ただ、近世中期以降、中央では「るる（らるる）」の活動が衰微していた。それが、中央で「レル（ラレル）」となって復活したのは、近・現代に入ってからのこととされる。当初は文章に用いられることが多かったようである。

　「レル（ラレル）」はやがて地方に新しい分布の輪を広げ始めた。「るる（らるる）」の分布からすると、中央からの第2波ということができようか。それも西系の地域に多い。西系の地域の生活語の底層に生きる、かつての「るる（らるる）」の影響も、何ほどかあってのことであろう。

　ここで注意したいのは、例えば九州地方で行われている「るる（らるる）」を見ると、第三者のみを対象にする、いわば三人称敬語であることである（後項の「三人称敬語化」参照）。この傾向は、すでに中世の京都においても存したもののようで、ロドリゲス『日本大文典』にも、「るる（らるる）」について、次ように記述が見られる。

　　いくらか畏敬又は尊敬を払ふに価する人々に就いて、主にその人の居な
　　いところで話す場合に使ふのが常である。（土井忠生訳〈三省堂〉p. 581)
ところが、「レル（ラレル）」は、二人称対象でも普通に行われ、「るる（らる

る）」に見られるような特段の制約がない。しかも、「るる（らるる）」は、活用も不完全ながら四段化（「ル（ラル）」）しているが「レル（ラレル）」は下一段のままである。このことは、「レル（ラレル）」が、旧来の「るる（らるる）」とは異なった、新しい流れであることを物語っていよう。

　さて、新しい中央敬語と目される「レル（ラレル）」は、上述のとおり主として西の地方に分布して、ゆるやかながら活動を展開しつつある。今日では、東系の東京あたりへも、日常の口頭ことばとして進出しつつあるもようである。いわば復活の敬語で、やや複雑な史的事情のある事象であるが、特定の地方で、中央語そのままの形式・用法でもって受容されつつある現状に注目したい。近畿での１例を掲げておく。

　〇ソッチ　コー　デラレテ　ストント　イカレマシタラ　ネー。（そちら
　　へこのように出られて、まっすぐ行かれましたらねえ。《老女が旅の者に道
　　を教えて》）〔兵庫・柏原〕

ここでは、「レル（ラレル）」が他国人（ソトの人）に対して用いられている。この老女が、地域の生活敬語の「ナハル」「ナル」の話し手であることは言うまでもない。「レル（ラレル）」は、新来の、共通語ふうのもの言いではあるが、この種の敬語が、昨今は、当該地域に限らず、それぞれの生活語のなかに安定した地位を得ようとしているかのようである。上接動詞を選ばない用いやすさと頃合いの敬意が、なじみやすいものになっていよう。

<h2 style="text-align:center">五、地方における中央敬語の衰退</h2>

　地方に受け入れられた中央敬語も、すでに見たように、地域の風土や生活に適した生きかたをして新しい生命を得るが、結局はそれもやがて衰退していく。その衰退にあたっては、いくつかの筋道やパターンがある。そのパターンを支えているのは、基本として、話し手による対話の相手の把握であり、認識である。相手をどう待遇するのが適当か、その見極めである。特定の敬語形式の持つ待遇価が、相手待遇の射程を割るとき、その形式は、話し手本位の特殊な生態を見せる。その主なパターンを取りあげると、大きく「三人

称敬語化」「命令形の特定化」の２方向が認められる。この２項は相互に関係がある。

１．三人称敬語化
(1) 三人称敬語とその形成

　敬語は、二人称（相手）に関しても、また三人称（話題の第三者）に関しても用いられる。が、この両者の用法には違いがある。二人称（相手）に関して行われる場合は、その対象である相手は現前にいるのが普通である。話し手は、現前の相手に関して、直接に待遇の度合いを判断しなければならない。同時に、話し手は、相手からも直接に心理的な拘束を受けることになろう。こういう状況下においては、待遇価の下がった特定の敬語の使用が困難となる場合がある。

　ところが、三人称（話題の第三者）の世界は、話し手の対人意識からは比較的開放された、いわば客体とも言える世界である。話し手は、対象から、直接に心理的な拘束を受けることもない。敬意が低下して、二人称（相手）の世界では立ち得なくなった敬語も、三人称の世界ではまだ生きのびる余地がある。このことがやがて、三人称の世界でのみ存立する敬語を生むことになる。先項でも取りあげた、九州の「るる（らるる）」からの「ル（ラル）」がそれである。同じ九州の「ス（サス）」も、熊本市域とその周辺では「三人称敬語」となっている。その１例を掲げよう。

　○シェンシェイノ　コラシタ。（先生が来られた。《教室で生徒が》）
とは言えても、当の教師に直接向かって、「先生いつ来らシたと（の）」などとは言えない。そういう言語習慣がすでにないのである。

　三人称敬語も、時と共にさらに敬意が退縮してくるのはむろんである。そのあげく、特殊な性格を見せるようになってくる。それが次の「身内敬語化」の現象である。

(2) 身内敬語化

　三人称敬語も地域の生活語になじむと、内うちの人間関係を語ったり表したりして、その限りでは、穏やかで親しみのある敬意を見せる。いわゆる親

愛語化である。ただその親愛の心情の程度が進むと、犬や猫などペットに関しても、また自分の身内、家族に関しても、これを用いるようになる。すなわち、身内を他人に話す場合にその親愛語を用いるのである。これも九州の例である。
　○オリゲン　シワ　モー　イカッ　コロジャバッテン、(うちの人はもう出
　　かけられる頃だけれど、《妻が夫について言う》)[天草]
　○心配して　ウシロバ　ミーミー　イキョーラス。(……後を振り返り振り
　　返り行っておられる。《母親が自分の子どもを見送りながら、近所の主婦
　　に》)[熊本]
実例の「イカッ」「イキョーラス」に見られる「ッ」(「ル」)「ス」も先項で取りあげたとおり三人称敬語であるが、ここでは身内に関して用いられている。このような用法が一般化しているのも、三人称敬語が、親愛語として慣習化して、その終盤に行き着く１つの生きかたである。
　上掲の例文は九州語に限ったが、このような身内敬語の用法は、西日本に、飛びとびではあるが、広く見られる現象である。
　今日、日本語の敬語運用にあたっては、他人（ソトの人）に話す場合、身内については敬語を用いないのが社会的通則である。にもかかわらず、たとえば児童が、教師に対して、「お父さんが言わレました」のように、父親について敬語を用いて報告することがある。社員が自社の社長について、敬語を用いて他人に話す場合も同様である。このような言動は正しくないとして、教育上、時に問題にされることがある。たしかにこれも身内に関して敬語を用いた例であるが、本項で取りあげている「身内敬語」とは区別される。先のそれは誤用とされるが、本項の「身内敬語」は必ずしも誤用とは言えない。半ば慣習化、一般化している。どの敬語でもというわけではなく、親愛語として熟しきった事象に限られているのである。
　藤原与一氏は、先項で掲げた近畿の京都の「ハル」(＜ナハル) について、次のように述べている。
　　生活の中で、これ(「ハル・ヤハル」〈引用者注〉)の熟用の度の増すのに
　　つれて、人はついに、相手の前でも、身うちの者について、「〜ハル・

ヤハル」を言うようにもなった。尊敬表現法の「ていねい表現法」化である。——ていねいにものを言おうとして、人は、慣れた「〜ハル・ヤハル」尊敬表現法を、「その場をていねいに表現する方法」に利用するにいたったのである。(藤原　1978, p. 417)

ここでは、身内敬語の根底に「ていねい意識」を見ている。その場をていねいに表現しようとする意識が、身内敬語を用いさせたとするのである。この見かたは、先の、社会通念のうえで誤用ともした身内敬語の使用理由をも説明することができる。ただ、本項の「身内敬語」は、根底にていねい意識が働いているとする点は否定できないが、特定の親愛語に限って行われている点にも注意しなくてはならない。しかも、その用法はほとんど慣習化していて、相手は、その用法を奇異に感じないばかりか、むしろ親しみ深い言いかたとして受け入れているのである。

　敬意が低下して、内うちの親愛語としても、相手についてはもはや立ち得なくなった特定敬語が、その親愛の情意を深めて三人称の世界でかろうじて生きのびたとしても、それもやがてひずみが出てくるのではないか。敬意の届く社会的な射程距離が、しだいに狭まってくるのである。三人称の世界での存立さえも不安定になれば、当の敬語——親愛語は、話し手のごく身近な小宇宙に屈折せざるを得ない。それが家族であったり、ペットの犬・猫であったりするのではないか。これも三人称用法であることはむろんである。

(3) 侮蔑語化

　敬意が低下した三人称敬語の用法も極まって、敬意の届く社会的な射程距離が極端に退縮してくると、もはや敬意どころではなくなり、一転して侮蔑を表す語に傾いてくる。九州での１例を掲げよう。

　　○教員やつが　言わール。（教員野郎が言うことよ。）［熊本］

高校生男子が、教員を嘲った１文である。ここに行われている「ル」は、本来、古い伝統的な敬語で、これまでにもすでに取りあげた。衰微のあげく、三人称敬語となり、身内敬語にもなった「ル」であるが、「親」への退縮がさらに深まれば、用いかたによっては、「侮蔑」とさえ言える、微妙なひずみを見せてくる。ただ、そのひずみも、対象者を徹底的に追求したり、弾劾

したりするほどのものではない。戯画化したり、滑稽化したりして侮蔑感を示しながらも、どこかに情味のある救いを残している。

「ル」に限って言えば、侮蔑感を表出するのは用いかたによる。「侮蔑語」として内実や用法が定まっているわけではない。が、敬語によってはこの道をたどったものもある。同じ九州熊本の「来て　みサイ」（来てみろ。）の「サイ」は、"けんかことば"とも言われるほどに、侮蔑感の極まった「敬語」である。

ところがここで注意されるのは、三人称の世界は「非人格的事物的な」世界でもあるということである（鈴木　1975）。ここでは、敬意が低下して、もはや人事に関しては用いられなくなった敬語も、人事を離れれば本来の形式や敬意を見せることがある。

　〇お日さんの　出らル。（お日さんが出られる。）［天草］
　〇正月どんの　来らスけん。（正月さんが来られるから。）［熊本］
この例に行われている「ル」「ス」は、上述のとおり特定の「三人称敬語」であるが、これもすでに衰微している。ところが、神や自然現象が対象である場合は、この敬語も本来の敬意を見せる。人事を離れた、三人称の非人格的な対象だからであろう。神格の位置づけは、特定の人にとっては絶対的であって、その心理的距離感は変動しにくいのではないか。

2．敬語命令形の特定化

敬語が衰微して三人称化するとしても、命令形だけは、その傾向や推移に影響されないのが普通である。つまり命令形は、他の活用形とは異なって、独自の生きかたを示している。したがって特定の敬語が二人称化する場合でも、また、衰退する場合でも、命令形は、孤立した、独自の道を歩むことが多い。敬語が衰退するとき、活用形のなかで、最後まで残存することが多いのも命令形である（第二章第三・四節参照）。

(1)　命令形の性格

命令形が、形成や運用の点で、他の活用形とは違った生きかたを見せるのはなぜか。命令形は、他の活用形とは違い、運用の実際にあたっては、話し

手が聞き手に対して、命令・勧奨など要求の意図をもって直接に用いるのが普通である。その用法の実際は、語というより文というほうがふさわしい。もっとも命令形のこのような用法は、敬語に限らず、動詞全般についても言えることである。大野晋氏は、古代における命令形の成立について、「連用形プラス感動詞a（交替形öまたはyö rö）という形で全部が説明できる」（大野　1978, p.207）としている。例えば「咲ケ」は、連用形sakiに感動詞aが加わって（saki+a）成立したとするのである。同様に、「明ケロ」「明ケヨ」も、akeにröまたはyöが加わって成立したとする。このような解釈は、命令形が、相手に対して、何らかの働きかけの要素を含んでいたとみることのできる点で、示唆的である。言うまでもなく、ここで大野氏の言う感動詞が、相手目あての呼びかけ性に支えられた要素であったろうことは、容易に想像できることである。また、周知のとおり時枝文法では、観点は異なるが、「起きろ」「見よ」の「ろ」「よ」を、「感動を表はす助詞」として、動詞命令形から切り離して扱っているのが注意を引く。

　先述のとおり、命令形の行われる表現の実際は、現前の相手に対して直接働きかけるのが基本である。その働きかけ・呼びかけの要素が命令表現に添えられたとしても、その特定要素が添えられた形のままで慣習化し、命令形式が成立したのであろう。さて、その「見よ」の「よ」に関しては「見ろ」の「ろ」の変化形とする説があり（奥村　1990）、さらにはその「見よ」も、今日、西の多くの地域では「見い」と変化している。「見ろ」から「見れ」となった地域も、国の東西に多い。いったん成立した命令形も、その語尾がさらに変化を重ねて、今日に至っているわけである。形式の待遇価と、話し手の待遇意識の変動のなかでゆれた、史的推移の結果であろう。単なる動詞命令形も（敬語でなく）、相手を意識した情意の形式であることを物語っていようか。敬語命令形ともなるとなおさらである。少なくとも命令形の現実は、叙述本位に展開する他の活用形とは、その性格において区別されるのである。

(2)　命令形残存の実態

　敬語が衰微するとき、その命令形が残存しやすい事態は興味深い。ここではまず、命令形残存の実態の一斑を取りあげよう。

①　共通語の「ナサル」は、先項でもいくらか取りあげて問題にした。この「ナサル」も共通語の世界では、「(オ)〜ナサイ」命令形（オ読ミナサイ・オ出デナサイ）こそ頻用されているものの、他の活用形はかなり衰退している。その衰退した活用形に替わって──と言ってよい状態で行われているのは、「オ〜ニナル」敬語（オ読ミニナル・オ出デニナル）である。

　「オ〜ニナル」は、近世末期に成立した敬語で、今日、東京語・共通語として一定の地位を保っている。この敬語が命令形を欠いていることは言うまでもない。その命令形を補うかたちで、旧形式の「(オ)〜ナサイ」が活動しているわけである。つまり両敬語は、相補的な関係をもって、1敬語の活用体系を形成していると言うこともできよう。

　この事態も、旧敬語命令形の残存例として取りあげることができるが、ただ、「オ〜ニナル」は、本来、命令形を立てにくい形式である。このことが、旧形式の命令形を温存しやすかったかとも考えられよう。ここで、関連する他例を取りあげる。

　②　先に、近畿地方の「ハル」敬語（行かハル・来ヤハル）を問題にした。この地方によく熟した、親愛の語感を持つ敬語である。先にも掲げたが、いま1例を取りあげよう。

　〇イツ　イカハッタ　ン。（いつ行かれたの。）〔神戸〕

　この「ハル」敬語にも、多くの地域で、同形式の命令形がない。実際に活用されているのは、同敬語の旧形式の命令形である、「ナハレ」（行きナハレ・来ナハレ）〈大阪・兵庫他〉である。次はその1例である。

　〇ハヨ　イキナハレ　ヨ。（早く行きなさいよ。）〔大阪〕

　「ナハル」から「ハル」を生んでも、その命令形だけには、改新の波が及ばなかったようである。旧形式をそのまま用いるのが、地域の敬意表現の生活に適っていたのであろう。

　③　関連して、いま1つ例をあげよう。同じ近畿地方と、西隣の中国地方とが接する地域がある。上来の近畿からすれば、その西の周辺にあたる。その接境地域南部の一角に、地理的にも行政的にも孤立しやすい地域がある（岡山県日生町）。ここに、「ンセ（ヤンセ）」命令法がある（行かンセ・食べヤ

ンセ)。かつては「ンス（ヤンス)」の、他の活用形も存したのかも知れないが、現在ではこの命令形だけが残存的に行われている。次はその１例である。
　〇ハヨー　イカンセ　ノ。（早く行きなさいね。）［日生］
　この敬語は、「行かッシャンス（来サッシャンス)」などの、「シャンス（サッシャンス)」（シャル＋マス〈サッシャル＋マス〉）から成った形式とされている。「シャンス（サッシャンス)」も古態の敬語で、当該地域でもすでに衰微している。その敬語が残した「ンス（ヤンス)」もすでに衰退しており、上述のとおり、「ンセ（ヤンセ)」命令形だけを残しているのである。その命令形も古老の物言いで、もはや衰退も近いかのようである。
　この地域では、全般に「行かレル（来ラレル)」などの「レル（ラレル)」敬語が盛んである。この敬語は、同地域を含んで西に広がる岡山県下に殊に優勢であって、岡山市域一帯（備前域）にはその命令形も盛んである（行かレー・来ラレー)。しかし、当該地域では、命令形だけは旧形式の「ンセ（ヤンセ)」がそのまま行われて今日に至っているわけであるが、今やその旧形式も、上述のとおり衰退している。興味が深いのは、その命令形の衰退を補うかたちで進出してきたのは、県都に盛んな「レル（ラレル)」の命令形（レー〈ラレー〉）ではなく、東側からの、近畿で優勢な「ナハレ」である。これが、地域の住民のしぜんの選択である。「ンセ（ヤンセ)」が、主として古老の用いる命令法であるのに対して、「ナハレ」は、中年を中心に、やや広い年層に行われるのが一般である。その使用層の広がりを見ても、たしかに新来の命令法と言うことができよう。
　当該地域では新来であるが、「ナハレ」もまた旧形式である。ただ、ここで注意されるのは、命令形が、他の活用形とは無関係に動いている事実である。それも概して古態である点が注意される。
　④　上項の「ンセ（ヤンセ)」に関連して注意されるのは、同じ地域に「下さい」にあたる「ダンセ」のあることである（p.97参照)。
　〇コレ　ダンセ。（これを下さい。）
はその１例である。これも古老のもので、すでに衰滅に近い状態で存立している。「クダサル＋マス」の「クダサンス」「クダンス」から成ったものと推

定されるが、原形はもとより、一連の関連形式はすでになく、ただ上掲の命令形のみが存立している。

　関連して興味深いのは、近畿西部（播磨）の姫路に「クダン」の存することである。次はその１例である。
　　○オカシ　クダン。（お菓子を下さい。）
"姫路のクダンことば"として、識者には関心を呼んだ事象である。が、これもすでに古老のもので、衰滅に近い。

　ところで、先掲の「クダンセ」という原形式を想定すれば、両者は、もともとこの原形式に発する事象ではなかったか。備前の日生では「クダンセ」の頭音「ク」を略して「ダンセ」を形成し、播磨の姫路では尾音「セ」を略して「クダン」を形成したのではないか。言うまでもなくこのような転化形の形成は、それぞれの地域の風土に支えられて生起した、それぞれの地域での安定形式であったに違いない。近畿に「歯茎摩擦音」（サ行子音）を排除する傾向のあることは上項でもすでに述べた。備前・日生の頭音の脱落は、〔ku〕の狭母音の無声化が契機となってるかも知れない。かつて姫路、日生を含む広い地域に「クダンセ」があり、それが今日、このような残存状況を示すことになっているのであろう。

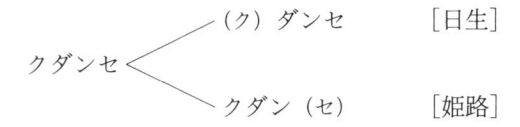

```
                ┌─ （ク）ダンセ　　　　［日生］
    クダンセ ───┤
                └─ クダン（セ）　　　　［姫路］
```

　ここで改めて注目されるのは、命令形の残存現象である。地域地域の風土に支えられた形式が形成されており、しかもその風土に適った縮音化の行われている事態が、ここでも興味深く観察されるのである。

⑤　なお、上述の近畿と中国との接境地帯を、わずかに北にたどれば、先項で触れた「ナル」の命令形、「ナイ」が行われている。が、他の一連の活用形はすでに衰滅したもののようで、現今では存在していない。

⑥　先の「縮音化」の項で、九州の離島天草と、本土部に位置する県都熊本との、「ナス」敬語の存立状況について触れるところがあった。天草では、

一連の活用形のすべてが、高い敬意を表して行われているにもかかわらず、熊本ではその命令形のみが活用され、他は衰滅している。熊本での１例を掲げておこう。

　〇オバサン　オチャ　ノミナッシェ。（おばさんお茶をお飲みなさい。《中年
　　男が老女にお茶を勧めて》）

　以上は一部の例に過ぎない。少なくとも、当該の地方で旧形式となった敬語が衰退する場合、その命令形だけが一定の活力を留めて残存する事例が際立っている。

(3) 命令形残存の理

　命令形の用いられる表現は、上述のとおり、話し手が、現前にいる相手に対して、直接に行うのが基本である。相手と対面した状況で、しかも相手に関して行うのである。その持ちかけの意図は、相手に対する命令であり、要求である。当然のこと話し手にとっては負担の意識がある。敬語をもって待遇するような、疎外感を伴う相手であればなおさらのこと、相手からの拘束感は大きかろう。このような緊張関係のなかで行われる命令表現であれば、話し手は、命令形を利用しつつも、その利用のうちに、しぜん緊張や負担の意識の軽減を望むに違いない。慣用もおのずからにその軽減化の１つである。慣用が進めば、また慣用形式としての特定の表現性、換言すれば、一種の間接性が生まれてくるのではないか。この間接性は、話し手と聞き手との間の、安定した、あるいは均衡した心理的距離感と言ってもよいかも知れない。言ってみれば、慣用の命令形を用いていれば無難なのである。むしろこれを変えることのほうが容易でない。

　敬語そのものが、本来、間接性・婉曲性を基本として形成されたものであるが、いったん成立した敬語も、時の経過と慣用のうちに、その性格を失うことが多かったかのようである。敬語が衰微するのも、本来の間接性を薄めていったことに関係があろう。ただ命令形は、話し手聞き手の直接的な緊張関係のなかで、新しい独自の間接性を帯びてきたかと考えられる。

　旧敬語や古態敬語の命令形が、残存的に行われやすいのも、１つは話し手聞き手の緊張関係がもたらした事態とみられよう。他の一連の活用形が衰退

しても、その緊張関係のなかにあって微妙な均衡を保っている命令形は、容易に退くことができなかったのであろう。しかも、古態形式であることが、日常性からの距離感で、かえって間接性を高めたかも知れない。そこにまた、古雅の風趣のもたらされることもあったかと考えられる。

　残存の命令形も、やがて衰退するのはむろんである。命令形形式そのものが、相手との微妙な緊張関係のなかで、変容したり特殊化したりすることもしばしばである。その衰退の道筋にも諸相があるが、今は、別稿に譲りたい。

(4)　**総括**

　以上、地方の生活語に生きる敬語の、衰退過程の主な類型について問題にしてきた。言語の変動や衰退は、敬語に限らず一般のことであるが、ただ敬語は情意の形式である。殊に地方の生活語のなかで生きる敬語の大概は、親愛語と言うのがふさわしい。その情意の形式が、社会性を薄めて衰退するとき、単純に消え去ることは稀である。相手との心的距離が退縮して、話し手の心の襞に、暗い影を残すことさえある。が、これも、相手との心的狭間に生きた情の敬語の宿命であろうか。

結　び

　日本語の特色の１つともされる敬語が、いったん成立した後は、どのような推移を見せてきたのか。本稿では、主として、中央から敬語を受け入れた地方の生活語の世界に、その敬語の推移の跡をたどってみた。地方の生活語も、単に中央の流れを受動的に受け入れるだけの存在ではないことを、換言すれば地方の主体性をもって外来敬語を位置づけていることを、改めて確認したかったのである。

　地方の敬語生活は、多様であり、諸相がある。敬語を受け入れない、あるいは持たない風土と生活さえもある。が、それらを大観すれば、地方の敬語生活・敬意生活は、概して親愛の情意に満ちている。隣人や老人を気遣う意識、伝統のなかの協同生活の折りめ折りめを正し、秩序と安寧を互いに確認する意識が根底にある。これを、ムラの生活の、和平と息災を願う意識、祈

る意識と言ってもよい。

　新来の敬語には、若い世代が敏感である。生活語に安定した敬語は、当然ながら老中年層がよくなじんでいる。なかで古態の敬語ともなると、老年層のものである。敬語は、たしかに新旧重層的である。各層の敬語展開の大要については、これまでにも触れてきたところであるが、それも、地方の主体性に基づく活動であることを、重ねて確認しておきたい。

　なお、生活語になじんだ敬語は、女性によって支持され、活用されることが多い。老女において際立っている。女性の生活語が、概してていねいであると評されることがあるすれば、それは、対話の相手との、心的距離感覚の敏感さに関係があろう。大局的に観れば、生活語の伝統と環境への強い順応力・適応力である。情意の敬語が、その女性の言語感覚によって育成された史的一面を評価することも、また重要ではなかろうか（前節参照）。

文献
林　四郎・南不二男（1974）『世界の敬語』（明治書院）
鈴木孝夫（1975）『ことばと社会』（中央公論社）
藤原与一（1978）『方言敬語法の研究』（春陽堂）
大野　晋（1978）『日本語の文法を考える』（岩波書店）
奥村三雄（1990）『方言国語史研究』（東京堂出版）
牧野成一（1996）『ウチとソトの言語文化学―文法を文化で切る―』（アルク）
森田良行（1998）『日本人の発想・日本語の表現』（中央公論社）
小松英雄（1999）『日本語はなぜ変化するか』（笠間書院）

第三節　人間関係を築く話しことば表現

はじめに

　話しことばは、対話・会話の世界に生きるのが原則である。人と人とが相対し、現前の相手によって拘束されながら、音声によって表現されるのが、話しことばの基本である。聞き手が現前にいる場面での音声表現という点で、書きことばとは違った表現性を見せている。この表現性を、「対話性」と言うことができる。

　対話性に支えられた表現は、相手待遇の微妙を含むのがつねである。現場を等しくする人間の関係——人間関係において成立する表現であれば、相手への何らかの配慮が働き、これが対話・会話の表現に表れ、特色づけるのは当然とも言える。換言すれば、話しことばの表現は、何らかの待遇意識によって特色づけられるのが一般である。

　実際のコミュニケーション行動にあって大切なことは、何をどう伝えるか、はむろんのこと、相手をどの程度に待遇するか、その意識をことばでどう表現するか、ということである。その適正を得ることが、まさに「人間関係を築く」ことにつながるであろう。以下では、この点にかかわる基本的な問題を取りあげることにしたい。

一、話しことばの基盤

　話しことばの基盤が、各自の生活語にあることは、改めて言うまでもなかろう。話しことばの表現を問題にし、その教育を目指すとなれば、生活語と、その表現に対する自覚や認識がまず必要である。人びとは、あるいは子どもたちは、日常、どのようなことばの生活を営んでいるのか。生活語が、日常の言語生活、特に話しことばの生活の根幹となっているにもかかわらず、教

育面では、多くはその自覚や関心のないのが実情であろう。

　生活語は、いわば「母語」として、各自の日常の言語生活を育んできたことばである。この生活語体験が、個人の、生涯にわたる言語生活の核として生きていくことを認識する必要がある。話しことばの教育は、まずその核の実情を明らかにし、自覚することが基本である。健全な、そして個性的な根のうえにこそ、真に人間的で機能的な話しことば表現の能力の成長が期待できるものと考えられる。このような展望を、情と理との統合の見地と言うこともできよう。ここに情と言うのは、生活語の世界である。これを、人間性のいっそう濃厚な世界と言ってもよかろうか。理と言うのは、端的に言って、共通語の世界である。これを、外面からする形式の世界と言うこともできる。内外両面の程よい統合の見地が、話しことばの表現力を育成する、有効な視座となろう。

二、待遇の意識と表現

　話しことば表現の慣習と能力は、少なくとも基層面では、日常の人間関係のなかで、つまり生活語の体験として、累積されるものであろう。このことは、前項でも言及した。この表現能力を向上させ、同時に、望ましい人間関係を支える力としてとらえようとすれば、その育成は、人間性に立脚したものでなくてはならない。人間関係の把握は、対話の現場での、内的な緊張関係のうちに果たされるからである。ここに言う人間関係とは、相手を思いやり、自己をわきまえることが基本である。これを待遇の意識と言ってもよい。待遇の意識に基づいて待遇の表現法がある。

　ここで注意したいのは、「待遇表現」が、いわゆる敬語表現のみを指すのではないということである。相手をどう待遇するか、話し手の意識にとらえられる相手は、上位から下位までを含む、あるいは卑罵待遇までをも含んで様ざまであろう。その意識に基づく表現の総体を、待遇表現と言うことができる。ただ、藤原与一氏は、待遇表現法の全体を、「ていねい」意識をもって貫かれたものとみている。次のとおりである。

待遇敬卑の表現法の全体は、「ていねい」意識をもってつらぬかれているものである。(「敬卑」の卑の方は、「非ていねい」であるけれども、これも、「ていねい」意識のはたらくところと見ることができる。──はたらいて、「非ていねい」の言いかたを産んでいるのである。)それゆえ、敬卑の表現法のすべては、「ていねい表現法」という受けとりかたで、統一的、一元・一系的に、すなわち体系的に把握することができる。
(藤原　1978，p.10)

待遇敬卑の表現法──待遇表現法のこのようなとらえかたは、対話のすべての表現の根底に、「ていねい」意識を見ようとすることに他ならない。先に、対話の表現力育成が、人間性に立脚したものであるべきことを述べたが、うえの立場も、人間関係・対人関係の中での表現法が、相手待遇の心づかいによって支えられていることを指摘しており、ここに参照すべき点が少なくない。

三、対話の他律性と強調性

　先に、対話の表現における対話性に触れ、さらに、待遇意識の内在を問題にした。その対話性には、「他律性」と「強調性」の、2面の下位性が認められる。「他律性」とは、現前の相手に律せられ、拘束されて発言する対話の表現の、いわばそういう受動的な側面について言うものである。一方、「強調性」とは、同様の対人状況での発言でありながらも、話し手自身の主体的な表現に注目したもので、いわば対話の表現の、能動的な側面について言うものである。「他律性」に対しては「自律性」と言うことができるかも知れない。一般には、心理的に距離感のある相手であればあるほど、相手から受ける拘束の度合いは強かろう。比例して、自己を抑制する度合いも強くなる。距離感が薄ければ、その逆である。そうではあるが、特定状況に関係なく、対話に内在するこの2面性に留意することが重要である。
　まず、他律性に基づく表現について、1、2の例を見よう。対話の表現では、文末をはっきり言わないことが多い。文末決定性を持つ日本語の表現で

は、表現の主要な内容が、文末に示されるのが一般であるが、心的距離感のある相手に対しては、相手の思惑や反応を気づかい、終わりまで言わないで、相手の察しにまかせることが少なくない。特に、相手にとって不利なこと、こちらの一方的な頼みごとなど、持ちかけにくい内容の表現であればなおさらである。むしろこのような場合、あからさまに言わない中止的な言いかたの方が、ていねいで心づかいのきいた言いかたとされるのが現実でもある（水谷　1988）。自己の意見を述べる場合などでも、婉曲的に、あるいは間接的に表現し、時に要点をぼかして言うことを美徳とする文化があろう。「～ないんじゃないか」「～じゃないかと思うけど……」にしても、また近畿で一般的な「～と違うか」の言いかたにしても、その1つの典型である。このような他律性に支えられた話しことばの表現を、日本語の特色とも欠点とも評されてきた。

　強調性に基づく表現を見よう。対話にあたって、話し手は、自己の提示する内容を、相手が全的に受け入れることを望む心理があろう。この心理に支えられて、表現は強調性を帯びてくる。心的距離感の薄い気安い相手ともなればなおさらで、いきおい、ことば数も多くなる。時に誇張も伴う。表現内容の伝達効果を、相手の反応に見とどけようとする欲求も押さえがたい。

　話しことばのこのような側面は、たしかに個性的であって、おそらく表現展開の新しい萌芽も、ここに見ることができよう。が、勝手なおしゃべりは得意でも、気をかねる相手に対しては、あるいは公的な発言では、さっぱり話せないということが多い。対話という人間関係の場にあって、既述のとおり、相手への配慮はむろん重要であるが、それにしたがいながらも、自らの見解をとどこおりなく言表することも、これからの望ましい人間関係を築くうえに留意すべきことである。いわば、待遇表現における受動面と能動面との調和を図ることが、話しことば表現の教育の直接的な目標となろう。

　能動面で考えなければならないことは、単なるおしゃべりや自己主張でなく、筋を立て理を立てる、合理の表現を目指すことであろう。こうなれば不用意のままには事は運ばない。簡単な1言を言うことが容易でない。しぜん考えて発言する習慣が身についてくるのではないか。この点について藤原与

一氏は次のように述べている。

> 自己のしゃべる生活を抑制するところから、ことばの、真実の理解は開けてくると言ってもよい。話す人間の育成のためには、「しゃべる」ことをみずから抑制することのできる人間の教育を目ざせばよいとも言える。（藤原　1965，p. 187）

「しゃべる生活」の抑制が合理的な表現の教育につながるとしている。この抑制が、単純な沈黙を求めているのでないことは無論である。必要な発言を、──合理の表現を生み出す、内面沈潜の陶冶に他ならない。

　合理の表現という観点からすれば、例えば既述の、文末をぼかす中止的な表現などは避けたいところである。「断定の表現教育」を唱える識者は多い。それにしても、理を立て表現の外面を整える営みも、内面の充実があってのことである。

　1例を取りあげよう。かつてNHKのラジオで、次のような対談があった（1981・5・6）。

　　A．欧米人に、日本語で話しても、通じる部分があるんですね。
　　B．そうですね。要するにことばは、単なる音ですからね。

外国人に通じるのは「単なる音」ではなく、音声に表れた心であろう。音声の表情となって表れた、内面の人間性が相手に通じ、理解されたと解したい。形式本位のアナウンサーのことばが、話しことば表現の、必ずしも好例・好目標とは言えないのに似ている。ここでも理と情の、程よい調和が望まれる。

四、対話を支える敬意の表現

　人間関係を築く立場に依るまでもなく、対話で問題にしなくてはならないのは、敬意の表現であろう。前項で、対話の待遇表現について言及したが、教育的観点からすれば、特に敬意の表現が重視されるのである。

　先に、待遇表現の全体を貫くものとして、「ていねい」意識を問題にした。本項で言う敬意の表現も、「ていねい」意識に基づく表現に他ならない。敬意の表現を支え、表現行動を推進する内在力を、「ていねい」意識と言うこ

とができる。

「ていねい」意識に基づく表現法は多様である。「敬意」の表現に限ってみても、その形式は様ざまで、敬語による表現のみでないことはむろんである。ただ、ここでは、その敬意の表現法を、教育面を考慮して、3つの観点から取りあげてみよう。すなわち、敬語法、文末詞法、それに挨拶表現である。

1．敬語法
(1) 丁寧語法

対話の世界に見られやすい「敬語」は、「デス」「マス」に代表されるような、相手にかかわる丁寧語である。この両者が、全国的によく行われていることは言うまでもない。若い層でも、この丁寧語は、広く用いられているのではないか。もっともテレビ・ラジオの、少年対象のインタビューなどによって見ると、アナウンサーの質問に答えて、「〜嬉しかった」とか「〜知らない・知らん」とかのような、ほとんど画一的で、敬語のない発言が目立っている。教室での発表でも、そのような傾向があるのではないか。丁寧語の「デス」「マス」は、このような場面の表現に用いられて、その効果を発揮する。丁寧語の効用は、主として文末の述部に行われて、最後的に敬意を形式化できる点にある。文末重視の日本語であれば、この敬意表現法には、改めて注目する必要がある。

ところで、「デス」と「マス」とでは、用法や表現性に違いがある。言うまでもなく、「デス」は体言に、「マス」は用言に接して用いられるのが原則である。両者を比較すれば、体言接続の「デス」の方が、一般によく用いられていようか。現今では、「大きな岩があるデス。」「知らんデス。」などのように、用言の連体形にそのまま接して用いられることも多くなってきた。この用法は、地方では特に目立つ。述部で言い述べた形に、直に接して敬意を表すことのできる手軽さが、人びとに重宝がられているのであろう。この方向は、教育上でも注意する必要がある。

　　○エーヤデス。（いいえ。）［隠岐］
　　○オハヨーサンデス。（お早うございます。）［神戸］

この例のように、かなり自在に行われている。かつて鹿児島で、「〜ですか」と問いかけたのに対して、中年の男性が、「デス。」（そのとおりです。）と応答した。断定性を蔵しているためか、男性語的なニュアンスがある。いずれにしても、「デス」は、手ごろな敬意を表すいわば便利な形式として、今後発展していくのではないか。対話の世界で、敬意の表現を問題にするとなれば、まずはこのような丁寧語に注目する必要がある。

「マス」についても同様である。ただ、「マス」の方が、「デス」よりもデリケートであるうえに、上接語への接続面などに制約もある。それだけに、教育にあたっては、「デス」よりもいくらか抵抗感があるかも知れない。

(2) 尊敬語法

動作主体にかかわる尊敬語に転じてみよう。国の東部はともかく、西部はおおむね尊敬語の手厚い地域である。実情の１例として、兵庫県下の丹波域を取りあげる。この地域には、尊敬語として、「ナハル」「ハル・ヤハル」「ナール・ナル」「ナシテ」「テヤ」「レル・ラレル」があり、日常の対話生活においてこれらが盛んに使用されている。それぞれに個別の表現性があり、表す敬意にも微妙な差があるが、共にあい寄って相関の秩序を成している。ところで、注意されるのは「レル・ラレル」である。

　○ソッチ　コー　デラレテ、（そちらへ、このように出られて、《旅人に道を教える》）［柏原］

老女の、高い敬意を込めた表現である。ほとんど共通語意識に基づくものか。それにしても使いかたが自然で、土地の生活語によく調和している点も見逃せない。

　一般には、「レル・ラレル」は、共通語または共通語ふうのものと意識されてもいようか。が、それは概して近年の新しい分布にかかわるものについてである。地方には、特に中国域以西には、古来の「レル・ラレル」があって、ごく日常的に、気軽な敬意を表す形式として慣用されている。備前域（越中でも）では、その命令形「行カレー・来ラレー」が、他の活用形と共に頻用されていることはよく知られていよう。九州を見ても、例えばその肥筑地域など、久しい常用の結果か敬意が低下して、第三者に関する場合にほ

ぼ限って用いられるようになっている。さらには、
　○キョーインヤツガ　イワール。(教員野郎が言うことよ。《高校生男子》)
のように、時に蔑意を表すことさえもある。身内に関して用いることも少なくない。つまり「レル・ラレル」(または「るる・らるる」)は、国の多くの地域で、古くからなじんだ敬語法なのである。
　今日、「レル・ラレル」は、マスメディアで用いられる、ほとんど中心的な敬語と言えようか。古来、「レル・ラレル」(または「るる・らるる」)が、中央語として時に活性化し、時を隔てて、幾層かの波となって四周へ及んでいった軌跡を、いま、分布のうえに、興味深く眺めることができるのであるが、ここで、話しことばの教育上、対話の尊敬法の核として、特定の敬語をとり立てるとなると、やはり、手近で程ほどの敬意を示す、「レル・ラレル」が注目されるのである。その教育も、どの程度にしろ生活になじんできた史的背景を思えば、比較的困難が少ないのではないか。

2．文末詞法

　文末決定性を持つ日本語、特に話しことばでは、文表現の末尾に位置する特定要素——文末詞の活動が盛んである。これらの文末詞は、多彩な形式を生んでおり、それぞれが文表現の最後をしめくくって、話し手が相手に持ちかけようとする意図や意識の微細を表して特色を見せている。その文末詞が、また、相手に対する待遇の心意を表している。例えば近畿圏では、「今日は暑いです　ネー。」と「今日は暑いです　ナー。」とでは、相手に対する待遇が大いに異なる。姫路の「早う来ん　カイ。」と「早う来ん　ケー。」とでは、前者が荒っぽい言いかた、後者が親しい言いかたである。九州から1例を出せば、天草のある老女は、仲間同士では「ヌッカ　ノイ。」(暑いねえ。)と言い合っているのに、旅の筆者には「ヌッカ　ナン。」と話しかけた。土地の識者は、「ノイ」は気がねのない言いかた、「ナン」は最高にていねいな言いかたと説明した。
　以上のように、文末詞は、地域による実情の違いはあるものの、対話の相手に対する一定の待遇効果を見せて存立している。これからの日本語の発展

を、その特性に適った方向に見定める意味でも、話しことばにおける敬意表現のありかたの一端を、文末詞の表現性に求めることは、大いに意味のあることと考えられる。

3．挨拶表現

　人間関係を重視する立場からすれば、日常の挨拶行動を見逃すわけにはいかない。挨拶は、言うまでもなく、人間関係をとり結ぶ、あるいは、人間としての情意を交わす、もっとも基底にある行動である。対話の場の心理的構成においても、基本としてこれを欠くわけにはいかない。
　今日、挨拶行動は、一般には少なくなりつつあるのではなかろうか。新しい人間関係を築くためにも、挨拶の行動と表現とを、相手に対する敬意の表明として位置づけ、これを盛んにすることが、話しことばの有効な展開を支えるうえにも大事なことと考えられる。

五、対話を導く聞き手の立場

　話しことばの表現が、基本的に相手に規制されて成り立っていることはすでに述べた。こうであれば、対話の相手——聞き手側からも、表現助勢の心づかいがいる。例えばあいづちなどは、話し手の表現を助け、円滑な展開を促すために、欠くことのできないものである。ただ、そのあいづちも、単に聞きとるだけのシグナルであるならば十分でない。話し手に心を寄せて、深く聞きとることが肝要である。これが、人間関係を重んじる聞きかたであろう。もとより賛意をもって聞きとることもあれば、必ずしもそうでないこともあろう。賛否いずれの立場に立つとしても、まず、相手を理解することが先決である。相手の表現行動を中途でさえぎったり、逆に無関心の態度をとったりするなどのことは控えるべきである。聞きとりかたが、相手の表現を助けもし、殺しもする。
　阪倉篤義氏は、対話の特徴として、
　　話し手と聞き手とが随時に交替し合えるという点にあろう。（中略）最

も対話的な発話とは、常に聞き手によって充足されることを求めている
　発話である。(阪倉　1954)

と述べている。この趣旨に従うまでもなく、お互いに相手を理解することは、そのまま自己の表現の質を高めることにつながる。さらに言えば、互いに相手によく話させる聞き手の心づかいが、対話をいっそう豊かなものに導くに違いない。

六、話しことばの場と表現

　最後に取りあげたいのは、対話の場の問題である。具体の場に臨んでの表現が、その場に適ったものであることが肝要である。知識として敬語を知っているとしても、その使用の適正を得なければ、表現はかえって空虚なものになりがちである。対話の相手にふさわしい、そして特定の場の情況にも配慮した表現であることが望ましい。人間関係を豊かにする対話のありかたとして、この、場のわきまえあるいは認識が、またその認識能力の育成が重視されなくてはならない。

　ところで、話しことばの表現の教育を学校に託すとして、その学校の現状は、必ずしも対話教育の好環境とばかりは言えない面があろう。時に、教師と生徒との断絶が指摘される。その一方では、過度の馴れが話題になる。教師のことばも無自覚に流れてはいないか。学校から敬語が消えたと嘆く識者もある。そうであればなおさらのこと、真の人間関係を築くための話しことば教育が、改めて問題にされなければならないのである。

結　び

　対話における話しことば表現の要諦を1言で言えば、心の表現ということであろうか。換言すれば、相手に対する「思いやり」の表現である。先にはこれを「ていねい」意識の表現とも言った。内面に情が満ちれば、これがおのずから外に現れもしよう。その観点からすれば、外面を整えることも大事

であるが、なおいっそう重視すべきは、内面の充実である。心のない形式は虚飾にすぎない。敬意のない敬語の多用はかえって人間関係を損なうことにもなる。ここでは言及できなかったが、音声面についても同じことが言える。生きた話しことばの音声・抑揚が、心のさまを如実に表して存立することは、改めて言うまでもない。

　人間関係を育む話しことば教育は、人間の内面の表現教育と言うこともできよう。

文献
阪倉篤義（1954）「対話」（『国語国文』1954・11）
藤原与一（1965）『国語教育の技術と精神』（新光閣書店）
藤原与一（1978）『方言敬語法の研究』（春陽堂書店）
水谷信子（1988）「話しことばの比較対照」（『話しことばのコミュニケーション』凡人社）
神部宏泰（1987）「国語の生活と教育」（藤原宏『思考力を育てる国語教育』明治図書）

結章　方言の表現とその特性
──方言表現特性論の試み──

結章　方言の表現とその特性　　383

はじめに

　今日の急速な社会の変動に伴って、方言も、明らかに様がわりをしつつある。特に、急激な都市化や情報化などの波に乗って、共通語の進出が著しく、方言やその生活にも、かなりの変化が生じてる。このような、変動する現代方言を対象にした、いわゆる社会言語学的な視点からの研究が、今日、盛んに行われていて、多くの成果を挙げていることは周知のとおりである。
　たしかに、方言が旧来の状態とは違って、新しい変貌を遂げつつあることは、現前の事態として認めることができる。ただ、その方言も、新しい変動の底層には、伝統的な流れが、比較的ゆるやかな動きを見せていることも、また事実である。都市部やその周辺のみでなく、山間部や島嶼部なども含めた、広い地域に目を転じてみれば、急激な都市化や情報化の動きにさほど影響を受けない、比較的安定した方言の世界が広がっている。そして、ここに、多くの、いわば伝統的な方言生活が営まれていることを、私どもは、見落とすわけにはいかないのである。
　方言の研究には、方言の実態に即した、様ざまな立場があり、視点がある。先にも触れた、最近の新しい動きに焦点を合わせようとする研究の立場も、むろん重要である。同時にまた、比較的動きの遅い、伝統的な方言とその生活に注目することも、重要な研究の立場である。さらに重要なことは、そのすべてを、現代日本語の生活語として大きく包摂し、研究の対象に据えることであろう。それには、単に方言の現象面だけでなく、方言を人間の生活表現としてとらえ、その方言を用い、生活する人間の視点から、方言の動態や生命を把握することが大事である。このような研究の視点は、いわば「生活語学」の立場である。筆者も、この立場から、これまでにも、方言の生態を見つめてきた。
　方言の生命——言いかえると、方言の意味機能を把握するとなれば、それはむろんのこと、単に形のみでなく、表現とその作用を見なくてはならな

い。方言の生命や機能が宿っているのは、言いかえると、方言が生きて働いている世界は表現の世界である。そして、その表現の単位は「文」である。動態としての表現の単位であることを明示する意味で、特にこれは「文表現」と言われることがある。本稿で「方言の表現」と言っているのも、特に断らない限り、この「方言の文表現」を指している。

一、方言研究の表現論的立場

　方言に限らず言語は、人間の表現に生きるのが本筋の機能体である。仮に、言語の断片を得たとしても、その断片が保持している、あるいは保持していたであろう機能を測ろうとすれば、おのずからに、それが生きた具体の表現世界を思いえがくのがつねであろう。まして方言は、現前の機能体であり、活動体である。しかも、人間とその生活にいっそう深く密着しており、表現の微細にわたって、内面の人間の鼓動が息づいている。このような、生命体としての方言の表現を、生態のままに取りあげようとする立場が、ここに言う「方言研究の表現論的立場」である。方言表現の実質を明らかにすることは、きわめて重要な研究課題であると考えられる。

　さて、方言の文表現を問題にし、その実質について討究するには、大局的に見て、2つの視点があるように思われる。その1つは、表現体としての文の表現を取りあげ、その意味機能とその類型とを明らかにすることである。これは、いわば方言の表現法の追究である。2つめの視点は、その文表現の特性に注目することである。ここで、文表現の特性と言っているものは、表現を特徴づける特定の言語形式、すなわち特徴形式を、内面から支える発想や表現意識と共に把握したものを指している。単純には、表現上の特徴形式を、表現特性と言ってもよかろうかと思う。表現法の追究が、特定方言の体系性に支えられた、いわば intensive な方向を取るのに対して、特性の追究は、究極的には汎方言的な、いわば日本語全体を視野に入れた、extensive な方向を取るものと考えられる。本稿では、その方言の特性の基本的な事項について、論述してみたいと思う。

二、方言の表現特性

　方言の表現特性は、日常の方言生活の中で培われるものである。言うまでもなく、方言とその生活は、人間生活の一環として、歴史的な背景を持っている。方言の表現を、人間の生活上の営みとして把握する限り、その史的連関を排除することはできない。史的推移を重ねた結果が、また、その流れのなかにあるのが、今日の方言生活である。このような方言の史的推移を導くものが、表現に新たな価値を、あるいは新しい効果を求めてやまない、日々の生活に即した表現発想であるとすると、表現特性も、そのような特殊な発想がもたらした、史的推移、史的変動の相とも言える。言いかえると、方言の史的推移がもたらす特殊相を、表現の動態のうえに見定めて、これを支える内面の発想や心意と共に、表現特性として把握しようと言うのである。とすれば、表現特性は、基本的には、方言推移の積極的能動的な発展相と、消極的受動的な衰退相との、両面にかかわる特徴形式として存立するものとしてよかろうかと思う。現実の表現に生きている諸もろの意味機能や形式も、史的所産であり、また、史的推移の結果でもあることは、言うまでもないことである。したがって、表現を把握しようとすれば、その史的関連に注目しなければならない。表現を支える内面の発想や心意は、同時に、史的推移を主導する、いわば"生命願望の案内者"でもある。ここに、人間とその生活とを基調とした、表現と表現史との統合の見地がある。

三、表現特性の諸相

　表現特性は、大きくは次のように類別することができる。
　　文表現上の特性
　　文構造上の特性
「文表現上の特性」は、表現統一体としての文表現のうえに認められる特性である。また「文構造上の特性」は、構造体としての文表現を支える諸要素、

諸成分のうえに認められる特性である。それぞれには、おおよそ次のような下位の特性が認められる。

　　文表現上の特性（社会的特性　生成的特性　衰退的特性　基質的特性）
　　文構造上の特性（音声的特性　文法的特性　語詞的特性）

「文表現上の特性」が、主として文表現の情的な側面に関する特性であるのに対して、「文構造上の特性」は、主として文表現の知的側面に関する特性であると言うことができるかも知れない。それにしても、両者は、文表現にかかわる特性として、統合的に把握することのできる内質を持っている。同じ対象を、視点を変えてとらえた特性、と言ってもよかろうか。（ただし、本稿では、主として「文表現上の特性」の基本について考察するに止めたい。）

四、文表現上の特性

先に「文表現上の特性」として掲げたものについて、さらに観察を細かくし、帰納してみると、おおよそ次のように図式化することができる。

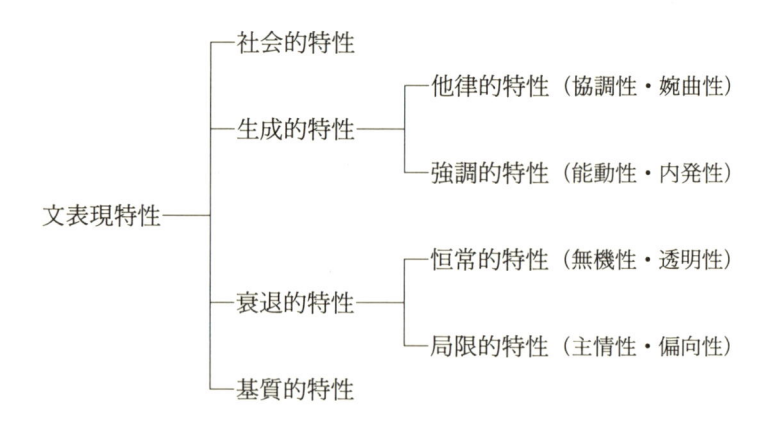

```
                ┌─社会的特性
                │              ┌─他律的特性（協調性・婉曲性）
                ├─生成的特性──┤
                │              └─強調的特性（能動性・内発性）
文表現特性──┤
                │              ┌─恒常的特性（無機性・透明性）
                ├─衰退的特性──┤
                │              └─局限的特性（主情性・偏向性）
                └─基質的特性
```

次に、各特性について、概略説明しておく。

1．社会的特性

方言の生きる対話・会話の世界に認められる、社会的要因（年齢・性別・職業等）に基づく、表現上の特徴にかかわる特性である。抑揚上の特性も、ここでの重要な問題である。

2．生成的特性

方言の史的推移の過程にあって、効果的な訴えかけを果たすべく、新しい表現価値を求めて生成される特性である。方言の史的推移の積極的・能動的側面として取りあげることができる。

(1) 他律的特性

方言の生きる対話・会話の世界で、相手の立場や意向に配慮する、言いかえると、相手に律せられる、待遇心意にかかわる特性である。いわば、協調性・婉曲性を内質とする。

(2) 強調的特性

方言の生きる対話・会話の世界で、自己の立場や存念を強く押し出し、一方的に相手を説得しようとする、強調の心意にかかわる特性である。いわば、能動性・内発性を内質とする。

3．衰退的特性

方言の史的推移の過程にあって、衰微・衰退に赴くことによってもたらされる特性である。方言の史的推移の消極的・受動的側面として取りあげることができる。

(1) 恒常的特性

方言の衰退の過程にあって、表現形式が慣用化・恒常化することによってもたらされる特性である。情意の薄れた、いわば無機性・透明性を内質とする。主として「叙述」に関する形式がこれにかかわる。

(2) 局限的特性

方言の衰退の過程にあって、内面が自己中心へ、あるいは特定の用法へと局限化されることによってもたらされる特性である。強い情念の表出に特色

があり、いわば主情性・偏向性を内質とする。主として「陳述」に関する形式がこれにかかわる。

4. 基質的特性

方言の存立と内質とを、根底にあって支えている、「基質」にかかわって認められる特性である。これが、方言の基本的な特殊性・地域性を醸し出すことが少なくない。

5. 各特性補説

先に、表現特性は、基本的に、方言推移の積極的能動的な発展相と、消極的受動的な衰退相との、両面にかかわる特徴として取りあげられるとした。これを、上掲の図式中に求めると、「生成的特性」と「衰退的特性」ということになる。しばらくは、これを中心に見ていくが、その前に、他の主要特性、「社会的特性」と「基質的特性」とについて、若干触れておきたい。

「社会的特性」としたものは、主として年齢・性別・職業など、社会的要因にかかわる表現上の特性である。例えば、先にも触れた、現代社会の急激な変動に伴う共通語化、などの側面から取りあげられる表現上の諸特徴は、この分野での特性と言うことができる。が、広義には、すべての特性が「社会的特性」にかかわってくる。しかも、この「社会的特性」も、しょせん史的制約の枠外のものではあり得ないと考えている。

「基質的特性」については、うえの簡略説明で述べたとおりである。これが、地域的な特性を形成したと認められる例は少なくない。が、その具体例については、後の項に譲りたい。

さて、「生成的特性」と「衰退的特性」とについて問題にしよう。「生成的」としたものについては、先に、「方言の史的推移の積極的・能動的側面として取りあげることがでる。」と述べている。それに対して「衰退的」としたものについては、「方言の史的推移の消極的・受動的側面として取りあげることができる。」と述べている。これまでにも再三触れたとおり、方言の推移の、積極相と消極相とにかかわる特性である。それぞれの特性の下位

に、2つの分野を立てているが、これについては、実例によって説明したいと思う。

五、表現特性例説

1．(例1) 九州肥前方言の仮定法

　九州の肥前佐賀方言には、仮定条件を表すのに、新形式の「〜ギー」によるものと、旧形式の「〜ナイバ」によるものとがある。
　　〇シャン<u>カ</u>　コツ　ス<u>ッギー</u>　イカン　<u>エー</u>。(そんなことをするといけないよ。)
この文は、「ギー」形式の用いられた例である。この「ギー」は、本来、限定・際限を表す「きり」に発したものと推察されるが、これが条件表現の前件を受けて行われて、「この限りでは、この限定内では、後件が成り立ち得る」という、強調的で能動的な仮定の表現が成立している。この「ギー」は、強調・接続の心意の働くままに、「ギニャー」「ギニャート」「ギニャーワ」「ギント」「ギンター」などと形が伸びてもいる。
　　〇サ<u>ガ</u>ニ　イク<u>ギニャート</u>　<u>ホンーニ</u>　ワラワルッ。(佐賀に行けばほんとうに笑われる。《方言まる出しなので》)
この文は、強調心意のままに形が伸びた、「ギニャート」の行われた例である。
　一方、「ナイバ」形式を取る例は、次のとおりである。
　　〇ト<u>シオイノ</u>　オラン<u>ナイバ</u>　ホンナゴテ　<u>ヒャクショーワ</u>　デケンモン。
　　　(年寄りがいなりれば、ほんとうに、農業はできないもの。《老人による老人有用論》)
このように行われている。「ナイバ」は、「なれば」の変化形と推察される。一般的・恒常的な仮定条件に立つのが、この「ナイバ」形式の表現法である。うえの表現も、「当然〜」といった、主観的ではあるが一般的・恒常的な論理を表そうとしている。
　「ナイバ」は、慣用が久しい故か、もはや枯淡化しているかのようである。

その一方に、活力に富んだ「ギー」形式の新生、台頭を見たわけである。その結果、枯淡化した旧形式は、主として、恒常化した因果関係の表現を支えるに至った——と図式化することができよう。因果関係が恒常化すれば、それを支える形式も退化しがちである。「ナイバ」は、やがて「ナイ」になり、さらには「ナ」と短縮してもいる。

　○フ̄ツ̄ー̄ナ̄イ̄　ノサ̄ンバッテンガ、(普通の時であれば、不可能だけれど、……。《火事の時、大力がでた話》)

これは、「ナイバ」が「ナイ」と短縮されて用いられている例である。新生の「ギー」が、先に見たとおり、「ギニャー」「ギニャート」「ギニャーワ」のように、形を多彩に伸張せしめているのと対照的である。

　新生の「ギー」形式が特徴づける文表現には、情意に富んだ、内発的な活力が認められる。この種の表現を特徴づける特性を、「生成的特性」のうちの「強調的特性」として認定しようとするのである。これに対して、成立が古く、衰微しつつある「ナイバ」形式は、すでに慣用化恒常化していて、活用にあたっては、情意の発露が希薄である。ただ、このように慣用化していて、特別の情意を盛りにくい形式も、これはこれとして、その形式なりに特定表現を色づけている。つまり、消極的で透明な意味作用ながら、静的で知的な一定の表現効果を見せて、表現を特徴づけている。この種の特性を、「衰退的特性」のうちの「恒常的特性」として把握しようとするのである。

2．(例2) 関西播磨方言の否定法

　ついで、関西方言の否定法を取りあげよう。関西方言には、否定の表現法として、新形式と旧形式の2形式が存立する。現今では、「行カヘン」「行ケヘン」「来ーヘン」などの、新しい「〜ヘン」形式を取るのが一般で、これは周知のとおりである。ところで、この「〜ヘン」が、「〜ン」の強調形式の「動詞連用形＋は＋せん(へん)」に由来する言いかたであることは、これまたよく知られていよう。具体例で言うと、「行カヘン」は「行キワセン」、「来ーヘン」は「来ワセン」からの変化形式である。

　○バ̄スガ　モー　ア̄ラヘン　ヨ。(バスがもうないよ。《青年女同士》)

播磨での1例である。

　さて、上述のとおり、「〜ヘン」は、本来、強調の否定形式で、話し手自身の確認や確信を、強調的に表出するのが基本の表現形式である。これが、いまや否定の一般形式として、関西方言に盛んに行われていて、同方言を特徴づけているわけである。このような表現の特徴を、先項で取りあげた仮定条件形式の「ギー」の場合同様に、「生成的特性」のうちの「強調的特性」として把握したいと思う。

　以上のような、新形式の「〜ヘン」の活力に席を譲ったかたちの旧形式の「〜ン」は、しだいに衰退していくことになる。ここで注意したいことは、その衰退の過程で、社会性が薄れるのにつれて、強い主情性を帯びてくることである。例えば、

　○アンナ　モン　シラン　ワイ。（あんなもの、知らないよ。）
　○ソー。ウチャ　ワカラン。（そうよ。私はわからない。）

この例のように、「〜ン」形式の行われる文表現は、話し手の一方的な判断や情念を表出することが多い。「知ラン」「要ラン」「分カラン」などのように、知覚や欲望を表す動詞の否定形は、「〜ン」形式を取ることが特に際立っている。こうであれば、しぜん、動作の主体が話し手である場合、——つまり一人称主体の表現である場合に、この形式の行われることが多いと言うことができる。

　ここで、いま1つ注目をさそわれるのは、このような主情性や局限性を色濃く帯びた、特定の否定慣用句のあることである。これもよく知られている「アカン」「イカン」、それに「スマン」「カナン（カナワン）」などがそれである。

　○アカン。ゼッタイ　アカン。（だめだ。〈あの男は〉絶対だめだ。）
　○ソラ　アカン。ソラ　アカン。（それはだめ。それはだめ。《中年女性同士が、お互いに、金を相手に押しつけながら》）

このような「アカン」は、関西方言に顕著な言いかたである。この形のままに慣用され、慣用が進むにつれて特殊化して、主情性の際立った一体の機能体として、いわば辞的な性格を深めたものと考えられる。「〜ン」形式が衰

微してたどる、1つの局限的な姿と言うことができよう。

　以上が、先にあげた、新形式の「～ヘン」の台頭によって衰微した「～ン」形式の働きの実情であるが、これはこれとして、主情性の強い、局限化された特殊性をもって、文表現を特徴づけているわけである。これを、「衰退的特性」のうちの「局限的特性」として取りあげることができるかと考えている。

　ところで、「衰退的特性」として、先に、九州肥前方言の仮定条件法、「～ナイバ」形式を取りあげ、ここでは関西方言の否定法、「～ン」形式を取りあげた。ただし、前者を「恒常的特性」を帯びるものとして、後者を「局限的特性」を帯びるものとして把握しようとしている。同じ衰退色を見せる事態が、「恒常的」「局限的」と特性を分けたのは、先の特性説明でも触れたとおり、一方が「情意の薄れた、いわば無機性・透明性を内質」とし、他方が「情念の強い、いわば主情性・偏向性を内質」としていることにかかわっていようか。すなわち、問題形式の「叙述性」と「陳述性」とに関係があると考えられる。

3．(例3) 他律的特性 (生成的特性) について

　「生成的特性」のうちの「強調的特性」については、先に九州の仮定条件法の「～ギー」を取りあげ、また関西の否定法の「～ヘン」を問題にした。しかし、一方の「他律的特性」を帯びるものについては、これまでに取りあげていない。この特性について、前項で、「相手の立場や意向に配慮する、言いかえると、相手に律せられる、待遇心意にかかわる特性である。いわば、協調性・婉曲性を内質とする。」と述べている。対話の世界で、効果的な訴えかけを目ざす表現活動にあっては、どの程度にしろ、相手の意向に配慮するのが基本である。その待遇の心意を表して、文表現を特徴づける形式を、「他律的特性」として把握しようとするのが、この項目の眼目である。そういう観点からすると、敬語法関係のもので、特殊性を示す形式などは、さっそくその対象になろう。

　岡山の主として備前域では、例の「行カレー」「来ラレー」がよく行われ

ている。言うまでもなく「レル・ラレル」の命令形式であるが、これが行われているのは、全国で備前域と越中域の2領域だけである。分布領域が限られている点から言っても、たしかに注目される特徴形式である。それに、全国的視野からして、この命令形式そのものが特異である。かつては、これに類する事象（二段活用の命令形式）が、国の広い地域に存したであろうことは、ロドリゲスの日本大文典をはじめ、中世のキリシタン関係の文献など、口語資料を見ても明らかである。「るる・らるる」の他の活用形と共に、その命令形式も、今日よりも広い地域で行われていたと、確実に言えそうである。すると、今日の備前や越中の命令形式は、史的推移からみて、残存の形式とするのが適っていようか。が、このことについては、簡単に結論は出せない。少なくとも備前では、その品位はともかく、今日では、成人の日常語として頻用されている。その頻用の有様は、にわかには衰微状態を示すものとは言えない。むしろその逆である。本来、当該の命令形式の存在しなかったと推定される備前域の東辺などでも、近来、成人の間に、時にこれが行われるようになっている。それも、県都岡山市の言いかたという意識があるかのようで、概して品位のある言いかたとして用いられている。こうあれば、安んじて「他律的特性」を言うことができよう。1個の特徴形式を、生成的と見るか衰退的と見るかは、にわかには判断しにくい、微妙な場合がある。要は当該の地域での、生態上の活力の問題であろう。同じ事象でも、地域が異なり、活力が異なれば、双方、対立的な特性として認定されることのあるのはむろんである。

　ちなみに、九州肥後域などでは、命令形式の「行カイ」「来ライ」が、特殊的ではあるが、わずかに行われている。これは「行かれ」「来られ」からのものであろうか。（他説もある。）こうであるとすれば、本来、この地域でも、「るる・らるる」関係の命令形式が普通に行われていたことになる。「るる・らるる」の命令形がなぜ「イ・ライ」なのか、備前・越中の命令形式「レー・ラレー」と、どういう史的関係に立つのか、このような諸問題の追究も重要であるが、今はすべて省くことにしたい（神部　1992，参照）。当面の関心は、「行カイ」「来ライ」などの衰退状況にある。現在は、この命令形

式がまさに衰微して、親愛と侮蔑の間に、特殊な生態を見せているに過ぎない。「来ライ」は、次例のようにも特殊化している。

　○コラーイ。（おい。）

老夫が妻に呼びかけるのにふさわしい、親愛の情のこもった言いかたである。肥前佐賀の１例である。

　○ハチコライ。（かかって来い。）

これは「けんかことば」と言われている。肥後熊本での１例である。

　かつて生成的特性を担って活動していた特徴形式も、衰退・衰微すれば特定の感情表出に偏してくる。この種の、文表現を特徴づける形式を「局限的特性」と呼ぼうとしている。

　もとより、「他律的特性」を担う形式は、敬語法とは限らない。例えば関西方言では、話し手の判断を相手に持ちかける場合でも、

　○ソラ　アンタノ　ココロガケシダイ　チャウ　カー。（それはあんたの心がけしだいではないのかね。）

のように、相手への持ちかけを婉曲にするために、「チガウカ」という形式を用いることはよく知られていよう。これがまた、関西方言らしいニュアンスを見せている。このような特徴形式も、ここで取りあげることができる好例である。

4．（例4）山陰の広母音化傾向と九州の狭母音化傾向

　最後に「基質的特性」について取りあげる。

(1)　山陰の広母音化傾向

　山陰、例えば隠岐方言には、母音に、$Cu>Co$、$Ci>Ce$ の傾向が認められる。次のとおりである。

　　　［ota］歌　　［oN］海　　［ode］腕　　［oma］馬　　［tanoki］狸……

　　　［eto］糸　　［emo］芋　　［eta］板　　［ene］稲　　［eki］息……

　最近では、この傾向もかなり薄れてはいるが、本来的な根の深いものが認められる。この発音傾向が、山陰方言の表現を著しく特徴づけている。この発音習慣を、「広母音化傾向」として把握することができる。この発音傾向

に類するものとして、「開音」由来のa母音化傾向の現象がある。

　　[haːki] 箒　　[maːFu] 毛布　　[baːzu] 坊主　　[daː] 堂
　　[〜daraː] 〜だろう……

　ちなみに、「合音」由来の音はo母音化しており、この点では共通語と同じになっている。例を掲げると、次のとおりである。

　　[ʃoːdzu] 小豆　　[rjoːri] 料理　　[dojoː] 土用……

開合の区別は、開音a、合音oで保っている。

(2)　九州の狭母音化傾向

　九州方言では、例えば佐賀方言の場合、山陰方言の場合とは逆の、母音にCo＞Cu、Ce＞Ciの、「狭母音化傾向」が認められる。次のとおりである。

　　[uːmizu] 大水　　[judare] よだれ　　[kuːi] 氷
　　[Fuːzuki] ほうずき　　[osuka] 遅か（遅い）……
　　[koi] これ　　[ai] あれ　　[oi] 俺
　　[ikaita] 行かれた　　[ikunaiba] 行くなれば（行けば）……

このような狭母音化傾向は、濃淡の差はあるものの、九州西部域では、ほぼ全域で行われている。九州のみでなく、九州に続く南の島じまでも認められるようである。周知の、沖縄首里の3母音化などは、この傾向に連なる現象と言えよう。

　また、九州では、狭母音化傾向を背景として、「合音」由来の音が、u母音化する傾向も見せている。次はその実例である。

　　[endzuː] 豌豆　　[iʃʃuː] 1升　　[kjuː] 今日　　[ippjuː] 1俵
　　[mjuːto] 夫婦……
　　○キューモ　アメデッシュ━━カ。（今日も雨でしょうか。）
　　○アメデッシュー。ソラン　クラカケン。（雨でしょう。空が暗いから。）

うえの文例は、熊本のものである。

　ちなみに、「開音」由来の音はo母音化しており、この点では共通語と同じになっている。例を掲げると、次のとおりである。

　　[hoːki] 箒　　[moːFu] 毛布　　[boːzu] 坊主　　[doː] 堂
　　[〜daroː] 〜だろう……

つまり、九州西部域では、開音 o、合音 u で、合音が狭母音を選択することで開合の区別を保っている。これを山陰のそれと比較してみると、実に鮮やかな対立である。この対立は、基質の相違に基づくものと考えられる。

九州の、このような基質が、基本的には、古い九州語が保持していたとみられる、唇音の強い働きにあると考えている。そして、唇音の強い働きと狭母音化とは、軌を一にするものではないかと推測している。u 母音の強い円唇性も、これに関係があろう。

○パン　カナー。（食わないかね。）
○ポー　カイ。（食おうかい。）

天草の例である。「パ」や「ポ」は、[kwa] [kwo] が原音であって、これが、唇音の強さに引かれて変化したものとみられる（柴田　1976）。

このような解釈に立つと、九州の肥筑方言に著しい、例の、特徴のある文末詞「バイ」も、原形式の「ワイ」の [wa] から、唇音の強さや緊張方向に応じて変化したもの、つまり、摩擦の唇音が破裂の唇音へと変化したものと推定することができよう。これも基質にかかわる現象と解することができる。もとより、この変化を、内面にあって推進した、表現意識にかかわる問題もあるが、ここでは触れないことにする（神部　1992，参照）。

結　び

以上、方言の表現特性、特に「文表現上の特性」について、おおよそ大要を述べてきた。方言の生きた現実に接しながら、主としてその表相を問題とするに留まり、表現の内面に沈潜することをためらってきたのが、これまでの方言研究の大勢ではなかったか。人間に視点をおく方言研究であればなおさらのこと、この研究は、方言表現の実質と価値とを明らかにすることが、主要な目標でなくてはならない。その意味でも、「方言表現特性論」は、方言の文表現の生命や生態に迫る、重要な課題であると考えている。

文献

柴田　武（1976）「104 集所載シンポジューム『国語史と方言』をめぐって」（『国語学』105）

神部宏泰（1992）『九州方言の表現論的研究』（和泉書院）

神部宏泰（1993）「方言文表現の特性―局限的特性を中心に―」（『国語学論集』桜楓社）

あとがき

　私が本格的に近畿西部（兵庫）の方言に接したのは、1980年（昭和55年）のことである。この年、兵庫教育大学（兵庫県社町）が開講し、私はその大学の教員として赴任した。当初、新設の大学の主要棟は、町外れの山林を切り拓いた不便な土地に、教室も研究室も事務局も同居した、7階建て1棟のみであった。私は、家族のこともあって、当地とは40キロばかり南に下がった加古川市に住居を定めた。

　前居住地は九州（熊本、佐賀）である。19年の九州生活を離れての新天地であった。かねてから関西方言には関心があったが、調査研究のたずきを得ないままに過ごしてきた。念願の好機である。さっそくに調査研究を開始した。九州方言にはじめて接した時ほどのとまどいは無かったものの、何と言ってもその抑揚と言いまわしには感を新たにした。当初は加古川の人びとのことばに耳を傾け、やがてその両傍の姫路へまた明石へと、調査の地域を広げていった。耳に聞こえてくるもの、接するもの、すべてが新鮮な日びであったように思う。そこに、しぜんに九州方言との比較の姿勢があったかも知れない。幸いなことに私の言語形成地は備後である。以前は山陰の隠岐でも1つの作業をしている。九州、中国、近畿と、西部の主要な方言を視野に収めながらの調査であった。もとよりそのことばに調査の主眼があったが、おとらず関心が深かったのは人びとの生活のしぶりである。ここにもおのずからに諸地域を貫く比較の思いがあった。その核となったのは、郷里奥備後の生活と生活語である。言うまでもなく生活語の研究は、その言語面のみを切りとって果たせるものではない。これを支える人の生活とその思想を凝視することが重要である。ここに体験的観察の深さが要求される。

　兵庫県下の調査は、勤務地である社を拠点としても拡充された。学生と共に村むらを歩くこともあった。特に2度、3度と調査を共にしたのは、当時大学院生であった黒崎良昭氏、清水徹氏である。2人とも播磨在住の熱心な

方言研究学徒で、しばしば的確な情報をもたらしてくれた。私は、さらに但馬、丹波、摂津、淡路等にも調査行を重ねた。その全調査地点は巻頭の図に示したとおりである。
　勤務を、岡山のノートルダム清心女子大学に転じ（1995年）た後も、住居を現地に留めたこともあって、兵庫の方言の観察に便を持った。それにしても、長期間にわたって岡山の方言に接する機会に恵まれたことは幸いであった。特に播磨と備前の境界一帯の方言の観察と考察とは、近畿西部域の生活語研究のためにも有効で、思いもしなかった史的な深みを見せてくれることにもなった。当地一帯へは、学部の「日本語学演習」の受講生をつれて、何回かの実地調査演習も行った。
　生活語研究の要諦については、「まえがき」にも述べたとおりである。生活語把握・生活語研究が、何よりも具体の現場で果たされるべきことは、多く言うまでもない。現場での言語表現には表情がある。言語表現を織りなす人の情がある。まずはこれを見落とさないようにしたい。その表情の襞は、当面の話し手が刻んできた人生の襞とも言うべきものか。その人生は地域性と地域史的推移とに支えられたものに違いない。生活語研究は人と地域との深い交わりのなかで果たされるものであろう。その意味では、本研究もいまだ十分とは言えない。試論と言うべきであろう。
　思えば、播磨の一角に居を定め、近畿西域の生活語研究に思いをいたしてはや20年有余を経た。ここで一応の成果を問うのも、道程の半ばで回顧し展望する1つの節目どころであろうか。大方のご海容とご叱正を切にお願い申し上げるしだいである。
　本書の出版にあたり、ご厚情をいただいた和泉書院社長の廣橋研三氏にあつくお礼を申しあげる。

　　　　　　　　2003年　盛夏

　　　　　　　　　　　　　　　　　　　　　　神　部　宏　泰

索　引

（下位に分類したものは必ずしも五十音順に従っていない。意味を集約・要約したものもある。）

ア　行

挨拶ことば	33, 51, 76
相手圏内を指示する機能	310
相手待遇の射程	357
相手との心的距離	331
相手の心的領域	313
相手の注意喚起	317
相手の聞きとりの姿勢	323
相手の内面情報	317, 323
相手目あての特定機能	175
ai 連母音	41
──の同化	41
──の不同化	68
言いきりの言いかた	158
意識の流れの制御	297
田舎ことば	24
因果関係の恒常化	237, 390
陰性で慣行的	261
婉曲な持ちかけ	265, 268, 270, 278
奥さんことば	67
おばあさんことば	101, 107, 124, 331
女ことば	21, 54, 67, 69
音調	284
後文末尾の──	285, 288
上昇調の──	284, 287, 293

カ　行

会話・対話の世界	331, 369
会話の流れ	289
会話の表現の特性	323
会話の表現のリズム	323
隔世遺伝的	109
慣習・局限の形式	263
感声的な事象の特性	35
間接性	248, 253
間接的な意味機能	280
間投詞	301, 302, 305, 308
間投事象	300, 308
指示代名詞系──	308
ソレ	309
ホレ	310
アノホレ	312
ホラ	312
セー	313
ヘー	314
サー	315
人代名詞系──	316
アンタ	317, 318
間投用法	296
「見よ」形式	296
慣用が生んだ辞的要素	297
慣用句	257
汚いことば	43, 45, 117
逆行同化	249
客体的な表現性	256, 260
強調の情意	250
強調や誇示の文体	182
京都語の古脈事象	180
協同・協調の論理	349

局限化	262
外面・外形への――	262
内面・情意への――	262
局限された意味作用	142
局限的な主張性	213
局限的な情念	44
局限的な用法	89
局限的表現性	153, 155
近畿圏と中国圏との接触地域	176
近畿方言の基質	194, 246, 253, 344
敬意の届く射程距離	360
敬語	347
――語形の変容	351
――語形の短縮	352
――の活動性と安定性	352
――の間接性・婉曲性	335
――の派生	354
――の衰退	357
――の存しない世界	348
――命令形	10, 93, 96, 99, 361
――の残存	362
――残存の理	366
――の特立	95
――の欠如	94
――を必要とする人間関係	349
三人称――	358
地方――	348
――の親愛語化	350
――の命令形式	332
――の論理	349
身内――	358
敬語表現	331
――を担う女性	335
敬語法	59, 374
生活――	347
連用形命令法	11, 34, 51, 86, 113
形式と意味作用の類同性	194
原形式と変化形式の併存	189
原形式の残存	181
言語を支える基質	98
謙譲法	97
クダンセ	97
ダンセ（日生）	97
クダン（姫路）	97
声の表情	167
語幹保持の意識	247
古雅の風趣	100
国語発展の史的法則	200
告知・説明の意味作用	185, 189, 192
告知の機能	49
古態の溜り場	176
語頭の破裂音	182

サ 行

サ行子音の弱化	70
サ行子音の排除傾向	98
サの音質	70
三人称の世界	358
三人称の非人格的対象	361
$Sv>hV$ の傾向	122
$zV>dV$ 現象	121
史的断層	221
史的展開上の法則	240
辞的な表現性	261, 300
社会習慣	294
社会性の退縮	27, 142
縮音形式	353
縮音語法	127
主情性	151, 255, 260
受容の心的態勢	299
順行同化	251
準体助詞の機能	191

情と理の統合の見地	370	——の成立	221, 237
情報受容の容易化	298	理由づけを好む意識	239
情報・認識の喚起	310	確定逆接形式	235
助詞の省略	292	〜ケレド	235
女性語（女性の物言い）		〜ケー・ケ	235
	41, 42, 54, 73, 166, 327	順接のケーと逆接のケー	237
——の特性	330	説明的な持ちかけ	266
——の保守性	328, 329	説明の表現連文	284
——の革新性	328, 337	尊敬法	61, 82, 101
情意の——	345	「て」——	72, 90, 116
女性の「共感」性	330	チャー	72
女性の順応力	330	チャッタ	74, 77
親愛感	36, 51, 79	タッタ	75, 78, 91
親愛語	359, 360	ナハル類	62, 65, 69, 71, 86
新生・生成の活力	151	ンス・サンス	87, 88
新生・萌芽の形式	263	レル・ラレル	80, 84, 91, 359
心的距離	50, 52, 64, 258, 348	動詞連用形——	101, 106, 331
——の調節	299	「疎」の人間関係	347
「親」の人間関係	347		
「親」への退縮	360	タ 行	
衰退形式	151, 154	待遇の意識	37, 370
推量持ちかけ	267, 279	待遇敬卑の表現法	371
生活語	327	第三者批判	260
——の機能と体系	350	対話	371
——の史的展開	345	——性	369
——の論理	351, 355	——の他律性	371
女性の——	328	——の強調性	372
生活風土	351	——の場	378
接続法	203, 223	単純な動作否定	249
確定順接形式	205, 225	男性語（男性の物言い）	41, 43
——の累積	205, 239	断定機能	196
〜デ	207, 211, 227	——の推移	198, 199
〜サカイ類	206, 215, 229	——の弱化・軟化	190, 196, 344
〜カラ	201, 217, 230	断定辞	184
〜ソエニ類	225, 226	——ネン	185
〜ケー類	212, 233	——の成立	188

——の出自	186	道徳律	348
——〜テン	192	**ナ 行**	
——の成立	193		
——の推移	184	2文連結体	283
——の文末詞化傾向	173, 200	日本語	345
断定法	139, 162	——の基質的性格	345
——形式	139	——の現実相と発展相	350
ジャ	142, 146, 173	——の根幹と伝統	344
ダ	141, 143, 156	——の詩的論理	330
ヤ	146, 175	——の発展の論理	345
——の新展開	196	能力に関する不可能	258
——の表現性	200	**ハ 行**	
——の併存状況	160, 181, 183		
——の枠組み	145, 156, 158, 176, 181	話しことば	369
——の枠組みの系脈	176	——の基盤	369
ジャ・ヤの北限	149	——の教育	370
ダの南限	149	話し手の座標	50, 56
ジャの局限的表現性	151, 152	判断・情念の表出	256
——展開・推移の図式	157	播州ことば	91
断定・判断の意味作用	187, 188, 193	彼我共通の場の形成	299, 312, 318
知覚・欲望を表す動詞	258	否定法	245
知的表現性から情的表現性へ	200, 342	——推移の史的法則	263
中国色の濃い形式	96	否定形式	245
直截的な意味機能	280	——の特殊化	259
陳述性	158	「来る」の——	251
——の高い表現形式	247	「為る」の——	252
丁寧法	120	強調の——	246
ダス	120	〜ン形式	255
——の諸形式	20, 123, 125, 128	——の衰退	255
——の変化音	120, 126	〜ヘン形式	246
デスの特殊形式	129	——成立の背景	253
マスの特殊形式	132	鼻濁音	123
オマス・ゴザス	133	表現	3
動作の客観的指定性	113	——意識の流れ	56
伝聞・報告の意味作用	186	——生活の特殊性	194
		——受容の確認	319

——展開の萌芽	372
挨拶——	8, 70
呼びかけ——	5, 47, 296
共感——	5
感嘆——	39
陳思——	8
勧奨——	10, 33, 51, 112
命令——	31, 50, 112
勧誘——	12, 39, 112
断定——	342
判断——	48
主張——	271, 276
確認・感懐——	7
推量——	36
依頼——	12, 35, 52
問尋——	9, 35, 52
説明——	13, 37, 49, 277
同意要求——	265, 268
納得要求——	279
確認要求——	266, 270
体験・心情——	47
間接・婉曲——	75
間投——	308
文末決定性	175, 200, 336
文末詞	3, 30, 173, 185, 293
——化した「見よ」形式	305
——の働く位相・使用域	27, 28
女性の——	338
男性の——	338
ナ行音——	3
ナ	4
——の間接性	342
——の複合形	39
長呼の——	14
短呼の——	14
ノ	23
家族世界の——	23, 27
ネ	25
ヤ行音——	30
ヤ	31
——の異形	32, 36
——の複合形	39
——の直接性	342
ヨ	47
エ	53
文中呼びかけのアンタ	19
文末呼びかけのアンタ	17, 320
変動の実質	183
方言	3
——基質	176
——生活史的背景	160
——談話の世界	283
——の系脈	177
——の表現と表現史の統合	385
——の表現特性	385
——の文表現上の特性	385
——の文構造上の特性	385
——の積極的能動的発展相	385
——の消極的受動的衰退相	385

マ　行

末尾の撥音	194, 195, 199
命令形	33, 361, 362, 366
——の機能	32
——史的推移	99
——の遊離性	99
慣用の——	366
尊敬語——	33, 51, 64
命令の負担の意識	334

ヤ　行

用法の分化	55

抑揚	7, 13, 37
高平調の――	15
上昇調の――	34, 35, 38
2度上がりの――	7, 13, 15, 18, 26
文末の――・声調	168
陽性で現象的	261

ラ　行

連文	283
連用形体言	113, 114
連用形を核とする諸形式	115
老人ことば	34, 67, 74, 88

■ 著者紹介
神 部 宏 泰（かんべ　ひろやす）
1930年　広島県に生まれる
1960年　広島大学大学院博士課程単位満了退学（国語方言学専攻）
　　　　熊本女子大学教授・佐賀大学教授・兵庫教育大学教授を経て
現　在　ノートルダム清心女子大学大学院教授　文学博士
主　著　『九州方言の基礎的研究』（1969・風間書房・共著）
　　　　『隠岐方言の研究』（1978・風間書房）
　　　　『方言研究ハンドブック』（1984・和泉書院・編著）
　　　　『九州方言の表現論的研究』（1992・和泉書院）
住　所　〒675-0021　加古川市尾上町安田897

研 究 叢 書 302

近畿西部方言の生活語学的研究

2003年9月20日　初版第1刷発行（検印省略）

著　者　神　部　宏　泰
発行者　廣　橋　研　三
　　　　〒543-0002　大阪市天王寺区上汐5－3－8
発行所　有限会社　和　泉　書　院
　　　　　　　　　電話　06-6771-1467
　　　　　　　　　振替　00970-8-15043
印刷／太洋社　製本／免手製本所

ISBN4-7576-0225-1　C3381